松島泰勝
Matsushima Yasukatsu

沖縄島嶼経済史

一二世紀から現在まで

藤原書店

沖縄島嶼経済史／目　次

沖縄島嶼経済史

一二世紀から現在まで

序論

本書は沖縄という島嶼における経済発展の問題を、経済思想と開発経済論を結合させる形で検討した。島嶼を経済分析の対象にした理由は、島嶼が地理的に有する「狭さ」、「資源の少なさ」、「海によって隔てられていること」等を原因とした経済発展上の問題が生じているからである。沖縄には有人島が四〇存在している。経済拠点が小さく分散しているために経済活動や公共政策を行なううえでの不効率性が顕著である。さらに、米軍基地が沖縄総面積の約一一%を占めており、それらの土地は経済活動に欠かせない平面である場合が多い。

このような諸条件により、経済指標においても沖縄経済の特異性が明確である。例えば、一九九九年における一人当たり県民所得は約二一七万三千円であり、四七都道府県で最下位であった。また、同年における県内総生産の産業別構成比をみると、第一次産業が約二・三%、第二次産業が約一七・六%、第三次産業が約八三・七%(県内総生産は移(輸)出入控除後を一〇〇としているため各項目の構成比の合計は一〇〇%にはならない)であり、サービス部門の比重が産業全体の八割以上を占めている。さらに、二〇〇〇年の沖縄県における完全失業率は七・九%を示し、全国平均(四・七%)の約二倍にのぼった。(1) 以上のような経済状態を改善するために、膨大な補助金が投下されている。

日本本土と比べて沖縄は所得が低く、第三次産業が肥大化し、補助金に依存した経済構造となっている。以上のような経済水準の低位性や歪みは島嶼としての地理的な制約を原因とするだけでなく、歴史的に形成された構造的性格を有している。

沖縄経済の特徴として無視し得ないのは、諸外国との経済関係が島嶼経済に与える影響力の大きさである。琉球王国は、日本、中国、朝鮮、東南アジア諸国等と貿易を行ない、王国を独立国家として維持させ、経済的繁栄がもたらされた。一八七九年からは日本の一県になることで日本経済の構成要素となり、一九四五年からは米国民政府の経済政策が適用され、七二年には再び日本経済の一翼を担うようになった。このように沖縄は諸外国の政治的影響下におかれ、支配大国が変わるに従い沖縄の経済政策、経済状況にも変更が生じた。

沖縄が幾つかの大国の影響下におかれるようになった理由として、沖縄がアジア太平洋において地政学的に重要な位置に存在していることを指摘できるだろう。ハワイ、グアム、フィジー、サモア、パラオ等の島々が地政学的有利性を持つが故に諸外国からの関与が避けられなかったように、島嶼経済を考えるにあたり、そのおかれた地政学的位置を無視することはできない。

東アジアの中間的位置にある沖縄も琉球王国時代にアジア貿易網の中で中継貿易地となった。そして、日本の戦略的な拠点と位置付けられたために太平洋戦争の激戦地となった。また、沖縄を極東のキーストンと定めたアメリカは沖縄に軍事基地を建設したが、その結果、アジアに各種紛争が発生するに従い沖縄の景気が変動するようになった。現在、沖縄に米軍基地が集中していることの補償として膨大な補助金が投下され、基地関連産業が大きな比重を占めるようになった。

本書の問題設定は次の通りである。それは以上のような特異な状況に置かれている沖縄経済問題の構造を歴史的に分析し、経済思想として、これらの諸問題がどのように考察され、問題への解決策が提示されてきたのかを明らかにすることである。古琉球時代から日本復帰後の沖縄経済思想をみると、一貫して内発的発展が思想家たちにとって大きな課題として示されていることが知られる。内発的発展の思想がそれぞれの時代的背景のもとで、どのように形成されてきたのかが議論の対象となる。

このような歴史的分析を重視したのは、今日の沖縄経済の問題は構造的性格を有し、歴史的に形成されてきたと考えるからである。各時代に生じた島嶼問題に対する認識方法、解決策を検討することは今日的問題の本質を見極めるためにも重要である。また、王国時代の貿易活動、近代の移民活動等のように、島嶼民が海に出て経済発展を促したことや、島嶼内における輸入代替のための議論や実践等を現在の観点から位置付け直す必要もあろう。

西欧社会における経済学の誕生は、「暴力」と「貧困」の諸問題を克服するために経済的行為が重要であることを思想的、実践的に示したことと深い関係にあるといわれている。[2] 沖縄においてもそれらの諸問題を克服するための経済的考察や実践が行なわれていたのであり、本書はその過程を歴史的に論述した。また、島嶼経済論を考察するうえにおいて経済的要因とともに、それに大きな影響を与えたアジア型世界秩序、琉球に対する認識の変遷、外部勢力による政治支配、軍事基地等の非経済的要因についても論じたのは、沖縄においては経済と政治とが密接不可分の関係にあるからである。

経済思想史の論じ方としていくつかの方法がある。本書は経済思想と、その経済思想が形成された歴史との関係性を明らかにする方向から接近をこころみた。経済思想の研究においては、経済思想だけの考察ではなく、経済思想が形成されたそれぞれの時代背景と関連させることが重要であると考える。経済思想は現実の問題について論じ、問題に対する解決策を提示してきた。また、経済思想が新たに展開するのは、具体的な経済問題への認識方法や解決方法が新たな視角で提示されるときである。このことにより現実の状況にも新たな展望が見えてくる。[3] そのような観点に立つがゆえに、王国時代から現代までを分析の対象とした。長期の歴史を分析対象期間とすることで、沖縄経済の構造的問題の本質と、発展の可能性が明らかになるだろう。

また、経済思想は抽象度の高い経済理論や経済学説と、具体的事象を扱う研究である経済史の中間的位置にあ

り、具体的な事象の変遷とともに経済思想もその内容が歴史的に形成されてきたと考える。(4)

本書は沖縄の経済史を分析することで、現在、沖縄が抱えている諸問題を解決するための手掛かりを与えうる経済思想を明らかにするという開発経済論への関心がある。開発経済論の中でも特に内発的発展論に基づいて沖縄における経済思想を考察した。

内発的発展論は二つの思想を源流としている。第一の流れは鶴見和子の内発的発展論である。鶴見の内発的発展論に大きな示唆を与えたのはタルコット・パーソンズの近代化論である。パーソンズは先発地域と後発地域における経済発展の違いを次のように説明した。先発地域である西欧諸国は自国の伝統と歴史的条件の中から時間をかけて自らの近代化のモデルを創り出した。しかし、後発地域は先発地域の近代化モデル（近代的官僚制、大規模機械生産を行なう工場制、近代科学や技術、近代的価値観や行動型、人間関係における合理性等）を応用して短期間に近代化の道を辿らざるを得ない。パーソンズは先発地域における発展を内発的発展（endogenous development）、後発地域における発展を外発的発展（exogenous development）と名付け、地球上の全ての国は先発地域である西欧諸国と同じ発展経路に従うとする近代化論を提唱した。(5)

鶴見は、上のパーソンズの概念を独自に読みかえて、自らの内発的発展論を展開した。後発地域は必ずしも先発地域が生みだした近代化モデルに従う必要はなく、自らの伝統に基づいた発展の方法をつくりだすことが可能であるとし、鶴見は内発的発展を次のように定義付けた。内発的発展の目標は人類共通であり、目標達成への経路と社会モデルは、それぞれの社会の多様性に基づいて形成される。目標に至る道すじ、目標を実現するであろう社会、人々の生活スタイルは、それぞれの社会の集団が有する固有の自然環境、文化遺産、歴史的条件に従って、外来の知識・技術・制度などを利用しながら、自律的に創出される。地球規模で内発的発展が進行すれば、近代化論が唱える単一的発展ではなく、多様な発展形態を認める多系的発展となる。(6)

また、鶴見は内発的発展の展開形態を次の二つに分けた。第一は、社会運動としての内発的発展である。行政が近代化政策を推進する際、特定の地域が異議申立ての運動としておこす場合である。近代化政策がもたらす弊害の修復、または弊害の予防を目的にした社会運動が、地域の住民によって行なわれる場合であり、鶴見は水俣の反公害運動を例として挙げた。

第二は、政策の一環としての内発的発展である。地域住民が、自然生態系と文化伝統に基づいて創り出す発展方法を行政がその政策の中に取り入れる場合である。鶴見はその例として、大分県の一村一品運動、江蘇省の小城鎮工業化を指摘している。(7)

さらに、鶴見の内発的発展論で重視されているのは地域におけるキー・パーソンの役割である。キー・パーソンとは地域が抱える問題を解決するために地域の伝統の中に問題を解くヒントを発見し、旧いものを新しい環境に照らし合わせながらつくりかえて、多様な発展の道を切り開く地域の人々であると鶴見は考えている。(8)

鶴見によれば、地域を発展させるモデルと呼べるものは存在せず、現在、生じている近代化にともなう様々な諸問題を解決するために、地域に蓄積されている伝統の中から役に立つものを選び出し、それを新しく創り直して、その地域の内発的発展の方法にする必要があると論じている。(9)

以上のように、鶴見は、内発的発展とは先発地域だけでなく、後発地域にも適用可能な発展論であり、それぞれの地域の環境、伝統、歴史的条件を踏まえて形成される必要があり、世界中には多様な発展形態が存在して然るべきであると考えた。

沖縄における経済発展も、先発地域の発展パターンをモデルにして、それに従うことを目標とするのではなく、独自の自然、文化、歴史的条件を基盤としながら外部から諸技術・制度などを導入して内発的に形成される必要がある。また、本書では、内発的発展が地域の伝統を踏まえて形成されるとする観点から、琉球王国時代から現代までを分析対象とすることで、今日の沖縄が直面している経済問題を解決するために役立つ経済発展の方法等を見出そうとした。

鶴見が内発的発展の二つの展開方法を示したように、本書でも沖縄における社会運動、経済政策を内発的発展論の観点から検討した。そして、沖縄において内発的発展の思想を提唱し、社会運動として島嶼民を指導し、経済政策を生み出し、実施したキー・パーソンの経済思想について考察した。

第二の内発的発展論の源流は、一九七五年に開催された国連経済特別総会においてスウェーデンのダグ・ハマーショルド財団が提出した報告書『なにをなすべきか』であり、その中で「内発的」という言葉が用いられた。ダグ・ハマーショルド財団が提唱した内発的発展論も鶴見のそれと同じく、それぞれの地域の資源環境、文化等を踏まえた多様な発展形態を提唱し、利潤の追求を至上の目的とする社会のあり方や、他地域への従属から脱し、経済発展や生活の自律性の獲得を目指している。(10)

内発的発展論を経済学説史の観点から論じたのは西川潤であり、次のように内発的発展論を説明している。

第一に内発的発展は欧米起源の資本蓄積論、近代化論のパラダイムを転換し、「経済人」像に代え、全人的発展という新しい人間像を定立する。利潤獲得や個人的効用の極大化よりも、人権や人間の基本的必要の充足に大きな比重がおかれる。第二に内発的発展は、自由主義的発展論に内在する普遍的発展像、他律的・支配的関係の形成を拒否し、自律性や分かち合い関係に基づく、共生の社会づくりを指向する。人間の自律性、物化の拒否が社会や民族の自立と重ね合わされる。第三に、内発的発展は、参加、協同主義、自主管理等を重視し、資本主義や中央集権的計画経済における伝統的生産関係とは異なる生産関係の組織を要求する。国家機構や経済運営の様々なレベルにおける労働者、生産者、利用者たちの参加、共同決定、協同管理は、資本主義、社会主義双方における中央集権主義、権威主義的他律関係を緩和していく役割を果たす。

第四に、内発的発展では、地域レベルにおける自力更正（self-reliance）、自立的発展のメカニズム形成が重要な政策用具となる。国家、地域、都市、農村などあらゆるレベルの地域的産業連関、地域内需給の形成による地域的発展、地域的共同性の創出が、巨大開発や多国籍企業による外部からの分業設定や資源吸収、単一文化の押しつけに対して地域のアイデンティティを守る経済的基盤となる。地域自立は同時に、住民と生態系間のバランスに支えられなければならない。(11)

以上のように西川は内発的発展を経済学説史の観点から説明しているが、本書もその定義にしたがう。このような内発的発展により現在、沖縄が抱えている経済問題を解決し、経済自立を実現することが可能であると考えるからである。しかし、内発的発展は万能な経済発展のモデルを前提としない。それぞれの地域の環境、伝統、歴史的条件を踏まえて独自に形成されるべきものである。本書では、長期の経済史を検討することで、その中から現代の沖縄経済問題を解決するために利用可能な自力更正の方法や協同主義・自主管理等を明らかにし、経済政策の失敗の経験や、経済的従属関係の構造を学び、沖縄における内発的発展論を提示することが最大の目標となる。

宮本憲一は内発的発展論の立場から戦後沖縄経済を分析した経済学者である。宮本は内発的発展と対照的な経済開発として次のような「外来型開発」の考え方を提示した。つまり、これまで世界の近代化は、欧米の先進工業国をモデルとした工業化・都市化であった。各国の地域の土着文化に根ざす技術や産業などの経済構造を無視して、先進工業国の最新技術を導入し、その経済構造にキャッチアップしようとするものであった。外来の技術や経済組織を導入するという開発の思想は、一国内の地域開発の場合にもあてはまる。後進地域に巨大な資本や、国の公共事業を誘致し、それに地域の運命をあずけようとするものである。外来の資本（国の補助金をふくむ）、技術や理論に依存して開発する方法を「外来型開発」と呼んだ。(12)

他方、宮本によれば内発的発展とは次のような発展のあり方を指す。地域の団体や個人が自発的な学習によって計画をたて、自主的な技術開発をもとにして、地域の環境を保全しつつ資源を合理的に利用し、地域文化に根ざした経済発展をしながら、地方自治体の手で住民福祉を向上させていくような地域開発を「内発的発展」と名付けた。また、内発的発展では、外来の資本や技術は全て拒否されるのではなく、地域の組織・個人・自治体が主体となって自主的に先進地域の資本や技術を内発的発展のために補完的に導入することは認められるとした。(13)

宮本によれば沖縄経済の問題は、補助金依存の経済構造であり、本土政府は沖縄に対し類似県（鳥取、佐賀など）の三倍にもおよぶ公共事業の補助金を給付している。しかし、公共事業が増えても建設業の一人勝ちとなり、地域内の他産業に経済効果が波及して沖縄経済全体の底上げや雇用の増大という乗数効果は乏しく、また、その効果の一部は本土へ環流している。(14)

補助金依存の経済構造から脱却するには内発的発展を押し進める必要があると宮本は主張する。そのためには沖縄の戦後における内発的発展の歴史を検討し、その成果を正しく評価して、今後の発展のための条件づくりが重要である。それぞれの地域に固有の方法が存在しているが、政策の立案、経営主体は地域の企業、自治体そして住民である。国の補助金、外部の企業や人材を利用する場合、あくまで地域の住民に主体性がなければならない。また、環境の保全と再生を考慮に入れて、できるだけ地域の資源と人材を使って付加価値をつけ、産業間の連関を強める。そこで生じた社会的剰余（利潤・租税・貯蓄）が沖縄の福祉・衛生・教育や文化のために配分されれば、地域の豊かさが増すであろうと、宮本は沖縄における内発的発展への道筋を明らかにした。(15)

日本政府からの膨大な補助金、特別措置制度に依存した現在の保護政策によっては、二一世紀における沖縄経済の自立像を展望することはできない。また、沖縄経済の問題を一挙に解決するような革命的方法論と呼べるものは存在しないであろう。沖縄経済史の中から失敗の原因を学び、発展の可能性を明らかにすることによって沖縄の自立経済のイメージを描くことができるのではなかろうか。今日のような経済問題を沖縄が抱えるようになったのは、諸大国による支配に直接の原因があるのではなく、沖縄自らが生み出したものであるというのが本書の立場である。他に責任を転嫁するだけでは沖縄の経済問題は永遠に解決できない。自らの歴史を踏まえて経済問題の本質を分析し、内発的発展の事象を評価して、沖縄独自の発展の方向を定める必要があると考える。

復帰後、沖縄はいわば本土経済をモデルとして、経済格差の是正というキャッチアップ政策を実施したために、今日、補助金に大きく依存した沖縄経済が形成されたのであり、このような外来型開発によってもたらされた補助金依存の経済構造を打破するのが内発的発展であるといえる。

一部の特別措置は残されたものの、復帰により経済的な保護政策が撤廃され、沖縄経済が本土市場に大きく開放された。それとともに膨大な補助金が流入し、基地を凌ぎ補助金に大きく依存する経済構造になった。インフラ整備が行なわれ、観光業が発展したが、他方、公的部門が肥大化し、非公的部門が主導するような産業構造は形成されなかった。復帰後も沖縄に基地が残り、経済的、人権的な問題を引き起こしているが、基地が沖縄県民に与える経済効果は無視できない状況にある。また、膨大な補助金によりインフラ整備が進展したが、経済自立への道はなお遠く、環境問題が発生し、沖縄独自の生活環境にも変貌がみられるようになった。

米軍基地の存在を前提とする補助金や観光産業への依存は、持続可能な発展とはいえない。今日、膨大な補助金が投じられ、中央官庁主導で様々な開発計画が提示され、実施されているが、それらが本当に沖縄の自立発展につながるのかを見極め、沖縄独自の発展計画を作成するためにも沖縄側から経済発展論や具体的な経済政策を提示する必要があると考える。中央政府からの補助金も沖縄側が作成した経済発展論にそった形で活用する。二一世紀においても補助金や基地に依存するのではなく、沖縄内部に経済発展の原動力を構築しなければならない。

沖縄の産業構造を多様化するとともに、四〇の有人島における経済発展の方法にも多様性を認めるべきである。例えば、沖縄本島や那覇における経済発展の方法は他の島々には適用できない場合もあり、ある島にとっては「外発的開発」となろう。島それぞれにおける環境、歴史、文化等を考慮に入れ、島の人々が経済発展の方法を創り出し、実施する必要がある。

沖縄の経済問題は構造的性格を有し、歴史的に形成されてきたことから、本書では長期の歴史の中で沖縄経済の展開を分析することとし、それぞれの時代毎に幾つかの経済思想を取りあげた。それらを取りあげた理由は、時代毎の経済問題に関する認識方法や解決策を、経済思想家が新たな観点から提示したからである。本書で考察した経済思想は、それぞれの時代的背景において形成されたものであり、経済問題の分析内容や経済発展策も時代的な制約を有している。ただ、現在の沖縄を取り巻く経済環境、沖縄が有する経済条件や経済構造等を十分考慮したうえで、沖縄の経済思想史から、沖縄が抱える構造的経済問題を解決するための糸口、経済発展のための戦略等を学ぶことができよう。

島嶼は閉ざされた空間であるとともに、一方では開かれた側面をもつという二重性を持っている。閉ざされているが故に、過去から蓄積された、社会、文化、経済等諸方面にわたる古い様式が幅広く残されており、それを活かした経済発展の可能性も現実味を帯びてくる。閉鎖空間としての島が抱えてきた経済問題もまた島嶼民が生み出してきた各種の発展策により克服されてきた。また、沖縄は亜熱帯気候に属し台風の通過場所に位置し、島が珊瑚礁に取り囲まれ、酸性分を含んだ土壌が広く分布しているという環境上の特徴をもっている。さらに、経済活動を行なう際に島嶼民の相互扶助が大きな機能を果たし、島嶼を襲う種々の危機的状況に対応してきた。

他方、沖縄が有する地政学的有利性を利用して諸外国と貿易を行なってきたという外に開かれた歴史もまた存在する。沖縄文化の現在の状況からも明らかなように、外部から新しい要素を積極的に取り入れて、文化を創造し、伝統の新しい読み替えを行なっており、単に古い文化を保持してはいない。経済発展においても外部世界との経済的ネットワークの形成を推し進め、資本の導入を図りつつ、沖縄内部で草の根レベルでの内発的発展を展開することは可能であると考える。

沖縄は島社会であり、島には独自の経済発展の方法が存在するということを念頭において、島嶼における内発的発展のあり方を考察した。本書における内発的発展論は閉鎖された地域を対象とするのではなく、開かれた地域における内発的な発展を考察したのであり、他地域との経済的ネットワーク化も沖縄という島嶼が生みだした内発的発展の一展開であるといえる。

沖縄は歴史上、日本、中国、朝鮮、東南アジア諸国、太平洋諸島等という島嶼の外部から経済的影響を受け、技術・制度を導入してきた。よって、島嶼における内発的発展は外部との経済的関係を前提として考察されなければならない。外部世界により沖縄が経済的支配下におかれることもあったが、その従属性を打破するのも外部世界との新たな経済関係の構築と、島嶼内部における内発的発展の実現であると考える。

島と外部世界とのネットワークを強化することで資源の移動を促進し、人々の相互交流を促し、お互いに刺激を受け、技術・制度の導入を行なう。海が有する発展のダイナミズムを島の内発的発展のための利用する。それと同時に島嶼内部における内発的発展のあり方を考える。ボーダレス時代の今日、全ての資源、人材を地域だけにもとめることは不可能であり、ヒト、モノ、カネが自由に移動する世界において沖縄は鎖国時代的な対応をするのではなく、沖縄の伝統、歴史、固有の経済発展の方法等を踏まえて対外的な経済活動を積極的に行なうべきである。その意味でも、本書では琉球王国による対外貿易、近代沖縄の移民活動について論じる必要があったが、そこから現代における経済的ネットワーク形成のヒントを見出すことができるであろう。

他地域との経済的ネットワークの形成は島嶼性に由来する経済問題への解決につながる。経済的ネットワークを構築するためには沖縄側がどのような経済的利点を他地域に提供できるかが課題となり、また、沖縄内部の経済状態が安定化する必要がある。つまり、沖縄における内発的発展は島内部、対外関係双方において展開しなければならず、それにより経済自立への道が開かれ、二一世紀のアジア太平洋において沖縄が独自の経済的位置を占めることが可能になろう。

復帰後、膨大な補助金が沖縄に投下されたにもかかわらず、非公的部門が主導する自立的な経済発展の構造は未だ実現していない。戦略的な開発行政や計画が実施されなかったことに大きな原因があると考える。戦略的な開発策として、他地域との経済的ネットワークの構築と、島嶼内における内発的発展とを相互連携的に行なう二重戦略を提唱したい。

二重戦略は国際的に展開されてきた次のような島嶼経済についての議論とも重なる。沖縄の経済発展を、世界における島嶼の開発経済の動向と照らし合わせながら検討するために、第三章第一節「島嶼経済の問題とその解決策」を付け加えた。世界における島嶼経済論において、新国際経済秩序論やサブシステンス経済論に代表されるように、島嶼民の経済自主権に基づいて自らの資源を自らで開発する輸入代替策と、ＭＩＲＡＢ（一一二頁参照）経済論や構造調整論のように島嶼と外部世界との経済関係を肯定的にとらえる開発論が問題解決の方法として提示された。

沖縄経済思想史を検討した結果、二つの経済発展の方向が明らかになった。それは、貿易や移民等を通じて、島嶼外部との経済関係を強化することで島嶼経済を発展させる方向と、島嶼内部の生産性を向上させて経済構造の安定化を目指す方向である。二重戦略は沖縄経済思想から導かれた経済政策であるといえる。沖縄史のそれぞれの局面において生じた経済問題を克服するために提起され、実施された二重戦略は、時代毎の諸条件下において有効であったといえる。また、今日的な経済環境、経済条件、経済構造等を十分考慮して二一世紀型の二重戦略を生みださなければならない。

島嶼は海によって世界に開かれており、外部世界との経済的関係を築くことで、島嶼性から生じる様々な問題を克服することが可能となる。しかし、外部世界は変動的であり、島嶼はその変動に左右されたり、時には政治的な支配力の下に置かれることもある。外部世界の変動や支配による島嶼経済の不安定化を避けるためにも、島嶼内の生産力を向上させ、経済構造を強固にするとともに、草の根的な内発的発展を展開することで沖縄内における格差を解消し、産業連関度を高める必要がある。

沖縄が歩んだ歴史から考えて、沖縄経済問題の解決は日本全体にとっても重要な課題であると認識している。つまり、主要な沖縄経済問題は沖縄だけの問題ではなく、日本本土との関連で生じてきており、また、その解決に対しても日本本土は大きな意味をもっていると思われる。近世において琉球王国は朝鮮とともに日本型華夷秩序を構成し、王国を沖縄県とした際には日本の国境線が明確にされ、広大な領海を得ることができた。日本本土を守る地上戦が沖縄で行なわれた後、沖縄の米軍基地を担保とする安保体制下において日本政府は軍事費負担を免れ、冷戦期そして今日における安全を享受することが可能となった。

沖縄もまた王国時代において日本市場に砂糖を販売し、日本物産の入手が保証されたために諸外国との貿易を継続できた。近代以降においては産業育成のための補助金、各種特別措置が施され、現在も日本政府からの補助金が最大の財政収入源となっている。

このように沖縄と日本本土とは歴史的に緊密な関係を形成してきた。本書では、日本の中の沖縄ということを前提として、経済思想の観点から考察を行ない、問題の本質を摘出し、時代毎の解決策について議論し、最終章では著者自身の経済政策を提言した。島嶼とは「大きい島と小さな島」を意味しているが、日本本土という大きい島と、沖縄という小さな島との経済関係を考察することも本書のもう一つの目的である。

本書では内発的発展論に基づいて沖縄の経済思想について考察してきたが、本書の研究上の独自性として次の諸点を挙げることができよう。

(一)　島嶼としての沖縄に分析対象を限定して内発的発展論について論じた。本書の問題意識は沖縄が抱える様々な問題を解決するために内発的発展がどのような意義をもつのかであった。沖縄における内発的発展に関しては宮本憲一らの研究がある。(16) 宮本は、沖縄の戦後における内発的発展の歴史を検討し、その成果を正しく評価して発展させる条件をつくる必要があるとして、時期的には戦後沖縄を考察の対象とするとしている。

それに対して本書では、琉球王国時代から現在までという長期の歴史を分析対象期間とした。それにより、経済問題の本質を分析し、島嶼沖縄が辿った内発的発展の過程をさらに深く究明することができると考えたからである。島社会の形成、沖縄が有する地理的特性に基づいた対外的な経済活動、政治体制の変更に対し島嶼民が実施した経済政策等については、長期の沖縄経済史を考察する必要がある。

(二)　内発的発展論において経済的ネットワークの重要性について考察した。一般的な内発的発展論は、特定地域内における発展のあり方について検討する場合が多かった。しかし、島嶼経済は、世界から孤立して存在しているのではなく、世界経済と関係を持たざるを得ない地理的空間である。沖縄における内発的発展論は閉鎖空間内で形成された発展論ではなく、外部経済と関連を持ちながら形成された。

外部からの経済支配が島嶼内の貧困、経済構造上の問題につながる場合が多く存在している。これらの諸問題を解決するために行なわれてきたのが経済的ネットワークの形成であり、本書ではそれを内発的発展の一形態であると認識し、二重戦略の一つに位置付けた。対外的経済関係は島内の経済活動とも密接に関連しており、地域内だけでなく、対外関係をも含んだ形で内発的発展論について考えた。

(三)　内発的発展におけるキー・パーソンの思想を経済思想として論じた。沖縄において内発的発展の方法を生みだし、実践したキー・パーソンの経済思想を琉球王国時代から現在にわたって検討することにより、沖縄における内発的発展の内実を明らかにすることが可能になったとともに、今後の沖縄経済のあり方を考察するうえでも多くの示唆を与えた。先に論じたように西川潤は経済学説史の観点から内発的発展論について考察したが、沖縄の経済思想史の観点から論じた内発的発展論、そして、沖縄を分析対象とし、琉球王国時代から現在までの期間にわたる経済思想史の研究は本書が最初であると考える。

以上三点が本書における研究上の独自性であると考えているが、これらにより沖縄における構造的経済問題の本質が明らかになり、内発的発展の可能性がみえてくることで経済問題の解決につながることを希望したい。

なお、本文において引用された文章の原文の中には旧漢字・旧仮名遣いで記述された文もあったが、引用文全体の表記法を統一するために現行の漢字・仮名遣いに書き改めた。

第一章　アジア型世界秩序における島嶼経済の位置付け（一二世紀〜一八七九年）

本章では、古琉球・近世琉球において琉球王国が中国型華夷秩序と日本型華夷秩序に属しながら、独自の琉球型華夷秩序をつくり出し、独立国家としての経済発展が可能になった原因を明らかにする。その経済発展を可能にした一要因は琉球王国が海を積極的に利用して、諸外国と貿易を行なったことにある。その意味で海と王国の発展とは緊密に結びついており、本章の初めに海洋と島嶼との関係について考察する。

本章の構成は、第一節「海洋と島嶼」、第二節「中国型華夷秩序と琉球経済」、第三節「日本型華夷秩序と琉球」、第四節「琉球型華夷秩序の形成」となる。

第一節　海洋と島嶼

海洋からみた西欧世界

海洋から島嶼を考察する理由は次の通りである。まず、琉球王国は中国、日本による華夷秩序に積極的に関与することで、王国としての経済基盤を培い、独立を維持してきた。つまり、陸地として島嶼だけを経済活動の土台とするのではなく、アジア型世界秩序の貿易ルートにのって資源の再配分をする過程で利益をあげた。海を積極的に活用した時代として他に、近代の移民活動や現代の自由貿易地域による経済振興の試みがある。島嶼を外部経済圏と結びつけた経済発展の動態を論じるには海洋と島嶼との関係の検討が必要であると考える。

最初にK・シュミットの考察をとりあげる。シュミットは西欧において興隆した諸国家や諸地域は海洋的な性格をもっていると述べている。六九八年にアラビア人がカルタゴを占領してのち地中海支配がはじまり、そのビザンチン帝国は海岸国家であった。また、五〇〇年近くのベネチアの繁栄は海上貿易のうえに築かれていた。(1)一六、一七世紀の大航海時代に世界史は新しい時代に入った。最初は西欧人、次いで他の世界の人々の意識が変わったという意味で、最初の空間革命であった。つまり、古代的、中世的観念が終了し、歴史上初めて地球全体を一個の球体として把握するようになったのである。この影響を受けたものとして例えばルネサンス絵画、彫刻、演劇等の芸術様式や、宗教改革、反宗教改革等の精神的潮流があり、ついには西欧的合理主義が様々な方面で展開された。それは新しい国家、軍隊、機械をつくりだす動因となり、非西欧諸国の植民地化の動きに繋がった。(2)西欧における政治的、経済的勢力の形成は海を媒介にしてなされたのであり、大航海時代を通じて西欧の世界認識をはじめとする西欧的精神の骨格がつくられたと、シュミットは論じている。

帝国主義的政策を大規模に展開した国としてイギリスがある。イギリスもまた島である。しかし、島が海に囲まれている陸地であるという島国意識のままでは大英帝国の成立は不可能である。海のエネルギーを我がものとする必要がある。シュミットは次のように島国から帝国へと移行する契機を説明した。

イギリスは海の女王となり、全地球上の海洋支配の上に全世界に分散する大英世界帝国をうちたてた。イギリス世界の人々は根拠地や海上交通路線を中心にものごとを考えた。他の民族にとって大地であり故郷であるものは、かれらにはたんなる後背地域と見えた。(中略)純粋に海洋的な存在を基盤としてうちたてられたこの世界帝国のメトロポールたる島そのものは、このことによって根を失い、陸地から解き放たれる。この島は船のように、あるいは魚のように地球の他の部分へ泳いでゆくことができる。なぜなら、この島はまさしく全大陸になんの関連もなく散らばっている世界帝国の輸送可能な中心地なのであるから。(3)

島が輸送拠点になることにより、大英帝国間の物流を円滑に行なうことができた。島は面積の狭さ、大市場からの遠隔性などのマイナス面が強調されがちだが、海上交通路の拠点としてとらえかえすことで、その経済的価値が大きくなる。島を魚に譬えている点は興味深い。それは島を固定的に考えるのではなく、他地域との関係性において島自身がもつ価値が大きくなる可能性を示唆している。シュミットの議論はイギリスが島であり、島と海との対応関係の中に大英帝国成立の要因を見いだしている所に独自性がある。

F・ブローデルもまた地中海における海と島との関係について以下のように述べている。地中海の中にある幾つかの海は、それぞれ自律的なまとまりをもった航海コースを中心として併存している。これら閉じた回路の間にも結び目があり、相互依存関係がみられる。島は海に囲まれていることから、島によって非常に遅れた状態に置かれる可能性と、非常に進んだ状態に進む可能性を合わせて持っている。なぜなら島が海の回路の外にあるとき、海は島を他のものから隔絶させる働きをする。他方、海の回路に乗ると、外部の生活に積極的に関わらざるをえなくなる。つまり、海は人が船を作り、危険な航海に乗り出すという代価を払ってそれを受け入れるならば、他の世界との接近をもたらす開かれた性格をもつ。しかし同時に、こうした代価を払おうとしないならば、島嶼を孤立させる障害としての機能をもつ。(4) 海はシステムの通路であり回路であるという前提をもとにして、この回路に乗るか乗らないかにより、島の停滞と発展が決定されるとブローデルは指摘した。

I・ウォーラーステインも海洋国家の形成について興味深い事実を指摘している。ヨーロッパ諸国の中でポルトガルが最初に海外進出に乗り出すことができた理由として、その地理的条件があるという。ポルトガルは大西洋岸にあり、大西洋沿岸諸島やアフリカ西岸に進出するには絶好の位置にあった。そのうえ、小国としてのポルトガルにとり国内開発による財政再建は不可能であり、海外進出によってしか歳入を増やすことができなかった。(5) また、オランダが世界商業を支配しえたのはバルト海地方から木材の供給をうけ、造船業が効率よく発展したからであった。海洋帝国オランダのイデオロギーは海洋の自由であり、その代表的見解はグロチウスが書き、一六〇九年に刊行された『海洋自由論』である。(6) イギリスより前に世界システムの中核国になった国々もまた海洋国家であり、海の回路を積極的に利用した。島嶼または海岸国という国土面積に恵まれない場所でありながら、海の回路に接近しえるという利点をもっており、そして、海洋民として航海に出る代価をすすんで払ったことにより世界各地に自らの拠点を築くことができた。

シュミットと同様にウォーラーステインもまたイギリスの海洋国家性を指摘している。一六〇〇年から一七〇〇年の間、西欧人による植民地物産の再輸出貿易を一手に行なったのはイギリスであった。何度か出された航海法によってイギリス海運業者が自国植民地の生産物の取引を独占することができた。海との関わりにおいて海洋国イギリスと大陸国フランスでは次のような顕著な違いがあった。(一) イギリスは移民を奨励しないまでも、妨害はしなかった。一方、ルイ一四世はユグノーが南北アメリカに移住するのを禁じた。イギリスからの移民は植民地において資産を蓄積したため、製品と再輸出品の市場として植民地を位置付けることができた。(二) フランスは国内市場が広かったため、対外進出を積極的に行なう必要はなかった。他方、イギリスは国土が狭く、輸出市場としてヨーロッパ大陸、北米植民地が不可欠であった。国外に出る際、イギリスは海上ルートを用いるのに対して、フランスは少なくとも一部は陸上ルートを使った。経済コストの面からみると海上交通のほうが安上がりであった。(7) 沖縄の近代に移民が諸外国に渡ったようにイギリスにとっても移民が経済発展上大きな意味をもった。また、海の回路は陸上交通よりもコスト安であったことが、海洋島嶼国家が大陸国家よりも経済的成功を収めた一因であると指摘することができるだろう。

海洋からみたアジア世界

網野善彦は次のように日本史研究において日本を島国とみなす陸地中心の研究が大勢であったという。つまり、封建社会の基礎となる農村に商品経済が浸透する過程で農民が貧富の二階層に分解し、社会が封建制から資本制へという発展段階をたどるという、陸地での出来事を中心とした研究であった。これは日本が海により閉ざされていたということを前提としている。しかし、実際は古代から海を通じて日本は世界に開かれていた。七世紀後半に律令国家が形成されるまで、列島の交通体系は海、河、湖を中心としていた。また、八世紀前半には海上交通が蘇り、九世紀から一〇世紀にかけて海、河、湖が交通体系の中心となった。近世後期から海を国境とみなすようになり、明治国家においては鉄道を中心とする陸地の交通体系が支配的となった。(8)日本の歴史を通じて海は開かれていたのであり、様々な人々が来航した。平安後期以降、坊津、敦賀、小浜に唐人が入港した記録がある。十三湊、渡島半島では中国製の青磁、白磁が発見された。古代における渤海との交流だけではなく、一五世紀から朝鮮との交流が認められ、インドネシアのパレンバンからきた南蛮船が小浜に入港した。(9)日本も島であり、海との対応関係が不可欠な歴史形成の要素となっていたことを網野は指摘した。

日本を含めたアジア世界だけでなく、西欧世界をも網羅した形で海洋が有するダイナミズムについて論じているのが川勝平太である。川勝は世界史の展開を以下のように認識している。紀元前五世紀にヘロドトスによって書かれた『歴史』はオリエントの大陸とはっきりと異なる、海洋アテネの興隆を描いたものである。このヨーロッパ最初の歴史書はギリシャ人がフェニキア王の娘・エウロペを掠めとって、その名を受け継いで以来、ヨーロッパが海洋世界・地中海において形成されたことを明らかにした。中世ヨーロッパが文化的統一性を獲得したのは地中海から隔絶したことによってである。中世からの脱却も地中海を通じて行なわれた。つまり、ベネチアは東ローマとの貿易を盛んにし、キオジア海戦でジェノバを敗ってイスラムの下にある東地中海の貿易を独占した。最終的にヨーロッパが地中海を制したのは一五七一年のレパントの海戦であり、その時点で中世は終了した。近代の舞台となる海は大西洋とインド洋である。近代資本主義は東西の海における貿易の主導権を巡る攻防の過程から生まれた。その覇権の担い手はポルトガル、スペイン、オランダ、イギリスであった。いずれも海洋国家である。[10]世界史は地中海、大西洋、インド洋と海を中心にして展開している。近代資本主義を生み出したものはウェーバーが主張するようにプロテスタント倫理や、ゾンバルトが唱えるようにカトリック教やユダヤ教ではなく、海の支配権を巡る諸列強の争いであると川勝は指摘している。

川勝によれば日本においても海は決定的な意味をもっていた。『旧唐書』倭国日本伝の中の「倭国」を海洋民の国、「日本」を陸地民の国と読むことができる。海洋国の倭人が白村江の戦に敗れた後、残った陸地民が唐を模倣して「日本」を建国した。近世の鎖国は、海からの経済的外圧、特に倭寇の略奪や、日本からの金銀の流出への対抗策としてとられた。ヨーロッパがイスラムの脅威に晒されて文化的統一を行なったように、日本も海洋民の圧力によって島に閉じ込もり、国風文化や江戸文化をつくりあげ、物産の輸入代替化を完成させた。[11]日本の古代から近世までの国家形態を決定したのもまた海の彼方からくる外圧への対応であった側面は否定し得ない。

海洋と近代日本との関係からみて興味深い文献に『米欧回覧実記』がある。一八七一年に岩倉具視、伊藤博文、大久保利通、木戸孝允等が西欧を調査旅行した帰途、アジア諸国に立ち寄った際、次のように述べている。

日本ヨリ程ヲ数エ起セバ、横浜ヨリ神戸、長崎ニ小停シテ、上海ニ赴キ、或ハ南海ヲ截《きり》テ、香港ニ達ス、支那南部ト物産ヲ交易スベシ、香港ヨリ南ハ、新嘉坡ニテ、南洋熱帯ノ物産ヲ交易スベシ、(中略)熱、中、寒ノ三帯ニ、各其土宜アリ、各国域ヲ異ニシテ、生意従テ異ナルハ、天ヨリ貿易ノ利ヲ生民ニ与エテ、相競イ相励マシムル所ニテ、深ク注意セザルベカラザルナリ、(中略)今日本ノ民、方ニ外航ノ緒ヲ、西洋人ヨリ誘啓セラレ、争ウテ欧洲ニ赴キ、而テ印度南洋ハ、眼孔中ヨリ脱去シタリ、殊ニシラズ、国民ミナ貿易ヲ勉メ、工芸ヲ興スハ、未ダ欧洲ニ至ラザル半程ノ地ニ、利益ノ伏蔵スル甚ダ夥多シキヲ（中略）其地理物産ヲ記スル、此米欧実記ノ如キモノ、森出ズルニ及ンデ、始メテ日本富強ノ実ヲミルベシ、因テ姑ク両府ノ大略ヲ記シテ、其嚆矢ノ人ヲマツ(12)

アジアは気候帯が多様で、多くの物産を産出している。日本人はそれに気づかず西欧に貿易の利を求める傾向にある。しかし、アジアにこそ貿易の利益が潜在的に存在しているのであり、アジアと貿易を行なって富を貯える必要があると記されている。西欧諸国を見聞し、貿易活動の重視、つまり、海洋を通じた経済活動を近代日本の国家形成のための原動力にしようと考えたのであろう。今日、アジア海域で海洋貿易の拠点の一つであるシンガポールについて次のように述べている。

気候ハ甚ダ酷烈ナラズ、終年快暢ナリ、此埠頭ヨリ、西ハ印度、東ハ支那、呂宋、南ハ爪哇、豪斯多剌利洲ヘ郵船ヲ出ス、四達ノ要港トナリ、東南洋ヘ貿易往来スルモノ、最モ注意スベキ地トス(13)

使節団はアジア間貿易の重要地点として、シンガポールを位置付けている。しかし、中国に対しては軍事費に多くの財政資金を使いすぎるとして以下のように批判している。

東洋ノ政府ハ、貿易ニ注意薄キノミナラズ、却テ之ヲ妨害シ、自ラ国勢ヲ衰滅セシムル(14)

欧米を旅行し、国の富は陸地に資源があるかどうかによるのではなく、国民の勤勉性に由来する(15)と考えた使節団は貿易の重要性を以下のように論じている。

呂宋ト台湾トハ、南北ヘ海ヲ隔ツル五十里〈日本里、下同シ〉ニスギズ、台湾ハ福建地方、及ビ琉球諸島ト、東北相距ル各五六十里ニスギズ、琉球諸島ヘハ、石矼ヲ海ニ布ケルガ如ク、薩摩ノ屋久島ニ接ス、固リ航海往来スルニ難カラズ（中略）天ヨリ両地ノ民ニ、其交際貿易ノ端ヲカヽゲテ、黙示セル甚ダ著シキヲ悟ルベシ（中略）台湾ノ石炭、未ダ上海ニ輸スルヲ聞カズ、馬尼剌《マニラ》ノ洋藍《ようらん》、長崎ニ来ルコトナシ、国人ミナ貿易ノ利ヲ説ケドモ、此ニ考ヲ知ラズ、直ニ海外万里ノ欧米ヲ望ムハ、所謂ル道ハ近キニアリ、反テ之ヲ遠キニ求ムルト謂ウベシ[16]

東アジア諸地域は島嶼の連なりであり、航海する際の寄港地として島嶼は適しており、島嶼を利用した貿易の可能性について述べているところが興味深い。シュミットやブローデルのように、海上交通路の拠点として島を考えている。以上のように岩倉使節団は欧米諸国を視察し、近代国家日本建設の参考にしようとした。世界各地で確認した事柄は、貿易による経済発展であり、特に日本と同じ島嶼であるイギリスにおいてその自覚を深くした。

このような見方は島嶼経済を考察するにおいても重要である。沖縄はアジアの海において相互に錯綜する中国型華夷秩序と日本型華夷秩序に属することにより島嶼経済を維持してきた。一九世紀には日本の一部となり、海外、日本列島への移民を通じて海洋がもつダイナミズムを利用した。

海洋からみた島嶼

川勝は海洋の中に存在する島嶼の積極的な側面について次のように論じている。島々はそれぞれが島と島との掛け橋であり、また島自体において独自の価値をもつ。日本列島もアメリカ、中国、ロシアという大陸にはさまれた場所であるがゆえに、個性ある文化を作り上げることができた。帝国の時代は終わりをつげた。大陸中国も島国シンガポールも平等であり、世界の諸国家がそれぞれ自立しつつ、かつ他国の媒体として相互依存する島的存在になった。[17]現代世界はボーダーレスの時代である。ボーダーレスを存立の基盤としてきた島嶼が主役になる時代である。

政治より経済、国家より地域、制度より人、閉鎖性より開放性が重要になってきたことが、シンガポール、香港、台湾の急激な経済成長の背景にあると考えていい。現代的な形で開放性をもたらすには航空、海運上のネットワークだけではなく、情報、通信上のネットワークも必要となり、そのことによって島嶼が物産、情報の発信源となる道が開ける。(18) 現代世界経済において日本、シンガポール、香港、台湾等の島が脚光を浴びているのも、ボーダーレス時代という世界史の転換点に現代がきているからである。このような時代状況を利用しうるのは一部の島だけに限定されるのではないだろう。ＮＩＥＳや日本と同じ島といっても、沖縄は地理的、政治経済的、歴史的な状況が非常に異なっているものの、「政治より経済、国家より交易、制度より人、閉鎖より開放性」という世界史の転換期において島嶼が自立的発展を可能にしえる時代になったといえる。

島は川勝の指摘するような可能性をもつ。他方で、海洋の中に島嶼が存在することで被る負の側面については柳田國男の見解が注目に値する。島には陸地続きの隣国が存在しない場合が多く、島内に人は定着しやすく、人口も増加する傾向がある。外へ出ていくことは容易でなく、したがって島内部で闘争が起こりやすい。これを平和的手段により解決しようとすると陰謀が生じ、外国の加勢によって争いを鎮めようとすると、また犠牲も多くなる。例えば、沖縄の少数の者が日本本土商人の手引きをして、同胞から利益を貪ったことが沖縄経済問題の根本にあったと柳田は指摘する。(19)

さらに島は海に閉ざされ、天候に影響され、地味も貧しいため、生産活動に大きな制約がかかる。半面、消費の様式と選択は島以外で発生する時代の流行に支配されており、島内の生産とは釣り合わずに消費量が増大する。このような島嶼の経済的問題は島嶼の規模が小さくなればなるほど大きくなりやすい。沖縄本島の南方には宮古、石垣の群島がある。琉球王国が沖縄県となる五〇〇年前から苦しい孤立状態に置かれていた。石垣島にはさらに波照間島、与那国島という属島があり、宮古島には多良間島という属島があった。その多良間島には更に

水納島《みんなじま》という属島があった。(20)

島嶼内部における争い、外部勢力と島内資本による経済的支配、消費性向の強い経済構造等の問題がある。それらの問題は島の小ささに比例して深刻になる。海の回路は経済発展の媒体であると同時に、外部資本による支配を島嶼にもたらす路でもある。また、海の回路から孤立することで、島は閉ざされ内紛が激しくなり、経済的貧困状態に至る場合もある。

海洋と島嶼との関係をみると、海の回路に乗り、ネットワークにより経済発展が可能となる場合もあるが、反面、海により島が閉鎖され、貧困が発生することもある。この二つの側面の間にあって、いかに海のネットワークに島嶼を乗せるか、いかに島嶼内部の生産性を高めるかという問題の解決が島嶼経済論の大きなテーマとなるだろう。

第二節　中国型華夷秩序と琉球経済

中国型華夷秩序と琉球

本節以降において論じる琉球史の時代区分は次の通りである。一二世紀から一六〇九年までは古琉球時代であり、同時代において三山（中山、山南、山北の小王国）時代を経て琉球王国が成立し、先島や奄美諸島が王国の一部として統合された。島津氏が琉球に侵入した一六〇九年から一八七九年の琉球処分までは近世琉球時代であり、島津氏による間接統治下におかれた。一八七九年から一九四五年までは近代沖縄時代であり、沖縄県として日本国の一部となった時代である。一九四五年から現代までは戦後沖縄時代であり、一九七二年までは米国の統治下におかれ、七二年の日本復帰以後、再び、日本国の一部となった。

本節で論じる中国型華夷秩序、日本型華夷秩序は、琉球が海の回路に乗り経済発展を行なうための制度的枠組みとしての機能を果たした。また、琉球型華夷秩序は琉球諸島内の島嶼間交易を促した制度的枠組みであった。

中国型華夷秩序をアジアにおける国際システムの原理として考えた代表的論者は浜下武志である。その華夷秩序は朝貢冊封関係という外交関係、貿易関係によって維持される。中国という中核国を中心に様々な諸国家がシステム的に序列化され、決められた通商路、貿易港を通じて朝廷に対する儀礼や、経済活動が行なわれた。中国型華夷秩序は中国を中心とした縦の関係だけでなく、朝貢国相互の儀礼的、経済的関係も組織化され、アジア域内の分業と利益の蓄積を可能とした地域システムである。

例えば、中国朝廷に対する貢ぎ物に対して回賜品が与えられた。それは対価の支払として考えられ、朝廷が一種の経済主体として存在していたといえる。対価の基準は北京の価格であり、中国貨幣によって支払われた。つまり、アジア型世界秩序が中国の価格体系により調整されており、また、中国貨幣がアジア各地に散布されることで、銀や銅の決済圏が形成されていたのである。回賜品の価格が市場価格より低くなったり、紙幣価値の下落によって朝貢国が損害を被った場合もあった。だが、朝貢国は私貿易を拡大させることにより利益を得ることが可能であった。また、中国は新大陸や日本から銀や銅を吸収することによって朝貢貿易を金融的に保証した銀や銅の決済制度を維持した。清朝においてシステムとしての朝貢体制は次の理由でより顕著になった。（一）朝鮮、日本、越南においても華夷秩序観が登場し、中国の統合理念がアジアに拡大した。（二）西欧諸国の参入によって朝貢貿易が拡大した。（三）朝貢貿易の内部で私貿易が活発に行なわれ、決済制度や徴税機構が充実するようになった。(21) このようにアジア型世界秩序の中の他の核である日本や、西欧諸国との経済交流を通して中国型華夷秩序の枠組みが確立され、その枠組みの中で経済活動が活発に行なわれていた。

佐藤幸男は次のように、アジア型世界秩序における内発的な海の運動原理と近代世界システムとを対照的な動きであると指摘している。多島海ネットワークにおいては人、物、情報の移動がもっぱら交易を生業とする人々の手で行なわれていた。このような海の世界の伝統文化は海路、河川、河口等に権力の中心を置き、東南アジア、インド、アラブ、中国、東アジアを緩やかに結び付けた。結び目としての文化は大中心-副中心-小中心という秩序観をもつものである。その秩序観は幾つも輻輳する惰弱なネットワークを形成し、物産の移動も略奪的なものではなかった。しかし、近代世界システム下の近代国家が強固な商品移動の方式を海洋世界にもちこみ、「領域国家」、「公海」という西欧原理によって海を囲い込むことで、多島海ネットワークにかわる近代世界システムを海洋世界に投影した。(22)海洋世界の交易ネットワークが支配と搾取の関係ではなく、互いに物産や文化を交換しあう活かし合いの性格をもつものであり、経済利益が一方的に集中される近代世界システムとはこの点が大きく異なる。

佐藤によればアジア地域における国際関係は政治的、社会的、文化的な多元性をもっている。その理由として次の諸点を挙げている。(一)多数の宗教文明の洗礼をうけ、それと土着の文化を融合することで文化的多元性の素地を形成した。(二)西欧列強間の相互調整がアジアにおいては欠如したために植民地支配の形態に多様性が生じた。(三)中国の朝貢体制が朝貢国の多様性を許容した。(四)自然発生的な経済地域が存在し、局地的経済圏を幾重にも含んでいた。つまり、様々な社会の歴史や政治、文化に大きく規定された経済がアジア地域の国際関係がもつ多様性の源泉であり、経済は「社会の中に埋め込まれていた」のである。このような地域社会の多元的構造を導きだす糸としてネットワークがある。それは統治機構としての国家と、民衆の生活世界としての社会とを結びつける働きをする。このネットワークは貿易、移民、送金や決済、情報伝達からなり、異文化交流を促進させる圏域を構成する。ネットワークは各地に貿易センターを形成する。貿易センターの下で、遠隔地間の大量の商品移動を必要としない緩やかなネットワークと豊穣な文化を内包した貿易活動が行なわれた。(23)

佐藤は華夷秩序を横方向に伸びるネットワークとして示した。近代世界システムではシステム間の分業と、資本蓄積による余剰吸い上げを基軸としてシステムが形成された。アジアにおいては各地に張り巡らされた様々なネットワークが経済利益を周辺地域へ分配したのである。近代世界システムとの違いはその他に、中国に対する朝貢の度合いに示されるような中国への忠誠度に応じてシステム内における位階が決定されるということである。資源賦存量の少ない琉球は、航海術、交渉力という技能の修練により朝鮮に次ぐ地位を占めることができた。また、日本は足利義満の頃に中国の朝貢体制に入り、近世鎖国期において独自の華夷秩序を形成し、アジア型世界秩序のもう一つの核となった。

以下、琉球からみた中国型華夷秩序の経済的意味について論じてみたい。そもそも中華思想とは五経の一つである『春秋』に起源をもつ。夷狄とは中華（または華夏、中国）の対立概念であり、人倫を知らない存在をさす。華夷秩序観とは、中華がもたらす徳化により夷狄は中華の恩恵に浴することができるという儒教倫理に基づいた世界観である。文明国に対し野蛮国が朝貢し、冊封してもらうという儀礼関係が不可欠な要素であり、文化的に中国は周辺諸国・地域を統治しようとした。原則的に中国は朝貢国の内政に干渉せず、各国の政治経済的自立性に寛容であった。

このような華夷秩序観を周辺地域に共有させる動機付けとして中国は貿易という経済的回路を用意した。その端緒になったのが宋代における海洋帝国の形成である。宋代に遼、西夏、金、蒙古、西域諸国、西南諸部族、日本、高麗、南海諸国との間の貿易が盛んになった。特に遠洋航海は唐代まで外国船に依存していたが、宋代になると東アジア、東南アジアの諸海域に中国船が進出した。また、閩商《びんしょう》、閩賈《びんか》、閩船《びんせん》とよばれる福建出身の商人の活動が社会的に注目されたのも宋代である。宋代に福建は進士合格者を多く輩出し、中央政界に福建勢力を築くとともに、思想界でも朱子学が台頭してきた。[24]南宋政権の海洋帝国化の背景には当時の内陸水運コストが陸運コストの三~四割安く、海運コストが陸運コストの七~八割安いという経済的な理由の他に、貿易により女真族及びモンゴル族との戦争に必要な費用を賄わなければならないという事情があった。南宋政権の財政収入の二〇%は海上貿易からもたらされた。[25] こうして宋代から福建が中国の対外進出の拠点となった。西欧世界において海運の方が陸運よりも経済的コストが安かったことがイギリスのフランスに対する優位を導いた。中国においても同様であり海を舞台として貿易が盛んに行なわれていた。

南宋の興隆は同時期の他王朝の勃興とも連動していた。インドシナ半島のアンコール王朝とパガーン王朝、シュリービイジャヤ王国、南インドのチョーラ王朝、エジプトのファーティマ朝等である。このような南シナ海海域世界やインド洋海域世界における王朝が勃興した大きな理由に中国ジャンク船による貿易活動がある。東南アジアの一一世紀における貿易活動を詳しくみてみよう。桜井由躬雄によれば東南アジアは次のような海域に分けられる。南シナ海海区の東岸では占城王国がチュオンソン山脈の沈香交易を独占しており、西岸ではフイリピン群島の麻逸《マイツ》国が東インドネシア海やスラウェシ、モルッカ、ジャワ等の物産を中継し、渤泥《ブルネイ》がボルネオ島の物産の集積所になった。そしてタイ湾海区ではクメールに大陸東アジア平原の物産が集まった。ジャワ海亜海区ではマジャパイト朝ジャワ王国が中国で需要された胡椒の供給を担っていた。マラッカ海峡亜海区の三仏斉《パレンバン》にはアラブ諸国、東地中海、インドの物産が集積されていた。その物産は中国船に販売されており、中国船が積載した物産はベンガル湾に運ばれていた。[26]

南シナ海海区における貿易秩序の完成は宋代である。市舶司という貿易官を中心に管理貿易が行なわれていた。管理貿易の内容は関税の徴収と一部高額輸入品の専買からなっている。宋代の南シナ海商業秩序は、南シナ海海区と、インドネシア海海区が福建沿岸や広州にある貿易拠点と結ばれた結果生じたものである。その求心力は中国のもつ広大な市場から生じており、ジャンクを操縦する中国人の技術と組織が貿易圏の形成を可能にした。[27]

宋代に中国人の需要に応じて物産が東南アジア諸国で分業的に生産、分配されていた。貿易業者だけでなく、管理貿易を行なう国家も貿易利潤を吸収する体制ができていたことは注目すべきことである。このような貿易の回路が整っていたからこそ琉球が東南アジア諸国へ航海することが可能となり、管理貿易という貿易制度を導入し、貿易利益によって王国の経済的基盤が形成されたといえる。

中国型華夷秩序と古琉球

一四世紀はユーラシア大陸全体にわたって危機状態が生じていたが、その中で明国と琉球との政治経済的関係が始まった。一四世紀半ば、中東では疫病により人口の約三分の一が死亡し、中国では明国が成立する過程で人口が約一億二千万人から約六千万人に半減し、日本では南北朝の乱が始まった。[28] この時期、琉球においても中山、山南、山北という小王国が対立していた。一四世紀の危機を克服するために自国の勢力を拡大していた明国の求めに応じて、一三七二年に中山が明国との間に朝貢関係を結んだ。

その後、航海に必要な船舶や航海術や外交交渉に熟達した中国人を朝廷から授かることで、海洋国家琉球としての性格を明らかにしていった。三山（中山、山南、山北）の中で最も活発に貿易活動を行なった中山が一四二九年に琉球王国を統一した。三山時代から統一王国初期において外交文書作成、船の操縦、通訳等の職務は中国人に大きく依存していた。王府とは別に王相府が設置され、その官吏も明皇帝によって任命されていた。王相府そのものは明朝に存在していたが、一三八〇年に廃された。しかし、琉球においては王相府が残り、中国型華夷秩序との結びつきを象徴する機関となった。王相府の長官である王相の中でも大きな力をもっていたのが懐機《かいき》である。次に懐機が三仏斉国にあてた書簡を引用したい。

琉球王国時代の貿易船(「琉球貿易図屏風」より)

琉球国王相懐機、端粛して、書を三仏斉国旧港僧亜剌呉閣下に奉る。宣徳四年〔一四二八年〕六月より、貴国の遣わし来たる財賦察陽等本国船隻に附搭して、箋文、礼物を斎捧して彼に到るを蒙る。これを蒙けたり。本国の人船多く管待を蒙り、買売を寛容され、貴国の奇異の罕物《たからもの》を承恵け、并びに卑爵に奇物を賜いたれば、速やかに類進を行なうべし。(中略)正使歩馬結制等を遣わし、礼物を管送し、人船に領駕して、来使の蔡陽

泰を護送して回国す。就ち尺楮を備えて前み詣りて拝謝し、少しく遠意を伸ぶ。万望わくば収納せられよ。煩わくば四海一家を念ぜられよ。いま去く人、時として磁器等の物を装載すれば、煩為わくば買売を寛容せられ、風信に趕趁して回国せしめられよ。いま礼物をもって后に開坐す。草字不宣。伏して照鑑を乞う。

いま、開す　馬二疋

閃色段十匹　段五疋

羅三匹

宣徳五年十月十八日

王相懐機。(29)

この資料は『歴代宝案』という琉球王国の外交文書からのものである。原文は中国語であり、三仏斉側の書簡の受取人も中国人である可能性が大きく、漢字文化圏の中で政治経済活動が行なわれていた。中国商品である磁器が礼物とは区別された売買の対象物としてみられており、一方で南方の物産の入手が期待されている。また、「四海一家」という言葉は『歴代宝案』に収められている他の琉球側が作成した文章にも頻繁に出てくる。南方物産を安価で大量に仕入れて、これらを北方（朝鮮、日本、中国）で売り、または、対価物と交換するうえで南方物産は非常に重要であったために、琉球は次に引用するように粘り強く、私貿易をシャム国に求めた。

奉献の事畢り回国して告称するに、所在の官司の言を蒙るに称すらく、礼物少なれば以て磁器を官買するを致す。又禁約ありて本処にて蘇木を私売するを許さずと。倶に官売を蒙れば、その船銭を補わんことを要むとあり。切に照みるに事は艱緊にあり。深くこれ損あり。往来するの人員をして告げて施行を乞わしむ。当に王の令旨を敬奉するを蒙るに、何すれぞ早く説わざらんや、惶恐これ甚しきなり。今より後、去く船は礼物を加感して奉献し、以て遠意を表すべしと。此を敬み外除に永楽十八年より今に至るまで、礼物を加感し、佳期巴那、通事梁復等を遣使し、船隻に坐駕して、海洋を経渉せしむ。ややもすれば数万余里、風波を歴渉して十分艱険なり。[30]

これは一四二五年に国王尚巴志《しょうはし》がシャム王に送った書簡である。シャムでは政府によって貿易活動が行なわれており、貿易実務は全て中国人に任されていた。シャム政府が貿易品を委託売買によって交換した。琉球は私貿易を求めるために一四三〇年にシャムへの航海を中止するというサボタージュを行なった。その後、三仏斉から戻った琉球使節の報告でシャムが官売買を行なわないということを知り、一四三一年にはシャムへの航海を再開した。[31] このように執拗に私貿易を求めたのは南海物産が非常に大きな利益を生んでいたからである。東恩納寛惇《ひがしおんなかんじゅん》の計算によると胡椒の場合、明国による買上げ価格は現地買付け価格の約七〇〇倍から約八〇〇倍にもなり、蘇木も同様な利益が見込まれていたという。(32)このような貿易活動による経済的利益を基にして琉球国内に長寿神社、円覚寺、方蔵経堂等の多くの寺社が創建され、巨鐘や貨幣の鋳造が行なわれ、金・銀・銅の簪の制度等の国家諸制度が整えられた。

引用文の中の礼物とは主に日本産の刀剣や扇、中国産の磁器や絹織物、琉球産の硫黄や馬等であった。シャムを含めた南海諸島は次のような返礼物を琉球に送った。それは胡椒、蘇木、象牙、犀角、沈香、壇香、束香、珍禽類、錫、南蛮更紗、酒類、薔薇露水等である。さらに私貿易の対象となる附搭物(進貢船に積み込んだ公貿易品)が磁器を中心に南海諸島に運ばれ、胡椒や蘇木等と交換された。(33)琉球は南海諸島の様々な国と貿易を行ない、アジア間分業体制から生じた利益により島嶼国家の財政基盤を確立した。トメ・ピレスは一六世紀初頭の琉球または琉球人について次のように述べていた。

われわれの諸王国でミラン〔ミラノ〕について語るように、シナ人やその他のすべての国民はレキオ人について語る。かれらは正直な人間で、奴隷を買わないし、たとえ全世界とひきかえでも自分たちの同胞をうるようなことはしない。かれらはこれについては死を賭ける。レキオ人は偶像崇拝者である。もしかれらが航海に出て、危険に遭遇したときには、かれらは、「もしこれを逃れることができたら、一人の美女を犠牲として買い求め、ジュンコの舳で首を落しましょう」とか、これに似たようなことをいって〔祈る〕。かれらは色の白い人々で、シナ人よりも良い服装をしており、気位が高い。(中略)レキオ人は自分の商品を自由に掛け売りする。そして代金を受け取る際に、もし人々がかれらを欺いたとしたら、かれらは剣を手にして代金を取り立てる。(34)

この文章から読み取れることは、レキオ人(琉球人)が民族的団結力に基づいて、掛け売り等の商業方法を駆使し、利益を求めた姿である。レキオ人の偶像崇拝とは福建伝来の天妃信仰(福建省に起源をもつ、航海の安全を祈

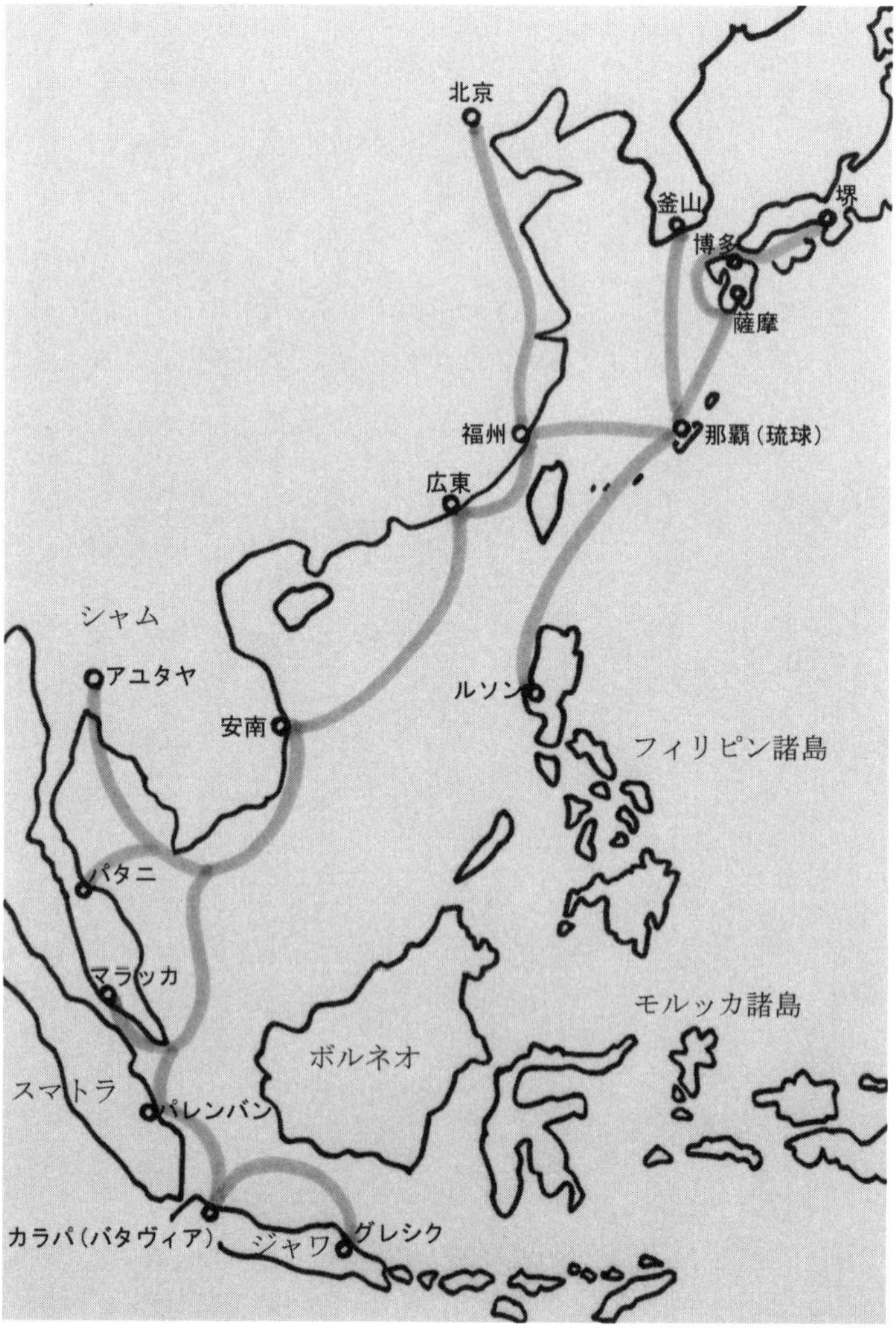

琉球王国による対外交易

る海神信仰）のことである。華人が定住するアジア諸地域と同じく琉球にも天妃信仰の拝所が設置されていた。

琉球人が利益の追求を行なった場所は南海諸島に限定されず、中国に対しても同様な価値観をもって臨んだ。次の引用文は一五世紀中期に琉球を統治していた尚徳《しょうとく》王（一四四一〜一四六九年、第一尚氏第七代王）から礼部宛の文章である。

一件恩を乞うの事。切に照らすに本国は太祖高皇帝開基より以来しばしば職責を修め、皆、聖恩を蒙り、附塔の物資をもって数に照らして估価し、永楽通宝ならびに歴代の銅銭を供与せられて回国し、流通使用すれば、方物を収買するにはなはだ便なり。前に王府失火するにより銅銭・貨物はともに焼毀を被り、行使するにたえず、国用匱乏す。近年以来、附塔の物貨はただ絹匹等の貨を給せられて回至す。本国下年の方物を収買するに欠銭す。本国はただ硫黄・馬疋を産するのみにて、その余の物貨は諸番より出ずるによって方物を収買するに、ただこれ銅銭流通すれば便益なるのみ。(35)

銅銭を求めたのは尚徳だけではなく、尚泰久《しょうたいきゅう》（一四一五〜一四六〇年、第一尚氏第六代王）も懇願した。だが、尚巴志《しょうはし》（一三七二〜一四三九年、第一尚氏第二代王）以降は銅銭が与えられなかった。日本もまた同時期に銅銭を得ようとした。新井白石は次のように述べている。

東山公義政の世に奢侈を好みて国用甚だ促りしかば寛正三年〔一四六二年〕文明七年〔一四七五年〕同十五年三度まで大明の天子に銭を賜わるべき由を望請い申さる中にも文明十五年には十万貫をだに賜りなば我国の用足りなんと歎き申されき。(36)

明朝における銅銭不足は世界的な政治経済の混乱にともなって生じた。つまり、一四〇三年から一四二〇年代の間に永楽帝は大規模な築城を行ない、水利や道路等の公共事業を完成させ、軍隊をモンゴルと安南に派遣し、日本、マラッカ、チムール帝国と朝貢関係を樹立し、鄭和の大船隊を東南アジア、中東、東アフリカに七回派遣した。しかし、一四三五年に宣徳帝が死亡した後、大航海を中止し、朝貢貿易の規模を縮小した。王宮の支出を切り詰め、さらに数多くの金銀山を閉鎖した。それとともに一四三〇年代、四〇年代には多くの天災が発生した。同時期には欧州や日本でも天災によって多くの人命が失われた。明国では、銀の採掘減少とともに銅の供給量も少なくなり、貨幣不足が深刻化した。欧州、日本、エジプト、オスマントルコ、南アジア、東南アジア等においても同様な事態が生じていた。(37)一四世紀の危機がユーラシア大陸という広い範囲にわたってみられたように、一五世紀の貨幣不足も世界的な現象であった。琉球もまたこのような世界経済の中に存在していたのである。

琉球の統一も明国が対内的、対外的な積極的進出策を実施していた頃に実現した。対明貿易の内容も、明国の混乱の度合いに応じて変化した。安里延《あさとのぶ》は古琉球期の対明貿易を三期に分けている。第一期は一三七二年から一四二一年までである。この時期は琉球が朝貢船の不足を申請すれば船が福建より与えられ、船の修理も行なわれた。絹ではなく磁器や鉄器を与えてくれるように求めるとその通りになった。船頭、通訳、銅銭も自由に供与された時代である。第二期は一四二二年から一五二六年までである。一四三五年に琉球から明国に派遣される使節である進貢使の数を二八人とし、一四三九年には進貢船を毎年二隻とし、その人員を一隻一〇〇人ないし一五〇人に限定した。さらに、一四七二年には琉球使者が明人と争ったことを理由に朝貢が二年一貢に制限された。先に指摘したように銅銭の供給もこの時期に停止された。第三期は一五二七年から一六〇八年までである。中国船が支給されなくなり、修理も自ら行なわなければならなかった。第二期において琉球貿易船の派遣隻数が毎年平均五・二隻であったが、第三期になると平均二・五隻に減少した。(38)

小葉田淳《こばたあつし》によれば、第一期においては衣冠の給与があった。しかし、一四二六年に琉球が衣冠を求めたのに対し、自ら作れとの回答が下った。明国に対する附塔物の数量も第二期に比べ第三期は少なかった。(39)第三期における附塔物の中で南海諸島の物産はその量と種類が減少し、日本の銅や琉球の布の量が増大した。

以上のように琉球に対する明国の貿易条件が悪化していったにもかかわらず、琉球は利益獲得の余地を追い求め続けた。進貢使と明皇帝との間には進貢物と頒賜物との交換があり、公貿易を行なうために持ち込んだ附搭物に対しては官収買が行なわれた。他方で、官収買により得た貨幣や物産、滞在経費として皇帝より支給された物産の残り、琉球から持ち運んだ物産を売って得た資金を元手にして私貿易が盛んに行なわれた。一三九〇年には琉球人通訳が胡椒三〇〇斤、乳香一〇斤を私的処分財として中国に持ち込んだ。一四三六年に福建の貿易担当官に琉球使節が進貢物しか申告せず、私的処分財としての海螺《つぶ》殻九〇個、海巴《かいは》五万八千個を申告しなかったため担当官によりそれらが没収された。しかし、使節の懇願によりそれらの物産に対して支払いがなされた。[40] 私貿易が盛んに行なわれ、違法行為を行なってまでも中国物産を獲得しようとした。朝貢冊封体制とは小国琉球にとり経済的利益を保証する制度であることがここでも確認できる。

進貢船の図（沖縄県立博物館蔵）

私貿易は北京の会同館（朝貢使節の接待に使った公館）や福建で行なわれた。会同館においては通常国の場合、三日ないし五日しか商売が許されなかったが、朝鮮と琉球に限って期間を制限しなかった。会同館では琉球人が商取引を行なったのに対して、福建では牙行《がこう》と呼ばれる中国人仲介者に購入すべき物産の数量や価格を指定したうえで、購入を委託した。しかし、北京や福建だけでなく中国の他地域にも琉球人が直接出向き経済活動をした記録もある。一四四九年、蔡寧《さいねい》等の使節が皇帝から与えられた絹を所持して蘇州に行き、紗羅と交換した。一四五五年には尚伯礼《しょうはくれい》等の使節が蘇州において紗、羅、段疋《ダンピツ》、釘、麻を購入した。三山時代の一四〇四年にも山南王の使節が白金を持参し、處州にゆき磁器を買ったという記録が残っている。このような使節の私的処分財の持ち込みに対し、明政府は一四七五年にそれを禁じる法令を定めた。しかし、一四九八年にも私的処分財の持ち込みが確認されている。(41) 琉球人にとっては皇帝の命令よりも経済的利益が優先していた。

以上のような琉球の経済活動を保障したのが中国型華夷秩序観という世界認識であった。華夷秩序観は儒教をそのバックボーンとしている。同時に、中国がコスモロジーの中心であると琉球側に認識されていたことも華夷秩序観の形成にとって重要であった。それが明確に現れている文章として以下のものがある。最初に、一四三九年に王相懐機《かいき》が道教の天師府大人《てんしふたいじん》にあてた書簡を引用する。

> 琉球国王相府王相懐機、天師府大人の座前、深く恩を蒙るを感ず。前に符籙《ふろく》はすでに受くるも、不幸にして国王尚巴志、近ごろ薨逝《こうせつ》蒙られ、請いて本国都城外の天齋山縁に葬陵す。及、挙国臣民天に号泣して、深く傷み痛み思うも、幽冥測るなく、遠叩投伏して、大道天師大人の慈に杖《よ》り、上天の老祖天師に転達するをなし、痛哀に下憐し、薦めて天に度生せしめられよ。及いま世子尚忠ならびに機に賜うに科によりて陞《すす》ませて禄を加授すれば、陰陽極りなきの洪恩を享くるに庶《ちか》からん。(42)

尚巴志の転生と尚忠の国王への就任がそれぞれ道教のコスモロジーによって説明付けされている。ここには中国道教の神によって琉球王の就任と故琉球王のあの世への転生が成就されるという考え方がある。中国が有する霊的力の影響の下に琉球が存在していると認識していたことが伺える。次の文は一四五五年に明皇帝が尚泰久にあてた冊封の詔である。

> 天を奉け運を承くるの皇帝、詔して曰く、帝王は天下を主宰するに恒に一視にして同仁なり。藩屏、国

中を表率し、或いは同気もってあい嗣ぐ。朕、恭しく天命を膺《う》け、華夷を撫馭し、諸侯を封建するに遠近を間なし。況や琉球国は遠く海涯に居り、その民を統べしむ。（中略）尚泰久、性質英厚にして国衆帰心す。肆《いま》、特に正使右給事李《り》秉彝《へいい》、副使行人劉倹《りゅうけん》を遣わし、勅を齎《もたら》し、封じて琉球国中山王となす。(43)

明皇帝が世界の華夷秩序の中心に位置しており、辺境にある琉球王は皇帝の諸侯として琉球統治を任されているのだから国王交代も皇帝の命令に基づくという華夷観念が上の冊封の詔に表されている。このような儒教的言説はコスモロジーや国王就任だけに限られたものではなく、外交関係の締結や貿易の実施過程においても不可欠のものとなった。儒教的言説により中国と朝貢国とは取り結ばれた。それは朝貢国間でも共通の「言語」としての役割を果たした。例えば一四三〇年に尚巴志が爪哇《ジャワ》国に発出した書簡をみてみよう。

琉球国中山王、礼儀の事のためにす。遠くより聞くならく、華臣の忠にして、寛仁、大度もて国民を撫し、安泰にして楽業せしめ、四海を懐柔して諸国来帰す、と。乃ちこれ大徳なり。久しく使を遣わして来賀せんと欲するも、奈んせん微国は諸海道の師を欠き、以てかくの如く大義を失うを致す。いま、すこぶる水道に暁るきの人あり。聊か菲儀《ひぎ》を備え、特に正使南者結制《なんしゃうつち》等を遣わし、船に駕して礼物を斎送し、前みて貴国に詣りて奉献し、少しく芹忱《きんちん》の意を伸べんとす。幸希わくば収納せられよ。(44)

琉球と爪哇とは言葉、風俗、政治形態も異なり、距離も非常に離れているため、本来なら両者には接点がなく、相互の間に何らかの関係性が生じることはないように思われる。しかし、共通言語として中国語が存在し、相手に対して礼をもって接するという対外関係における平等性と友好性が儒教倫理によって保証され、華夷秩序観念が中国を中心に同心円的に拡大したことで相互に関係性が生じ、それに基づいて広い空間における経済活動が可能となった。

つまり、琉球にとり中国型華夷秩序観は市場の拡大をもたらし、利益獲得の機会の増大を約束したという意味で、島嶼という地理的限界性をこえさせる制度的な枠組みを与えたといえる。観念は観念にとどまらず、経済活動を方向づける制度として大きな意義をもっていたのである。例えば、胡椒の明国における買い上げ価格が仕入れ価格の約七〇〇倍から約八〇〇倍もしたことから明らかなように、アジア各地の物産の価格差を利用して得た経済利益をもとにして、様々な寺社、貨幣、巨鐘等を造り、国家制度を整え、奄美諸島や先島併合のための軍資金とした。貿易活動により琉球王国の政治経済体制が確立されていた。

尚　真

尚泰久王・尚真王の経済政策

古琉球における経済思想を論じるにあたり、いわゆる経済思想家と呼べる人物は見あたらない。しかし、尚泰久《しょうたいきゅう》王、尚真《しょうしん》王（一四六五〜一五二六年、第二尚氏第三代王）の経済政策を通して同時代の経済的思想を検証してみたい。両王は、古琉球期における貿易活動を発展させたうえで画期的な役割を果たした。

様々な考古学的調査からも明らかなように、海を移動しての物産の交換活動は太古から琉球の人々にとり不可欠な経済活動であった。琉球がアジア型世界秩序に参入して貿易国家として出発するのは、一三七二年に中山王察度が明国と朝貢冊封関係を結んだ時からである。しかし、察度《さっと》王（一三二一〜一三九六年、中山王）から尚金福《しょうきんぷく》王（一三九八〜一四五三年、第一尚氏第五代王）までの約八〇年間、亜蘭匏《あらんぼう》、程復《ていふく》、王茂《おうも》、懐機等が王府とは別組織であった王相府の長である王相に就任した。その任命は明国皇帝によってなされた。先に指摘したように、王相は対外貿易の交渉や実施の責任者であり、海洋国家において大きな位置を占めていた。この王相制を廃止し、琉球人主導による国家運営を宣言したのが尚泰久である。(45)大世通宝を鋳造し、首里城正殿には琉球の海洋思想が明確に記された鐘が吊るされた。その鐘銘の読み下し文を以下に引用したい。

> 琉球国ハ南海ノ勝地ニシテ、三韓ノ秀ヲ鍾《あつ》メ、大明ヲ以テ輔車《ほしゃ》トナシ、日域ヲ以テ脣歯《しんし》ト為ス、此ノ二ノ中間ニ在リテ湧出スルトコロノ蓬莱島ナリ、舟楫《しゅうしゅう》ヲ以テ万国ノ津梁《しんりょう》ト為シ、異産至宝ハ十方刹ニ充満セリ、地霊ニ人満チ、遠ク和夏ノ仁風ヲ扇グ、故ニ吾王大世主、庚寅ニ慶生セル尚泰久、茲ニ宝位ヲ高天ニ承ケ、蒼生ヲ厚地ニ育ス……。(46)

琉球側からみた世界認識は決して東アジアの大国の属国としての琉球ではなかった。むしろ、ここに引用した鐘銘に見いだされるのは、中国と日本と対等な立場で、それらの国を琉球存立のために利用しているという見方である。そこには弱小国の卑屈さはない。危険を冒しながら航海をしているという海洋民の誇りがある。その誇りは海の回路に乗って獲得した豊かな経済的利益に裏付けされたものであろう。

琉球人主導の貿易運営といっても、久米村に住む中国人に外交文書作成や航海等を任せたり、日本との貿易には在琉の日本人僧を仲介役とした。さらに、中国の最高学府の国子監に官生、勤学と呼ばれる留学生を送り込んだ。官生は中国政府が財政的負担をする官費留学生であり、総数八一人であったのに対し、勤学は私費学生であり、総数約一、二〇〇人にも及んだ。以上のように、技能を持った人物を国家規模で育成して、彼等を東南アジア、中国、朝鮮、日本等に派遣し、物産の価格差を利用して経済的利益を獲得したのである。

その際に、海禁という中国の貿易政策を利用したことが琉球繁栄の一因となった。ただ単に時代的条件が有利であったから琉球の貿易活動が可能になったのではない。時代的状況をよみとり、海の回路を活用するために中国人や日本人の特殊技能者を採用したり、琉球人の技術を向上させる等、王府の積極的な政策が大きな役割を果たした。

尚真王代においても頌徳碑文の中に「堅牢国家、津梁万国」と刻まれており、琉球が貿易国家であると認識されていた。一四七七年から一五二六年まで統治した尚真王が行なった事柄で特筆すべきことは、次のように国家としての琉球の政治的基盤を固めるための政策を実施したことである。

(一) 金・銀・銅の簪や六色のハチマキによって官位の等級を明らかにし、政府内に秩序をもたらした。

(二) 按司(地方豪族)の首里居住を命じた。それとともに、石垣島の総大将アカハチ・ホンガワラを征した後、宮古島、石垣島に王府の支配機構を設置し、国内体制を固めた。百浦添欄干碑には次のような文が記されている。

　専ら刀剣弓矢を積んで以て護国の利器となす、此邦財に武器を用いる、他州の及ばざる所なり[47]

つまり、尚真王は、按司を首里に集めた際に武器を取り上げ、島内抗争を未然に防ぐべく努めた。他方、那覇港入口の三重城《みえぐすく》、屋良座森城《やらざもりぐすく》には砲台が設置され、外敵の侵入に備えた。

(三) 明への進貢回数を三年に一度から一年に一度に増やし、明からの冊封使をもてなすための音楽、酒宴を充実させた。進貢回数を増やすことで、貿易国家琉球の経済的基盤を固めるとともに、来客をもてなすための文化の発展にもつとめた。

尚真王の政策の中には八重山諸島の暴力的統合という強圧的な性格をもつものがあるものの、武器の所有を禁止して内紛の発生を防ぎ、国内の安定を維持することでアジアの貿易中継地としての価値を高め、資源のほとんどない島嶼国を存立させるという独自の戦略が見いだされる。平和と経済発展は古琉球時代から緊密に結びついた課題であった。

尚泰久王や尚真王とも中国の朝貢冊封体制を利用して資源のない島嶼国琉球の経済的繁栄を実現し、国家体制を整えるための経済政策を実行したのである。

中国型華夷秩序と近世琉球

一六〇九年に薩摩による軍事侵攻をうけてから一八七九年に沖縄県になるまでを近世琉球という。薩摩入りの直後一六一二年に一〇年一貢に朝貢回数が制限されたが、琉球の嘆願により一六二二年には五年一貢、一六三三年には二年一貢に戻った。一六四四年に明が滅び清が誕生した。その移行期において琉球の貿易国家性が如実に現れた。王府の正史『球陽』には明清移行期における琉球に関して次のような記述がある。

世祖章皇帝、兵乱を掃靖し、遂に宝位に登り、以て天下を有つ。号して大清と曰い、順治と建元す。翌年、明朝族氏弘光、復、福建に位を定め、特に、福州左衛指揮花火恩を遣わし、勅を齎らして国に至り、詔して登極の事を告ぐ。王、毛大用等を遣わし、慶賀入朝す。丙戌の年に至り、隆武、弘光に継ぎて立つ。復、指揮閔邦基を遣わし、中山王に諭告す。王舅毛泰久等を遣わし、閔に赴きて、隆武の即位を慶賀す。公事已に竣り、其の秋、将に回返せんと欲し、行きて閔安鎮外、琅崎地方に到らんとするや、時に、清朝大将貝勒、兵を率いて閔に入り、隆武を攻め滅して天下大いに定まる。是れに由りて、長史金正春・都通事鄭思善・火長陳初源等、衣を改め、髪を剃りて、先づ福省に入り、貝勒に拝謁して、球国投誠の事を稟明す。(48)

琉球は明朝、清朝双方に対して慶賀の礼をとった。清朝が最終的に国家統一に成功すると、満州族に合せた風俗に身を変えて忠誠の意を示した。明清移行期における経験を基にして、変更後の中国朝廷への忠誠を常に書き記すことができるように空道とよばれる白紙を進貢使は用意するようになった。このように琉球は中国を統治する民族が漢民族であるか満州民族であるかに関係なく、貿易の制度的枠組みを与えてくれる中国型華夷秩序が保持されることを重視した。

中国から琉球に冊封使が派遣されたが、彼らの報告書によれば琉球の日本への臣属化を示す証拠を琉球滞在中に認識しながらも、朝廷に報告しなかった事実が明らかにされている。このように中国側も自らの華夷秩序を維持するために日本による琉球支配を見逃していた。(49)次のように一六四四年の時点においても琉球は有利な貿易条件を要求していた。

小国三十余島、海藩に僻居し、痩地荒地士、別に産する所無し。男女只だ紡織して生を営むを知るのみ。通国の衣食は、全て寸糸尺縷も皆、天朝より給せらるるに頼ること、将に三百年に及ばんとす。(中略)今白糸を禁ぜられて男女驚惶し、生を度《わた》ること能わず、人々困苦哀々して臣に求む。琉球は則ち天朝の属国にして、人民は即ち朝廷の赤子なり。報いざるを得ず。方に敢えて屡々祈りて已まず。君父の前に瀝情し、部に勅して再び酌議を賜い、旧例に俯准せられんことを懇恩す。進貢の年に遇う毎に、互市貿糸し、価は毎両輸税三分、数に照らして報税せば、朝廷浩蕩の恩波に沐し、臣賢が小国をして、悠久に踊躍するに庶からん。(50)

この『歴代宝案』の文で注目すべきことは、琉球が資源のほとんど存在しない島嶼であることを琉球人自身が自覚していたことである。島嶼としての王国を存続させるためには貿易が非常に重要であり、糸貿易の再開を強く求めることになった。近代世界システムでは中核国と、半周辺諸国や周辺諸国との関係は経済的搾取と被搾取の関係である。中国型華夷秩序では道徳的に優れたものは弱者を救うという倫理観があり、それは建て前だけに終わらず具体的に実行しなければならないという論理がはたらいた。つまり、経済的に不利な状態に置かれた時には道徳的言説を使うことにより経済的有利性を獲得する道が開かれていた。華夷秩序観は華が夷に対して道徳的に優れているという考えに基づいており、華は自らの徳性を示すために夷に様々な恩恵を与えるという性格をもっていた。

一六八八年に清国は進貢船の定員を一五〇人から二〇〇人に増やすことを認め、接貢船への課税を止めた。その理由として康熙帝は呉三桂等が謀反を起こした時に安南は呉に忠誠を示したにもかかわらず、琉球は従わなかったからだと述べた。しかし、先に論じたように中国の朝廷変更にたいして琉球の対応が敏速であったことにより、康熙の信用を勝ち得たのである。琉球側もまた臣下としての義務を言葉で述べるだけでなく、一五九二年のことではあるが、次のように明国に日本の情報を流すことで実際に忠誠を示そうとした。

関白は自ら王たりて、船万隻を造り、倭国六十六州に盤糧を分備し、各々船隻に駕して、限るに本年初冬をもってして、路、朝鮮国を経て、大明に入犯するの事情あり。飛報せらる。これがために、先ず使者守達魯、冠帯舎人梁守徳、火長鄭思存等を遣わし、咨文一道を斎捧し、水梢一十五名を卒領し、小船一隻に坐駕して、前来して通報せしむ。(51)

琉球は明国に情報を提供すると同時に、他方において日本の朝鮮出兵のための食料を提供している。中国と日本双方に対して忠誠を果たすことで小国琉球がアジアの危機の中で存立しようとした。そして、近世琉球になると中国に朝貢しながら、一七二二年や一七八六年に台湾情勢を薩摩に伝えた。(52)

中国型華夷秩序の中には様々な小華夷秩序が存在していた。ベトナムの明命帝（在位一八二〇～一八四一年）は清朝に対して四年一貢の朝貢を行ない、「越南国王」として冊封された。他方でカンボジア、ラオス、タイ等の諸国を属国として扱い、自らを「大南国大皇帝」と称した。(53)

朝鮮においても清朝以降、独自の中華思想が形成された。清朝の年号を用いず、朝貢も形式化した。例えば明帝に献上した歳幣米（皇帝に進貢した米）は一万石であったが、清の順治帝の時には四〇包ないし五〇包に減少した。朝鮮が儒教様式の正統を継承しているとの立場から満州民族が支配する清朝の服装、髪型、礼の体系に対す

る批判がまきおこり、清を征伐すべきだとする北伐論も唱えられた。(54)

日本においても朝鮮が通信使、琉球が慶賀使や謝恩使を日本に派遣したことで日本を中心とした外交関係が成立していた。一六世紀半ばから一八世紀初頭にかけて大量の金、銀、銅が日本からアジア諸国に供給されると同時に、国内においても輸入代替が完成したこと等により経済的な面でも日本型華夷秩序が形成された。(55)日本は中国と競争する形で近世期において独自の華夷秩序を完成させた。

近世琉球において貿易活動を制度的に可能にしたのは中国型華夷秩序と日本型華夷秩序である。琉球は日本から貴金属や海産物等を、中国から絹製品や磁器等を相互に交換させる貿易中継地点としての役割を果たした。豊臣秀吉が大陸進出を試み、独自な政治勢力圏を形成しようとし、その後、江戸幕府が鎖国政策をとったことにより、華夷思想を掲げる中国との間に政治的、経済的壁が生じた時にも琉球はどちらか一方だけに加担することなく、双方との関係を結ぶことで経済的利益を取得し続けることが可能となった。

第三節　日本型華夷秩序と琉球

日本と琉球

中国型華夷秩序は、周辺諸国や地域を道徳的観点に基づき中国を中心にして位置づけ、冊封使を中国から送り国王等の就任を認め、周辺国は進貢使を派遣して臣下の礼をとるという外交・儀礼関係を特徴とした。他方、日本型華夷秩序では、朝鮮からの通信使、琉球からの慶賀使、謝恩使が幕府に送られたが、中国のように、幕府は朝鮮や琉球の国王就任を認める冊封使を派遣しなかった。また、中国は周辺諸国地域の内政に原則として介入しなかったが、日本は一六〇九年に琉球を自らの支配下におき、内政にも介入した。中国や日本は自らを中心とする外交関係に並行した形で活発な貿易活動を認めたところに両秩序の共通性がある。

琉球諸島と日本との関係は古代にまで遡ることができる。琉球諸島に棲息するゴホウラ等の貝を材料とした腕飾りが九州西岸から畿内にかけて発見された。また、銅釧や巴形銅器の祖形として琉球産の貝が使われていた。(56)『日本書紀』、『続日本紀』では琉球諸島が大和朝廷に朝貢したことが記されている。太宰府跡地から「木奄美嶋、伊藍嶋（奄美と沖永良部といわれている）」と書かれた木簡が発見されている。一〇世紀前後になると長崎西彼杵半島でつくられた石鍋が奄美諸島から八重山諸島までにわたる広範囲において使われていた。一一世紀頃には徳之島の亀焼窯で焼かれた土器が琉球全域で流通していた。(57)日本の古代から中世にかけて琉球と日本列島の間で貿易活動が行なわれていたことがわかる。

『続日本紀』の六九九年の条には「其の度感島の中国に通ずること、是に於いて始まる」と記されている。この「中国」とは大和朝廷である。中世日本の世界像とは「浄-穢の同心円」というべきもので朝廷を中心に拡がってゆき、東の端が外が浜で、西の端が鬼界島である。琉球の島のうち多祢《たね》、掖玖《やく》は大隅国の所管である。その他の琉球は異域とされていた。(58)興味深いのは琉球が近世に日本型華夷秩序に統合される以前において琉球と日本との間に貿易関係がみられ、華夷秩序観と類似した世界観により琉球が「異域」として認識されていたことである。その意味で近世の日本型華夷秩序は古代から準備されていたといえるだろう。

薩摩が琉球の貿易活動に介入する契機となるのは、薩摩が琉球と朝鮮との間の物産輸送を肩代わりするようになってからである。琉球と朝鮮との貿易は、倭寇によって捕えられ、琉球に転売された朝鮮人奴隷を母国に送還することから始まった。

しかし、早くも琉球王国が統一された一四二九年から薩摩による朝鮮への琉球使節護送をはじめとして、日本人が琉球と朝鮮との間を航海するようになった。(59)一五〇八年から島津忠治は尚真王にたいして印判（琉球渡海朱印状）を携帯しない日本からの船舶との貿易を禁じさせるための交渉を始め、一五五九年には琉球がそれを承諾した。(60) これは中国が貿易許可証によって朝貢貿易を行なったように、薩摩も実質的な朝貢貿易を印判によって始めたといえる。また、薩摩は自らへの慶賀や謝恩のためとして琉球使節の訪問を求めた。このようにして日本型華夷秩序への編入過程が実質的に進められていったのであり、一六〇九年に突然、琉球が日本型華夷秩序に統合されたのではない。

古琉球時代、東南アジアとの貿易で潤っていた琉球は一六世紀に入り、その貿易拠点をポルトガルに奪われるようになった。一五一一年にポルトガルはマラッカを占領し、一五四〇年代には寧波、一五五〇年代にはマカオを拠点として、南海物産を中国や日本にもたらした。一六世紀初期以降、広東や福建から多くの中国人が南海諸島に出航し始め、一五三〇年代には日本の商船も南海諸島に渡った。(61) ポルトガルの東南アジア進出にともない、琉球はマラッカやその他の貿易根拠地から撤退した。『歴代宝案』から東南アジアとの貿易記録は一五七〇年をもって消えた。しかし、一六六六年に尚質《しょうしつ》王が中国朝廷に対し香辛料の朝貢品からの免除を願い出ており、それまでは中国商人を通じて琉球は東南アジアの物産を入手し続けていたといえる。(62)

斯波義信《しばよしのぶ》によれば一五七〇年前後は東アジア多国間の交渉史上において最初のピークが訪れた時期であるという。一五四〇年代から採掘されたメキシコ銀の生産量は七〇年代に激増し、七一年にマニラを開港したスペインはアカプルコとマニラ間を往復するガレオン船の定期就航を始めた。また、一五六七年には明朝の市舶制度が終わりをつげ、一五五〇年に平戸、一五五七年にマカオ、一六一九年にバタビア、一六二四年に台湾が開港され、東アジアの貿易活動が活発になった。(63) 東アジアにおける貿易の利益を求めた多国間競争が激化する中で琉球は政治経済的、文化的に共通な基盤を有する中国と日本との間の貿易活動に特化するようになった。

羽地朝秀《はねじちょうしゅう》や蔡温《さいおん》等の琉球人が日本との友好関係を求めた理由の一つは日本が世界有数の貴金属輸出国だった

ことであろう。中国に持ちこむ商品として南海物産に代わって日本の銅や銀、琉球の土夏布《どかふ》、蕉布、土絲布《どしふ》、土白綿《どはくめん》、紅花、土扇《どせん》等が登場した。つまり、琉球は貿易国家として存続するために日本との関係と、国内の生産体制を強化する必要に迫られていたのである。日本の中国への銀輸出は一六世紀半ばには年三〜五万キロであり、一七世紀初めの数年間の合計は一五〜一九万キロであった。一七世紀において日本銅は清朝における鋳貨地金のための需要をほとんど充たしたうえに、西欧諸国においても鋳貨や砲身の原料として利用された。[64]銅銭はアジアの国際通貨であり、日本銅がアジア市場に登場したことは、アジア経済史上の画期的な出来事になった。朝貢貿易では、朝貢国が中国から銅銭を供給してもらうことが非常に重要であったが、中国は日本から銅銭を輸入するようになった。よって、中国と日本との関係は、形のうえでは秩序関係が逆転することになった。[65]

近世琉球は対馬と並んで日本からの貴金属流出地域に指定され、貿易活動を巡るアジア間競争に生き残ることができた。一六〇九年の薩摩侵攻後の近世琉球における経済的な従属性が強調されがちだが、日本型華夷秩序が中国の海禁制のように、ある種の保護貿易の枠組みを与えた面からも近世琉球を位置付ける必要があるだろう。

羽地や蔡温が日本との友好関係を求めた、もう一つの理由は日本と琉球の文化的類似性であろう。古琉球において王府から出された役人任命書である辞令書や『おもろそうし』に書かれた文字や石碑等に刻まれた文字はひらがなである。言語学的にも日本語と琉球語は同一系統に属する言語であるとされている。また、琉球に創建された寺院は京都五山から派遣された僧侶が管理し、日本僧侶は日本との外交文書を作成していた。『おもろそうし』において首里の繁栄と比較されたのはつねに京都や鎌倉であり、北京ではなかった。特に鎌倉そして鎌倉を根拠地とした源氏に対する思い入れが強かった。例えば一四六六年に喜界島に遠征軍を派遣した尚徳王がその際の神徳に感謝して安里八幡宮を建造した。王自身の神号も八幡之王子であり、琉球王家の家紋は八幡宮の神文で

ある左巴紋であった。これらの八幡信仰は源氏が八幡神を氏神としていたからであるといわれている。(66)

一四世紀末から中国人が来琉して中国、東南アジアとの外交関係を取り結ぶ仲介者となり、一五世紀以降、日本人僧侶が琉球に来島して仏教を伝達するとともに日本との外交実務を担った。琉球は不足していた人材を他国人の中から採用することで貿易国家としての実力を培ってきた。近世琉球でも日本や中国の文化や諸制度を積極的に取り入れ、琉球文化を豊かにし、王府の統治機構の整備を図った。

日本型華夷秩序と近世琉球

琉球が日本型華夷秩序の一角となった契機は、一六〇九年の薩摩による琉球侵攻である。

琉球侵攻を林羅山は「琉球称臣」と述べて讃えた。一六七〇年に台湾に拠点をおく国姓爺が琉球船を攻撃した折に、長崎奉行が捕虜返還について国姓爺と交渉したときや、またそれから数年後、オランダ人に琉球船を略奪しないように注意した際に、長崎奉行は琉球が日本の「藩屏《はんぺい》」であると主張した。このような認識に基づいて琉球から幕府へ慶賀使や謝恩使の派遣が求められ、日本型の外交関係が琉球との間に形成された。(67)

使節派遣において中国型華夷秩序との違いは、中国型の場合、進貢使の派遣に対応する形で中国から冊封使が送られた。日本型では琉球側が一方的に使節を送ったが、その代わり琉球には薩摩の役人が常駐しており、中国型とは異なり政治経済的な介入が行なわれた。一六一一年、薩摩は「掟十五箇条」を琉球に示し、その遵守を命じた。以下に引用するように貿易に関する禁令が含まれていた。

一　薩摩御下知之外、唐江誂物可被停止之事（中略）

一　従薩州御判形無之商人不可有許容事

一　琉球人買取日本江渡間敷之事（中略）

一　従琉球他国江商船一切被遣間敷之事(68)

これらは、中国貿易が薩摩の管理下におかれ、薩摩の許可書を携帯する者にだけ琉球との貿易が許され、琉球人が日本や中国以外の諸外国に貿易のために渡航することを禁じる命令である。このような自由な航海を禁止する命令は近代のミクロネシアにおいてもドイツや日本によって発せられた。島嶼経済にとり重要であり、また他国との外交関係を生み出す可能性のある航海を規制することで、島嶼内に人々を定住させ、効率よく支配しようとしたのだろう。もっとも、掟十五箇条により日本、中国以外の諸外国への渡航が禁止されるまでもなく、アジア諸外国の貿易拠点には西欧諸国の進出が進んでおり、既に琉球はその地域の貿易拠点から撤退していた。

王府官僚制の上層に位置する三司官の任命にあたっては親方部の中で互選した人物を薩摩が最終的に決定するという方式に変わった。さらに、国王、摂政、三司官は薩摩にたいする忠誠を誓う起請文を提出しなければならなかった。その形式は誓い言を起請文前書に書き、それに熊野牛王宝印紙を貼り、神文（罰文）を書き、花押と血判を記すという儀礼性を帯びたものである。起請文は中国への進貢使や宗門改めを行なう役人に対しても求められた。(69)以上のように中国が琉球王国の内政に干渉しなかったのに対し、日本は内政に干渉し、納税の義務まで課したことに大きな違いがある。次に引用する文章は一六一四年に琉球に漂着したイギリス人の書簡であり、当時のイギリス人による琉球認識の一端を明らかにしている。

> 薩摩の藩主、島津殿によって支配された琉球は日本の法律や慣習の下にあり、中国貿易から得られる特権的利益はもうその手にはない。(70)

しかしながら、年月が経つにつれて琉球は経済的な独自性を示し始めた。一六三三年や三四年に中国において生糸や絹織物の粗悪品を購入したり、生糸量を不足させたり、鉛を交ぜることで生糸量をごまかした。一六二四年には国王が三司官以下の役人に対する扶持給与権、裁判権、祭祀権を取り戻した。さらに、一六五七年には三司官が王府役人の官位昇進決定権、訴訟の裁定権、地頭の任免権、扶持給与権を再び手にした。(71)薩摩側は一六七二年の時点で中国にわたる銀の数量と中国物産の量を正確に把握していなかった。(72)そもそも琉球に滞在していた少数の薩摩役人が琉球を完全に管理するのは不可能であった。次の諸例のように琉球は薩摩を通じて様々な経済的利益を得た。

> 盛元竜《せいげんりゅう》（俗に宗味入道と叫び、名乗は普基）は、日本越前国の人なり。本国に雲遊して、遂に那覇に住居し、力を本国に効す。是の年に至り、王命を奉じて久米島に到り、蚕を飼い、桑を植え、及び綿を製するの法を細かに百姓に教えて帰帆す。(73)

一六一九年に越前の人が久米島の農民に木綿を造る技術を伝えたことが記されている。尚寧王により技術導入がはかられたことは重要であり、一六三二年には良質の久米島紬が完成した。技術を受容し、それを製品化する能力を琉球人は有していた。次の資料は一六六九年に羽地朝秀（向象賢《しょうしょうけん》）が薩摩の許可をえて開墾を奨励した折りのものである。

> 本国は、田地の欠乏甚だ多く、年々徒に賦税を出して居民既に疲る。然れども、土地を墾闢して以て田畝と為すこと能わず。今番、向象賢をして、新に田畝を墾することを薩州大守公に懇乞せしむ。幸に兪允を蒙る。是れに由りて、人の貴賤を論ぜず、各々地の宜しきを相し、或いは卑下に因りて以て田畝を闢き、或いは林木を刈りて以て園圃を闢く。即ち穀菜を種えて以て田地の欠を補う。(74)

琉球王国は貴賤を問わず開墾を奨励したり、百姓に土地を均分する地割り制を採用していた。安良城盛昭に代表されるように、琉球王国の土地制度は薩摩侵入にともなう慶長検地（一六〇九～一一年）によって近世的な石高制に編入されたと考えられていた。しかし、山本弘文によれば、慶長検地後も明治二〇年代半ばまで地割り制を軸にした土地の総有制が大きな力を持ち続けたのである。

つまり、石高制は、薩摩への出米・出銀、王府への公儀上納の賦課基準としてしか意味を持たなかった。正確な生産高を捕捉するために、古琉球時代の衡量法に基づく数値（かや、丸き、束）とその換算値（正米、正雑石）が使用された。個々の百姓に対する耕地の配当や公課の配布は地割り制に基づいて行なわれ、保有地の割り換えが存在したために、日本本土のように名請け地と名請け人の関係が固定的でなかった。石高制の実施が可能な条件としては、耕地面積と収穫量が安定し、田と畑の地目が明確である必要がある。しかし、琉球は琉球石灰岩からなり、保水力や保肥力が弱い土壌と、多発する旱魃、津波等の災害のために石高制を成立させる諸条件を欠いていた。個々人ではなく村全体で自然災害の被害を受けとめ、相互に助け合うことが生き方の基本となった。(75)

一六〇九年の琉球の人口は約一〇万人であった。一〇〇年後には約一八万人に、そして一八七九年には約三二万人と約三倍に増大した。八重山の人口は一六四七年には五、四八二人であったが、一七六一年には二万六、七九二人へと約五倍に増大した。(76)この人口の増大からも明らかなように近世琉球は薩摩による支配で社会が停滞していたのではなく、薩摩から生産性向上のための技術体系、物産、諸制度を導入することで経済発展を実現していたといえる。

例えば、古琉球時代の察度が日本の商船と貿易を行ない鉄器を手に入れて勢力を拡大したころから、琉球は薩摩を通じて日本から鉄器等の日常品を輸入し始めた。琉球で作られた黒糖やウコン（欝金——多年生の植物。根は染料・薬として使用される）に対する大きな市場として日本は存在していた。

また、薩摩藩は琉球からの輸入品を国内で大量に販売するために力を尽くした。一七八九年に長崎奉行は白糸や紗紋を除く全商品の他領販売を禁じた。薩摩の十数回におよぶ嘆願により一八一〇年に八種類の商品販売が認められた。幕末における薩摩の貿易活動は琉球にとどまらず、領内への密航中国船との貿易、朝鮮への渡航、さらに北国越後への琉球輸入品の大量販売、長崎会所に送られた琉球輸入品への密売品混入、俵物の北国越後からの密売等により商業利潤を増大させた。(77) 一七、一八世紀において薩摩による琉球の貿易活動から得られる利潤は大きくなかった。しかし、一九世紀にはいって東アジアに拡がる貿易網を形成することで利益が増大し、雄藩の一角を占めるまでになった。薩摩は琉球をはじめとした奄美諸島の島々を支配しており、海への接近が容易であり、海を通じた経済発展を実現できた。

島津型華夷秩序と琉球経済

先に述べたように一五世紀の初期から琉球と薩摩は経済的関係を結んでいた。一四八一年に琉球から紋船という島津氏に対して慶賀を行なう船が派遣されるようになった。豊臣秀吉を通じて島津氏は琉球の与力となり、その支配をまかされ、一六〇九年には琉球を実際に支配するようになった。島津氏は琉球使節の江戸上りを成功させることで自らの朝廷における位階を上昇させることができた。琉球使節は江戸城を訪問すると同時に、江戸の薩摩藩邸においても臣下の礼をとらなくてはならなかった。さらに、島津氏は琉球使節の服装や使節の官職名を異国風にし、江戸城や薩摩藩邸で行なう芸能も琉球在来のものより、中国風なものを演じさせることで異国としての琉球を従えているという威風を示そうとした。

島津氏が琉球の産業である糖業や貿易活動から莫大な利益をえるようになったのは一九世紀初頭からである。糖業や貿易活動に注目したのは藩の財政赤字を解消するためであり、一八〇七年、銀目で七・六万貫、金目で一二六万両であった藩債が、二〇年後にはそれぞれ三二万貫、五〇〇万両に増えた。(78) 財政再建の責任者であったのは調所《ずしょ》笑左衛門であり、琉球貿易を発展させたことに対し、一八二四年に芭蕉布三反の褒美が与えられた。(79) 調所は藩債の二五〇年償還、奄美諸島に対する砂糖惣買入れ等を行ない、琉球生産方を創設して密貿易を促進したり、さらに砂糖、ウコン、朱粉の専売制を実施し、それらにより財政の再建が大幅に進んだ。(80)

一八六三年には貿易のために使う通貨として琉球通宝を三年間で一〇〇万両鋳造するという許可を幕府からえた。しかし実際は、三〇〇万両鋳造し、その内、二〇〇万両は当時流通していた天保通宝であり、明らかに幕命違反であった。(81)幕府が独占していた通貨発行権を無視した行為であり、密貿易と同じく幕府の権威をゆるがし薩摩独自の勢力圏を形成しようとしていた。

情報に関しても島津氏は独自のルートをもっていた。近世初期から琉球を通じて薩摩藩そして江戸幕府へという経路で海外情報が流れていた。中国から琉球に進貢使が帰国すると、薩摩藩に唐之首尾御使者《とうのしゅびおししゃ》が派遣され情報が伝えられた。その制度は一六七八年から約一年おきに一八七〇年まで続いた。(82)

薩摩藩は軍備もまた独自に増強した。その理由は一八四三年以降における欧米諸国の黒船の来琉である。鉄砲製造所が設置され、洋式軍備が整えられた。一八四四年にフランス船が琉球に来航し、王府に対して和親条約や貿易活動を求めた。薩摩は兵隊を派遣して万一の時に備えた。(83)

パリ万国博覧会でも薩摩藩は幕府に対して自立性を示している。一八六七年に将軍慶喜は徳川昭武をパリに派遣した。その際、薩摩藩も家臣団をパリに送ったが、各藩と共同で博覧会に出品せよとの幕府の命令に背き、独自に出品した。博覧会出品者名簿には「松平修理大夫源茂久琉球統轄の王殿下」と記せられていた。さらに、「薩摩琉球国勲章」を造らせた。それは日本初の勲章であり、「薩摩侯」の名でフランス人に贈呈された。(84)

一八五七年に島津斉彬は琉球、奄美大島、薩摩においてフランスやオランダと貿易を行ない、琉球の名義で軍艦を購入する構想を立てており、老中阿部正弘からフランスとの貿易に関する許可をえた。斉彬の死亡によりこの構想は中止となったが、琉球を介して独自の対外貿易圏を形成し、軍事力を強化しようという意図が明確に表われた事例である。

以上のように琉球を通じて薩摩藩は経済的、政治的に徳川幕府から自立するようになった。海洋的秩序として

江戸上りをする琉球使節（「琉球恩謝略」より）

の島津型華夷秩序は、琉球を通した海洋貿易を中心として中世以来発達してきた。特に、近世から琉球を掌中に握るようになって幕府から自立する方向に進み、倒幕の中心勢力となった。海洋がもつ発展のダイナミズムを島津氏は琉球を介して取り入れることができたといえる。

琉球に対する認識の変遷

近世を通じて、日本と琉球は同一の国であるとする同国観と、異国であるとする異国観が存在していたが、近世末になり外国船の来航が多くなるとともに、同国意識が強くなった。このような認識が日本と琉球との外交関係の思想的土台となり、近代になり中国との間で展開された琉球の帰属問題に関する論争において日本側の主張の根拠とされた。

中国型華夷秩序観が華と夷との関係に基

づく世界観であったのに対し、日本と琉球との間に形成された日本型華夷秩序観は琉球使節による江戸幕府への慶賀使、謝恩使による儀礼とともに、日本人が琉球に対して抱いた認識に基づいていた。

琉球を日本の一部として正当化するために、源為朝の来琉物語が一般的に用いられた。その初出は次の『幻雲文集』である。

吾国有一小説。相伝曰。源義朝舎弟鎮西八郎為朝。膂力絶人。挽弓則挽強。（中略）言于保元功勳。一旦党信頼。其名入叛臣伝。人皆惜焉。然而竄謫海外。走赴琉球。駆役鬼神。為創業主。厥孫世々出于源氏。為吾附庸也。(85)

これは月舟寿桂（一四六〇〜一五三三年）が琉球僧鶴翁の記したものであると紹介した文章の一部である。鶴翁は日本で修業したことのある琉球人(86)である。為朝が来琉し、琉球の支配者となり、その子孫は源氏であり琉球は日本国の附庸であると述べている。先に論じたように、王府により編纂された『おもろそうし』には鎌倉、源氏に対する憧れがにじみ出ており、王家の家紋も源氏が氏神としていた八幡神の神文であった。源氏である為朝が琉球の支配者となったとの伝説も王家と源氏との関係の深さを示している。次のような諸文献においても、日本と琉球との関係が記述されていた。

（一）鎮西ノ八郎為伴、此国ニ来リ、逆賊ヲ威シテ、今鬼神ヨリ、飛礫ヲナス。(87)

（二）〔琉球人の〕人物朝鮮に似て別也。詞も中華と通ぜず。此国は日本鎮西八郎為朝の寺有て位牌を安置すとぞ。又此国の詞には日本の詞と同じき事多し。酒を未奇、食をかてと云の類也。最仏神儒道を貴び、日本の風儀を習者多し。(88)

（三）琉球王は源の為朝の子孫なりときくに故右大将頼朝卿なる島津の殿そこを領たまいて扨あつまのかたにハるバるといて参りたまえるもかぎりなくめでたきを思えば上つ代よりえさらぬ御ゆえよしも侍るこ

となるべし。(89)

(四) 神代紀に。海宮といえるハ此国なるべき事。(中略) 是を阿摩美久という中良案るに天皇なるべし琉球にハ日本の古言多く残れり。(90)

(五) 後陽成院御宇慶長　十五年琉球を征すこれより代々来朝す寔なるかな幾千代を栄昌る日の本の目出度御代の例千秋万萬歳。(91)

(六) 琉球の我国に通信する事ハいとも久しかりけん (中略) 海宮とハ當時琉球をさして云えりという諸家の説あり此ハ正しく史策に載ざれバ臆断に出たる説なれど私に思うに信に左もあるべしと覚えぬ其故ハ日向大隅以南諸島多しといえ共君臣礼節の備りたるハ琉球に若べからず (中略) 今琉球の崇祠多き中に彦火々出見茸不合の二尊を崇祠し及び豊玉彦豊玉姫をも祠る事を聞けり又我国の古語往々彼国に残れるか中に豊といい玉という事いと多し (中略) 我と琉球とハ尊卑等殊也といえども相隣て唇歯とやいわん (92)

(七) 先王の制を奉て皇国に近く向えるを国頭といい遠く隔れるを島尻といえるは其国初より恭く皇朝を畏ミ仰ぎて蕃臣と服従する国にあらずしてハ斯在べきものならむや (93)

(八) 愚按ずるに、龍宮は琉球也 (94)

(九) 流求古南倭也 (中略) 古北倭後所レ謂蝦夷而呉人所レ至者亦是古南倭後所レ謂流求而已若二彼二国一方俗言レ殊然方言頗與二此俗一同如二其地名一與二此間一不レ異者 (中略) 源為朝浮レ海順レ流求而得レ之因名レ流求 (中略) 古之遺風余俗猶存レ于レ今者亦不レ少 (95)

(一一) は一六〇三年に来琉した浄土宗僧侶・袋中が著した『琉球神道記』からの抜粋である。為朝が島内の反乱者を統治したとして日本附庸を正当化している。(一二) は一六九五年に出された西川如見の『華夷通商考』の一節である。ここでも為朝と琉球との関連が語られ、日本と琉球は言葉や風俗等が似ているとされている。

（三）は一八三二年に出された松田直兄の『貢の八十船』である。琉球の支配を幕府から委任されている島津氏が、琉球国王の祖先とされていた源為朝と同じ源氏であることが強調されている。

（四）は一七九〇年に出された森島中良の『琉球談』である。森島は日本神話に登場する海宮が琉球であるとし、琉球の創造神・阿摩美久が天皇である故に、琉球に日本の古俗が多く残っていると考えている。琉球の創造者は天皇であり、神話時代において琉球は海宮であり、悠久の時代から琉球は日本に服属していたと認識していたことがわかる。

（一）〜（四）は為朝と琉球との関係を基にして日本と琉球との同国観を主張しているが、（五）〜（七）の文献では天皇や日本の神々と、琉球との関係に言及することで同国観を論じている。

（五）は一七九〇年の『琉球人大行列記』であり、筆者は不明である。琉球人が来日することで天皇の威光が高められると考えていた。

（六）は一八三二年の『中山聘使略』で著者は不明である。琉球では天皇につながる神々が崇敬され、日本の古い言葉が残っており、また、琉球は海宮であると結論付けている。

（七）は一八三二年に出された前田夏蔭の『琉球論』である。沖縄本島は前田が述べるように国頭、中頭、島尻という三地域に分けることができる。その地域名は北方にある朝廷を意識して付けられたとしている。また、『おもろそうし』の中で京都や鎌倉が憧れをもって謡われ、羽地朝秀は自らが編した国史『中山世鑑』の中で日琉同祖論を展開する等、琉球側から日本文化に憧れ、日本に属しているという同化の思想がみられた。同国意識は日本側だけでなく、琉球側にも存在していたのである。

（八）は一八〇七年に出された滝沢馬琴の『椿説弓張月』である。為朝伝説をモチーフとしたこの読本は大量に発行されるとともに、狂言、浄瑠璃、歌舞伎でも取り上げられ、大衆に琉球＝龍宮＝附庸国（大国に従う小国）

という図式を感覚的に受け入れさせたものとして注目に値する。
（九）は一七一九年に出された新井白石の『南島志』である。白石は実際に琉球人と対話して南倭（琉球）に日本の古俗が残っていると考え、琉球王から幕府に対する書簡を漢文からひらがな書きにあらためさせたが、これは同国意識から出たものであるといえる。

白石は他方で琉球異国化の措置もとり、琉球使節の役職名を日本名から漢名に変更した。この白石の相矛盾する行動は日本型華夷秩序における琉球の特殊な位置を明らかにしている。すなわち、琉球を日本の統治下におくために琉球文化は日本文化と同一であると強調する必要があるとともに、日本型華夷秩序という日本の世界秩序を形成するためには異国としての琉球が日本に朝貢することが不可欠であった。

しかし、琉球の同国化と異国化という二重性は日本との関係において生じるものであった。中国型華夷秩序の中の琉球は夷として中国に従属していても、それは儀礼関係上のことであり、政治的にはあくまでも独立した国家、つまり異国として存在していた。日本が琉球による中国への朝貢冊封を認めたのも、貿易上の利益を得ることと同時に、その異国性により日本を中心とした世界秩序をつくるためでもあった。このように日本型華夷秩序と中国型華夷秩序では琉球の位置付け方に相違がみられた。その違いが幕末期における琉球帰属に関する議論において大きな影響を与えることになる。

白石は一七一一年に伏見の薩摩藩邸で美里《みさと》王子、豊見城王子、そして、一四年には江戸の薩摩藩邸で与那城王子、知念親方、金《きん》武王子、勝連親方、程順則、玉城朝薫《ちょうくん》等の琉球人と会見して琉球に関する知識を得た。その会見の内容は以下に引用する『白石先生琉人問対』に明らかである。

（一）泡盛酒、此酒の事は異朝の書にもみえ候。琉球の地、何方にても造り候事歟。但し、其地も定候歟。
泡盛の外にも、酒有レ之由に候。我国の酒に似たる物に候歟、又いかゝ有レ之候歟。異朝の書にみえ候造り方などは、心得がたく候によりて相たずね候事に候。

答　琉球製焼酒。而泡盛者、独首里得之濁体酒。製法、日本一同。[96]

(二)芭蕉布、芭蕉を以て織出し候事歟。但し、我国の芭蕉にては織出し難かるべき躰に候。彼国の芭蕉は、其性もかわり候歟。但し、又製法なども候て、いずれの地の芭蕉にても織出さるべき候歟。

答　琉球無二霜雪一、芭蕉渉レ冬不レ枯。故採及二三年一者、製而為レ布。不レ知日本芭蕉可レ為レ布。[97]

(三)蔗糖、異朝の書には、琉球の甘蔗は見事に候由見え候。琉球の地、いずれの地にも出来候事歟。我国にてもうえつけ候わば、暖なる地には出来るべく候歟。阿蘭陀へたずね候に、我国にては出来かねも仕るべき歟、と申候き。琉球にて出来候上は、此国にても出来るべき事歟と存候。いかが可レ有レ之候歟。

答　甘蔗、日本亦植則可レ長。不レ知汁液可レ及下生二琉国一者上。[98]

(四)文字、文字とりあつかいの事、我国に対し候ては我国の文法を用い、異朝へ対し候ては、異朝の文法を用い候とは相見え候。但し、これらは国中にて常の通用の事とは申えからず候。其国中にて下賤の類までも用い候所、殊には女人などの通用し候所を以て、其国中常の通用の事はみゆべき事に候。いかが相見え候歟。

答　国中卑賤、学二日本伊呂波一、以為二俗言通用一。女人自レ古無レ採レ筆。[99]

(五)寺、国中の大寺は、天界寺・円覚寺也。其余は小寺也。此二寺、共に山門、仏殿共に王宮にさしつぎたるものなり。座上に池ありて花草を植ゆ。其中に、見事なる蘇鉄一本あり。是又、異朝の書にみえ候所にて候。天界・円覚等、何宗にて候歟。右、異朝の使はこれらの所ばかりを見物ありて、諸官人の屋敷町屋等はみず。これによりてしるしをかすと見えたり。諸官人の家居等、唐様に候歟、又、日本の屋作に似候事候。町々の躰いかが候歟。

答　天界寺・円覚寺僧、皆禅宗也。

　官家之屋、大寝庭階多用二漢制一。然書院・広間玄喚等、亦用二日本制一。至二民家一大概茅屋、頗似二日本之民屋一(100)

（一）、（二）、（三）は琉球の特産物に関する質問であり、白石が泡盛、芭蕉布、砂糖の製法に関心を持っていることがわかる。芭蕉布や砂糖は日本国内での生産が念頭におかれており、国産奨励策を推進していた白石の経済政策が反映されている。（四）、（五）は文字の使用、寺院の宗派そして屋敷町屋の様式について質問をし、日本文化と琉球文化とを比較している。それぞれの琉球人の答えが日本文化との類似性を指摘したものになっている。引用文以外の箇所でも琉球人は日本文化との類似性に言及した。以上のことも一因となって『南島志』にも示されている日本と琉球との同国観が生まれたのであろう。

　西欧船の日本への来航が多発しはじめた頃から日本人の琉球認識の内容に変化が生じた。次の引用文はそれを端的に示している。

（一）予響に三国通覧を著ス。其書也。日本の三隣国、朝鮮、琉球、蝦夷の地図を明せり。其意日本の雄士兵を任って、此三国江入ル事有ン時、此図を暗ンじて応変せよト也。亦此海国兵談は彼ノ三隣国及ビ唐山、莫斯歌未亜等の諸外国より海寇の来ル事有ン時、此図を暗ンじて応変せよト也。亦此海国兵談は彼ノ三隣国及ビ唐山、莫斯歌未亜等の諸外国より海寇の来ル事有ン時、防御すべき術を詳悉せり。(101)

（二）島々不レ及レ申、蝦夷琉球等の属国に至る迄、少も夷狄に被二侵奪一候ては不二申付一候。（中略）日本国中右の気勢に相成たらんには、自然に其響き海外に徹し、千島・琉球に入込オロシヤ人・イギリス人も、其余風を聞及、恐怖の念を生じ、其本国に引帰し可レ申。(102)

（三）善保レ国者、不二徒無一失二其所一有、又有レ増二其所一無、今急修二武備一、艦略具、礮略足、則宜下開二墾蝦

夷一、封二建諸侯一、乗レ間奪二加摸察加・奥都加一、諭二琉球一、朝観会同、比二内諸侯一、責二朝鮮一、納レ質奉レ貢、如二古盛時一、北割二満州之地一、南収二台湾呂宋諸島一(103)を書いた。その際、琉球は戦闘行為をともなう領有化の対象であり、同時に日本を侵略する可能性のある国の一つとして考えられていた。

(二)は豊田天功が一八五三年に徳川斉昭に上呈した『防海新策』である。属国琉球が諸外国に侵略されないように防備を固める必要性を訴えたものである。これまでの琉球に対する同国観はどちらかといえば観念的な側面が強かった。しかし、幕末になり防衛問題に直面したとき、琉球を日本の防衛圏に包み込む、つまり日本の国境を明確にして、その中に琉球を取り込む必要が生じてきた。実際、薩摩藩の指導により幕末には沖縄本島とそれに隣接する島々に諸浦在蕃がおかれ、久米島、宮古、八重山には異国方が設置され、これらを王府の御鎖之側が統括する海上警備の体制が整備された。(104)また、間切の番所(または蔵元)、村の村番所(または布屋)に毎月一回、役人や百姓を集め、異国御条書を読み聞かせ、異国に対する警護を徹底させた。(105)

(三)は吉田松陰が一八五四年に著した『幽囚録』である。その意味は次の通りである。国の保有地を他から奪われないようにし、新たに領土を拡大するために軍備を増強することで国家は維持できる。蝦夷を開墾し、幕藩体制下におき、カムチャッカ等を奪う。琉球も国内の諸藩と同じ性格の地域に編成し直し、朝鮮もかつてのように日本に朝貢させる。北においては満州、南においては台湾やフィリピンを領有化するというものである。日本領土拡大計画の一環として琉球の内国化が考えられていた。

次に佐藤信淵《しんえん》による琉球認識について考察する。佐藤は江戸幕府後期において平田派神道をもとにして殖産や貿易の方法を説き、国内統一による世界征服論を展開し、次のように述べている。

日本全国の地は赤道北距二十四度零八分に當れる琉球国の南境に起て、五十余度なる蝦夷国の北境からふと島に至り。(106)

琉球は日本の南端に位置しており、国境を画する島々とみなされていた。幕末に近づくに従って日本との現実的な同国観が強くなったことと信淵の主張は符合している。この背景には次の引用文のように言音厄利亞（イギリス）等の西欧諸国によるアジアへの進出という時代状況があった。

言音厄利亜戦勝の勢に乗じて、近来数多の軍船を出して印度亜・「ヒリピインセ」等の諸州島を乱妨し、狡然として東洋諸国を併呑するの志あり（中略）其防御の手段は、先づ伊豆の七島より船を出して南海中の無人諸島を開発、八丈島等の土地の狭き人の多き地より人を遷し植え、次第に其地を開きて新田耕農の業を興し、又此無人島より舶を出して、其南洋なる「ヒリピインセ」の諸島を開拓し、悉く其地の産物を聚めて清朝・安南・暹羅等の諸国に交易し、ます諸島を経略して琉球国と猗角をなし、不意に舟師を出して、呂宗と巴剌臥亜の二国を攻取るべし。(107)

西欧諸国の進出に対する策として無人島の開発、入植、そしてフイリピンへの侵略を提唱している。その侵略の拠点が琉球であるとしている。それは次のような記述においても明らかである。

筑紫は、日向・大隅・薩摩・肥前・肥後・豊前・豊後・筑前・筑後及壱岐島・琉球諸島皆此に属す（中略）小琉球より先づ台湾島を攻取り、之を以て西略の基礎として、進で支那国の浙江以南諸州を経略せしめ。(108)

琉球諸島は信淵が考える統一日本の一地方である筑紫に属するものとされている。そして、琉球を対外諸地域侵略の根拠地にして台湾、中国を攻めるという軍事戦略を提示している。琉球は侵略のために必要であっただけでなく、以下の引用文のように琉球独自の物産もまた信淵の殖産政策上、重要なものとして認識されていた。

夏布は薩州の上布より良なるは無し、抑此物は世上に薩摩上布と称すと言も、薩州の産に非ず、其実は琉球国の織物にして、極上細布は佐伎島より出ず、又白上布は耶山、粗布は宮古島より産する所なり、又芭蕉布は厄剌弗島の所産にして、種々精好なる阿紋を織り、極て美麗なる者多し、何れも最良の夏布にして、他国の産の比すべき処に非ず、(中略)沖縄、宮古二島は九番より八番に入るを以て、皇国内地に生ずること能わざるの物品も、彼の諸島には蕃衍する所以なりと云われたり、予彼地より産出する芭蕉布及び其他諸段階匹を視るに、其間道の中に種々文理を織混じ、且蕉絲を練り及び此を染る等の諸法、皆共に精粋を盡し、其巧妙なること絶て他州の及ぶ処に非ず、然れば予が先人の云われたる如く、気候温熱の強きを以て、苦参・芭蕉・苧麻の類までも、此方の及ばざる極良の絲を生ずること必せり、且其細糸と芭蕉布とを釈して、絲を練り及び染たる様子を推察するに、其に年月人工を積累ね織成せる者なるが故に、数回此れを洗濯すると言ども、更に染色の変ずること無く、又其絲の腐敗すること最難し(109)

上布、芭蕉布の品質の高さについては先に論じた。信淵もその高品質性を指摘し、その理由の一つとして琉球が日本内地に比べて気温が温暖であることを挙げている。この文に続く箇所では、琉球と同じく温暖な地域における物産の豊かさに言及し、その開発の必要性を力説している。白石が琉球は日本と同一文化圏であると述べ、日本における琉球物産の生産を考えたのに対し、信淵は琉球を領土的にも日本の一部であり、軍事戦略上の拠点、国内における重要物産の生産地にすべきであると主張した。

以上に述べた人々と異なり、薩摩による琉球への侵攻を批判したのは安藤昌益であり、次のように論じた。

金銀通用ヲ為ス故ニ、売買・利欲ノ法盛ンニシテ、転下、利欲ニ大イニ募リ、漢土ヨリ天竺・阿蘭陀・日本ヲ奪ワント欲シ、或イハ日本ヨリ朝鮮ヲ犯シ、瑠球ヲ取ル等、金銀通用売買ノ法ヲ立テ、自由足リ、侈リヲ為シ易キ故ナリ。(110)

安藤は江戸社会の階層制から生まれた社会悪を糾弾し、貧富のない平等社会を提唱した人物である。上の文章でも貨幣を流通させることで私利私欲の風潮が起こり、この風潮が原因でモンゴルがインド、オランダ、日本を支配しようとし、日本が朝鮮を侵略したり、琉球に支配を及ぼすようになったと述べている。国内だけでなく国外においても支配従属の関係性を批判し、日本型華夷秩序のあり方そのものに疑問を呈している。

安藤を除いて、近世における琉球に対する認識の方法は、琉球の所属を巡り中国との間で論争が展開された幕末期に日本が琉球を自国領であると主張する根拠となった。次の資料は琉球の所属に関して、一八七八年に清国政府が発表した文書と、一八七九年に日本政府が清国政府にあてた「支那政府ノ抗論ニ対シテ我日本ニ琉球島ヲ専領スベキ主権アルノ覚書」である。

（一）〔琉球は〕海中ニ孤懸シ、古ヨリ今ニ至ルマデ自ラ一国タリ、明朝洪武五年ヨリ中国ニ臣服シ、王ニ封セラレ貢ヲ進シテ、列シテ藩属トナル、惟トモ国中ノ政令ハ其ノ自ラ治ムルヲ許シ、今ニ至ルマテ改メズ（中略）定例二年ニ一タビ貢キシ、従テ間断ナク（中略）琉球国我ガ咸豊年間ニ於テ、曽テ合衆国、法蘭西国、荷蘭国ト約ヲ立ツ。約中皆我ガ年号歴朔文字ヲ用ユ、是レ琉球我ガ朝ニ服属ノ国タルハ欧米各国之レヲ知ラザルナシ（中略）方今宇内ノ交通ハ、礼ヲ先務ト為セバ、端ナクシテ而テ条約ヲ廃棄シ、小邦ヲ圧制ス、則チ之ヲ情事ニ揆リ、之ヲ公法ニ稽フルニ恐クハ万国之ヲ聞クモ、亦タ貴国ノ此ノ挙動アルヲ願ハザルナラン。[11]

（二）日本ノ古史ニ琉球諸島ノ住民ヨリ臣服ノ義ヲ表シ且天子其朝貢ヲ受タル事ヲ記載スル事一ニシテ足ラズ（中略）文治三年即チ西暦一千百八十七年為朝ノ遺子尊敦琉球ノ島主ト為リ舜天王ト称ス（中略）言語ハ日本ニ行ワルル諸方ノ土語ト其ノ根原ヲ同シクス豊臣秀吉朝鮮征伐ノ挙アルニ際シ琉球島酋ヲシテ軍資若干ヲ出サシムルノ命アリ琉球島酋此命ヲ奉シタレドモ実際上納シタルハ其要求スル所ノ半額ニ過

キザリキ爾後徳川家康前文述ル所ノ義務ヲ怠ルヲ以テ島津家久ヲシテ之ヲ征討セシム（中略）島津家久其臣属等ヲ琉球ニ遺シ旧制ヲ革メ新制ヲ施サシメ又諸島ヲ検測シ米穀ノ生産ヲ査定シ租税ヲ平均セシム将軍爾後琉球ヨリ薩摩ニ貢納スルモノヲ以テ島津家ノ歳入ニ永遠ノ加増ト認可シ（中略）

今ヤ我国封建ノ旧制ヲ一変シ種々ノ新法ヲ施行シ国内ヲシテ悉ク一ノ中央政府ノ総轄ニ帰セシメタルニ及ンデ琉球独リ一統ノ治ヲ免ルルヲ得ザルハ固ヨリ其所ナリ蓋シ琉球ハ我国南溟ノ遐陬変革ノ順序ノ如キニ至テモ亦自ラ最後ニ居ラザルヲ得ズ（中略）琉人公然我兵ニ降服シ我官吏其民ヲ治メ其法ヲ布キ其税ヲ収メタル等ノ実跡ニ徴スレバ支那政府ガ琉球島ヲ以テ其所属ノ邦土ナリト主張スルハ実ニ荒唐附会ノ言タルヲ免レズ（中略）我国ニシテ該島民ニ此ノ如キ自治独立ノ権アルヲ認ムベキ理由ナキハ茲ニ復弁スルヲ要セザルナリ[112]

（一）では中国型華夷秩序の論理に基づいて琉球所属論が展開されている。つまり、儀礼的な朝貢を定期的に行ない、中国側からは十分な回賜品や貿易の機会が与えられるという関係であり、その際、進貢国の自治は認めるという論理である。琉球が結んだ諸外国との条約に中国年号が使われたということは、諸外国が琉球の中国所属を認識していたということにとどまらず、時間を掌握する皇帝への琉球の忠誠心が将来も続くと中国は確信を持つようになった。中国の対外関係は礼という儒教倫理を土台とするものであり、この観点から強圧的な日本の琉球併合を批判している。

（二）では古代における朝貢関係や為朝伝説そして言語的同一性等、近世において日本と琉球との同国観に関して語られたモチーフが言及されている。それとともに豊臣秀吉や徳川家康の琉球支配への関与、薩摩による制度改革や年貢徴収にみられる、日本による琉球内政への干渉過程を具体的に指摘したところに日本側の特徴がある。また、琉球を「南溟ノ遐陬」とし、社会改革に遅れがみられる地域と考えている。そこにも日本の華夷秩序認識が表れているといえる。

以上のように中国が儒教倫理に基づいて琉球の儀礼的従属性と政治的自立性を主張したのに対し、日本は琉球との文化的同一性と琉球への政治経済的な実効支配を日本所属の根拠としている。日本側主張の特徴は日本による琉球内政干渉の具体的事例を列挙したことである。その背景には西欧の国際法である万国公法からの影響があるだろう。つまり、国家がある領土の所有を国際的に認められるためには、その領土に対する支配意志を示し、実際に支配する必要があった。(113)

近世における日本人の琉球に対する認識の中で、琉球に日本の古俗が存在するという考え方は近代においても思想的に伊波普猷《いはふゆう》等の沖縄学研究者、柳田國男や折口信夫等の民俗学者に受け継がれ、太平洋戦争後には日本復帰運動における民族的統一性という主張の中にもみられた。

琉球に対する認識は時代状況に応じて変容し、近世日本では琉球の同国性とともに異国性が強調され、華夷秩序観が形成された。幕末になると西欧諸国の進出に対抗するために国境明確化とその拡大が必要とされ、軍事的拠点、物産の開発地等、琉球の重要性が指摘され、政治経済的実効支配の諸側面が強調されるようになった。また、王府の鎌倉、源氏への憧れ、白石に対し琉球人が日本文化との類似性を指摘したことにみられるように、琉球側も同国観の形成に一定の役割を果たした。

第四節　琉球型華夷秩序の形成

小華夷秩序としての琉球型華夷秩序

中国型華夷秩序が幾つかの小華夷秩序を含んでいたことについては先に論じた。沖縄本島を華として周辺諸島

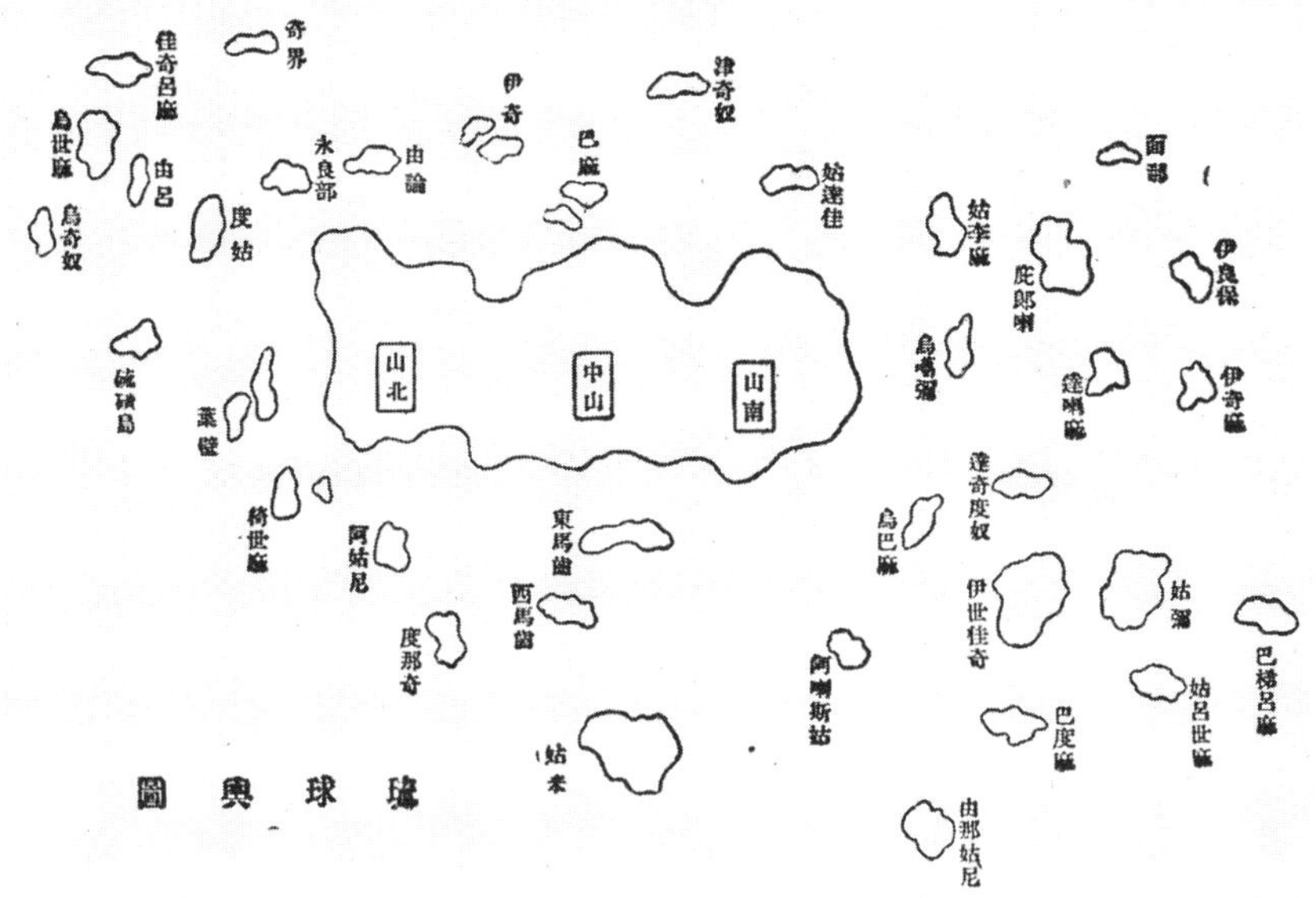

沖縄本島を中心とした琉球国図（伊波 1941B, p. 11）

を夷と認識する華夷秩序を琉球型華夷秩序と名付けたい。この島嶼間の秩序により、島嶼間の交易が促され、生活上の不足が満たされた。このような華夷秩序認識が明確に現れたのが羽地朝秀《はねじちょうしゅう》（一六一七〜一六七五年、王府摂政）の『中山世鑑《ちゅうざんせかん》』をはじめとする王府編纂の書物である。まず、『中山世鑑』を考察してみたい。

（一）咸淳二年（一二六六年）丙寅、北夷大島、重訳来朝ス。王曰、徳沢不レ加、君子不レ饗二其質一。政令不レ施、君子不レ臣二其人一、ト云エリ。吾何ンゾ、其貢ヲ受ンヤ。トテ、辞シ給ケレバ、夷訳曰、我国ニ有二黄耇一曰。天無二烈風淫雨一、海不レ揚レ波、三年也。海不レ揚レ波。以聖徳通二於地一。無二烈風淫雨一、以聖徳上通二于天一也。意者、今中国有二聖人一乎。何往朝レ之哉ト、教ケル間、是以朝貢ス。トゾ、奏シケル。王、悦給テ、賜ヲ厚シテゾ、帰ラシメ給。是北夷大嶋ノ朝貢、其始ナリ。[114]

（二）洪武二十三年〔一三九〇年〕庚午、南夷、宮古嶋・八重山嶋、重訳、始来貢ス。其起リヲ、委ク尋ヌレバ、大明洪武ノ始ヨリ、球国、大明へ、五年三年ニ一度、往来有。依テ球人、難風ニ逢テ、彼二山へ至ル事、度々也。其ヨリシテゾ、彼二山モ、琉球ノ王国タル事ヲバ、知テケリ。依テ、慕レ義向レ風、始テ来貢ス。其後ヨリシテ、毎年ノ朝貢ニハ定リヌ。[115]

（一）の文章は北夷としての奄美大島が一二六六年に入貢したと記されている。その理由は琉球王が穏やかな天候をもたらすことができるほどに徳性に優れた君子であるからだとしている。

（二）では南夷としての宮古島や八重山諸島も琉球が王国であることを知り、義という徳性に引かれて一三九〇年に朝貢したことが記されている。羽地は琉球人最初の日琉同祖論者であり、日本型華夷秩序の一部として琉球を考えていた。羽地は、同様な秩序観を琉球の島々の上にも投影し、沖縄本島を中心とし離島を周辺に据える秩序観を明らかにした。

同時に羽地は上にみられるように琉球型華夷秩序を初めて文章として記した人物である。琉球王国は日本型華夷秩序の周辺であったが、それと同時に羽地は琉球の独自性を保持し、強化させようとしたといえる。

さて、一七〇一年に編纂されはじめた漢文国史『中山世譜』には大きな沖縄本島を中心に小さな島々が連なる琉球図（前頁**地図参照**）が描かれている。同書には以下のような記述がある。

先レ是。中山漸衰。自二宮古・八重山一臣服一以後国勢始強。[116]

つまり、南夷の服属により琉球自体の勢力が増強したという認識である。宮古や八重山（先島）と沖縄本島とは文化的にも異なった歴史を歩んできた。先島の貝斧や石環はそれぞれフィリピンや台湾のものと類似している。[117]また、先島の土器は縄文土器ではなく、より南の島々の土器との関連が深いとされている。一五世紀における琉球農業は水稲と麦作の複合という沖縄型と、水稲と粟作の複合という八重山型に分けることができる。(118)さらに、先島では島嶼間交易により独自の生命維持システムが形成されていた。次の資料は一四七七年に先島に漂着した朝鮮人の記録である。

> 〔波照間島〕黍・粟・麰あり。水田なく稲米は所之島に貿易す。（中略）〔新城島〕黍・粟・麥麰・稲あり。稲米は所之島に貿易す。（中略）〔黒島〕黍・粟・麥麰ありて稲なし。稲米は所之島に貿易す。（中略）〔多良間島〕材木なく或は所之島より取り、或は伊良夫島より取る。（中略）〔宮古島〕炊飯には鉄の鼎を用う。足なく釜に似たり。乃ち琉球国に貿易せるものなり。(119)

先島には稲作が可能な田国島と、稲作が困難な野国島との間や、木材が豊富な島とそうでない島との間で交易が行なわれていた。交易により資源が不足がちな島嶼での生活が維持されてきた。宮古島は先島の中で最も積極的に琉球王国との朝貢関係を結んだ。その見返りに鉄器がもたらされたと考えられる。このような内的一体性を有していた先島と琉球王国との間に朝貢関係が確立したのは『中山世鑑』に記されているように先島が貢納した一三九〇年ではなく、一五〇〇年の尚真王による「先島統一戦争」である。以下の引用のように八重山の首長であるアカハチ・ホンガワラが王府との関係を断ち、先島だけの勢力圏を形成しようとしたのに対し、尚真王が約三千人の軍隊を派遣し、反乱を鎮圧した。

> （一）八重山、開闢の後人物繁穎《はんか》す。而して巣居穴処して未だ屋廬を製造するを知らず。且禽獣を逐捕して以て食と為し、菓実を拾収して以て飯と為す。而して未だ烹飪《ほうじん》（煮ること）を為すを知らず。時に一神を生ずる有り、名づけて伊里幾屋安真理と曰う。始めて人民に耕種飲食を教う。而して民、自ら之を利とす。是れよりの後、年中月次、諸邑の人民、悉く其の神を祀り、以て神遊を為す。然り而して此の祭は俗説に係り、未だ実に其の事有らず。而して多く民力を傷い、民財を妄費す。是の年に至り、毛国瑞（恩

納親方安治）、命を奉じて八重山に至り、農を勧め俗を整え法式を制定す。時に固く其の祭を禁裁す。(120)

（二）八重山は、洪武年間より以来、毎歳入貢して敢えて絶たず。奈んせん大浜村の遠弥計赤蜂保武川《おやけあかはちほんかわら》、心志驕傲にして、老を欺き幼を侮り、遂に心変を致して謀叛し、両三年間、貢を絶ちて朝せず。(121)

（一）の文章からは八重山が生活状態の遅れた地域であり、迷信によって人力や物財を無駄にしているとして、華から夷を見下す姿勢を読み取ることができる。（二）の文では朝貢関係の要となる貢物を納めないということを征伐の理由として挙げている。一五七一年、尚元《しょうげん》王（一五二八～一五七二年、第二尚氏第五代王）が奄美大島に軍船五〇隻を派遣した際の理由も「貢を絶ちて朝せず」であった。日本型華夷秩序が薩摩による琉球の侵攻を契機として形成されたように、琉球型華夷秩序も王府による先島そして奄美諸島への侵攻によって作り上げられた。先島を夷とみなし、附庸国と考えたことは近世琉球においても変わらず、次の『球陽』、『琉球国由来記』、『おもろそうし』にも琉球型華夷秩序観をみることができる。

（一）宮古・八重山島は、遠く海外に在り、俗習甚だ陋にして、愚民尤も多し。是を以て、多く吏役を設けて民事を治めしむ。(122)

（二）宮古山・八重山の人員等は、原、姓名乗有ること無し。（中略）茲に本国の例に照し、姓・名乗を御印判して、以て之れを賜う。(123)

（三）渡ㇾ海有ㇾ嶋。名㆓宮古㆒。最為㆓我国之附庸㆒也。(124)

（四）聞えおもりや　京　鎌倉　交刺巴　南蛮ぎやめ　唐　宮古揃えて　適わしよわれ(125)

（五）八重山嶋ぎやめむ　波照間島ぎやめむ　十百末按司添いす　又与那国ぎやめむ　波照間ぎやめむ　十百末按司添いす(126)

（一）には先島が遅れており、最も愚民が多いために王府から役人が派遣され、先島に王府の統治施設が常設されたということが書かれている。王国の中で先島が特別地域として位置付けられていたことがわかる。（二）でも先島が制度的に「本国」とは異なる状態におかれていたことが指摘されている。さらに、一六九〇年に沖縄本島では家譜の編纂が行なわれたが、先島では遅れて、一七二八年になって家譜の編纂が実施された。また、石垣島は政治犯の流刑地に指定されていた。（三）では「我国之附庸」が宮古島であると記していることに注目したい。島津氏も室町幕府から琉球支配を委任されたという「嘉吉附庸説」を創作した。今度は琉球がその同じ「附庸」という言葉を宮古支配の正当化に利用しているのである。（四）の意味は、名高いおわもり〔神女〕よ、京都、鎌倉、東南アジアの国々までも、そして中国、宮古までも協力させよ、というものである。日本の京都や鎌倉、中国という異国と宮古が並立されており、それらを琉球のために協力させよ、と謡っているところに異域として宮古が認識されていたといえる。（五）の意味は石垣島、波照間島までも国王が支配している、与那国島、波照間島までも国王が支配している、というものである。これら遠方にある島を支配するほど国王は偉大であると讃えており、琉球の国家意識が窺える。

先島において華夷秩序を強化するための儀礼が行なわれていた。石垣島に設置された王府の統治施設である蔵元では毎年冬至、元旦、一月一五日の三回、「朝御礼拝」と呼ばれる儀式が挙行された。それは朝衣冠束帯の礼服を着た役人が王府の方向に向かって国家安泰と国王の聖寿無窮を祈る儀礼である。[127]

また、一三年毎に国王と王妃の誕生を祝う「御祝上げ」が行なわれた。これは蔵元の隣に舞台を設け、王府を遙拝するとともに舞踊を奉納した。さらに、国王が中国冊封使によって国王に就任する際にも、石垣島では「冊封祝儀」という行事が挙行され、琉球の舞踊のほかに謡曲、狂言、能等の大和芸能が披露された。[128] 皇帝を中心とする中国型華夷秩序の中で進貢使や冊封使等が中国と琉球において儀礼を行ない、華夷秩序を強固にしたように、琉球でも先島において国王を讃える儀礼や芸能を挙行することで華夷秩序をコスモロジー的に維持していた。

また、琉球型華夷秩序の中では先島、奄美諸島だけが特別な存在であったわけではなく、他の島々、地域も周辺として認識されていた。例えば、沖縄本島を「大地」、その周辺離島は「地離」と呼ばれていた。首里や那覇を中心にして沖縄本島南部を「下方」、中部を「田舎」、北部は「山原」と区別した。(129)

このような細かな秩序付けの中でも特に先島が華夷秩序の中で特異な存在として浮き出てくるのは一六三七年に課せられた人頭税の存在である。人頭税は先島以外でも久米島、山原等、砂糖黍の栽培が困難な地域にも賦課されていた。これらもやはり中心から外れた地域であった。先島では一六五七年に人口の増減と無関係に定額人頭税となった。石垣島では一七七一年の明和の大津波により約九、四〇〇人が死亡し、約一万八、六〇〇人の人が生き残り、それから一〇〇年間に、飢饉、疫病、麻疹、マラリヤ等で人口が約四〇％減少した。それでも一七三七年から一七五〇年の間に行なわれた検地で定められた税額は減らず、石垣島の人々にとり重い賦課となった。(130)このような税の賦課も先島を特別視する王府認識の表れであるといえる。

宮古島や石垣島は首里王府から派遣された在番や筆者だけでなく、検使によっても、また久米島では検見役によっても行政や司法が監視された。これら三つの島嶼で産出される物産は宮古御蔵にまとめて保管された。その貯蔵物は以下の通りである。

宮古島上布・下布・大幅本上布・稀直下布・同本上布・紺島布・縮布・島本上布・同下布・廿舛島布・同白布・八重山島直上布・本上布・下布・稀布・白細上布・島布・島本上布・同下布・縮布・細島布・同白布・大島上中・芭蕉芋・練蕉布・島蕉布・畦蕉布・薄蕉布・ホラ織布・三ツハ布・綟布・唐布・フク繭長筵・アダン葉長筵・牛皮・木耳・革葵・胡麻・イリコ・平貝・醤物・白菜・角俣・干漬海馬・牛節・同角・黒縄・紺染馬房・亀甲・黒木（三線作用）桑木（鞍打用）米・粟。(131)

布織の種類の多さは注目に値する。その品質の高さにより近代以降、沖縄県の特産物となった物もある。近世において納税品または貢物として先島や久米島から王府に運ばれ、沖縄本島からはヘラ、カマ、鍋、塩、茶等の鉄器や食料品が島々に渡った。一四七七年に宮古と沖縄本島との間で鉄器の交易があったように、鉄器は琉球型華夷秩序を物的に結びつける役割を果たしていたといえる。

琉球型華夷秩序と貿易活動・技術革新

資源が稀少な島嶼である琉球が国家として存立するためにはアジア型世界秩序に積極的に参入して、経済利益を蓄積する必要があった。一二世紀から一五世紀初頭にかけて大型のグスクとよばれる城の主であった寨官《さいかん》の政治力や軍事力を培ったのは海外貿易から得られる利益であった。寨官が貿易により鉄材を入手し、配下の按司に分配することで各集落の余剰生産物が寨官の下へ集積し、これを寨官が貿易の交換物として用いるという流通のシステムが確立されていた。このような寨官支配から三山時代そして王国統一へと向かう契機になったのが、中国との朝貢貿易であった。なぜなら寨官が行なう私貿易よりも膨大な利益が朝貢貿易では約束されていたからである。[132]アジア型世界秩序と強く結びつく中で琉球国家は形成されてきた。以下の引用のように琉球の王は貿易を通して支配権力を確立していった。

(一)日本の商船有りて、多く鉄塊を帯び、牧港に至りて発売す。察度、尽く之れを買収し、耕者に鉄を与えて農器を造らしむ。百姓之を仰ぐこと父母の如し。推して浦添按司と為す。境内大いに治まり、遠近皆慕う[133]

(二)時に異国商船有りて鉄塊を装載し与那原に在りて貿易す。皆其の剣を見て之を要む。終に満船載する所の鉄を以て之れを買う。巴志、鉄許多を得、百姓に散給して農器を造らしむ。百姓感服す。巴志は人と為り、肝大にして志高く雄才世を蓋う。[134]

（二）は三山時代における中山王察度が行なったことであり、（三）は琉球を統一した尚巴志が行なったことである。察度、尚巴志とも鉄器を琉球社会にもたらし、農業の生産性を増大させたことが支配者になる大きな要因となった。そして、国家機能の中に制度的に貿易活動が組み込まれた。例えば、次の文のように国家規模で貿易に関わるセレモニーを挙行し、貿易国家として自らを演出した。

（一）渡唐人員、於二御番所一、三司官一員、御鎖之側・那覇里主・御物城之中一員、長史一人、相伴ニテ、賜二御料理・神酒一。（中略）渡唐衆、御暇乞言上有レ之。御玉貫一対、当衆御番所ニ持参。（中略）聖主、真正面御轎倚出御。御使者大夫・那覇役、於二玉庭一、旅歌ニテ、旗振相済、御使者、悉皆ノ御禮、御鎖之側取次、三司官へ申上ラレ、言上相済、旅歌ニテ、綱ヲ先ニ拘サセ、被二罷下一也。(135)

（二）国王聖躬万万歳、御子孫御繁栄、五穀豊穣、唐・大和・宮古・八重山、諸島往還之諸船、得二順風自在一故也。(136)

（三）貢船自二開洋之日一、至二七ケ日一、于二天妃二廟一、自二大夫一至二若秀才一、焼レ香誦二天妃経一。拝畢、于二天尊・龍王二廟一、焼レ香拝祷焉。自二其次日一、至二貢船帰国一毎日、大夫以下、若秀才、及郷官士、更番拝二祷于四廟一。(137)

（一）によると、中国との朝貢貿易のために出港する前に渡唐衆が王府の最高役人や国王が臨席する中で食事を行ない、旅歌を謡い、旗振りなどの儀礼をうけていた。

（二）は沖縄本島の辺戸《へど》、今帰仁《なきじん》、知念《ちねん》、玉城《たまぐすく》に住む祈願者が唱えた言葉である。子孫繁栄、五穀豊穣の他に、中国、日本、先島への航海安全を祈願している。『琉球国由来記』に記された他の祈願文の中にも航海の安全に言及したものが多くあり、国家存立のために貿易が不可欠であると認識されていたことがコスモロジーの世界にも反映されていた。

（三）は中国伝来の航海の安全を守るという天妃信仰《てんぴ》についてのものである。久米村の役人である若秀才と郷官士が進貢船出発の日から到着の日まで祈願を行なったことが記されている。久米村は貿易に必要な通訳や外交文書作成等を行なう人々が居住した地域である。その村の役人はコスモロジー的にも進貢貿易を成功させようとしていた。

古琉球時代にはヒキと呼ばれる一二の家臣団が存在しており、それぞれの統率者は船頭（勢頭）と称され、ヒキの名前は貿易船の名称と一致していた。琉球において知行は旅役の回数に応じて行なわれており、旅役は唐旅、大和旅、地下旅（琉球内）に分かれていた。先祖伝来の知行であっても旅役が少なければそれが否定されることもあった。(138) 国家の組織名と船の名前が同じであり、これは琉球が海洋島嶼国家であったことを象徴的に示している。

琉球にとり貿易が不可欠であることを琉球側が明言することになった事件が一七二五年に起こった。その年、雍正帝が貢物免除を琉球に言い渡した。しかし、琉球は一七二六年から三四年にかけて進貢継続を中国に主張し続けた。その理由は中国型華夷秩序の中で朝鮮に次ぐ第二位の地位を失いたくなく、とりわけ東南アジア諸国には逆転されたくないというものであった。(139)

同様な危機は一七八九年にも生じた。交渉により一貢免除を回避することができた。さらに一八四一年にはこれまでの二年一貢から四年一貢に変更するように中国から命じられたが、機敏な対応により撤回された。交渉団が中国に渡る前に摂政や三司官は次のような理由を挙げて、朝貢継続の必要性を訴えた。（一）四年一貢では中国皇帝の徳化が及ばなくなる恐れがある。（二）二〇〇年にわたって二年一貢を遵守してきたが、それを当代で変更するのは国王の恥辱となる。（三）国外に対して外聞が悪くなる。（四）薩摩が要求する中国物産を調達することができなくなる。（五）琉球国内においても物資が欠乏する可能性がある。(140)

貿易によって中国型華夷秩序の中で高い位置をしめ、そのことが国王の誉れにもつながり、薩摩との関係も維持でき、国内経済の繁栄にもつながると王国の執政官は考えていた。資源のない島嶼国家がアジア型世界秩序の上位に位置し続けるには執拗に進貢貿易を行なう必要があった。貿易を通じて礼を尽くせばアジア型世界秩序の中で高位置に存在することができる点が、近代世界システムの階層形成の過程とは大きく異なる。近代世界システムではあくまで利益蓄積の度合いと軍事力に応じて中核国のヘゲモニーは変遷した。他方、アジア型世界秩序では中国という膨大な物産や資源の供給力と需要力をもつ不動の中核に対する精神的、物的な忠誠の度合いに応じて位階の位置付けが決定された。

進貢の担い手は士族だけに限定されなかったことは以下の資料によって明らかである。

> 今、楮基《ちょき》（瀬名波親雲上軌里《せなはぺーちんきさと》）は、始めて水梢に擢で、直庫を歴履して、航海すること数十次、始より終に至るまで、平安にして老を告げ以て天年を終う。随いて楮基を将て、新参の家譜を給与し、以て仕籍に登ず。此れより以来、百姓、航海往来して、功を積むもの甚だ多し。即ち此の例に照し、新参の士、功を船に積む者有れば、譜代の家に登せ、以て褒奨を為す。(141)

士族以外の者でも進貢船に乗船することが可能であった。航海における働きにより士族に昇進することもできた。明代、清代における進貢船総計は八四七隻であり、乗船者総計は九万四、八七六人にのぼると推計されている。(142)この人数に重複はあるものの、多くの琉球人が中国に渡航していたことは確かである。日本、朝鮮、東南アジアへの航海者を含めると、その数はさらに増えるものと思われる。王国内の様々な人々が貿易の担い手として活躍していたのである。

膨大な利益をもたらした南海諸島の物産の入手が困難となった近世琉球における貿易の経済性はどうであったのだろうか。『御財制』という王府資料によれば一七二〇年代において貿易の決算は赤字であった。また、一八世紀後半から一九世紀初期にかけて島津氏は進貢貿易の縮小を望んでいた。その理由は薩摩藩の深刻な財政赤字と、渡唐銀を借りた三都商人への利払いが貿易利潤より多かったからである。それに対して琉球は進貢貿易の縮小に反対した。(143)

しかし、王府や薩摩藩の赤字にもかかわらず、貿易活動により貿易従事者は様々な経済的利益を獲得し、貿易品の輸入代替化により琉球の国内経済が活性化されたことは見落としてはならない。つまり、乗船者はそれぞれの位階に応じて諸士免銀と呼ばれる個人処分銀が与えられ、中国物産を購入し、それは一七五六年において全渡唐銀三〇二貫の内、七〇貫を占めていた。進貢船の内部には船間と称される個人処分物を収納する部屋が設けられていた。(144)

さらに、一九世紀の琉球輸出品の約九割が海産物で構成されるようになった。海産物に関して乗船者の個人的な持ち込みが許されていた。海産物の内訳をみると昆布、鮑、鰹節、しゅくなし物（スクガラス）、角俣《つのまた》（海草）、干イカ、干タコ等であった。(145) 海産物の中には琉球国内の物産も大量に含まれていた。琉球国の財政は帳簿上、薩摩への借銀により赤字が計上されていた。しかし、王国の役人は貿易を通じて個人的な利益を得ていたのである。

また、貿易は日本と中国の物産を仲介するだけでなく、琉球の物産を輸出することで国内の経済発展にも刺激を与えていた。貿易品の輸入代替化で注目されるのが布であり、薩摩への貢納品となった。一六世紀後半に東南アジアとの貿易が終了するとともに胡椒や番錫等の物産の入手が困難となり、その代わりに琉球で作られた土夏布が中国に送られた。

一六世紀末に王府は宮古島に対して上布、下布、麻苧、黒綱を納めさせていた。上布、下布という品質による区別が行なわれるまでに布の生産は進んでいたのである。(146) 一九世紀の前半に「諸国物産大数望」という物産の番付の中で「薩摩上布」は常に上位にあった。「薩摩上布」は先島諸島からもたらされた貢納布であり、全国的に高い評判をえていたのである。[147]

琉球経済に多大な影響を与えていた貿易活動を国王の立場から推進してきたのが尚泰久王であり、尚真王であった。後に論じる蔡温は貿易網の範囲が縮小した近世琉球において貿易の重要性を強調した。それは単に経済的側面からだけでなく、貿易がアジア型世界秩序の中で琉球国を政治的に存立させるために不可欠な外交戦略であるという側面をも考慮してのことだった。資源の少ない、規模の不経済が問題となる島嶼琉球の経済的問題、そして国家としての独立という政治的問題に対して琉球王国時代の経済思想家は、島嶼内の生産力を強化する政策とともに、時代状況に応じた外交関係の形成と貿易の促進により島嶼問題を克服しようとした。貿易は経済主体の利益追求動機を充たしてくれる機会を与えたのであり、また、琉球は土夏布等、国産品を輸出することでアジア貿易圏の一翼を担うことになった。ただ、琉球における貿易活動は今日的な意味での貿易ではなく、国家間外交、儀礼等と一体化した、国家の規制を受けた管理貿易的性格が強いものであったことはいうまでもない。

さて、近世琉球は日本に対しては砂糖を輸出していた。一七世紀において東南アジア諸国も日本に砂糖を輸出しており、[148]琉球と東南アジアとの競争が砂糖という物産を巡って展開していた。アジア間競争に勝ち抜くために琉球はどのような経済的努力をしたのであろうか。

砂糖黍自体は近世以前に琉球に存在しており、人々に食されていたが、一六二三年に砂糖製造技術が中国から導入され、生産が拡大するようになった。生産が増大した理由は、薩摩藩への借金を返済するためであり、一六五二年に砂糖の専売制がはじまった。しかし、一六九二年には作付地域の指定、生産量の制限が行なわれた。その理由は生活用の食糧生産に影響を与えないためであった。[149]また、大坂市場における糖価を一定水準に維持するためでもあった。商品作物生産の単一化によって生活用食糧の生産が減退し、自然災害をきっかけにした島嶼の飢餓が発生するのを防ぎ、また、安定した糖価水準が維持された。近代沖縄において砂糖黍栽培が拡大した際に、世界的糖価水準が大幅に下落したことを原因として「ソテツ地獄」と呼ばれる飢餓状態が発生した。時代状況の違いを考慮に入れても島嶼民の生存維持システムが琉球王国という国家機構の中に埋め込まれていたことは重視してもいいだろう。

次に糖業における技術革新について論じる。以下の資料は琉球糖業の発展にとり画期的となった技術革新について明らかにしている。

（一）麻平衡（注――儀間親方真常《ぎまおやかたしんじょう》）、深く本国甘蔗有りて製糖を知らざるを念う。是に於て、儀間村の人をして、福建に到り、已に製糖の法を学ばしむ。纔《さん》めて平衡の家に於て、已に甘蔗の汁を取り、以て黒糖を熬き、終に国中に及ぶ。(150)

（二）陸得先（注――武富親雲上重隣《たけとみぺーちんじゅうりん》）、命を奉じ、慶賀使に随いて閩に赴く。即ち南鼓山の地に到り、良師を尋覓《じんべき》して、悉く其の教えを承け、白糖・氷糖を熬《ごう》き、並びに朱塗黒赤梨地に乃ち、其の漆器並びに金銀箔の法を将て、貝摺奉行に教授し、且白糖の法は、浦添郡民に教授す。(151)

（三）首里の真養心（注――真喜屋筑登之親雲上実清《まきやちくどんぺーちんじっせい》）、糖車を作るを看るに、只二柱を用うるのみ。即ち真養心、心を竭し功を極め、三柱糖車を作り、周く郡村に教う。今世に至り、国中皆焉れを使用す。三柱糖車、此れよりして始まる。(152)

（一）は一六二三年、（二）は一六六三年、（三）は一六七一年の事柄である。（一）、（二）の時期に製糖技術を導入して、一六七一年には真喜屋《まきや》実清が竪型三ローラー圧搾機を発明した。それらは中国から伝播した製糖技術を琉球において改良した典型である。その背景には一六六二年に王府内に設置された砂糖座による砂糖黍栽培、製糖の奨励がある。また、幕末期には読谷山種という優良品種が栽培され、石製圧搾機が琉球人により発明された。(153)砂糖の品質向上をはかるために貢糖に粗悪糖を混入した者は流刑に処せられた。さらに、一八六〇年には以下のような製糖取締の布告が発せられた。

一、甘蔗搾汁ニ加ウベキ石炭ノ分量如何ハ大ニ糖価ニ影響ヲ及ボスモノナルヲ以テ甘蔗ノ熟否栽培地ノ土質等ヲ審査シテ石炭ノ用量ヲ加減スルニ注意スベキコト（中略）

一、糖価ノ優劣ハ火度ノ強弱、煎煮ノ適否ニ関係スルモノナレバ各製糖場ニハ熟練ノ火夫、製造人三四名ヲ置キ、製糖期間中ハ成ルベク交代セシメザルコト（中略）

一、砂糖ハ同品質ノモノニ非ラザレバ同一樽ニ詰入ルベカラズ、故ニ砂糖樽詰ノ際ハ製糖検見人立会于ヲシテ其糖質ヲ検査スベキコト。(154)

その他、王府は砂糖樽の重量、容積、構造、用材、帯竹を統一するとともに、貢糖や買上糖については砂糖座で製造した樽を各間切（村）に配布した。また、各間切で製作される樽は砂糖座の樽を見本とすることが定められ、砂糖座の検査をうけ許可されたものに限ってその使用が認められた。(155)厳しい品質管理が行なわれていたのである。このことも一因となり琉球糖が日本市場で継続的に需要されたのであろう。

琉球の場合は琉球人自らが技術革新の担い手となった。東南アジアにおいては例えばシャム、ジャワ、マレー半島のように中国人移民が甘蔗栽培から砂糖製造の全過程（シャムではシャム人が甘蔗栽培の担い手であった）において重要な役割を果たした。一六七一年に真喜屋《まきや》が発明した竪型三ローラー甘蔗圧搾機が東南アジア諸国で用いられるようになったのは二〇世紀に入ってからであった。(156)貿易活動については、中国人移民に全面的に依存する時期が古琉球の大貿易時代の初期においてみられた。しかし、糖業については技術導入の初めから琉球人が主体的に係わっていたのである。

このようにして作られた砂糖はただ単に薩摩に納めるためだけでなく、琉球役人による経済利益獲得の手段にもなった。一八三一年に薩摩に設置されていた琉球館に送られた砂糖は一五〇万斤であった。他方、自分砂糖と呼ばれる自己処分が可能な砂糖は九四万斤という膨大な量に上っていた。[157]自分砂糖によって利益蓄積が個人的に可能であったこともまた、砂糖の品質向上を推進させる経済動機になったのであろう。

近世琉球の技術革新は砂糖黍が栽培された農地の耕作方法にもみられた。次の引用は『八重山農務帳』からのものである。

（一）田畠土留溝構、請溝、拾溝并畠いう返し等、不入念候而は、大雨之節泥土引流、漸々地位悪敷相成。産物出来少、所中衰微之基候間、夫々之仕付方入念、水損無之様可致下知事。[158]

（二）坂成剥付諸作毛植蒔候而は土流落、本田畠之為不罷成候間、右之取締分ケ而可入念事。[159]

（一）は田畠の流亡を防ぐために強固な溝をつくり、大雨で表土が流された後、溝に溜まった土を田畠に戻す必要があるという意味である。（二）は傾斜地を開墾して作物を植えると雨の際に、土が流れて本田畠が損なわれてしまうため傾斜地開墾を取締まらなければならないという意味である。『八重山農務帳』は蔡温の『農務帳』の影響を受けたとされている。八重山の自然環境に適応した独自の農法を説いているところに特徴がある。

琉球は島嶼外から右のような技術を導入し、独自にそれを応用開発した。糖業だけでなく、次のような法律や諸制度を国外から採用しながら、島嶼内部の論理につくりかえた。例えば、一七八六年に完成した『琉球科律』は清国や日本の法律のみを模倣したのではなく、琉球の事情に適応するように編纂されていた。[160]幕末にイギリス人と琉球人女性との間に問題が生じた際の逮捕権、処罰権は琉球滞在の薩摩役人ではなく、王府側にあり、イギリス人に死刑の判決を下した。イギリス側はイギリス人と琉球人女性を救うためにあらゆる手段を尽くしたが成功しなかった。[161]

蔡温の『御教条』の第四には「夫婦熟談、各主張を固守する勿れ」と記されている。そして、蔡温の『治家捷経』には一家の長として主翁と主母を併記し、この二人には家族に対する教化、賞罰、養育の責務があると記されている。これらの記述からわかることは、親権を父親だけでなく母親も有することができるという琉球における女性の地位の高さである。これも清国の律令をそのまま適応していない琉球の独自性を示している。(162) 中国と日本との中間の位置にあり、双方から影響を受けながらも、琉球としての独自性を保持していた。

中継貿易活動で扱う物産を琉球の物産と代替することで島嶼内の生産力を向上させ、中国伝来の製糖技術を独自に改良し、琉球の島嶼環境を配慮した農法を作り上げ、そして琉球科律という特色のある法体系を整備した。羽地朝秀や蔡温を中心とする琉球王国の経済思想家を中心とする琉球人がその形成の担い手であった。他国とは違うという独自性を制度的に、そして世界観として確立したのが琉球型華夷秩序であった。

今日的意味から考えて重要な点は、琉球における貿易活動と、島嶼内の技術革新が相互に作用する形で行なわれていたことである。対外貿易を通じて、諸外国から技術を導入し、国内で技術の革新を行ない、その成果を貿易品の品質向上につなげて貿易活動を維持し、発展させた。島内における生産力向上と対外的経済活動が並行して行なわれていたのであり、島内生産力の充実が先か、対外貿易の制度確立が先かという今日的論争に対して示唆を与えていると思われる。

琉球型華夷秩序は、沖縄本島を中心とし、先島をはじめとする他の島々を周辺として形成されていたが、次にこの秩序の背景にある琉球の世界観について論じてみたい。

琉球の世界観と島嶼経済

琉球諸島では多くの祭りが行なわれており、それに纏わる世界観も人々の心の中に生き続けている。それらは何らかの形で経済活動と結びついているだけでなく、琉球王国時代には王国の存在基盤としての役割も果たしていた。王国が統一される以前の一四世紀初期から一五世紀初期にかけての三山時代においても村の中には御嶽《うたき》と呼ばれた聖なる場所があった。そこには村の守護神が鎮座していると信じられ、村を統括する按司《あじ》の勢力拡大とも結びついていた。霊的世界と現世とを繋ぐ役目をはたすのがノロと呼ばれた女性祭司である。ノロにより按司は「テダ（太陽）」として位置付けられ、政治的権力を集中させていた。

一四二九年に王国が統一された後も按司の島嶼内における割拠が続いた。首里に按司を集め、武器を取り上げたのが尚真王であった。尚真王の頃から国王のみが「テダコ（太陽の子）」と称せられ、王国で太陽信仰の中心となった。太陽信仰と国王との媒介者が聞得大君《きこえおおきみ》と呼ばれる女性である。尚真王の時に聞得大君を頂点としノロを支配下におく女性の中央集権的な祭祀社会が形成された。(163)

王国の政治的中央集権化と祭祀世界のそれとは平行関係にあり、王国の存立と世界観は島嶼琉球では緊密な関係にあった。王は太陽とみなされていた。農耕生産にとり太陽は重要であり、王が豊作を実現させる力を持っているという世界観が王国社会の人々に信じられていた。尚真王は貿易と国家統一において琉球史上、重要な人物である。それとともに尚真王は琉球の世界観を精神的、制度的に確立し、ひいてはその世界観が国家の統一を促し、そして後に論じるように貿易活動にも影響を与えた。

なぜ琉球では世界観が重要な役割を果たすようになったのであろうか。考えられる理由の一つの仮説は琉球が島嶼であることに関係していると思われる。つまり、琉球は資源が少なく、土地や地形の性質から干害を被りやすく、台風の常襲地帯であり、また、政治的にも大国からの介入を受けるというように人間の意図や努力を超えた現象によって島嶼社会が大きく左右されやすいため、人々の心を安定させ、社会生活を秩序付けるために世界観に頼るようになったと考えられる。祭りでは農耕生産過程の節目毎に「節」、「折目」と呼ばれる儀礼が行なわれる。それらの儀礼により不如意な島嶼の環境の中で規則的な農耕を営むことを可能にしたいという意図が働いていたのではなかろうか。

琉球の世界観の中心にはニライカナイ信仰がある。ニライカナイと呼ばれる海上他界から火（太陽）、稲そして生命が人々の祈願により島に持たらされるという信仰である。人間が生きるうえで必要なもの全てがニライカナイを起源としているといわれている。それだけでなくニライカナイは人間にとって害になるもの、例えば台風の風、害虫、鼠等を送り返す場所であるともみなされている。

つまり、ニライカナイは島嶼民にとって必要なものを供給してくれると同時に、島嶼民にとり害となるものを吸収してくれる場所でもある。島嶼社会の人々は孤立して生きてゆけず、島嶼外部の文化、制度、技術を導入する必要があり、そのために中国型華夷秩序や日本型華夷秩序を積極的に活用することになった。それと同時に、ニライカナイ信仰は島嶼外部に存在する経済的豊かさに依存してしまう精神的傾向を助長し、後の章で論じるように企業誘致や補助金依存等、他律依存的な経済構造を琉球に植えつけた一因になったのではないかと考える。

島嶼の外に他界を想定することによって次のような効果が島嶼社会にもたらされた。例えば、石垣島川平《かびら》には来訪神「マユンガナス」が家庭を訪問してカンフツ（神の言葉）を唱える。その中に農耕技術を説明する言葉や、牛馬繁殖、人間の幸福、貢納の完了等を予祝する言葉が含まれている。[164] つまり、儀礼を通じて農耕技術が村人に伝えられた。祖霊による教えとなれば村人は心して聞いたであろうし、予祝の言葉により村人は生産活動の節目を知り、豊作と年貢の完了を願い、次の生産過程に対する心の準備も可能となった。循環する農耕生産を継続して行なうために毎年、このような儀礼を繰り返したと考えられる。折口信夫は海上他界について次のように述べている。

> 沖縄諸島では、他界を意味する島を海上にあるとする地方が多く、海底にあると言う処はまだ聞かない。大東島も明治以前は単なる空想上の神の島——あがるいの大主が居る——の名であったのを、偶然其方向

に発見して、実際の名としたのであった。尖閣列島にも、旧王朝時代には神の島と眺められて居たものがあった。(165)

他界の島つまりニライカナイを海上の島と想定するということは、琉球の人々が定住先をもとめての航海や、琉球王国時代におけるアジア各国との貿易活動や琉球内の交易活動を考えるにおいて興味深い事実である。すなわち船舶の技術が発達していなかった当時において航海することは死との背中合わせで非常に危険なことであった。その危険があるにも関わらず敢えて海に乗り出したのは、海の彼方に存在する豊穣の源であるニライカナイに対する強烈な人々の信仰があったからではなかろうか。ニライカナイを求めて琉球諸島に定住したのであり、東アジア、東南アジアの諸国と貿易を行なうため、荒れ狂う波や海賊の存在に直面しながらも航海の旅にでたのである。

ニライカナイからもたらされる豊穣は「世《ユ》」と呼ばれた。八重山の島々には豊穣や幸福を島に呼び込むことを祈願する「ユークイ」、「ユーニゲー」という祭りがある。また、「ユヤナオル（世は直る）」という言葉は農耕生産のサイクルの改変を意味する。ある一期間としての「世」はまた、アメリカ統治時代を「アメリカ世」といい、薩摩の統治時代を「大和世」というような使い方もされてきた。(166)

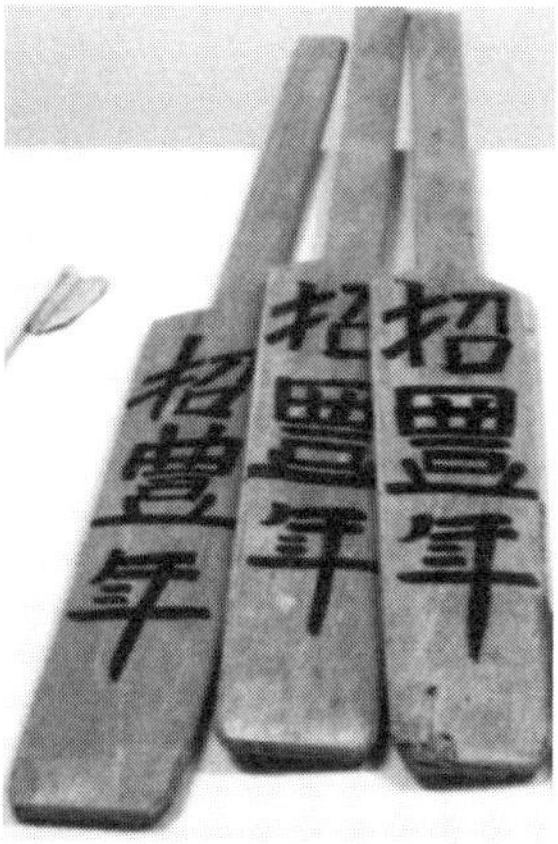

ウンジャミ祭で用いられた
招豊年と書かれた櫂
（沖縄県立博物館蔵）

農耕社会で生まれた言葉はまた沖縄の政治的変遷を表わす言葉としても用いられていたのである。豊穣としての「世」を人々が引き寄せることが可能であるという世界観の中に人々の自立性をみるなら、統治主体や政治形態は外から与えられるのではなく、島嶼民の意志によって決定したいが、現実には外部勢力によって支配されているという、島嶼民の苛立ちと、自立を求める心性を「アメリカ世」や「大和世」から読み取ることはできないだろうか。

以上、島嶼の世界観と島嶼経済との関連について論じてきた。その関連性は農耕時代や大貿易時代のみにおいて当てはまるのではない。現代でも多くの祭りが沖縄で行なわれており、世界観は今も生きている。しかしながら琉球独自のコスモロジーに配慮しない開発によって聖なる場所への侵害が始まっている。世界観が数百年の歴史の中で形成され、人々の精神的豊かさの中心を占めていることを考えると、世界観と島嶼経済が分離しつつある現状は危機的状態であるといえる。

文化の根底にある世界観を無視した形で開発を行なった結果として、その開発が根付かなかったり、環境問題を発生させたり、単一の価値観を押しつけたりといった諸問題が世界的に起こっている。よって、沖縄における開発計画の策定や開発の実施過程において沖縄の文化的独自性を十分配慮することで、経済活動に島嶼民が主体的に参加でき、島嶼民の生活の営みと調和しあいながら開発を進めることができよう。

羽地朝秀の経済思想

一六〇九年の薩摩侵攻という困難な時期に琉球は、国家経済の再編という課題に向き合うことになった。つまり、古琉球時代においてアジア諸国間の中継貿易地として繁栄していた琉球は、中国の経済的衰退、西欧諸国のアジア進出、そして薩摩の支配等という経済環境の大きな変化に対応して、貿易とともに国内経済の改革の必要性に直面するようになった。

近世琉球における経済思想家として羽地朝秀と蔡温を取りあげる。両者とも王府の中枢におり、経済政策の実行者であるとともに、経済思想上価値が高いと思われる諸文献を残した。近世琉球経済の方向性を決定した両者の思想を考察するにあたり、経済的側面だけではなく、政治的、社会的な側面にも目を向けることにより、為政者としての全体像を明らかにしたい。

近世初期の社会的変化を感じ取り、琉球経済の立直しに取り掛かったのが、王府の摂政の職にあった羽地朝秀《はねじちょうしゅう》である。羽地は琉球初の国史『中山世鑑』を完成させた。その中で国家の正統性と独立性を強調した。『中山世鑑』が国家イデオロギーの結晶であるとするなら、国家の実際運営について羽地が行なった業績は後に纏められた『羽地仕置』に明らかである。それは廻文の形式で出され、一部は各役所に掲示された。その中で興味深いものを以下に引用したい。

一、これまでは、女官大勢頭部の取次でいろいろの御用等も言上した事であるが、それでは用向届きかねる事もあろう。書院親方衆か、当衆を以てする事に進言その通りになった。(167)

従来、王府は男性が司る行政部門と、女性が司る祭司部門で構成されていた。上の文は後者が王府の諸活動に関与する機会を減らすための命令である。男性中心の江戸幕府運営方式への接近を試みたものであるといえよう。

一、国主歳日の御祝儀は、大和でもその例なき由につき、初歳日、末歳日とも、祝宴廃止されて然るべく、尤も御内儀にて婦人方の内宴は差支なき事に伺いすみ。

一、前々より時の大屋子と云って、目に一丁字もなき者を百姓の中から立ておき、日選などをさせていたが、今後和漢の暦を使用するように進言、その通りになった。(168)

一、久高祭礼の起りはと云うと、格別聖賢の立てられた法でもなく、婦女子や巫女の仕事で、唐大和へ聞えても、かえって恥かしい事である。(169)

これらも中国、日本の基準に合わせる形で、琉球固有の祭りやシャーマンを廃止して経済的節約と迷信の打破を目指した。先に琉球の世界観の項で記したように、琉球内在の祭りやシャーマンは羽地以後も弾圧や禁令措置の対象となったものの、琉球社会に強固に存在し続けた。

一、これまで公役の為め人夫使用の場合、諸方の百姓を現役に徴用した為め百姓痛みになった処え、野菜肴薪木等の現品も労務と相殺する事なしに徴発した為め同様百姓痛みになる様子故、寛文七年末（一六六七年）の春比から、手間傭にする事にした。

一、領内の百姓疲弊の実情領主より上申のあった地方は、検者派遣調査の上、耕地の高並夫役銭を引下げる事にした。かような間切数多く、現高は検地高より減少する事になった結果、去年御国元へ上申しその埋合せとして開墾を願出で、許可になった。(170)

これらは百姓に対する役人の無制限な取り立てを規制し、開墾を奨励して農業生産性の向上を目指したものである。他の命令においては百姓の遊郭通いを禁止し、百姓の農村定住を命じるとともに、家譜の作成により士農身分を明確にした。一連の政策は薩摩への年貢納入という義務に促されたものである。それにより島嶼という陸地の開発が押し進められた。

一、学文、算勘、筆法、筆道、医道、立花、容職、謡、唐楽、包丁、茶道、乗馬。右の諸芸は若年の衆、平常稽古、お上の御用い立つべき事が肝要である。右の内、せめて一芸なりと嗜まない者は、たとい由緒のある家柄の子弟でも役職には就かれないから、念の為めに予め触渡しておく。(171)

一、熟々思惟するに、此の国の人の生れ初めは、日本より渡りたる事、ゆめ疑いあるまじく、さればこそ、末世の今に至るまで、天地山川五倫鳥獣草木の名に至るまでも、皆日本と共通である。さりながら言葉の末に多少の相違あるは、遠国の上に、久しく通融絶えたる為めである。五穀も人種も同時に日本から渡って来たものである故に、右の祭礼も久高、知念とは限らず、何処で行なわれても同じ事である。(172)

日本の芸文を官僚層に身に付けさせ、日本との関係を円滑にすることが近世琉球国の重要課題となった。稽古事の内容は日本戦国武士の家訓に共通するものがある。二番目の文は羽地が琉球側における最初の日琉同祖論者であることを示す文章である。羽地にとって日琉同祖論は日本と琉球との関係を良好化させるための戦略であったと考えられる。なぜなら文化的共通性を強調して強国日本と平和的関係を結ぶことが、敗戦国琉球にとって重要であったからである。日本と平和的関係を結び、中国と貿易をするにあたって欠かせない日本産の銅や銀を得て、ポルトガルの勢力と倭寇の進出により衰退過程にあった琉球の貿易活動を活性化させ、海洋国家として存続をはかることができると羽地は考えたのではなかろうか。これに関して次の東恩納寛惇の言葉は示唆的である。

> 羽地仕置が薩摩の占領政策の線に沿っている事は勿論である。然るに薩摩の占領政策或は又興師の原因すらも対支貿易の独占にあったにも拘らず、羽地仕置は、貿易は勿論冊封進貢の儀礼についてすら、一言も触れていない。つまり、薩摩の意を迎える為めに、沖縄の犠牲において、薩摩の貿易を行なうと云う事を考えていない。私が彼の政策を民族的自覚に基くとする所以である。(173)

陸地的政策については薩摩の指示に従った。しかし、貿易という海洋国家存立の生命線については譲らなかった。そこから羽地が琉球を近世においても海洋国家として存続させようとしていたことがわかる。

また、『中山世鑑』の中で羽地は琉球王国内の島々を華と夷に秩序付けており、琉球型華夷秩序という認識の枠組みを提示した。薩摩の侵入を受けて王国の体制が揺らぐ中、王国としての存立基盤を確立するために右記のような世界観を強調したと思われる。

王府の諸制度から迷信的諸要素を取り除き、農業の生産性を向上させ、琉球人で初めて日琉同祖論を唱え、琉球型華夷秩序という世界観を示した羽地は近世琉球の転換期において島嶼経済の内実を固めようとしたのである。

蔡温の経済思想

一八世紀初頭から中期にかけて琉球経済の確立に力を注いだ人物は蔡温《さいおん》（一六八二〜一七六一年、王府国師を経た後、三司官）である。蔡温は一七二八年に三司官という王府の最高官僚に就任した。その経済思想の特徴は貿易の振興、琉球独自の農林業法の開発等を推進したことである。蔡温の言葉を以下に引用しよう。

一　国土と申は前以万事相計得置不申ば不叶儀多々有之候、右条々の儀略左に申述候。

一　御当国の儀、大海の内に隣国も無之一国居候に付ては風旱の災殃相防候手段兼て仕置不申ば不叶事に候。(174)

一　国土と申は大国小国無搆陰陽五行相備候所を以五倫四民の道相行国土と申事に候、右五行の内水火土を何方にも有之候、金木致不足候はゞ五行相備不申に就て国土とは不可申候、御当地の儀五行の内金は無之候得共、杣山有之候に付て金は御国元より申請国用相済不足無之候故、往古より国土と唱来候(175)

蔡温は琉球が大海の中の孤立した島嶼であると自覚している。薩摩との貿易を従属的にとらえてはいない。かえって儒教思想に裏付けされた国家観に基づきながら貿易を琉球の国家性を正当化するものとして考えている。

琉球政府発行の切手に描かれた蔡温

つまり、五行説の中の金を琉球から採掘するのは困難であるが、それを薩摩から得ることができたために国家にとり必要とされる要素を全部揃えることが可能になったと述べている。また、他の文では琉球王国内における各島嶼の生態系の違いから生じる樹木の過不足を調整するために、木材の島嶼間交易を奨励している。

一　御当国前代は人居僅七八万罷居候に付て国中の用木存侭相達為

申由候、其以後漸々人居致繁栄最早弐拾万人に相及候故家普請船作事並諸道具等応人居相増候儀案中に候、就中御本殿御普請唐船作事の儀大材木にて無之候得ば総て不罷成積に候、然処従前代杣山法式無之心侭抜取焼明年増木絶に成行最早大材木甚有少罷成尤杣山悉致憔悴候付、去拾五年戊卯年山奉行被召立杣山法式並規模を以委細申渡くり船作り候儀も堅禁止申付置候。[176]

一　御当国の儀、大方天水田候得ば、兼て致其覚悟依所水塘共宜所は其難可浚手当仕、尤稲刈仕廻候はゞ、早速畦を固め、水持留候様に可致事。[177]

近世初期における琉球の人口が約七、八万人であったのに対し、一八世紀初頭には約二〇万人に増大した結果、家・船・王城建築用の木材が不足したため、蔡温は植林事業を推進した。また、天水田という琉球の地理的条件に応じた農法を提唱したのも蔡温であった。琉球の地形は沖縄本島と八重山諸島の一部を除いて、起伏が緩やかであり、河川は短い。その上、高温多湿で台風が多く、土壌の浸食が大きな問題となる。土壌流出を食い止め、地力を保つために、蔡温が編纂した『農務帳』には「イーフ返し」という農法が記されている。それは排水施設を整備し、溝に貯まった土、塵芥を田畑に戻す作業である。また、土壌の保水力を維持するために傾斜地の樹木伐採を禁じた。本島北部の農民のために書かれた『耕作下知方並諸物作節附帳』や八重山諸島において利用された『八重山農務帳』はそれぞれ『農務帳』の影響を受けたものだとされている。[178]

植林に関して蔡温は、一七三七年に『杣山法式帳』、『山奉行所規模帳』を定め、幾つかの村を集めて一つの行政区にした間切に配布し、植林法やその監督法を指導した。その後、幾つかの追加法令を出した。蔡温の林政書は沖縄の環境条件を考慮して作成されたため明治中期まで有効であった。その林政の特徴は山林を奥地林である杣山と里山林である山野に分け、前者を公有とし、後者を農民の私的使用にまかせたことである。また、山林に入るときには一日に一回、一人で運べる量の切出ししか許可せず、山入りは一カ月に二〇日間だけとして制限することで樹木を保護しようとした。島嶼という限られた空間において、開発にある程度の制限を設けることで持続可能な発展を行なおうとしたのである。

夏の台風と冬の季節風という琉球の気象条件を踏まえた植林法として魚鱗形造林法を蔡温は推進した。それは原野を魚の鱗状にした形で切り開き、植林する方法であり、周りに防風林を植えた。蔡温は中国において土木法を学んだが、それをそのまま琉球に適用せず、琉球の内在的条件を考慮に入れて独自の開発手法を生み出したのである。蔡温は食糧の欠乏に備えるために次のように義倉の必要性を説いている。

義倉は乃百姓の命なり、凶年饑歳、及び家事吉凶、許多の費用は、義倉に非ざれば防ぐ能はざるなり（中略）凶年饑歳は天災なり、普天の下誰か能く免るや、須らく能く常に百姓を教え豊年の間に在りて預め謀りて貯を為し、而して之れを防ぐべし、これ百姓を庇護するの術なり。(179)

下富中富上富供に義の貯三分を留、副の貯一分を留、常の用六分にて達するなり。（中略）上貧は義の貯三分を留、常の用七分、中貧は義の貯二分を留、常の用八分、下貧は義の貯一分を留、常の用九分を用うべし。（中略）義の貯を除けて外に又一分を留置は副の貯という也、（中略）法の貯有て常の用余りなくものは下富なり、常の用余り有て義用の財生する者は中富なり、中富の家は必ず義用の財を以施すべし、是財を用るの道なり、もし施て余りあらば其余りある財を以亦分け用る事如法して義用又生ずるものは是上富なり（中略）有財の人をや、若財を惜みて人の危難を救はざれば禽獣同前なり。(180)

災害による被害の影響が大きくなる傾向のある島嶼において、義倉は不可欠であると蔡温は認識している。また、どれほどの施しができるかに応じて貧富の区別をしており、富者ほど、多くの財貨を貯蓄してこれを困窮者に提供すべきであると考えている。義倉を加えた、社倉、平常倉の三倉の研究は江戸時代、盛んに行なわれていた。例えば、山崎闇斎、三輪執斎、青木昆陽、中井竹山、佐藤信淵、斎藤拙堂、藤森弘庵等が研究しており、信淵は丹波の綾部藩に頼まれて義倉を実施していた。(181) 義倉自体は奈良時代においてみられ、『大宝令』にもその規定が記されている。その後、それは実施されなくなり、江戸時代になって再び注目を集めるようになった。(182) 蔡温の義倉の考えが中国を経由したものか、それとも日本からの影響によるものかは明らかではない。近世において琉球、日本双方において義倉等が高く評価されていたといえる。

蔡温は義倉によって食糧を保存することとともに、島嶼の生産力を増大するための政策を実施した。蔡温は一七三七年に始まった元文検地を指導した。検地にともない丘陵地から平野へと水田の場所を移動させ、池沼、溜池等の灌漑施設の設置も盛んに行なった。その結果、田畑の面積は一七世紀初期に比べ約二・四倍増加した。(183) 物産の生産促進に関して蔡温は次のように論じている。

一　弐拾年以前は、少々の飢饉にも焼酎麺類豆腐作出し致商売候儀、折々禁制申付候に付、国中米粟稗麦豆都合五万石余地中に相籠り却て国中の損亡罷成候得共（中略）弐拾年以来は焼酎麺類豆腐心侭に相作商売させ絶て禁止不申付候故、地中に相籠候穀物五万石余致出来候に付て唐芋大風に被吹枯候得共、穀物世上沢山有之（中略）

一　穀物高直に有之候儀は、焼酎麺類豆腐の故にて無之候、御当国の儀は首里那覇泊計専分を相用得田舎諸島は然々銭を用得不申候処、七八年以来は御国元より脇方銀子持下り候儀、堅く御締方被仰付候に付て年々春秋の下船より都合分四五十万貫程持下り、首里那覇へ致流布候に付て穀物は不及申何色にても頃日は高直に成行候（中略）

一　土産の物は何物にても買手多く罷在候程、大分作出し申事に候、買手少く罷居候ハヾ作手も少く罷成候儀決定に候(184)

飢饉が発生した際に主食を確保するため、穀物を原料とする商品の販売を禁止したところ、かえって穀物が市場から払底し、飢饉が悪化した。ところが穀物の販売を許可すると穀物が市場に出て来るようになった。このような現象に基づき、蔡温は、穀物等の物産を市場に満たすには物産を需要する機会を増やさなければならないと主張した。

また、皮革、鍛冶、裁縫、表具、彫刻、畳職は以前、地方農家が副業として行なうか、王都の平民が専ら請け負っていた。生産刺激策の一つとして蔡温はそれらの事業を首里、那覇、泊、久米の士族でも行なえるようにし、供給面でも生産力の向上をはかった。

さらに、物産の流通促進のために諸間切の港湾や船舶の整備を命じ、海上輸送を改善した。蔡温は物産の需要や供給を促し、流通過程の改善を行なうことで、国内経済の生産性を高めようとしたのである。

次の文は蔡温がまとめた『御教条』と呼ばれる文書であり、王府の評定所から琉球各地に交付された国民のよるべき生活の指針を記している。

一　御当国の儀、天孫氏被遊御開国候え共、御政法又は礼式抔と申事も然々無之、殊に小国の事にて何篇不自由に罷在候処、其末の御代より方々へ致渡海其働を以乍漸国用筈合い置候、然れ共於諸間切諸按司心次第域を相構え各争威勢年々兵乱差起候故、上下万民の憂勿論の事に候、右の時節唐より封王有之候に付て礼法惣体の儀は先以て相立候え共、国中万事の儀に付ては前代差て不相替剰え兵乱方々より差起国中の騒動言語道断の仕合に候、其後漸々兵乱の儀は相鎮り候え共、右通の次第に付ては御政法並風俗迄段々不宜儀為有之事に候、然る処御国元の御下知に相随候以後、国中万事思召の通相達、御政法風俗迄漸々引改、今以上下万民安堵仕目出度御世罷也候儀、誠以て御国元の家御高恩件の仕合冥加至極の御事に候[185]

『御教条』は木版で印刷され、近世琉球で最大の発行部数の印刷物であったといわれている。間切の各番所で役人同士の朗読会が開かれ、村人には定期的に役人から趣旨説明が行なわれた。『御教条』は行書と草書によって書かれていたため、役人になるための教科書としても使用された。[186] 明治期の師範学校でも道徳の教科書として用いられた。[187]

このように琉球にとって重要な意味をもつ『御教条』の第一条が上の文章である。ここには蔡温の国家観が示されており興味深い。琉球は開闢したとはいうものの統治の法や礼法が存在せず、そのうえ、小国であったため様々な島嶼問題が生じていた。それを解決したのが貿易であり、国家に必要な物を手に入れることが可能となった。また、中国型華夷秩序の中に入ることによって礼法を学んだ。次に日本型華夷秩序に属することで政治の法や風俗を取り入れ、国内の政治秩序を回復したという内容である。

ここで重要なのは島嶼性から生じる問題を克服するために貿易を重視していることと、中国型、日本型華夷秩序に属することで様々な恩恵を獲得することが可能になったという蔡温の認識である。

他方で、蔡温は琉球国史である『中山世譜』の編纂にかかわっており、先に論じたように同書の中で琉球王国の島々が華と夷に秩序付けられている。このように蔡温も羽地と同様に、琉球型華夷秩序という世界観を認識していたことがわかる。

蔡温は『御教条』において琉球にとって貿易を経済発展の軸としながら、中国や日本という大国と平和的な関係を維持してゆくことこそが国家最大の目的であると主張していた。その際、中国や日本の諸制度、技術等をそのまま導入するのではなく、琉球の生態系や独自の政治経済状況を踏まえた経済政策が必要であると考えていた。その意味で蔡温の経済思想を琉球における内発的発展論の源流の一つとして位置付けることができよう。

琉球王国の経済発展が海と非常に関連していることから、本章の初めで海洋と島嶼との関係について論じた。それにより明らかになったことは、海により島嶼が閉ざされ、外部の支配を受けやすいという側面はあるが、海洋の中の島嶼が海洋の有している発展の回路に乗ることができれば、経済発展が可能になることであり、海は必ずしも島嶼経済発展の阻害要因ではないということである。

次にアジア型世界秩序の中における琉球経済のありかたを論じ、それが沖縄経済思想史においてもつ意味について考察した。中国型華夷秩序の中に存在していた琉球がアジア諸国と貿易を行ないえたのは、海禁という中国が取り決めた貿易の枠組みの中で琉球に制度的優位性が与えられていたからである。

現代の沖縄経済を論じる際に大貿易時代が引き合いに出される場合が多い。だが、これまで述べたように、それは時代的条件下においてはじめて可能になったのであり、地理的優位性を沖縄が有していても、アジア地域の経済構造が大きく変化した今日、大貿易時代の琉球と現代沖縄を簡単に重ね合わせることはできない。しかし、尚泰久王や尚真王が歴史的時代の趨勢をよみ、貿易活動を推進した、時代への俊敏な適応性は今日的な課題でもある。また、大貿易時代から近世琉球にわたる時代の変化に対応して、島嶼内の生産力向上のための経済政策を行なってきた事実にも注目すべきであろう。

西欧諸国がアジア経済に参入し、琉球の対アジア貿易が衰退に向かった頃、琉球は次に日本型華夷秩序の一角を占めて、貿易利益を継続して得ることができた。この二つのアジア型世界秩序に属しながらも、自前の琉球型華夷秩序をも形成した。つまり、アジアにおける時代的変化に適応し、必要なものを琉球に導入しながら、独自の経済社会を作り上げたのである。アジア型世界秩序という外部世界から技術や文化を採用することが可能であったのは、琉球内部の経済発展の土台が確立していたからである。尚泰久王、尚真王による貿易機構や政治制度の統一化、羽地朝秀、蔡温による経済諸制度や技術体系の導入とその改良が着実に行なわれていた。

尚泰久王、尚真王は、琉球王国の制度的改革を行ない、中国との交渉により有利な貿易条件を勝ち取り、古琉球の大貿易時代を築いた。両王の経済思想は、王国が海の回路に乗って経済的利益を獲得して行くという発展の可能性を示しているという意味で重要である。

他方、江戸幕府や薩摩藩から政治的介入を受けるという体制の変革期に、羽地は、制度の合理化、農業生産性の向上等を推進し、日本との友好関係確立のために日琉同祖論を展開した。蔡温は、農林業に琉球独自の方法を採用し、生産、流通、消費の活性化を主張した。両者とも琉球と諸外国との経済的関係を重視していたが、技術や制度の導入による国内の生産力向上を目指して、政策の比重は琉球という陸地に置かれていた。

日本と琉球との経済関係を論じる際に、日本人の琉球に対する認識方法の変遷を考察することは重要である。このような認識方法に基づいて日本型華夷秩序が形成され、日本と琉球間に経済活動が行なわれ、最終的には琉球は日本の一部になったからである。琉球内部にも独特の世界観が形成されており、島嶼の世界観と経済活動とは密接に結びついていた。この世界観に基づいて経済活動が可能になった一方で、島嶼の外部にある豊かなものへの依存を助長した原因にもなったと考えられる。

琉球王国はアジア型世界秩序の中で貿易を盛んに行ない、外部から技術、制度等を導入することで島嶼内の経済発展を図ってきた。しかし、一八七九年をもって王国制度が廃止され、それとともに王国が依存してきたアジア型世界秩序に基づく貿易も終了した。第二章では、王国時代の経済的枠組みに大きな変化が生じた近代における沖縄の経済発展と経済思想について論じてみたい。

第二章　近代国家日本の中の沖縄経済（一八七九〜一九四五年）

本章では近代において島嶼沖縄が資本主義世界経済の中に組み込まれてゆく過程で直面した経済問題と、それに対して島嶼民が示した諸解決策について論じる。まず、周辺化の過程を政治経済的側面から検討してゆく。その支配の構造を踏まえたうえで、島嶼内部で行なわれた内発的発展の試みについて論じたい。

一八七九年の琉球処分により、王国制が終了し、中国型華夷秩序、日本型華夷秩序という対外貿易を保証する制度的枠組みから脱した沖縄は、沖縄県として近代日本国家の中の一部として存在することになった。島嶼経済の内実も大きく変化し、近代的な諸問題も発生した。

本章の構成は、第一節「近代沖縄における島嶼経済問題」、第二節「近代沖縄社会の内発的発展」、第三節「近代沖縄における経済思想」となる。

第一節　近代沖縄における島嶼経済問題

琉球王国から沖縄県へ――制度的枠組みの変遷

近代沖縄における島嶼経済を論じる際に留意しなければならないのは、独立国から日本国の一部になったという政治的、制度的枠組みの変更である。その変更にともなって沖縄はアジア型華夷秩序の朝貢国から近代国家日本の中の一部となった。それにより朝貢貿易活動や王府による経済政策がなくなり、日本政府の中の一つの県として近代化政策が実施され、日本国内の経済活動と一体化するようになった。その意味で琉球王国から沖縄県への移行は重要である。それは以下のような経緯をたどった。

一八七二年に琉球使節が明治政府樹立の祝賀式に参列した際に、琉球藩の設置が言いわたされた。琉球藩が外務省の管轄となり、現地に外務省出張所がおかれた。当初、出張所は次のようなことを任務とした。(一)日本国の国旗を久米島、宮古島、石垣島、西表島、与那国島で掲揚させる。(二)日本政府の刑法に基づいて裁判を行なわせる。(三)王府が欧米諸国と結んだ条約書を提出させる。(四)王府の最高官職である摂政や三司官の任命を明治政府が行なえるように調整する。この中で(二)は実施されず、(四)は一八七七年にはじめて任命権が行使された。(1)

一八七四年には琉球藩の管轄が外務省から内務省に移り、内務省出張所が設置された。翌年から明治政府は琉球併合のために具体的な措置をとり始めた。まず、松田道之内務大丞《だいじょう》を琉球に派遣して次の事項を要求させた。(一)中国との朝貢冊封関係の停止。(二)琉球藩の藩制改革。(三)鎮台分営の設置。(四)琉球人留学生の派遣。(五)明治政府が制定した法律の遵守。しかし、(三)、(四)のみを琉球側は受け入れ、その他の事項は拒否した。琉球藩が強固に明治政府の併合政策に抵抗したため、政府はついに松田を琉球処分官として約六〇〇人の軍隊と共に再び派遣した。そして、沖縄県の設置、尚泰《しょうたい》王(一八四三〜一九〇一年)の上京、琉球併合を実施する権限は琉球処分官にあることを伝え、それらを実施した。また、内務省出張所内に琉球処分官出張所と沖縄県仮県庁を設置した。(2)

琉球王国から沖縄県に変わる過程において重要な事柄は、台湾での宮古島島民虐殺事件である。一八七一年に宮古島島民五四人が台湾に漂着し、虐殺されるという事件が発生した。それに対して、七四年に征台の役が起こり、七五年には日中間に和解が成立した。その第一条には「日本政府が自らの臣民の安全をはかるためにとった人道的行為に対して、清国政府は批判をしない(3)」との記載がある。公的文書において清国は初めて琉球人が日本国臣民であることを認めた。和解文作成のため北京に赴いた内務卿大久保利通は「琉球藩処分方の儀に付伺」と題する上申書を提出した。それは琉球を日本の領土とするための措置を早急にとるべきであるという内容であった。(4) その翌年に琉球併合の方針が決定した。

大久保が琉球の曖昧な政治的位置を明確にしようとした背景には、一八七一年から七三年にかけて欧米を視察して、欧米諸国における近代国家のあり方を学んだことが考えられる。同視察の報告書である『米欧回覧実記』には以下のような記述がある。

> (台湾の)西方ノ海浜、ミナ其教化ニ服ス、所謂台湾是ナリ、東方半截ハ山嶺紛互シ、中ニ十八種ノ生蕃アリ(中略)人ヲ殺シ肉ヲ食ウニ至ル、支那人之ヲ攻撃スレドモ、兵懦弱ニシテ、生蕃ノ健闘ニ当ル能ワズ、棄テ化外ニオク、(中略)其南方ノ岬ヨリ、東へ海路百余海里ニテ、琉球諸島ニ毘連ス、辛未歳《かのとひつじのとし》(一八七一年)、八重山《ママ》ノ民、此地ニ漂着シ、土蕃牡丹ノ族ヨリ屠殺サレ、去年備中ノ民モ、亦漂着シ、土蕃「マホケ」人ヨリ去力掠セラレタルヲ以テ、当時支那政府へ懸合イ、直ニ其罪ヲ土蕃ニ向イ、罪ヲ問ワント廟議中ナリ(5)

文中で記されている八重山は宮古の間違いである。台湾の先住民族が住んでいた場所を清国の支配が及んでいない地域とし、そこで宮古島の人々が殺されたことに対して懲罰の軍隊を送る準備をしていると記されている。この事件を契機にして大久保は琉球の併合を決意する。日本はアジア型華夷秩序から脱却して、西欧型の近代国家を建設する過程で国境の確定作業が必要不可欠の課題となり、曖昧な琉球の地位の変更が迫られていた。

しかし、アジア型華夷秩序の中で国家として存在していた琉球において、一八七五年に琉球処分官の松田道之が来琉した頃から、日清戦争の前後にかけて士族層による組織的な抵抗運動が起こった。その内容は日中政府や

外国領事への嘆願、政治亡命、島内における明治政府命令への不服従等であり、次の資料のように国家の存続を希求した。(6)

(一)夫琉球ハ南海ノ一孤島ナリ其国自立スル事能ワズ故ニ兵馬軍艦ノ以テ之ガ守備ヲ為スニ足ル者アラズ米粟器皿ノ以テ之ガ生済ヲ取ルニ足ル者アラズ皆之ヲ他ノ大国ニ服属シテ其守備生済ヲ為ス者タリ已ニ大国ニ服属スレバ則チ大国モ亦之ヲ恵卹愛護ス其恵卹愛護ノ深キ島人上下一心信ト義ト以テ之ガ恩沢ニ報セント欲シ(中略)信義以テ之ガ兵馬軍艦トナシ之ガ米粟器皿トナシ以テ孤島人民ヲ維持永存スル所以ナリ(7)

(二)敝国は小なりと言も、自ら一国を為し、大清国の年号を遵用するも、大清国の天恩高厚にして、其の自治を許せり。今、日本国は乃ち逼りて改革せしむ。査するに、敝国、大荷蘭国と(条)約を立てしには、大清国の年号・文字を用うるに係る。今、もし大清国の封貢の事、旧に照して挙行する能わざれば、前約〔琉球条約〕は幾んど廃紙に同じく、小国はもって自ら存するなく、即ち罪を大国に得んことを恐る(8)

(三)米国公使ビンハム氏出立之前琉球島ハ小国ナリ同国ノサンドミンゴニ於ル如ク日本ト清国ト両国ヨリ保護シ其儘ニ致シ置カレナバ宜シカラント申居レリ(9)

(四)血(誠)を(披)瀝して天に呼び、万に一刻も緩すなからしむ。もし(琉球を)収復する能わざれば、惟だ絶食して死するあるのみ。国を辱しめ君に負く能わざれば、涙、筆に随って下る。(中略)生きて日(本)国の属人と為るを願わず、死して日(本)国の属鬼と為るを願わず。(中略)上は国主より下は臣民に及ぶまで、世々生々、永く皇恩憲徳を戴きて既るなきのみならず、即ち日本の欺悖の志もまた敢て復び萌さず、暹羅・朝鮮・越南・台湾・瓊州もまた皇図として永く固かるべし。(10)

(五)古来忠孝幾人ガ全カラン　国ヲ憂イ家ヲ思イテ已ニ五年

一死猶ヲ期ス社稷ノ存スルヲ　高堂専ラ頼レ弟兄ノ賢(11)

（六）迅（速）に師を興して日（本）を征し、君を復（帰）せしめ国を（回）復せしむるを賜わらんことを泣懇せんが事の為にす。（中略）敝国に属するの八重山島の官（吏）＝憲英演、土小船に坐駕し、飾りて飄風の為めとして閩に来たる。（中略）敝国、前明の洪武五年の間に、誠を輸して中国へ入貢せり。八重山・太平の両島もまた、王化を慕いて敝国に貢入し、久しく敝国の管轄と為れば、即ち共に天朝の覆巾寿の中にあり。（中略）太平山島〔宮古島〕の官（吏）、日ならずしてまた将に閩に来たらんとす、其の余の各属島も均しく日（本）に屈服せず、と。上は内地より下は外島に至るまで、敵愾して仇を同にし、仰ぎて天朝の日（本）を征し（琉）球を救うを望むこと、大旱に雨を望むより切なり。若し再び歳月を延緩すれば、ただに顔の国主に対すべきなきのみならず、また面目の外島官民に対すべきなし。真に生くるよりも死するに如かざるを覚ゆるなり。(12)

（一）は一八七六年に毛有斐（琉球名・池城安規《いけぐすあんき》、？～一八七七年、王府三司官）が日本政府に宛てて記した訴状である。軍備、食料、生活用品に恵まれない島嶼国は自立することが不可能なのであり、王国として存立できたのは大国に服属の礼をとってきたからであると述べている。前章で明らかにしたように、大国に服属してはいたが、琉球は積極的にアジア型世界秩序を利用してきた。つまり、資源が不足していたという意味で自立は困難であったが、諸資源を自らの戦略に基づいて中継輸送し、独立国家として存在し続けたという意味で琉球は自立していたといえる。このような自立を可能にする独立国家という制度的枠組みを池城等は近代においても存続させたいと願ったのだろう。

（二）は毛鳳来（琉球名・富川盛奎《とみかわせいけい》、一八三一～一八九〇年、王府三司官）等が一八七八年にオランダ公使に宛てた請願書である。ここには独立国家として自治政治を行なってきたという誇りが表れている。その独立や自治を可能

富川盛奎

池城安規

幸地朝常

にしてきたのが清国との朝貢冊封関係であり、それが廃止されるとオランダとの間に結んだ琉蘭条約も無効となり、王国も崩壊してしまうと訴えた。外部システムの中国型華夷秩序を国家存立の条件として読み取っているところが興味深い。

（三）は一八七九年に寺島宗則外務卿の質問に対してイギリス公使が答えたものである。島嶼が二つの大国に両属している状態をサンドミンゴの例によって示しており、近代以前における日本と中国に対する琉球の両属状態が近代においても存続可能であるとの認識を示している。国境の明確化による近代国家の建設を目指す明治政府はその提案を受け入れなかった。

（四）は向徳宏（琉球名・幸地朝常《こうちちょうじょう》、生没年不詳、在清琉球人と沖縄側の連絡係）が一八七九年に直隷総督兼北洋大臣、李鴻章に宛てた嘆願書である。琉球併合が行なわれた後に書かれた。そこには死を賭して琉球王国を復興させるという決意と、日本国の一部になることへの強い抵抗感がみえる。また、中国型華夷秩序は今後も安泰であるとの期待がある。中国型華夷秩序に属した地域の中でシャムや瓊州（海南島）を除いて、何れも西欧諸国によって併合されており、実際は、近代においてアジア型華夷秩序の存続は困難であったといえる。清国に拠点を置いていた琉球亡命人を監視するために日本政府は公使館や領事館を通じて、清国人スパイを亡命人居留地に送り込んだ。[13]

（五）は林成功（琉球名・名城里之子親雲上《なしろさとのこぺーちん》、一八四一〜一八八〇年、陳情通事）が清

国で自決する前に書いた辞世の詩である。その自決は琉球の分島改約案に反対の意思を示すために行なわれた。分島改約案とは一八七九年に来日したグラント前アメリカ大統領の意見を踏まえて日本政府が提示したものである。先島を清国へ譲渡することで清国の不満を静めようとした。同時に日本政府は分島の見返りとして日清修好条規を改正して欧米諸国並に清国内における通商の権利を得ようとした。

分島改約案では清国に割譲される予定の先島に王国が再建されることになっていた。琉球人による清国政府当局への請願書の中では奄美諸島から先島に至る琉球列島全体を琉球国固有の領土と主張し、一六〇九年以前の領土をもって琉球の一体性を求めており、琉球分割案を認めなかった。(14)そして、林の自決と前後して李鴻章等の調印回避派または延長派が大勢を占めたため、一八八一年に宍戸璣《たまき》清国駐箚《ちゅうさつ》特命全権公使が帰国することで先島の分島化は回避された。(15)

(六)は一八八二年に幸地朝常等より福建当局に宛てた請願書である。日本に対して清国が軍隊を派遣することで琉球国を復活させようと幸地が願ったこと、そして、八重山や宮古からも福建に使者がゆき、王国の再生を嘆願したことが記されている。この嘆願書で興味深いのは琉球の中国への入貢を先島の王府への入貢とを関連させながら述べていることである。沖縄本島を内地と呼び、先島を外島と区別したうえで、王国の復興が実現しないならば、外島に対して外聞が悪いとも述べている。ここには琉球型華夷秩序観の一端が表れている。

一八七九年のグラント前大統領と李鴻章との会談では琉球併合の問題性が指摘されたが、李は王国の復活を提起しておらず、琉球の朝貢停止も問題視しなかった。しかし会談後、幸地朝常が李鴻章に琉球への軍隊派遣を要請し、李が幸地に住居を提供し、幸地を対日外交の補佐役として接し始めた過程の中で李の認識に変化が生じ、王国の復活を求めるようになった。(16)

以上のような琉球人の王国再建運動に刺激を受けた人物として、フランスからの独立運動を行なっていたベトナムのファン・ボイ・チャウがいる。その『獄中記』には次のような記述がある。

その頃（一九〇四年）、私の文名は国都ユエにおいて広く知られて居り、諸大家で、私の門下に教えを受けんと望んで居る者が多いという有様だったので、私はすなわち一書を著わし「琉球血涙新書」と題し、それによって社稷滅亡の惨状と、降伏の国王が奴僕となるの奇辱とを述べて、よろしく民智を啓き、民気を涵養して、滅亡を救い恥をそそぐの基とせねばならぬと、説くこと万余言、これを携えて諸大官に見えました。（中略）「血涙新書」を出したために、これを読んでユエ城中に身を隠して居った幾人かの志士が、皆私のもとへその肝胆を披瀝し来ったような次第で、潘周木貞《ファンチューチン》君・陳季哈《チャンワイカップ》君たちのように、他日愛国のために死刑に処せられた人々も、すでにこの時分に私と深く契ったのであって、つまり「血涙新書」がその仲立ちであった訳です。(17)

チャウは日本に琉球が併合されてゆく過程を、フランスがベトナムを植民地化していった過程に重ね合わせて独立運動を行なっていた。

琉球王国の再建を求める運動の衰退は、まず一八八四年に尚泰王が沖縄に戻り、明治政府に対する帰順の意を示し、亡命嘆願活動を批判したことから始まった。そして、明治政府は亡命嘆願活動を国事犯として法的に処罰する方針を明らかにした。(18)さらに、日清戦争による清国の敗北で頼るべき支柱をなくした亡命者の多くが沖縄に帰ってきた。それでも、たとえ国王の命令に反しても国家存続を第一義に考えるという人々や、清国への期待をあきらめきれない人々、そして、日本的制度を受け入れない人々が次の引用にみえるように存在していた。

（一）清国に事変あるごとに本県の頑固連には妙な風説を以て無智の人民を惑わし寄附金を募りて清国へ渡航したるもの数十人に及び居る由なるが聞く処に依れば今回の清国事変に付ても亦妙な風説を以て人民を惑わし居るとのことなるが今其の風説なりと云うを聞くに今回の清国事変は劉永福と云う大将が一万

人の兵を率いて一ヶ月間には万国兵を打ち殺して進て万国に清国兵を送る積りなりとのことなれば近々万国は清国の領土となるべし抔と頻りに清国の勝利を唱え居る(19)

（二）黒頑派の中に八今回の日露戦争を好機とし頑固の巣窟なる首里区字赤田、鳥小堀、中頭郡北谷、読谷山、具志川、国頭郡本部、今帰仁等を馬丘廻わり種々の口実の下に寄附金を募集しつゝありとの（こ）となるが其口実とする所を聞くに今回の日露戦争は二十七年の役即ち日清戦争の複讐《ママ》的戦争にして露国若し勝を制せば元の御代（廃藩置縣前の時代を意味せしものならん）に復するなどあられもなき事を吹聴し種々様々の名義にて愚夫愚婦の臍繰り銭をせしめつゝありとの事なるが毎度ながら苦々敷事にて露探に劣らぬ売国奴の所業なり(20)

（三）元来首里区は明治二十八九年以前に流行したる頑固派若くは黒頑派（清国専属を希望した黒党派と日清両属を希望した頑固党派との総称）の本場たりし丈けありて今日に至りてもなお文明の生活に移るのを好まないものがある（中略）陰暦廃止に不賛成を唱なえて、正月は歳日の十三日も祝はねばならぬ、之れ我等の先祖が伝え来れる祭儀なればなりなど云うものゝ系統を調べて見ると皆な昔時の頑固派、黒頑の亜流である(21)

（一）から（三）までは、『琉球新報』にそれぞれ一九〇〇年、一九〇四年、一九〇八年に掲載された記事である。（一）は北清事変、（二）は日露戦争に際して琉球王国復活を望む人々が寄付金を集めたことを記している。その資金が実際に亡命活動に使われたのかは定かではない。琉球の独自性を主張する行動は（三）のように琉球文化を強く守り続けることの中にも窺うことができる。首里区の区長が日本と同じ陽暦を採用し、旧来の諸行事に要する経費を削減するように提案したが、首里の人々は陰暦を保持し続けた。

対外的に王国復興運動を展開しただけでなく、沖縄内においても明治政府の命令に従わないという不服従運動が起こった。首里、那覇をはじめ各地の役人が役所を閉鎖するなどして政府命令に従わなかった。血判誓約書を書き、全島的な不服従運動がみられた。次の文書は一八七九年に書かれた宮古島荷川取村の血判誓約書である。

大和人御下嶋、大和江致進貢候様被申候はば当嶋は往古より琉球江進貢仕候以来、段々蒙御高恩申事に而何共御請け難成段致返答何分相威し候共曽而相断可申事(22)

興味深いのは宮古島と琉球王国との関係を朝貢関係として述べていることであり、琉球王国への進貢により恩恵を被っている故に明治政府には従わないと誓っていることである。琉球型華夷秩序観の枠組みの中で誓約書が書かれている。琉球王国が日本に併合される過程で琉球型華夷秩序が一種のナショナリズムとなって日本に対する抵抗の思想的基盤となっていたといえる。

同年、宮古島ではサンシイ(新しい県政に賛成するという意味)事件が発生したが、それは次のような経過をたどった。下里村の下地利社が警視派出所に通訳兼小使として採用された。官吏の大勢は不服従運動を行なっており、下地は服従派として島嶼民から監視されていた。そして、下地がある女性を暴行しようとしたという噂が広まり、島嶼民が彼を役所から引き摺りだし殺した。(23)この事件後、明治政府は県政へのボイコットを続ける士族に対する取り締まりを強化し、百余名の士族を逮捕し、拷問を行なった。

以上のように、琉球王国の復活を求めて様々な運動が展開されたが、琉球王国自体は階級国家であり、琉球型華夷秩序も人頭税の賦課等、先島に対する差別的な経済政策や思想を前提としていた。また、琉球国再建を実現するための近代的な経済政策や、西欧技術の導入等を具体的に行なわなかったことも王国の復活を実現できなかった一因として挙げることができよう。

琉球王国から沖縄県への移行過程に関して日本本土ではどのように論じられていたのであろうか。福沢諭吉は次のように述べている。

先年台湾島の蕃民が我日本国の人民を害したる(中略)我日本は十五年前政府を一新して百事旧套を改

め、七百年来の将軍政治を変じて三百藩の封建諸侯を廃し、琉球島も古来我一諸侯たる薩摩藩の附属たりしかど、本藩既に廃して独り其附属のみ存す可きに非ざれば、国中一般の例に従て廃藩の命を下したるのみ。（中略）其旧藩地は改めて県と為り、政令法律一切他の諸県に異ならずして、教育殖産共に次第に進歩することならん。県民の幸と云う可し。(24)

この文は一八八二年に『時事新報』に発表された「支那国論に質問す」からの引用である。七一年の事件で殺害された宮古島島民を「日本国の人民」とみなしており、また、琉球併合は日本国内の廃藩置県と同じ性格を有するものであると述べている。そして、沖縄が日本国の一部になることで、教育や経済開発も進展するであろうと考えている。福沢は次のような観点から沖縄が日本にとり重要な地域であると認識していた。

〔宮古八重山は〕天然の地理より見ても気候の温暖は申すまでもなく、地味は甚だ肥えて万物成育せざるものなし。既に内地の人が最も愛し最も貴ぶ彼の薩摩上布と唱うる帷子地も、其実は薩摩の産にあらず、又沖縄本島より出るにあらず、宮古八重山の島人が其島に生ずる麻を紬ぎ其島に生ずる藍を以て染めて織りたるものなりと云う。（中略）西表島の舟浮湾の如き天然の良港にして軍艦の碇泊に宜しく、尚其上にも手近く石炭の便利あり。今日に至まで世界中の航海者が之を看過したるこそ不思議なれども、他人の不注意はイザ知らず、我沖縄県の管轄内に斯くも容易ならざる島々あるは、殖産の上より見るも軍略の上より論ずるも我宝物にして、則ち日本国の身代なれば、此身代を守るには其価相応の兵備なかる可らず。（中略）我輩の説を云えば、沖縄県全体の計画に付き、所望の箇条は随分少なからざれども、今日の場合に迫りては何は扨置き八重山の港に軍艦を繋ぐか、又は陸上に兵隊を屯せしめ、八重山より宮古沖縄を経て鹿児島に電信を通じ、軍艦をして常に其近海を巡廻せしむること至急の急要なる可し。(25)

上の文は同じく『時事新報』に一八八六年に掲載された記事の一部である。上布が宮古八重山の産であることを強調し、西表島が軍事的に重要な位置にあると考えている。政治経済的に先島は日本の「宝物」であり、この宝物を守るためにも先島で日本は軍備を増強しなければならないと提言している。沖縄が経済的に重要であるとともに、軍事戦略上でも大きな意味を有していると福沢は指摘している。これは今日の沖縄にある米軍基地を考えるうえで大きな示唆を与えている。

福沢とともに沖縄が日本にとって不可欠の存在であると考えていた人物に小野梓がいる。沖縄に関して次のように述べている。

夫れ琉球の力自ら其独立を保持するに足らば、之を独立せしむるも或は可なり。然れども彼れ弱小、素より自立するの力無し。（中略）琉球の単属を主張する者の説に曰く、琉球の言語・地名等、大抵我に同じ、是を以て我れ之を専有すべしと。是れ世の既に知る所、梓今再び之を贅せず。仮設い若し其言語・地名等をして我に同じからざらしむるも、其地たるや頗る我が外交通商に関し、其属否動もすれば国権の消長に関するあらんとす。（中略）琉球の地たるや最も我が日本に近接し、若し外洋の諸国あり、其間隙に乗じ掠略して之に拠り、水兵を駐劄するの地、貨物を安置する所と為し、以て我に臨むあらば、我の外交、我の通商、勢いその制禦を受けざるを得ず。其危害の深甚なる、寧ろ之を筆言すべからざる也。（中略）梓故に策す。政府早く廃藩置県の挙を以て之を琉球に及ぼし、更に移牒を作りて之を訂約諸国の政府に通じ、以て之を天下に公にすべしと。顧みるに、我れ若し此挙を断行せば、満清必ず其不可を議せん。然りと言も清国の琉球に於ける、其危害の所」係浅少、素より我邦と同日して語るべからず。故に満清にして若し其不可を議せば、我宜しく徐に我が危害の深甚なる所以を指陳し、更に東洋の大局を挙げて日清輔事相依り唇歯相待つの情を詳にし、日本の危害素より清国の痛癢に関するあるを知らしめば、彼れ必ず執拗相争の非なるを暁り、我に釈然たるの甚だ利便なるを知るに至らん。(26)

上の文は「明治十四年四月三十校」と記されている「琉球策」からのものである。「琉球策」は一八七九年に「沖縄処分論」として書かれた文章を下敷きにしている。「琉球処分論」に基づいて小野、島田三郎、馬場辰猪《たっちょ》等をメンバーとする啓蒙団体の「共存同衆」において沖縄に関し議論を行なった。(27) 小野は「仁」によって沖縄は日本に統合されるべきであり、また、それと同時に日清両国間の友好関係は維持すべきであると考えていた。(28)

小野によれば沖縄と日本がたとえ文化的な類似性を持っていなくても、日本にとり沖縄は外交的、経済的に重要であり、日本国の国権の存続に関わる地域であった。アジアに進出している西欧諸国が沖縄を拠点にした場合、日本に対する危険性は甚だ大きい。よって、政府は沖縄を統合し、統合の事実を国際的に公にするべきであり、清国がそのことを問題にしてきても日本にとって沖縄は不可欠の地域であることを説得すれば清国は理解を示すであろうと考えている。

福沢と同じく小野も沖縄が政治経済的に日本にとり不可欠であると考えている。しかし、清国との友好関係の維持と平和的な統合を小野は望み、政府の軍事的な統合には反対した。他方、福沢は沖縄統合の手段に言及することなく、それを国内問題とし、清国との友好関係を維持することよりも先島への軍備を強化することを優先すべきであると主張した。

以上のような沖縄統合を認める立場ではなく、次のように沖縄独立を提唱したのが植木枝盛《えもり》である。

> 夫レ琉球ハ独立セシム可シ。琉球ヲ独立セシムルハ有道ノ事ニシテ開明ノ義ニ進ムモノナリ。天下ノ勇アル者何ゾ為サヾル可ケン哉。(中略)亜西亜州ノ諸国ノ如キハ力微ク気弱キノ因由アルニモ抱ワラズ、欧洲各国ノ如ク腕力武威ヲ尊ンデ剪併侵掠ノ主義ヲ行ウコトナク(中略)成ル可ク開明主義ヲ進取スベク、成ルベク正理ニ由ルコトヲ務ムベク、大ニ進テ限リモナキ善良ノ世界ヲ造ルベシ。(中略)琉球ヲ独立セシムルハ此理ニ合ウモノナリ、此揆ヲ得ルモノナリ。琉球ノ如キハ世界ノ各国ニ較ベテ其地大ナルコト能ワズ、

其人多キコト能ワズ、其力モ亦強キコト能ワズシテ古来十分ニ昌盛ナルコト能ワズ、今日ニ至ルト言モ亦仍ヲ甚ダ微弱ニシテ、純然克ク独立シテ強固ニ存立スルコト或ハ難カルベキヤ否ヤ知ラザル也。琉球モ亦一個別立ノ地ニシテ、天孫氏以下諸氏数代ノ如キ各々之ニ王トシテ政ヲ施シ一国ノ形ヲ為シタルコトモアルモノナレバ徒ニ士民ノ渙散セル一島嶼ノミトハ云ウベカラザルベク、多少ノ保護ヲ為シテ独立セシムルモノナラバ必ズ独立スルコト能ハザルモノニハアラザルベク。(29)

この文は、琉球処分が行なわれてから二年後である一八八一年の『愛国新誌』からの抜粋である。アジア諸国は西欧諸国のように侵略主義の立場をとっておらず、沖縄の独立も可能であるとしている。小野と同じく沖縄が弱小であることは認めている。かつて独立国として存在してきたのであり、多少の保護をすれば独立も可能であろうと考えている。アジア型華夷秩序が有していた儒教倫理に基づく対外関係という枠組みが近代において続く限り、沖縄という小国も存在する余地があると主張している。現実にはアジア型華夷秩序は西欧諸国の進出により揺らぎ、植木枝盛が前提とした状況に大きな変更が迫られていた。

先に論じたように、琉球王国が沖縄県に移行する際に大きな影響を与えた事件は、一八七一年に生じた台湾における宮古島島民の殺害事件と、七四年の征台の役であった。大久保利通は台湾出兵そして台湾の領有化方針に積極的であった。(30) 台湾出兵後、大久保は次の「復命概略」の方針に基づき沖縄問題について清国と協議を行なった。

此事琉球ノ官吏ヨリ我ガ政府ニ訴エタリ是レ独立ノ国トシテ置テ問ワザルノ理有ルナシ(中略)万国公法ニ拠ルニ無政ノ地ハ版図タルヲ得ザル事諸家共同ノ論ナリ(31)

清国に赴いて大久保は全権弁理大臣として国際法に基づき台湾は無主の地であると主張した。その後、日清両国の全権は次のような内容の「互換条款」に調印した。(一)遭難者は「日本国属民等」と明記する。(二)日本国の出兵目的は自国民保護であり、清国もそれに同意する。（三）清国は「撫恤銀」を遭難者と遺族に直接支払うのではなく、まず、日本政府に手渡す。これは清政府が、琉球人は日本国籍を有し、日本政府は琉球人に対する統治権と保護の義務を有し、琉球は日本領であると承認したことを意味した。[32]

以上のように台湾出兵と、「互換条款」は沖縄の日本所属を確定する過程において大きな意味をもった。台湾出兵中に琉球藩は内務省管轄となり、大久保が日本に帰国した直後、大久保は内務卿として、琉球は日本の版図であり、清国との関係を絶たせるべきであるとする伺書を正院に提出し、承認された。[33]

終始一貫して台湾出兵に積極的であり、琉球の日本所属を明確にしようとした大久保の認識の背景には、一八七一年から行なわれた米欧回覧使節団の経験があるのではなかろうか。国際法に基づいて台湾出兵問題を処理しようとしたのは、領土の実効支配と国境線の明確化という西欧的な国際関係形成の方法によって日本を近代国家にしようとしたからではなかろうか。

以上のように琉球王国から沖縄県に移行する際に、日本本土側で沖縄の軍事的、経済的重要性が議論され、統合のための外交活動等が展開された。しかし、政府の振興策にもかかわらず近代沖縄は次に詳しく論じるような経済的諸問題に直面するようになった。

近代的島嶼経済問題の発生

沖縄県となり、近世とは性格の異なった島嶼経済問題が生じるようになった。一九一八年から二七年までの移輸出額と移輸入額（沖縄から日本本土への移出・移入と沖縄から外国への輸出・輸入の合計額）をみると、一八年、二一年、二二年を除いて大幅な移輸入超過状態が続いた。[34]また、二七年における主要移輸出品とその金額は、黒糖が約五六六万円、粗目糖が約三一〇万円、鰹節が約二一四万円であり、主要移輸入品とその金額は、米が約五四

七万円、茶が約一〇二万円であった。(35)

移輸出品は砂糖に大きく偏っており、移輸入品は食料品が大きな比重を占めていた。現代の島嶼経済において特徴的にみられるモノカルチャーと島内における食料自給の困難性という問題に近代沖縄が直面するようになった。近世においては砂糖栽培に一定の制限措置がとられており、モノカルチャー状態にはならず、基本的に食料は島内で自給していた状況とは対照的である。

また、一九二三年において沖縄の労働賃金は全国平均の約四分の一に過ぎなかった。(36) 賃金の低水準は沖縄県労働者が日本国内や外国に職を求めて移住する際のプッシュ要因となった。

以上のような移輸入品への依存状態をもたらした一因は、日本と一体化した結果として本土で生産された商品が自由に島内に流入してきたからであった。王国時代の産業は王府の保護と奨励によって行なわれていた。例えば、若狭の漆器業、壷屋の陶器業、泊や前島の製塩業、真和志や小禄の製糖業、首里の酒造業・紙漉業・紅型や上布の製造業等、地域的な分業体制が確立していた。

しかし、製塩業は専売制度による安い本土の塩が島内産の塩を駆逐し、沖縄独特の朱塗製法の漆器も本土から来島した職人によって生産されるようになった。さらに本土的生活様式が浸透し、安価な商品が移入されるに従って、琉球陶器は瀬戸物に代替され、紅型や上布も着用されなくなる傾向にあった。製糖業や酒造業でも砂糖消費税、酒造税、酒類出港税等の重税で苦しい経営が強いられた。

一九二六年から三〇年にかけて綿織物の生産量が三五％減少した。他方、移入絹綿布は約一・六倍増大した。その背景には本土綿織物業において力織機が増加したうえに、広幅織機が小幅織機を駆逐したのに対して、沖縄では小幅織機すら存在しない状態であった。(37)

このような状況を改善するために一八九七年に首里女子実業補習学校、一九〇二年に工業徒弟学校が設立され、織物、漆器職人の育成が講じられた。さらに、一九二七年に県立の工業指導所が設置され、本土から様々な工芸専門家が来沖し、伝統産業の振興を行なった。[38]

日本の一部になることで自由競争の論理に島嶼経済が従わざるをえなくなった。比較優位による生産や自由競争の論理に基づく経済活動の中に近代沖縄が投げ込まれ、その結果、世界市場に大きく左右される商品を生産し、食料品を中心とする移輸入品に大きく依存する経済構造が形成されるようになった。一九二四年から砂糖の世界価格が暴落したためにソテツ地獄（食べる物がなくソテツの実しか食べられなかったために、多くの死者が発生）と呼ばれる飢餓状態に沖縄が陥った。このソテツ地獄の原因を沖縄県民は次のように認識していた。

（一）吾等沖縄も同じく陛下の赤子であります。而かも蘇鉄地獄の民として遠く亜米利加本土まで国際的に伝えられて居る生活苦に悩む悲惨なる県民であります。若し現政府が党利党略の偏見から沖縄の救済問題を取り扱わんとするならばこれ全琉球民族の生存権を脅すものとして政府を糾弾せなければなりません。況んや我が琉球は慶長十四年の昔島津に征服されたものにせよ、これ同じく大和民族であり彼の明治三十三年の北清事変以来日本をして今日あらしめ大戦小戦のある度に尊き血税を惜まず君国の為戦うた、忠勇なる民である。然るに恵まれない環境に在るのと、従来の日本政府が最近まで更に捨てゝ顧みなかったのと二つの原因の為め、今日の蘇鉄地獄を生じたのであります。[39]

（二）沖縄の対外（他府県及外国）収支を見る。税金丈でも年五百万円中央に搾取されている。貿易に於ても約一千万円の移輸入超過だという。仮りに貿易其他の対外収支勘定を零としても税金五百万円は毎年負債となる。県の戸数十万と見て一戸当五十円宛持ってゆかれる。蘇鉄地獄の原因茲に在りと断じても過言ではあるまい。（中略）台湾、朝鮮、樺太、南洋、関東庁何れも新附の地であり、民である。然るに吾県民は文化的施設に於て経済に於て彼等の後塵さえ望めない。而して彼等の税金の全部を使い尚且百八

十八万円乃至一千五百万円の補助を内地からうけている。(40)

(三) 琉球の疲弊困憊は著者がしば〳〵指摘した通り、遠く廃藩置県即ち明治十二年に始まり、当時より逸早く救済さるべかりしものが既報の如き事情の為めに、救済されるに至らず、結局数十年に亘る苛斂誅求の結果が今日の惨状を惹起し、今頃漸く救済を叫ばれるに至ったもので、従って目下内地の各地方に時々勃発する救済問題とは其の内容、性質共に著しく相違して居ると言う点である。(中略) 其の根本の原因は何と云っても国税の苛斂誅求に伴う国家事業の不備が第一に数えらるべきものであると信ずる(中略) 人口過剰、耕地面積僅少なる上に地味不良害虫の発生絶え間なく、且毎年強烈なる暴風とお極りの旱魃に悩まされ、結局生産は一反当り収穫、全国平均の五割四分に過ぎず、且つ耕地面積も全国一戸当り平均の六割強にしか過ぎない(中略) 同県内に於ける国費支弁事業は、県庁、島庁、刑務所、税務署、測候所等の如く所謂国家の政務運用上当然必要とする以外のものは廃藩置県以来殆ど皆無の状態で、大正十四年の今日、猶一哩の国有鉄道あるに非ず、一国立学校あるに非ず、其の他産業助成上の機関に至りては何等の施設を有しない状態である。(41)

(一)～(三)の文が納められている『沖縄救済論集』は湧上聾人《わくがみろうじん》(一八八八～一九六六年、衆議院議員)がソテツ地獄問題の原因を明らかにして、その解決をはかるために編集したものである。

(一)は湧上の言葉である。ソテツ地獄の原因として、島嶼性から生じる環境上の問題と日本政府による対応の不適切さを挙げている。沖縄県民が「大和民族」であるにもかかわらず、他の国民と比べて経済的に対等に扱われていないと考えている。

(二)では対外収支の不均衡という経済構造がソテツ地獄の大きな原因であると指摘されている。また、日本の植民地よりも沖縄の状況の方が悪いとしている。

(三)では沖縄の危機的状況の原因は琉球統合の一八七九年にまで遡れる構造的な問題であると指摘している。この「瀕死の琉球」という題の文を書いた新城朝功《しんじょうちょうこう》（一八九二〜一九四三年、サイパン、トラック島で南洋振興日報社を設立）によれば七九年以来の問題とは次の二点である。第一は「日本政府が其の統治策として極力琉球民族を圧迫し、彼等の自由を奪い、以て支那との交渉を絶滅せしむべく努力[42]」したことである。第二は「当時は日本政府が植民地経営上の経験皆無で、且つ植民政策上の学説も亦、母国本位主義が有力であった[43]」ことである。中国との貿易関係を中止したうえに、日本本土中心の経済政策が行なわれていたために、ソテツ地獄が発生したと主張している。

ソテツ地獄は沖縄諸島だけでなく奄美諸島でもみられた。[44]農家の耕地面積の狭小性、課税の重さ、糖業における鹿児島商人による搾取等が原因とされている。[45]琉球列島全体がソテツ地獄の状況におかれており、かつて琉球王国に属していた島々が近代の市場経済に巻き込まれ、同様な問題に直面していた。

糖業に関しては次のような問題が存在していた。奄美諸島と同じく沖縄諸島でも商人による中間搾取という問題が発生していた。砂糖前代とよばれる砂糖を抵当とした高利資金を貸し付ける行為は一八世紀においてもみられた。王府と農家との間に介入して砂糖前代の制度を利用したのは大和商人と呼ばれる人々であった。農家の資金が不足しがちな七月、八月に砂糖前代を貸し付け、製糖された砂糖を相場以下の価格で買い取り借金を返済させた。そのうえ、砂糖前代の利子は高かった。[46]借金経済に苦しんでいた農家を救済するために一八七九年、勧業資金の提供を日本政府に要請し、翌年、約六万九千円が無利子で貸与された。[47]

借金経済の解消だけではなく、日本政府は以下のような措置により不安定な沖縄糖業を立て直そうとした。一八八二年には鉄製の圧搾器使用が奨励された。購入資金として同じく勧業資金が無利息で貸し付けられたため、鉄製の圧搾機が木製や石製のそれに取って代わった。八五年には砂糖の品質向上を目的として砂糖審査会が設置された。[48] 一九〇六年に分蜜糖生産と機械制製糖工場の普及を目的として沖縄県臨時糖業改良事務局官制が公布された。事務局は糖業試験、糖業に関する講話や講習の実施、土壌・肥料・砂糖等の分析や鑑定、甘蔗種苗の配布、糖業に関する補助、共進・品評会の開催等を行なった。七年には糖業の付属試験場、製糖実習教室が設けられ、八年には製糖工場が完成した。イギリス式機械を導入するとともに、ジャワに技師を派遣して製糖法を習得させ、欧米諸国の糖業視察のために技師を派遣する等して外国技術を研修させた。一九〇五年、甘蔗耕作審査会の実施が始まり、七年からは同審査会の事業が県庁によって行なわれるようになった。一〇年には糖業改良事務局が運営していた西原製糖工場を民間の沖縄製糖会社に払い下げた。払い下げ価格一〇万円、無利子七年賦という格安な条件であった。[49]

日本政府の沖縄における糖業政策は機械制工場による分蜜糖生産に重点がおかれた。このことを如実に示すのが次の事例である。一九〇二年に沖縄県は黒糖生産を中心とする「糖業振興十年計画（案）」を策定し、政府に補助を求めたが拒否された。他方、分蜜糖を中心とする台湾糖業に対しては糖業奨励費が支給されていた。その後、四年に県庁は黒糖以外の砂糖生産を推進するために糖業改良補助申請を政府に行なったが、その際には、改良費が支給された。[50]

沖縄糖業の中心は黒糖であり、黒糖は日本本土に特定の需要地が確保されており、その需要量も伸びていた。分蜜糖は日本国内市場において台湾糖と競争するばかりでなく、世界的な糖業市場の変動に晒されやすかった。

沖縄において砂糖のプランテーションが行なわれた島は北大東島と南大東島である。玉置半右衛門によって両島には機械制製糖工場が設置された。その後、東洋製糖に製糖工場が払下げられると同時に、島の土地も東洋製糖の所有となった。東洋製糖は農家による自家製糖を禁止し、分蜜糖工場を建設した。原料を確保するために全体の九〇％の耕地が砂糖黍生産に割り当てられ、その他の土地には芋を植えさせた。それは豚や牛の飼育のためであり、家畜によって堆肥をまかなおうとした。会社の農務担当員は作物の植え付け、成育状況を監視するほかに、農業以外のことをしている住民に割当地の削減をほのめかした。日用品は全て会社の売店で販売され、島内でのみ流通する貨幣が発行されていた。さらに、会社は農家に生活費や原料費として資金を貸し付けたが、返済できず借金状態に陥る農家が多かった。農家の子供が尋常小学校高等科に進学すると会社に登録された。なぜなら、子供が進学のため島の外に出られないようにするためであり、島の外に出ると割当地が削減された。割当地の削減は会社による前貸し金の減少につながり、送金が続かず結局、子供を島に戻すことになる場合が多かった。(51) これが沖縄におけるプランテーション経営の実態である。

ソテツ地獄の原因である砂糖価格の暴落は世界的な要因に基づいていた。つまり、膨大な砂糖を輸入していたイギリスで一九一九年に英連邦産の砂糖関税特恵制度が復活し、二八年に関税率の引き上げ等の保護政策が行なわれ、同じくアメリカでも三四年にジョーンズ・コスティガン法により砂糖の供給割り当て制度が採用された。(52) 砂糖価格の暴落とともに、農民の経営がたち行かなくなり現金収入が減少し、食料等を購入することが困難になり、飢餓状態に陥るようになった。

ソテツ地獄を深刻にした原因は、食料品を移輸入に大きく依存していたからであった。地元産の商品よりも本土産の方が安く、質が良かったことが大きな理由である。他方で、移輸入の増大は沖縄における消費性向の大きさによっても引き起こされた。その原因として次の諸点を挙げることができる。

(一) 一家族当たりの家計総額に占める冠婚葬祭費が本土の場合よりも約二倍多く、よって現金支出比率も沖縄の方が大きくなった。共同体的人間関係が根強く残っている沖縄の方がかえって市場経済の影響を受けやすかったという側面があった。(53)

(二) 一度上昇した労働者の生活水準を元の水準に戻すことは困難であった。(三) 海外や本土から帰ってきた人々の高い消費性向が他の島嶼民に影響を与えた。(54)消費性向増大の歴史的背景として、王国時代における砂糖生産とそれと結びついた砂糖前代が貨幣経済化を促進した面もあるだろう。現金を手にする機会が多くなることで、その分、消費活動が活発になり、移輸入品への依存を深めるようになった。よって、移輸入品への依存は沖縄経済が外部に開放されたことだけによるものではなく、島内部の社会構造にもその原因があったといえる。

共同体の諸行事において交換される物産がかつてのように島内産の物ではなく、外部の商品がより嗜好されて移輸入品が儀礼的交換の品として使われるようになった可能性がある。また、かつて内部で充足していた島嶼社会における社会成員の欲望は、内部で制御されていた。だが一度、社会が外部に開かれると、内部社会で満たすことができる以上に外部社会の価値観によって刺激された欲望が増大する。増大した欲望を島嶼内の生産活動でつくられる物資では満たすことができず、島嶼外からの移輸入品に大きく依存する経済構造が形成され、ソテツ地獄に陥ることになったといえる。

沖縄経済をさらに外部依存的な体質にしたのは、寄留商人をはじめとする本土の資本家の存在である。寄留商人の勢力について太田朝敷は次のように述べている。

(一) 卸商は殆んど所謂寄留商人の独占、小売商中には鹿児島辺から空手で来たものも可成りやり始めたのであるが、この頃までは県人の手は殆んど県内の小売に局限されて、県外には容易に延びなかったのである。寄留商人の団体は大坪、中馬の如き中枢人物もあって、よく統一され、今日の如くつまらぬ競争で共倒れするような失態もなく、移出入とも常に少なからぬ利益を挙げ、何れも巨万の身代を築きあげたのである。(55)

(二) 政治上の権力と共に社会上の勢力までも抛棄し、恰も食客の地位に置かれて顧みなかったのである。かゝる地方は恐らく植民地の外あるまい。この期間に於ては時代に目醒めた青年達が相当の職を求むるにも、県の先輩等は全く気力《ママ》で何の頼りにもならず、この種の希望を充すにも詰り外来者にすがらなければどうすることも出来なかったのである。実業方面に活動せんとするにも、寄留商人の援助がなければちょっとした小商売に手を出すことさえ出来なかったのである。(56)

糖業において寄留商人による中間搾取が存在していた。その他の商業においても他府県人が勢力を増大しており、さらに政治的力も手に入れており、太田はこのような状況を「植民地」であると規定している。

銀行業においても本土資本の進出がみられた。第百五十二銀行、その後に第百四十七銀行という鹿児島の銀行が支店を開設した。両銀行を利用したのは殆ど寄留商人であった。これに対抗すべく一八九九年に県および区町村の出資で沖縄出身者の利用を目的とした農工銀行が誕生した。その後、首里の資産家による沖縄銀行、那覇の資産家による商業銀行、島尻や中頭の資産家による実業銀行、国頭の資産家による共立銀行が設立された。(57)農工銀行は一九二四年に日本勧業銀行に吸収合併された。また、産業組合中央金庫の業務を沖縄の産業組合連合会が行ない、様々な産業組合に融資を行なった。(58)

沖縄での公共工事を本土業者が受注する場合が多く、沖縄の地元業者の実力は一段低くみられていた。(59)建設業の他にも、製糖業でも外部資本の進出がみられた。一九一六年に台湾の東洋製糖は南北大東島にあった玉置商会が経営する製糖工場を買収し、その翌年には八重山産業会社経営の製糖工場を合併した。また、台南製糖は一六年に沖縄製糖、一九年に沖縄製糖拓殖をそれぞれ吸収したことで、沖縄の製糖業は台湾の製糖会社の傘下におかれることになった。(60)沖縄の製糖業各社が吸収合併された背景には、台湾という大きい島と沖縄という小さい島との間に展開された製糖業における規模の経済を巡る競争が存在していたといえる。

例えば、海運費用をみても台湾と沖縄との間には大きな隔たりが存在していた。一九世紀末に沖縄を訪れた笹森儀助によれば沖縄から大阪までの砂糖一樽の輸送代は三六銭であった。他方、より距離が長い台湾から大阪ま

お盆お供え用の砂糖黍を売る人たち（『那覇百年のあゆみ』より）

での砂糖樽の輸送代は二五銭であった。その原因は台湾の港湾が整備されていたため、天候に左右されず荷物の積み降ろしが可能であったのに対し、那覇の港は少しでも暴風の兆しがあれば船舶は着岸できず、慶良間群島に避難する等、余分な費用がかかったからである。(61)

沖縄の製糖業をコスト高にしたもう一つの原因は次の航路問題である。一九〇六年、沖縄‐本土間を就航していた大阪商船、鹿児島郵船、広運会社は、配船数、運賃の水準、三社以外の船舶の荷物積降し拒否等について取り決めを行なった。それにより海運費用が上昇し、その分、沖縄砂糖の価格が釣り上った。三社以外の船を使用した場合、報復措置として三社との取引が拒否された。また、一一年に三社は沖縄艀船を設立して、那覇港における荷物の積降し業務を独占するようになった。(62)さらに、一六年には大阪商船が尚家資本の沖縄広運を合併し、その翌年、砂糖の輸送価格を三倍に引き上げた。三〇年には沖縄県議会が大阪商船に運賃の値下げを要求したが、同社に拒否された。(63)

以上のような沖縄の近代的な経済問題を認識するうえで大きな示唆を与えているのが柳田國男の認識である。柳田は伊波普献を通じて沖縄を知るようになり、『海上の道』に代表される沖縄についての民俗学的研究を行なった人物である。島嶼経済論としても示唆的な論考を残している。(64) 柳田による以下の論述は一九二五年から二六年にかけてのものである。同時期は沖縄が経済的に非常に疲弊していた。まず、柳田は経済問題発生の原因として次のように述べている。

沖縄の生存競争なども最近に至るまでこの形式を追うた。すなわち少数の特殊に慧敏なる者が、前には鹿児島次には大阪、最近には大島などの商人の手引をして、無理な商法をもって島の同胞を誅求させたので、その結果として都市だけは外面栄えていた。しかもそういう人がやや余分になると、またその間にも新しい苦闘は起らざるを得なかった。そうしてこの沖縄県の経済問題が行き詰まって、今や全国の注意を惹くに至ったのは、不幸な現象ながら永い将来のためには幸福であった。我々の努力はまずどうしても自ら知ることから始まらねばならぬのだが、それを日本全体のために、未然に注意してくれたのが南の方の島であった。もう彼等もいたずらに永く苦悩させてはおかれぬであろうと信ずる。(65)

沖縄の中の一部の人々と島外の人々が手を組んで他の同胞を経済的に苦しめているという社会構造上の問題が、沖縄の経済問題を発生させる原因であるとしている。本土の人間が支配者で沖縄の人間が被支配者であるという二項対立の図式ではなく、沖縄内部の構造的問題を明らかにしている。これは以下の幾つかの文にみられるように柳田に特徴的な分析である。次の文では消費活動が島嶼経済に与える影響について論じている。

沖縄最近の窮状の、主たる原因は社会経済上の失敗である。(中略) 誤ったる経済というのは誤った消費であった。島にはもとより天然の制限が多い。島の天候と地味である。面積である。地理上の距離である。これらの諸因子は常に島の生産を拘束して、いかなる新しい智術をもってするも、彼等の生産はとうてい完全に自由であり得ぬに反して、一方その消費の様式と選択とは、時代一様の趣味と流行とに支配せられ、

明治38年頃の那覇東市場（『那覇百年のあゆみ』より）

> いたって自由かつ奔放であった。（中略）官庁巨商その他の有力者は、これに伴うて許さるる限り自由なる消費をした。その消費の中には学校とか書籍とかのごとき、新文化の生活に必要欠くべからざるものももちろん多かったが、それ以外にも食料・飲料・衣料などの、島の乏しい生産物と交易して輸入せられる品物が、いつでも輸出を超えていたので、久しきを経てそれが集積し、ついには以前の浪費階級までを引っくるめて、ともどもに没落の淵に沈めようとするのである。（中略）最も多く悩み悶える者は、早くから大いに弱っていた階級であるにかかわらず、外部の援助によってまず救われる者は、通例はかえって最近始めて困り出した表層の少数だけだという点である。[66]

島嶼の地理的な制約が生産活動を阻害する

一方で、消費は日本一般の流行に左右されていた。人々が島嶼で生産される以上のものを消費したため、移輸入量が移輸出量を大幅に上回った。問題が生じた際に外部から救済されるのは一部の富裕層であり、彼等は島嶼の経済的窮乏を引き起こす一因となった浪費活動を行なった。このように柳田は生産量と消費量の収支、そして移輸出量と移輸入量の収支の観点から島嶼経済問題を論じており、また、沖縄内の富裕層がもつ問題性を指摘している。次の文でも島嶼経済の特性が明らかにされている。

離れ島や山奥の村には、中央部の都市に近い平野と、まるで違った経済上の条件があり、生産の制限がある。（中略）海島の生産制限はこれとは反対に、主として人口の過剰と資源の欠乏から来ているのである。沖縄のごとき近世百年間の新刺激で人の数が倍三倍になり、しかも食料の増加は決してこれと比例しなかったゆえに、栄養の不足で子供もその親も、次第次第にかじけて小さくなって行くような土地では、以前もてはやされた英国風の経済学のように、いわゆる自然の経済調和を楽観してはおられぬわけである。(67)

島嶼の経済上の問題は人口の過剰と資源の欠如にある。このような問題を解決するために、琉球王国時代においては他国との貿易活動により物産を琉球に集積し、その価格差による利益で財政基盤を確立したり、近代においては世界各地に移民を送り込んだり、日本本土に職場先を求めたりした。島嶼以外の地域に対して何らかの働きかけをしていたのである。柳田は、経済学における予定調和説が適応しえない地域が島嶼であると述べている。柳田は沖縄内の不平等な社会的構造を貧者と富者との間だけでなく、次のように沖縄本島とその他の島々との間にもみていた。

沖縄の有識階級に属する人々は、いかなる瞬間も中央の文化の恩恵が、孤島の端々に及ぶこと遍からずして、時運が彼等を後に取り残して進みつつあるのではないかを、気遣わざる時とてはないのである。しかも他の一方には、沖縄の中部日本に対する関係と、いたってよく似た外様関係をもって、沖縄自身に従

> 属するさらに小なる孤島のあることを忘れんとし、また往々にしてこれを取り残してひとり進もうとしたのである。（中略）宮古・八重山の二郡の島々に至っては、悠々たる五百年の間、今の沖縄県が中央集権制の下に統治せられるよりも、さらにはるかに心細くかつ苦しい弧存状態におかれたのであった。そのまた先島の八重山の主島にも、さらに税を納めるだけともいうべき関係で、結び附けられていた属島があった。旧日本の南の端、西の端はどこかという地理の問題が出る場合だけに、わずかに人の記憶に上った波照間島、与那国島などがすなわちそれである。宮古群島の方にもはるかの海を隔てて多良間の島が従属し、多良間自身に対してはまた水納《みんな》の島が隷していた。島に大小がある以上は、棄てておいても大は小を軽んずる傾きがあるのに、中央ではさらに統治を簡便にするために、一方の優越を承認したのみならず、なおその個々の島内においても、従来はわざとその住民の中から、上に従順にして才智便巧なる少数者のみに権力を付与して、いわゆる統一を図らしめた。そのために同じ一つの島の住民の間に、辛苦と安逸との甚しき不均衡があったことは、申すまでもないのである。(68)

琉球王国時代に形成された琉球型華夷秩序観は、沖縄本島を中心として先島《さきしま》を周辺とする世界観である。この世界観は、日本への統合に対する反対運動の過程においても存在していたことについては先に論じた通りである。しかし、沖縄側から指摘された経済問題の原因とは、日本政府による植民地主義的経済政策や、経済的無策等であり、島嶼の外にのみ問題の原因を求める傾向があった。柳田は、島嶼内、島嶼間に存在する入れ小細工的な経済的差別構造を指摘している。それは当時の沖縄側の知識人の議論では抜け落ちていた視点であった。同様な傾向は現在の沖縄についてもみられる場合がある。

沖縄の政治的周辺化と島嶼経済

琉球王国が沖縄県という日本の一部になることで政治的な周辺地域に位置付けられるようになった。このような非経済的要因によって特殊な歴史的環境が生み出され、その中で島嶼経済も近代的性格を帯びるようになった。太田朝敷《おおたちょうふ》が近代沖縄を「植民地」と規定した、その時代的背景について述べてみたい。

一九〇七年において沖縄出身者の中で中学校卒業者は四七五人、帝国大学卒業者が二八人、高等師範その他の学校を出た者が一七〇余名に及んだ。そのうち一八九七年から一九〇七年にかけて沖縄の官庁に就職した者は五四人に過ぎなかった。(69) そのうえ、県知事をはじめとする県庁幹部はほぼ他府県人によって占められていた。明治初年の明治政府における地方官任用の方針は雄藩諸県を除く他府県人を登用することであったが、一八七六年から地方の人々を採用する方針に変わった。しかし、沖縄では多くの他府県人が登用され続けた。例えば、一八八〇年における沖縄県庁の定員は一〇〇人であったが、官吏の出身別の人数を示すと、長崎が三三人、沖縄が二四人、東京が一一人であった。その後、沖縄住民が占める比率は減少することはあっても増加することはなかった。(70)

行政機構の中枢部を他府県人が占めて本土化が進んだのに対し、一九〇三年まで土地制度や税制等の諸制度は王国時代の制度を存在させるという旧慣温存政策が実施された。一八九九年に土地整理法が公布され、本土の土地制度への移行がやっと始まった。このような旧慣温存政策は、沖縄士族層の抵抗を引き起こさず、日本との一体化をスムーズに行なうことを目的として実施された。旧慣温存政策について太田朝敷は以下のように論じている。

一般民度が如何に低かったと云っても、相当の生活を営み教養もあったのであるから、当時の地方制度を適用する故障となるような点は少しも見出されない。若し民度が低かったとするなら、尚更早く大改革を断行して、レベルを高めることに一層努力しなければならぬはずじゃないか。要するに置県の初期に於ける県治の方針は、県の発展開発にあったのでもなく、三十余万県民の福利増進にあったのでもなく、只々国家の領土県を無事に維持するという一点に集注されたようである。（中略）か丶る事情のある地方であるから、長官の任命の如きも頗る特色を帯びていた。初代目の県令は佐賀の殿様の分家たる鍋島直彬（後子爵）で、二代目は米沢の藩主上杉茂憲（後伯爵）である。この撰任も少し毛色の変った選任であるのに、三代目と来ては会計検査院長岩村通俊《みちとし》の兼摂となった。この兼摂は僅か八ヶ月であったから一時的の都合から来たとも見られるが、四代目の西村捨三は、内務省土木局長でありながら、十六年十二月から十九年四月に至る三年五ヶ月も兼勤した。(71)

太田は、旧慣温存政策とは、日本人一般に比べて沖縄県民が近代的諸制度に適応できないほど劣っているという認識に基づいたものであると考えていた。そして、新たに獲得した領土を保持するために旧支配層の意向に従った政策がとられた。しかし、その旧慣温存政策を実施する機関である県庁は本土出身者で押さえられていた。領土や領海保持が最大の目的であったために、島内の経済開発や近代的な制度の推進が二次的になり、県治の最高責任者もお飾り的な人物が配置されることになった。

沖縄県民による特別県の設置と運営を求めた公同会運動の主導者となり、沖縄内在の経済発展の方法である村内法、原山勝負《しょうぶ》等を基にした産業組合運動を提唱した太田は、旧慣温存政策、県庁組織、県庁の政策は沖縄の自治性を無視するものであり、内発的な発展を妨げるものであったと考えている。内発的発展の伝統があり、それが沖縄における経済発展の基礎になる可能性があったにもかかわらず、以下の引用のように沖縄県民の民度が低いという言説が近代を通じて語られていた。

（一）大体上ヨリ比較セバ、首里・那覇人ハ奥羽ノ小藩位ノ風アリ。沖縄嶋三地方人ハ、現今北海道土人ノ上ニアリ。両先嶋ノ人民ニ至テハ、断ジテ北海道土人ノ次ギニ居ルト言ワザルヲ得ズ。之レヲ要スルニ、天然沃土、人民ノ常習トハ云イナガラ、悠長怠惰ニシテ粗衣粗食ニ甘ジテ筋骨ヲ労スルヲ厭ウト、淫風ノ盛ナルハ他府県ニ比スベキモノナシ。[72]

（二）無性でやりっぱなしで、怠惰で愚鈍なる農人の典型的なるものを見たいと思ったら琉球へ行くがいゝ。彼等は施肥の方法を知らない。雑草を排除することを面倒がる。作物を可愛がることをしない。除虫の手段などは考えるのもおっくうらしい。すべてがやりっ放しである。[73]

（三）善良なる日本人の生活が島民に対し社会的進歩の模範となって居ると同時に、日本人中或る人々の示す悪例が島民社会生活の向上を害することも少くない。殊に男女関係及び飲酒に於て然りである。故に島民に対する基督教布教の効果を全うするが為めには、在住日本人（その大部分は文化程度低き沖縄県人であることを記憶せよ）の教化を計ることが絶対的に必要である。[74]

（一）は笹森儀助の言葉である。沖縄において首里や那覇の人々を頂点とし、その他の沖縄本島の人々、底辺に先島の人々が存在しているという序列付けを日本本土の東北の人々やアイヌ人との比較で行なっている。また、台湾でも内地人－沖縄県民－朝鮮人－台湾人の序列があり、沖縄県民は自らよりも下位に位置しているといわれた人々を「四等国民」、「タイワヌー」、「チョーセナー」等と軽蔑したといわれている。

アイヌ人、朝鮮人、台湾原住民、沖縄県民を檻にいれて見世物にした第四回内国勧業博覧会が一八九五年に開催された。その時は問題化せず、一九〇三年の第五回内国勧業博覧会の際に人類館事件として沖縄の新聞が糾弾した。新聞の論調は、沖縄県民は立派な日本国臣民であり、これらの人々と同列に置かれるのは心外であるという内容であった。[75] 近世の日本型華夷秩序のように日本本土を中心とした秩序観が近代においても形を変えて残っていたといえる。このような秩序観の中で沖縄県民もまた自らよりも「下位にいる人々」を見下げる視線を共有していた。

（二）はソテツ地獄に際して書かれた『沖縄救済論集』に含まれている「琉球を訪ねて」の論者、新妻莞《にいづまかん》の文章である。ソテツ地獄から沖縄が立ち上がるには沖縄県民が怠惰な性格を改善しなければならないとしている。

（三）は矢内原忠雄が書いた『南洋群島の研究』の一節である。ミクロネシアにおいても出身地による階層化がみられた。例えば一九三三年においてパラオのアンガウル採鉱所の労働者の平均日給は次のような順序で格差が存在した。日本本土人が三・四五円、沖縄県民が二・五三円、中国人が二・一五円、チャモロ人が一・四〇円、カナカ人が〇・七六円であった。(76)

チャモロ人とはグアムや北マリアナ諸島に住む人々であり、スペイン人、フィリピン人、メキシコ人等とのクレオール化が進んだ人々である。カナカ人とはその他のミクロネシアの先住民族を指す。矢内原は「善良なる日本人」と「文化程度が低い沖縄住民」とを区別している。しかし、後に述べるように南洋群島の経済開発の中心的な担い手は沖縄県民であった。

沖縄県民の近代化を促す運動の一つとして次のような標準語奨励運動が行なわれた。

△未就学児童に対する普及方法として学校自治団か託児所を通じて標準語教育をなし最初は挨拶語または日常の直接語を使い△小学児童に対しては質的向上を目標に一、音の矯正、二、訛語の矯正、三、新語挨拶語の指導、四、綴方の時間を利用して話方朗読会等を指導部を設けて実施△青年団に対しては左の申合せ規約を設く、一、団員同志の方言禁止、二、公外出の際必ず励行、三、有志学童に対し標準語使用、四、部落常会における標準語励行△指導階級に対しては専ら自重自尊を促し公私如何に拘らず標準語を使用すると共に家庭化を図り、更に△一般家庭に対しては老人無教育者は特別講座を設け簡易なる標準語を教え

また学童を通じて普及を図る△組合商店に於ては極力標準語を使用すること(77)

上の文は一九三九年の『琉球新報』の記事であり、県庁の標準語教化村に指定された大宜味《おおぎみ》村における標準語普及のための村内取り決めに関するものである。標準語普及運動の結果、大宜味村の学童の約九割までが標準語を話すことができるようになったとされている。翌年一月、日本民芸協会の柳宗悦等が来島し、沖縄の標準語励行は行過ぎであると発言した。それに対し、県庁の学務課は反論し、柳もまたそれに応え、他の人々も論争に参加していわゆる「方言論争」が展開された。

当時学務課で勤務し、柳の論争相手となった吉田嗣延《よしだしえん》(一九一〇～一九八九年、沖縄県社会教育主事を経て、戦後は南方同胞援護会事務局長)によれば、沖縄教育会の人々が鹿児島や熊本で行なわれていた標準語奨励運動を沖縄でも行なおうと吉田に提案したことを発端として運動が始まった。吉田は標準語奨励運動を推進した動機として、沖縄出身の兵隊が上等兵になる機会が少ないこと、移民が南洋で差別され、大阪の女工さんが社会生活上の困難に直面していること等の原因は言葉にあることを調査により明らかにし、標準語奨励運動をしなければならないと思ったからだと述べている。(78)

柳等が主張する、日本語にとって貴重な意味をもつ沖縄の言葉という学問的認識よりも、標準語を身に付けることで島の外において差別されずに経済活動を行なうことができるという生活感覚の方が吉田にとっては優先していた。

『琉球新報』の太田朝敷も標準語の奨励を行なった。それは沖縄県民が積極的に日本社会に同化することにより、沖縄の経済活動を含めた様々な側面における生活の改善を推し進めようとしたからに他ならない。日本本土が沖縄の言葉の独自性を許容する社会ならば問題は生じないだろう。だが、近代に沖縄差別が厳然として存在していたことを考えると、吉田や太田等の標準語奨励運動は沖縄県民が沖縄以外で生活するためには不可欠であったといえよう。

以上のような日本本土の人々の沖縄県民に対する姿勢が近世の日本型華夷秩序観の延長線上にあるとするなら、沖縄本島の人々の先島の人々に対する姿勢も近世の琉球型華夷秩序観の延長線上にあるといえよう。沖縄で一九一二年に衆議院議員選挙法が施行されたが、この時、先島は除外されていた。一九世紀末の先島の状況について笹森儀助は以下のように記している。

> （一）新城嶋・黒嶋等ノ水田ナキ為メ、当村内（南風見村）へ割当田地ヲ耕シ来ルモ、此大風雨ニテ食料尽キ、困難セルモ如何セン。数日来引継キ、風雨ノ為メ剳船ノ便ナク、空シク滞留セルナリ。噫、我ガ同胞中ニ己ガ居嶋ニナキ水田ノ貢祖ヲ納ル人民アルヲ知ルヤ否ヤ。[79]
>
> （二）祖納村一ノ分教場ヲ除ク外、他ノ拾四ケ村、戸数二百〇八、人員七百〇九人ハ皆不就学ノ生徒トナレリ。又医者ノ巡廻モ、一ケ年僅ニ一回ニ過ギズ。（中略）犬ト居ヲ同ウスル赤貧人民ニ上等ノ村位ヲ持セ、分《ママ》頭税及反布・公費・村費、其他衛生費・学校費・勧業費ヲ欠損ナク徴収シ居レルハ、実ニ見ル者ヲシテ慨嘆ニ勝エザラシム。若シ一人ニテモ不納者アレバ、家屋・器具ハ元ヨリ妻子迄モ売買セシメ、尚ヲ足ラザレバ親族ニ及ビ、親族尚ヲ償ウ力ナケレバ、一村一間切ニ弁償セシム。其惨状ハ筆紙ノ能ク尽スベキニアラズ。[80]

（一）のように新城島や黒島から南風見村のある西表島まで船で往復させて、稲作を強いる状況を引き起こしたのは人頭税の先島への賦課制度である。それは一六三七年から一九〇三年まで続いた。二〇世紀の初めにおいても近世的な華夷秩序に基づいた税制が実施されていたのである。

（二）は西表島の状況を記したものである。県庁は教育や医療等の行政の義務を果たさず、様々な諸税、諸費用を徴収しようとした。先島に対しては経済発展の具体的政策が考えられておらず、あくまで財政収入獲得の対象であった。明治政府を批判する沖縄の中にも経済的支配、被支配の関係があった。
以上、近代沖縄における支配の構造について論じた。日本本土と沖縄、沖縄本島と先島のように支配従属関係は二重性を有していた。それは、琉球王国から沖縄県へという島嶼の政治形態の変更により生じた近代的な経済諸問題と無関係ではない。

第二節　近代沖縄社会の内発的発展

内発的発展の組織化

沖縄の内発的発展を目指す運動としてまず公同会運動について考察してみたい。これは他府県人によって行政機関の中枢が支配されていた沖縄の状況を変えるために、元国王を長司にして自治権を獲得するという目的をもった運動であり、この目的を実現させるために一八九六年に公同会が結成された。その背景には沖縄県民の自治能力は他府県民に劣らないという自立への意志があった。護得久朝惟《ごとくちょうい》（一八六八〜一九二三年、尚泰王の娘婿、衆議院議員）、高嶺朝教《たかみねちょうきょう》（一八六八〜一九三九年、沖縄銀行頭取を経て衆議院議員）、太田朝敷《おおたちょうふ》（一八六五〜一九三八年、琉球新報社社長を経て首里市長）等が運動の主導者となった。(81)彼らは沖縄を精力的に遊説し、七万三千余人の署名を集めた。翌年、首里と那覇からそれぞれ二人ずつ、国頭、中頭、島尻、宮古、八重山からそれぞれ一人ずつ代表が選ばれ、上京し、署名とともに請願書を日本政府に提出した。次の引用文は公同会の趣意書である。

沖縄人民永久ノ幸福ヲ保持スルハ一般人民ヲシテ速カニ日本国民ノ性格ヲ具備セシムルノ一事アルノミ言ヲ換エテ之ヲ言エバ四十余万ノ人民ヲシテ可成的速カニ内地ニ同化セシムルニアリ（中略）内地ニ同化シタルモノトスレバ政治上ヨリ云ウモ社交上ヨリ云ウモ総テ日本国民ノ享有スベキ権利幸福ハ尽ク之ヲ享有

スルヲ得ベキモ今日ノ如ク容易ニ同化セザルニ於テハ制度ヲ以テ如何ナル利益ヲ与ウルモ唯是レ形式ノ美ニ止マリ内地ト沖縄トハ常ニ精神相疎隔シ社交相融和セズ遂ニ優勝劣敗ノ数理ニ駆ラレテ以テ土着人民ハ沖縄ノ名ト共ニ相終始スル能ワザルニ至ルハ論ヲ俟ザル所ナリ（中略）沖縄今日ノ時弊ヲ洗浄シ数百年来ノ習慣ヲ矯正シ人民ヲシテ日本国民ノ本分ヲ自覚セシメ以テ皇土ト共ニ永ク光栄ヲ担ワシメントスルニハ到底之ヲ現今ノ制度ニ望ム可ラズ須ク其人情風俗ヲ参酌シテ一種ノ特別制度ヲ設置シ精神ノ統帥者タリ社交ノ中心点タル尚泰ヲ其長司ニ任ゼラレ先ズ人心ヲ尚家ニ統一セシメ尚家ヲシテ相率テ以テ皇化ニ浴セシムルニアリ

今般請願ノ本旨トスル所之ニ外ナラズ然シテ其所謂特別制度ニ関スル要点ヲ掲グレバ左ノ如シ

一　法令ノ定ムル所ノ程度ニ依リ沖縄ニ特別ノ制度ヲ施行スル事

一　沖縄ニ長司ヲ置キ尚家ヨリ親任サルヽ事

一　長司ハ政府ノ監督ヲ受ケ沖縄諸般ノ行政事務ヲ総理スル事

一　長司ハ法律命令ノ範囲ニ於テ其管内ニ行政命令ヲ発スルヲ得ル事

一　沖縄ニ監視官ヲ常置シ中央政府ヨリ派遣セラルヽ事

一　長司ノ下ニ事務官等ヲ置キ法令ノ定ムル所ノ資格ニ遵イ長司ノ奏薦ニ依リ選任セラレ又ハ長司自ラ任免スル事

一　議会ヲ置キ各地方ヨリ議員ヲ選挙シ法令ノ範囲ニ於テ公共諸般ノ事ヲ議セシムル事

一　国庫ニ納ムル租税ハ特ニ法律ノ定ムル所ノ税率ニ拠ル事

一　沖縄ニ要スル一切ノ費用ハ特ニ法律ニ定ムル所ノ税率以内ニ於テ議会ノ決議ヲ以テ賦課徴収スル事(82)

文面によると、沖縄が独立するための特別制度を求めているのではなく、日本に同化するために特別制度を必要としており、この同化により日本国民一般が享受している権利や福利を沖縄にもたらすことができるとしている。しかし、今までのような政策では同化は容易ではない。その理由は沖縄の人情風俗等の特殊事情を考慮に入れていないからである。よって、尚家から選ばれた人物を他府県人の知事に代えて長司とし、県民の信望を集めるような政治を行なうことで同化を完成させることができると述べている。

同化という言葉には次の二つの意味が込められていたのではなかろうか。（一）琉球王国復興運動等の経緯を踏まえて、日本政府の疑いを解くための便法。（二）文明としての日本に同化しうる政治的、経済的能力を沖縄県民は有しているという自負の表れ。公同会運動に参加した人々は、近代化とは上から一方的に与えられるものではなく、島嶼民が自分自身で自立的な行政制度を運営することで、内発的な近代化の実現が可能であると考えていたのであろう。

特別制度は次のような特徴を有していた。知事と呼ばず、長司と呼ぶことでこの制度の特別性を強調し、長司は行政事務全般を統括する権限を有する者であるとした。そして、長司の政治を補佐する事務官には、長司の推薦により沖縄県民が就任することとした。日本政府の監視官の常設を認めたが、それは王国時代に薩摩が設置した御仮屋《おんかいや》と同じような機能をもつものとして考えたのであろう。薩摩への年貢支払いと同じく、日本政府にも税収を納めるが沖縄統治に必要な経費は島嶼民からの納税で賄うことで財政の自立を実現しようとした。一方、近代的議会政治の採用も考慮に入れており、王国時代の政治形態と近代的な要素を接合したものとして特別制度を提示した。現代の沖縄県が中央政府からの補助金に大きく依存している状況を考えると、公同会運動における財政自立の精神は傾聴に値する。

近世琉球が、古琉球の政治経済的枠組みの中に近世日本の諸制度や文化等を導入して形成されたように、近代においても近世琉球の大きな枠組みを残して、近代日本がもつ様々な近代的諸制度を取り入れることが可能であると公同会の人々は考えた。しかし、日本政府は公同会の請願書を却下し、今後、同様なことをすれば国事犯として扱うと言い渡した。

自立運動としてはまた次のような事例がある。一九一四年には大味久五郎《おおみきゅうごろう》知事が「琉球人に高等教育はいらない」と発言し、第二中学校（二中）廃校を提案した。生徒、父兄、学校当局の激しい反対運動で、大味知事は廃校案を取り下げたものの、名護と普天間におかれていた農学校を合併したうえで規模を縮小し、農学校と二中とを統合した。二中の校長や教頭は農学校の校長と教頭が兼任し、農学校生徒が全生徒の三分の二を占めるようになった。このような状況に対し、二中生徒は一六年に農学校寄宿舎や校長官舎を襲撃したり、全生徒が同盟休校した。さらに、生徒達は連判状で目的貫徹を誓い、県会議員や新聞社等への嘆願運動を行なった。同年、大味知事は沖縄を去り、生徒達の無期停学処分も解かれた。(83)

「琉球人に高等教育はいらない」といった認識は、一八九四年に県立尋常中学校の英語科を随意科目にして沖縄県民への英語教育の必要性を認めなかった児玉喜八校長にも同じくみられる。その翌年、生徒が校長排斥のストライキを起こした。その学生の中に伊波普猷がおり、退学処分になった後、上京し沖縄の独自性を探究するための学問的基礎を身に付けていった。

近代において沖縄で同化論が根強く存在したのは、日本の一つの県となって差別的な認識と諸政策が存在していたからである。これらの諸問題を解決するための同化論であり、自立運動であった。一九一五年の『琉球新報』で太田朝敷は次のように大味知事を批判している。

大味知事本県に来って未だ何等の事業を為さず唯だ従来本県に在って県治上に貢献したる人々を馘首して恣まゝに乾児を輸入して平穏なる県下の政情を攪乱して平地に波乱を起し人心の動揺に乗じて植民地政治を復活せんとする（中略）庶務細則を改悪して独裁政治の素地を作れり之れ即ち山形県の庶務細則を本県

に転用せるもの天下無類の庶務細則として他の地方庁に見る可らざるものを平然として輸入し来れるが如きは其著しき一例に属す之に次いで各中等学校に実業科目を設置せんとする如きも亦た山形県の施設を拝借せるものにして彼の産業十年計画の如きも同じく全県の政策を模倣せんとするものに過ぎず実業科目の設置は幸にして県会の為に一蹴し去られたり（中略）山形県は帝国の東北端に位し沖縄県は其西南端にあり土地産業其他民情風俗に於て悉く其事情を異にするが故に同一施設を以て律す可らざる。(84)

山形県という沖縄とは全く異なる風土で形成された経済政策をそのまま沖縄に当てはめるという外発的発展の問題性を指摘している。沖縄の歴史と風土を踏まえた内発的発展の必要性を太田は唱えている。また、太田は次のように論じている。

県当局や政府の立場から見ると、本県の如き貧民の集団地方を開発するには、何とかして資本家を誘致し、その手で大々的企業に依るのが最良策となすかも知れないが、吾々県民自身の立場からいうと、県民を主体とする政策でないと、真の効果を収めることは困難である。本県が植民地と異なる点もここにあるのだ、歴代の県当局は、種々の記録や文章中に、指導奨励その宜しきを得云々と極り文句のように書き入れてあるのをよく見る。成程ものによっては指導奨励その宜しきを得たことも確かにあるが、産業経済に関しては、県民の実情に即せざるもの余りに多過ぎるので、随ってこの極り文句も余り無遠慮過ぎる感を禁じ得ない。(85)

外部から資本家を沖縄に誘致することよりも、県民が主体となった経済発展を求めている。上の言葉は大味知事の産業一〇年計画を批判したものである。同計画は沖縄県が設置されて最初の経済計画であり、二二種類の産業を振興し、生産額を増大させることを方針としていた。しかし、知事は計画を実行するにあたって特別の経費をかけないとし、また一〇年計画を実施するための準備として製糖場規則とその施行手続きを出しただけに終わった。

上のような外発的発展ではなく、沖縄の風土に応じた村レベルにおける自治性をいかした内発的発展の取り組みを村内法の中にみることができる。村人は村内法をつくり、村の秩序を保ち、経済発展を促した。村人は村内法をムラジマイ（村締）、ムラガタミ（村固）と呼んだ。村内法は、王国時代から慣習法として存在していたが、一八八六年に成文化された。以下の引用は村の秩序を維持するための村内法からのものである。

（一）（西原）所払（シマバレーと云った）に付家を毀す実例は置県後もあつた。前の地頭代に不正があったとて、ムラ人が屋根・柱から立木・水カメまで伐り破壊した。窃盗がある場合の手引合には、ムラ人が円陣を作り、その中を二人ずつ通らせ、犯者にはどこからとなく小石を投げる仕方もあった。娘が他のムラに遊びにいったのをあばくのにも同様のことがおこなわれた。(86)

（二）夫地頭掟ニ於テ上納金穀ヲ私用スル時ハ速ニ弁償セシメ本人ヨリ弁償能ワザル時ハ親類並其村中ニテ弁償セシメ拒ム時ハ親類中ヨリ本人ノ家屋財産売却シ当高可請取候事(87)

（三）第十四条　時ユタノ仕業ヲ為ス者ハ五十銭其レヲ信用スルモノハ十五銭ノ科金申候事
第十五条　平日家内ニ於テ男女相集リ漫ニ歌三味線致シ候儀ハ勿論二才共多人数相集リ右様ノ仕形有之時ハ戸主へ科金五十銭申付候事(88)

（四）一、八十歳以上ノ老人ハ稀成長寿ニテ平民之内右之老人有之節ハ正女ノ内ヨリ一人介抱召付介抱人ハ貢反布糸上納差免ジ其持前ノ分ハ各村中ニ賦課致シ候事
一、士族平民ノ内困窮ノ者九十歳相成候加田へハ養料トシテ所遣穀ノ内ヨリ粟五斗或ハ七斗五升支給シ候事
一、各村百姓等居宅建築修繕等之節材木類自身ニテ手当致シ候得ハ茅スヽキ縄類ハ其村中賦課ヲ以テ補助致候事(89)

村内法には（一）と（二）のように村の支配者に対して村人がその不正を制裁する規定があり、村内の自治性を保障する性格を有していた。他方で、結婚相手を同じ村の者に限定するなどの閉鎖的性格もあった。（三）の「時・ユタ」とはシャーマンである。シャーマンが存在することで村人が無用な出費をするようになり、不合理な考え方を植え付ける原因になったとして県知事がユタ禁止通達を発し、村内法にも時・ユタ禁止の規定が盛り込まれることになった。村の生活をより近代化するために、男女が三味線を弾き遊ぶ「怠惰」な行為に罰金が課せられた。このように村内法は統治者の意図を伝達し、普及するような役割も果たした。さらに、村の行政官の不正を処罰したり、（四）のように、村の弱者を救済する仕組みを形成したように、村社会における社会正義や相互扶助を促す法的な枠組みとして村内法が存在していた。

「琉球人に高等教育はいらない」という認識を他府県人の知事や校長が有していたことについては先に述べた。県民相互の扶助により教育の機会を増やそうとした各種の学事奨励会が存在していた。次の引用は『琉球新報』の一九〇〇年の記事であり、門中という沖縄の親族同士による学事奨励会の例である。

琉球の忠臣護佐丸公毛国鼎の後胤として有名なる毛氏一門に於ては学事奨励の為め同門の子弟にして師範中学校を卒業志て成蹟優等の者には学資金を貸与せ志め以て大器を成就し人材を養成するの目的にて既に一門中の協議を経て一同の賛成を得たりとの事なるが貸費の資本金は同門の共有金たる勧進御物を以て之に充つる筈なるも勧進御物のみにては到底需用《ママ》に応志難きを以て其不足高は門族間の寄附金を以て補う筈にて其募集方法は委員を選定志て之に依托し第一回委員会は去旧正月を以て同門の宗家たる首里区寒水川なる豊見城氏の宅に開き昨十八日は第二回の委員会を同家に開き協議する所ありしと聞く毛氏の此企ては他の摸範するに足るべし(90)

護佐丸《ごさまる》（?～一四五八年、中城の按司）とは現在の読谷村《よみたんそん》を中心に勢力を有していた古琉球時代の地方豪族であるが、一四五八年に勝連地方の阿麻和利との戦いで敗れた。古琉球時代に起源をもつ親族の結束力が近代においても強固であり、親族の子弟に教育を受ける機会を与え、学業の向上を奨励していた。また、一九〇一年にも泉崎や泊という那覇の町においても学事奨励会が実施されていた。(91)

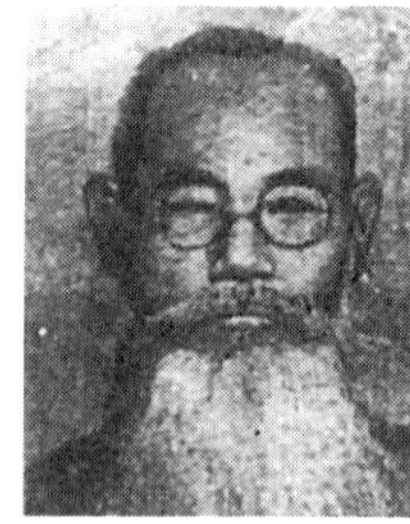
城間正安

近代における自治を求める運動の中で特筆されるのが、宮古島の人頭税廃止運動である。城間正安《ぐすくませいあん》（一八六〇〜一九四四年、宮古島の製糖技術教師）と中村十作《なかむらじゅうさく》（一八六七〜一九四三年、日本本土から真珠養殖のために移住した）の指導のもと、一八九三年、奈良原知事に対し地方役人数の削減、人頭税廃止、税金の金納制の導入を求めた。しかし、抜本的な解決には至らず、日本政府と帝国議会に直訴することを決め、平良真牛《たいらもうし》と西里蒲《みしざとかま》を宮古島の人々が資金を集めて東京に送り出した。東京での請願運動が功を奏して一八九五年の帝国議会で取り上げられた。そして、土地整理が終了した一九〇三年に人頭税が廃止されることになった。不合理な税制の下で安住せず、独自に諸制度を改革したところに人頭税廃止運動の特徴がある。

島嶼経済の自立化の試み

公同会運動では尚家の当主を中心に据えた形で沖縄の自立が目指された。尚家は経済活動において沖縄側の中心として働き、寄留商人による経済的な支配体制に風穴を開けようとした。尚家の財力は六〇万坪の所有地から得られる小作料、華族年金二、五〇〇円、一割利子付公債二〇万円という莫大なものであり、それを基盤に丸一《まるいち》商店を創業した。公同会運動に参加した、護得久朝惟《ごとくちょうい》は人件費を節約して丸一《まるいち》商店の経営の合理化をはかったうえに、人材の育成にもつとめ、奨学制度を設けたり、東京に留学する学生には尚家所有の球陽丸の運賃を無料に

した。(92)

最初に大阪に進出した沖縄県出身者が経営した企業は丸一商店であった。その後、新里、金城、高嶺、津嘉山等の商店が大阪に支店を開いたが、その大部分は撤退した。撤退の一因は、寄留商人が、県外との取引に沖縄県企業が関わるのは僭越であると主張し、それらの経済活動を妨害したからであるといわれている。(93) 沖縄県出身の企業家は島嶼性から生じる規模の経済の不利性に加えて、寄留商人からの妨害にも対抗しながら経済活動を行なわなければならなかった。

尚家は王国時代のように日本本土と中国との中継貿易でも利益をあげた。一九〇一年に福州に尚家の丸一洋行が設立され、福州‐沖縄‐大阪という三角貿易を始めることで、沖縄と日本本土間の貿易を独占的に行なっていた寄留商人に対抗した。大阪で仕入れた海産物、衣料、缶詰等を福州に輸出し、福州で製造した茶を沖縄に輸入し、さらに、先島の反布を大阪に輸送した。(94) 尚家は一八八七年、広運社を設立し、球陽丸が沖縄‐本土間を就航した。大貿易時代という経済的繁栄の歴史を有する沖縄は対外的貿易活動に大きな期待をかけていた。それは次のように『琉球新報』の一九〇五年の記事からも窺える。

> 本県の物産は内国向のみに止まらずその素質としては世界を相手とすべきもの頗る多し、豚の如き酒の如き漆器の如き海産物の如き之を開発すれば大に世界の市場に供給すべきものなり然るに今尚を充分に手を伸すこと能わざる所以のものは全く世界的の関係なきに由るものなり（中略）置県以来支那との貿易が大阪又は長崎商人の手を介して行なわれたる為我生産家は全く需用《ママ》の状況を知るに由なく為に貿易品生産の上に少なからざる不利を蒙むりたるものなるべし今本県を南清との間に直接貿易の道を開き本県の実業家にして需要地の情況を知悉するに至れば新規なる貿易品を案出することも盖恣し鮮少ならざるべし。(95)

琉球処分後、日本本土と経済的に一体化されることで沖縄の産業が衰退したが、販路を清国に拡大すれば、新市場の拡大に繋がると考えている。このような試みは一八九二年には既に行なわれていた。同年、奈良原知事が福州航路の再開、那覇港の開港を求める上申書を政府に提出し、九四年に那覇港が特別輸出港に指定され、九九年に中国貿易の拠点として開港された。しかし、開港には条件があり、二年間の輸出入総額が五万円に達しない場合は閉鎖されるというものである。貿易は伸び悩み、一九〇〇年の時点で輸出入総額は五千円弱であった。開港維持のために、寄留商人の支持が得られないとしても、護得久朝惟を中心とする首里や那覇の士族層が責任をもって香港から五万円分の穀類を緊急輸入することを決定し、実行に移した。開港は継続されたが、貿易額は依然として増大しなかった。その原因は沖縄‐中国間には定期直航路が存在せず、台湾を経由して中国に航行している大阪商船を利用しなければならず、その高額運賃のために利益が増えなかったからである。この問題を解決するために一九〇三年から五年の間に得た二五万円の補助金を基に沖縄汽船会社が創設された。しかし、経営不振に陥り、沖縄‐中国間貿易は低調なままに終わった。(96)

沖縄の海外貿易に積極的だった護得久朝惟は、太田朝敷とともに公同会運動を行なった人物である。太田とともに近代沖縄において自治と経済自立を実現しようと考えていた。現代においても沖縄を中心とした貿易網を形成する試みがなされている。近代における失敗の原因を認識しなければならない。その原因とは沖縄側に輸出しえるような競争力のある商品が存在しなかったこと、そして交通手段を本土大企業に依存し輸送面でコスト高になったことである。近代以上に現代の東アジアは経済自由主義の論理が貫徹しており、様々なネットワークを構築して輸送コストの低減をはかると同時に、輸出商品を開発し、輸送手段や輸送施設を充実させる必要があるだろう。

尚家は、企業家として沖縄経済に大きな影響を与えた。しかし、その半面、尚家の経済活動によって先島の人々が損害を被る場合があった。次の引用は笹森儀助が石垣島を訪れた折りのものである。

支店長及尚家開墾社長〔稲福〕某ノ如キハ、内実平民ニ対シ剛慢鄭重ナル、役所長位ノ比肩スベキニアラザル威風アリ。頭以下吏員ヲ呼流ニスル等、実ニ驚キ入リタル次第ナリ。是等重立タル琉球人士ノ窃カニ嶋民ニ向テ揚言シテ曰ウ。今ハ日本政事ニ支配セラル丶モ、支那軍艦来レバ日本官吏ヲ逐払イ尚家ノ旧政ニ復ス。依テ商店ノ為メ尚家へ忠勤ヲ尽セバ、後日蔵元役員等ニ取立ル抔、恩威并示スルノ有様ナリ（中略）尚家ノ開墾ハ無代価ニテ平民ヲ使役スル故、役所・警察等ニ其不当ヲ談ズレバ、会社ニテ利益アレバ、其利益ノ内ヨリ配当スルヲ以テ無賃ナリト言葉ヲ設ケ遁ル丶由。然ドモ人民ハ之ヲ指シテ、尚家ノ開墾ハ八重山人民ノ血ヲ吸ト云ウ。(97)

石垣島には丸一商店の支店があり、各村には出張所が置かれたが、出張所がない村においては村長に依託して尚家の商品を販売させていた。笹森が石垣島を訪問した頃は日清戦争はまだ始まっておらず、中国の勝利により王国が復活するという尚家の言葉も説得力をもっていたのだろう。私的な経済活動のために役所を利用したり、島嶼民に開墾の労働を強制することで、人頭税が賦課され王国時代に夷として認識されていた石垣島から利益をあげていた。

次に沖縄の島々の間で行なわれた交易活動について考察したい。八重山諸島の人々は島嶼間交易によって日用品の不足を補っていた。一五世紀にタングン島（田国島）とヌングン島（野国島）との間で交易が行なわれていたことについては前章で論じた。その物々交換が近代においても島嶼民の生存を保証していた。

例えば、次のような物産の交換が行なわれていた。新城島の稲束は黒島の泡盛、味噌、醤油と、西表島西部の白米や籾は鳩間島の海草、カツオの頭、塩辛と交換されていた。このような交換は相互の生態系と生産様式の相違に基づいていた。西表島と黒島には次のような違いがあった。第三紀砂岩層が大半をしめる西表島の土壌成分にはカルシウム分が足りなかった。他方、黒島は隆起珊瑚礁によって形成されているため同島の植物、特にソテツには多くのカルシウムが含まれていた。ソテツを焼いた灰が肥料として西表島で必要とされており、両者の間で稲と灰との交換が成立した。(98) 島嶼民の生存維持装置として交易が不可欠であった。

また、現在、石油備蓄基地（ＣＴＳ）が置かれている平安座《へんざ》島の人々は、戦前、四軒に一軒は帆船を所有しており、沖縄本島北部の国頭から薪を買い、奄美大島、喜界島、屋久島に泡盛を運び、そこから牛馬、木材を購入するという交易活動で離島苦の解消を図っていた。(99) この輸送に使われていたのが山原《やんばる》船である。それは帆が付いた竜骨のある接ぎ船であった。山原船は沖縄の他の航路でも利用されており、例えば一九三八年において与那原、平良、石垣、渡久地、那覇に入港した山原船の総数は約四千隻であった。(100)

山原船（与那原東小学校展示の模型）

太平洋諸島においてカヌーが島嶼間において物産の運搬や人の移動に用いられたように、沖縄でも山原船という在来の船が交易には欠かせなかった。経済の中心地から離れた場所においても島嶼の特性に応じた物産を提供しあうことで生活を維持してきたことは注目に値する。台風や飢饉等の自然災害の影響に晒されやすい島嶼民が長い歴史を通して行なってきた交易活動という内発的発展の方法が島嶼社会に埋め込まれていた。以下に引用する各種の生活上の相互扶助や農業生産の推進方法も交易と同じく、島嶼民の生存を維持した。

(一)荒田畑一坪ニ付二銭宛道路破壊屋敷払除溝上ゲ塩垣等届兼候所ハ一間ニ付一銭宛過料申付候事但過料金ハ原勝負仕分ケノ時支払申候[101]

(二)島尻郡小禄間切にては客月九日春季原勝負ヲ執行したる由なる於か其の当日は吏員及び各村耕作当村老等午前八時より同役場へ報告志次に間切長赤嶺亀助氏原勝負の農事奨励に大切なる所を述べ右了て県属仲吉朝助氏褒賞を授与し原勝負奨励に就ての演説あり斯くて負の方は勝の方へ負御辞儀をなさしめ例の如く泡盛酒一斗を各村へそれを分配し退散せし[102]

(三)藩制時代の本県には原勝負の外にも他に多く見ざる制度若くは慣習の而も善良なるもの鮮からざりき是れ本県の地理的歴史的地位が自から独特の制度慣習を発達せしめたるものにして即ち本県特異の事情の産物たるを失わざるなり(中略)近来は納税及び学事の奨励等を併せ行なうが故に農村の産業に貢献する所多きは勿論納税の成績を良好にし学事の奨励までも成し得るのみならず村に於ては字を単位とし字に於て家を単位として之を行なうが故に一面協同の美風を養成し得ると共に一面に於ては各個人の発展を促進するを得べし[103]

(四)第四条　山野ヨリ茅秣草蘇鉄葉等ヲ刈取者ハ原番札渡付前条手続ノ通リ科金申付(中略)

第五条　山野抔ヨリ生木又ハ下草等刈取者ハ所犯物品並携帯器具取揚ノ上二十銭以上一円以下科金申付[104]

(五)田畑ノ諸作毛芋カズラ甘蔗亦ハ田畑ノ畔疇ヲ取崩スモノハ原番札ヲ渡附本日ハ二銭次日ヨリハ五厘ズヽ以下日科金申付後犯人取押エザル間ハ廿日毎ニ二十銭以上五十銭以下重メ科金トシテ申付後犯人取押エヲ得テ該札ヲ次渡差免候事[105]

(六)上納糖業納入ノ際糖位不同ノモノ混合樽詰仕候ニ付　七五〇厘[106]

（七）同郡内の救助方法は直接に金銭を与えて救助するものと又は道路の修繕をなさしめ其の賃銭を与えて救助するものとの二あり第一は七十歳以上の老人にて別に遺族なく平素親戚を頼み糊口を凌けるもの第二は中等以下の貧民にて粉米を買う資力なく蘇鉄を以て漸く生命を繋ぎ居るものなるがそれ等は例年ならば自己の農事の傍ら他に雇われ其の賃銭を以て生活を助け居りしに本年は何れも食料欠乏の場合なれば他に雇うものなく増々困苦に陥りつゝありし際斯くの如く非常に喜び居れるの如し[107]

（八）本県の自治制度が、藩政時代に於て、最も発達せるは、当時の制度に通ずるものゝ、斉しく認める所なるべし（中略）旧藩伝来の自治的精神は、今日に至るも多く部落を支配するの有様なり、「村事」の語が、今尚を到る処に存在して、然も其の権威を失わざるは、即ち此の精神の具体的顕現と云うも不可なきなり、今日の制度より云えば、不文にせよ成文にせよ、内法の慣例中には、彼の馬代の如き、過怠金処分法の如き、不条理のものなきにあらざれども、其の共同的自制と、共同保護の精神に至っては、決して軽々に看過すべからざるもの多し。[108]

（一）は村内法である。田畑が荒れていたり、道路や家屋が壊れたままで、溝が清掃されていない場合には罰金が課せられた。また、共同体における産業の育成を目的とする原山勝負《しょうぶ》の際の罰金支払いに関する取り決めが行なわれている。原山勝負とは、一八一四年頃、豊見城村において初めて行なわれ、生産増進に大きな効果を示したことから、一八九九年に県令により原山勝負賞与規定を設けて、全県的に普及させたものである。[109]

原山勝負の原とは田畑を意味している。上の勝負の他に例えば『琉球新報』には次のような勝負が記載されていた。屋敷内の清掃が行き届いているかを競う屋敷勝負（『琉球新報』一八九八年一〇月二三日）、馬の速さを競う馬勝負（『琉球新報』一八九八年一一月一日）等があった。勝負の具体的内容については（二）が明らかにしている。敗者が勝者にお辞儀をし、泡盛を与えることで共同体間の競争意識を煽り、農作業の生産性を上げようとした。原山勝負は多くの沖縄県民が移住したミクロネシア諸島においても行なわれていた。
（三）は一九一六年の『琉球新報』の論評である。原山勝負に代表される王国時代の制度や慣習が沖縄の地理的、歴史的独自性の結果であるとして認識されている。沖縄の伝統に基づく原山勝負は生産性を向上させ、納税を促し、村の協同精神を強固にした。
（四）も村内法である。山野から特定の植物を刈り取った者に罰として原番札を渡し、罰金を課し、違反者の所持物を取り上げ、罰金を払わせるという内容である。原番札については（五）に詳しい。違反者は札を首から掛けて晒し者になり、それを所持している間、次の違反者が現れるまで、一日毎に罰金が加算されてゆき、さらに二〇日毎に二〇銭以上五〇銭以下の罰金を課すという刑罰である。この刑罰の方式は方言札として方言撲滅のためにも使われた。開発に制限を設けて資源の保護を図り、持続可能な開発を住民自らが行なっていたのである。
（六）は砂糖の品質を管理する役割を村内法が果たしていたことを示している。
（七）は一九〇四年に発生した大旱魃に対して沖縄本島中頭郡で実施された旱害救済方法について記している。この救済法の特徴は、単に金銭を与えるのではなく、老人を働けない者と働ける者とに分け、前者には金銭を与える一方で、後者には働き口を提供して自力更生させたことである。
（八）は『琉球新報』の一九一八年の論評である。自治制度は王国時代に発達しており、王国時代の自治制度が村内法によって近代においても存続していると述べている。村内法や原山勝負等は沖縄の村レベルの経済発展に対して重要な役割を果たしていた。
沖縄の村落が保有している相互扶助の機能を利用してつくられた施設が共同店である。最初の共同店は一九〇六年に設置された沖縄本島北部の奥区の共同店である。それが設置された背景には次のような事情があった。他地域の商人が村の林産物と日用品の交換を独占するとともに、「マチヤミシン」と呼ばれた延べ売りを行ない、

太平洋戦争終戦50周年を記念して
奥共同店に建立された“平和・共同”の碑

村人の生活が困難に陥っていた。それに対して、村人は共同店により生産物の共同販売、日用品の共同購入を始めた。[110]共同店は国頭村、大宜味村、東村、久志村《くしそん》等、他の本島北部諸村にも設立された。

北部諸村に共同店が設立されたその他の理由は次の諸点である。(一)村人が山林に対し平等な収益権を保持しており、共同体の基盤が強かった。(二)王国時代から村は船を所有しており、それを共同店が引き継ぐ形で利用できた。(三)一九〇三年まで村人は耕作地を共有しており、土地の私有制が実施された後も村人には貧富の格差は殆ど存在していなかったため、村人は共同店経営に平等な立場で参加できた。(四)灌漑用水の共同利用、堰の構築や取壊し、用水路の掃除や補修を村人は協力して行なっており、そのような相互扶助の機能が共同店に受け継がれた。[111]また、ブー、イーマール、カシイーと呼ばれた各種の共同作業も村の人々の団結力を強くした。

奥共同店の場合、共同店への加入の条件は、それぞれの村人の立場によって違いがみられた。つまり、村以外から嫁入りした者または養子縁組によって村に入ってきた者は、加入金を払わなければならなかった。また、彼らは永住の見込みのある者に限って加入を認められた。しかし、一度、加入すると老若男女は同等の権利をもち、共同店の株は一人一株制を原則とし、一人で二株以上を有することは許されなかった。[112]

共同店は主に次のような活動を行なった。奥共同店の場合は、消費物資の販売、林産物や農産物の村外への売却、預金や貸し出し等を行なう他、茶を生産した。茶の生産量は沖縄全体の生産量の約三二%に達した時期もあった。[113]東村の平良区では在来の金融組織である模合のために借金を背負った人々の救済を目的にして、一九二〇年に共同店、二八年には産業組合が設立された。[114]平良区の産業組合では商品の販売事業の他に、製糖、精米、製茶が行なわれ、また、大正期から昭和初期に至る間、生産業を発展させるために農業改良組合、養蚕実行組合、養鶏組合、森林組合、納税組合、衛生組合等が設立された。[115]

上のような経済的役割だけでなく、例えば、東村川田区の共同店は護岸工事への融資、区の行事費に対する貸付、児童が上級学校に進学する際に必要となる教育費に対する無利息貸付等、幅広い活動を行なった。[116]

村人は村の内部に埋め込まれていた様々な相互扶助の方法を利用して、共同店そして産業組合を設立することにより村の経済活動を推進し、生活全般の安定化をはかろうとした。

近世から近代にかけて沖縄の代表的な産業となったのは製糖業である。次に製糖業における内発的発展の試みについて考察したい。砂糖黍作付面積の推移をみると一八八八年に約二千町歩、一九〇三年に約七、三〇〇町歩、八年に約一万町歩、二六年に約一万八千町歩となり、一八八八年に比べ約九倍増えた。[117]

耕地面積が増大するとともに技術革新も行なわれた。例えば、一九一九年に宮城鉄夫《みやぎてつお》(一八七七〜一九三四年、沖縄製糖取締役)は新渡戸稲造の「台湾糖業意見書」を参考にして「沖縄糖業意見書」を発表した。それは次のような一八項目からなる。(一)糖業調査会の設置、(二)県庁の産業課に糖業専門技術者を配置、(三)各郡に糖業専門技術者を配置、(四)砂糖同業組合の設置、(五)砂糖同業組合かつ各市町村における砂糖奨励会の振興、(六)各郡における製糖指導講習の実施、(七)糖業に関する講習会や講話の徹底、(八)甘蔗立毛審査会の振興、(九)各郡における模範耕作地の設置、(一〇)肥料購入への補助、(一一)糖業に関する印刷物の配布、(一二)模範黒糖製造場の設置、(一三)製糖期間の短縮、(一四)農業組織化の改善、(一五)深耕の普及、中耕かつ除草の徹底、(一六)病虫害の駆除、(一七)甘藷の適期における栽培や収穫の奨励、(一八)畜力利用、農具の改善等となっている。この後、宮城の意見書は製糖業を中心とする農業の指導書として利用された。[118]

王国時代にも「百姓口説」の中で深耕が奨励され、王府が配布した農書には中耕除草の必要性が繰り返して説かれていた。(一五)をみると「沖縄糖業意見書」にも沖縄内在の農業技術が取り入れられていることがわかる。(一二)のように黒糖生産の奨励をも唱えており、近代的な分蜜糖の普及だけでなく、沖縄独自の糖業の育成をも考慮に入れていた。

同意見書では地方への技術移転を中心的課題として挙げている。技術移転をスムーズに行なうためには、台湾の製糖方法をそのまま導入するのではなく、沖縄の製糖方法を踏まえた技術導入をしなければならないとしている。台湾と沖縄の製糖業には次のような違いがみられた。台湾では原料採取区域が設定され、農家は工場の支配下にあり、工場のために砂糖黍を提供しなければならず、その結果、分蜜糖(糖蜜を分離した砂糖)生産比率が高くなった。他方、沖縄の農家は工場と自由契約をしており、工場に原料を持ち込まず個人で黒糖を生産することも可能であったため、含蜜糖生産の割合が大きくなった。[119]

沖縄において一九一一年から二三年にかけて農家の六三・四%が砂糖黍を栽培していた。黒糖工場の数も一一年頃までは約二千カ所程度であったが、一六年頃までには約四千カ所にまで増えた。他方、分蜜糖を製造する改良製糖場は三九年の時点で一九二カ所に過ぎなかった。[120]

このように小規模製糖場が全島的に分散していたのが沖縄の状況であり、その意味で村内法の糖業奨励策や原山勝負は大きな役割を果たしていたといえる。宮城は新渡戸の「台湾糖業意見書」をそのまま沖縄にあてはめておらず、技術を沖縄に導入する際に沖縄の内部的条件を踏まえており、沖縄の独自性を考慮した点は蔡温の手法と同じである。

宮城は一九二四年に台湾の製糖工場や試験地を視察するとともに、砂糖黍の新品種、大茎種の苗約五千本を沖縄に持ち帰り、豊見城農場で栽培し、全島に配布した。既存の品種は読谷山種で、その植え方も穴植えであった。他方、大茎種は溝植えであり、宮城は新栽培方法を奨励した。その結果、春夏二回の植え付けが可能となり、夏植えにより生産量が増大し、三九年には大茎種が全体の九九％を占めるまでになった。[121]また、購入肥料額も一二年から三八年にかけて六・八倍に増大した。[122]

以上のような要因により沖縄糖業は量的に拡大した。その理由は砂糖関税やその他付加税が外国糖に課せられることで割高な沖縄糖が日本市場において保護されたことにある。[123]日本統治下の南洋群島の物産が日本のブロック経済によって安定した需要地を保証されたのと同じ状況に沖縄はおかれていた。ただ異なるのは戦後、南洋群島が日本から経済的に切り放され、移出産業が衰退したのに対し、沖縄は戦後も引き続いて各種の保護制度により日本市場が保証され、製糖業が一段と発展したことである。

糖業でも明らかなように、沖縄の産業発展にとり台湾は大きな役割を果たした。例えば、台湾から蓬莱米（台中六五号）が導入されたことで稲の収穫が増大した。一九二八年まで段当たり稲の収穫高は日本平均の半分、つまり、約一石であったが、蓬莱米の導入後、約三石になった。[124]さらに、多くの台湾人が石垣島に移住した。彼らによりパイン産業が大きく発展した。一八八八年、沖縄に導入されたパイン生産方法が普及する契機になったのは台湾人の曹清権が一九三三年に石垣島でパインの栽培を始めたことである。その後、水牛が導入され、大同拓殖会社が設立されてパイン栽培が拡大した。地元民は台湾人の経済力に脅威を感じ、台湾人排斥運動を起こした。それに対し台湾人は標準語、礼儀作法、石垣の民俗習慣等を学ぶ講習会を開いたり、地元民との交流や技術提携をはかり、相互の関係を改善しようとした。[125]戦前期には八重山地方から台湾へ働きに行く人も多く、沖縄本島よりも距離的に近い台湾との間に経済関係が築かれていたために、先島に多くの経済活動の機会がもたらされた。

台湾で働いて帰ってきた女性は「台湾さがり」と呼ばれ、もてはやされた。多くの女性は小学校を卒業する

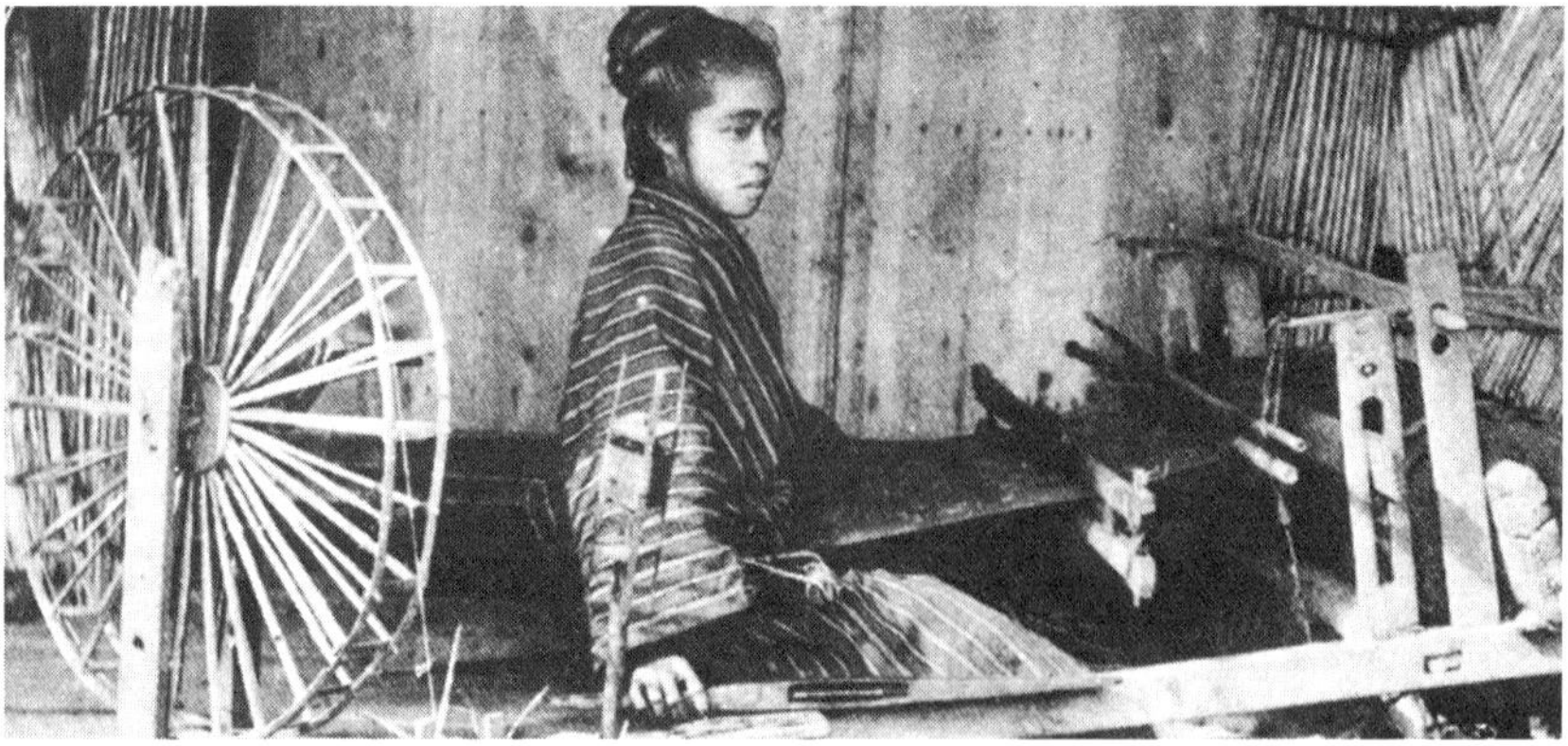

機を織る女性（『那覇百年のあゆみ』より）

と、先輩や知人をたよって台湾に渡った。台湾と距離的に最も近い与那国島は、台湾に出稼ぎに行なった人々の送金で潤った。与那国島では、日本銀行券よりも、台湾銀行券のほうが多く使われていた。台湾行きの船には豚、いも、鰹節を積み、台湾からは、日用雑貨や農機具類が与那国島に入ってきた。[126]

台湾が日本の植民地になることで国境線が消滅した。自由な往来が可能となり、島嶼間の人や物の移動が活発になった。それにより島嶼民が活動できる経済的空間が拡大し、島嶼の経済自立のための選択肢が増えた。稲作の労働過程が軽減された理由は、蓬莱米の導入による耕耘作業の軽減化、足踏み脱穀機の普及、遠隔地におかれた水田の放棄等である。[127]与那国島では台湾銀行券も流通しており、台湾と与那国島との間に一種の経済圏が形成されていた。与那国島は沖縄本島または日本列島の辺境という位置付けから大市場に最も近い場所となり、島の経済にも大きな刺激が与えられた。

台湾との経済関係が盛んであった石垣島では、織物業においても独自な発展を遂げた。人頭税として納められていた細上布が一八八六年に商品化され、最初、薩摩上布という名前で販売されていたが、次第に八重山赤縞布として売り出されるようになった。赤縞布の発展に大きく寄与したのは大浜当金が開発した新しい織機である。そ

アダン帽を編む女性（『那覇百年のあゆみ』より）

れは日本本土式のように場所をとらず、取り扱いも便利で、能率もよく、宮古島、沖縄本島においても普及した。一八九七年には織物組合が発足し、製品の販路を開拓した。[128]

沖縄本島では最初、原料生産を含む織物業の全工程が各家庭で行なわれていた。一九〇〇年に琉球織物組合が設置されると、大島紬の技法を取り入れ、小禄、垣花、泊等の地域で分業化されるようになった。一九〇三年には小禄村立女子実業補修学校（翌年徒弟学校となる）が設立され、織物技術の養成が行なわれるようになった。[129] 先島の織物生産は、丸一商店が行なった沖縄県－日本本土－中国の三角貿易により沖縄側の輸出商品の一つになるまでに成長した。近世以降の織物技術の蓄積が大きな力を発揮したといえよう。

沖縄から世界市場に輸出された商品としてアダン帽がある。一九一一年の生産額は約五六万円であった。当時におけるその他の物産の生産額をみると、例えば、砂糖が約四〇九万円、泡盛が約九九万円、反布が約三三万円、鰹節が約二二万円、漆器が約四万円であり、アダン帽は第三位の位置を占めていた。専従の職工は約五千人から約六千人で、兼業の職工は約二万人から約三万人にのぼった。[130]

一九〇四年と一一年のアダン帽の生産額はそれぞれ、一、六二八円、五五万七、一六〇円であり、同期間中に約三四二倍という急成長をみせた。[131]ニューヨーク市場に向けて輸出された沖縄産アダン帽は台湾製品に比べて繊維が強く、色も白く、品質が良いという評判であった。[132]他府県産のアダン帽と比較すると、沖縄の帽子の方が編み方が優れていたと評価されたが、黒色の材料が混入し斑点があるという欠点も指摘されていた。[133]移輸出産物として砂糖が数量や金額の面では他を引き離しているものの、伝統的な商品やアダン帽のような新製品も生産され、移輸出品多様化の努力が行なわれていた。

沖縄移民の経済的意義

沖縄県民が移住をすることで島嶼人口が減り、食料問題や失業問題が緩和され、送金により島嶼民の生活費をまかなおうとする行為は近代に入ってから始まった。王国時代にみられたように、海の回路を積極的に利用することで島嶼経済の困難性を克服しようとした。

沖縄県からの移民は一八九九年にハワイに向けて出発した時に始まる。これを実現させたのが當山久三《とうやまきゅうぞう》（一八六八～一九一〇年、後に県会議員）であり、次のように述べている。

いざ行かん吾等の家は五大州　誠一つの金武世界石[134]

島嶼沖縄のみを生産、生活の場とするのではなく、広く世界にその活動の場を移すことにより沖縄経済の苦境を乗り越えようとした。このような認識は『沖縄海洋発展史』を書いた安里延《あさとのぶ》（一九一三～一九五〇年、戦前は沖縄県教学課長、戦後は民政府文教部視学課長）も有しており、王国時代の貿易史の延長線上に移民史を海洋民の発展史として連続的に記述している。

一九三九年における移民の分布をみると、最も多いのがミクロネシアの委任統治領（約三万二千人）である。次にブラジル（約二万一、一〇〇人）、ハワイ（約一万九、一〇〇人）、ペルー（約一万二千人）、フィリピン（約九千人）の順で続く。(135)道府県別の出移民率をみると、沖縄が九・九七％と最も高く、二位の熊本の四・七八％と比べると約二倍の出移民率となっている。(136)

移民の際には膨大な旅費や準備金等が必要であり、農民の所得額に応じて渡航先が分かれていた。所得が中規模以上の農家ではペルーやアルゼンチン等の南米が多く、中規模以下では日本本土の関西圏、フィリピン、ミクロネシア、沖縄の離島に移住する人が多かった。(137)

多くの借金を背負っており、留守家族からは送金が期待されていた。そのことが一因となり例えば、一九〇八年にブラジル沖縄移民の逃亡事件が起こった。それは農業による収入が期待通りでなかったことを理由として入植農場から沖縄移民が逃亡した事件である。逃亡した後に多くの収入を手に入れることができる港の荷役夫となったり、鉄道敷設工事の労働者となって、あえて重労働の職場に移った。(138)移民を送金に駆り立てたものは故郷沖縄の経済的疲弊であった。

ブラジル移民の大部分はサンパウロ州政府の渡航費補助を受け、コーヒー農園で働く契約移民であった。移民会社は州政府と契約して、日本の外務省の許可を得たうえで、各県において移民を募集した。外務省は一九一三年以来、農園からの逃亡者が多い鹿児島県とともに沖縄県からの募集を禁止したが、一七年には解禁された。しかし、一九年には沖縄だけが募集数を大幅に削減され、二〇年には再び募集禁止措置がとられた。(139)『日伯新聞』の二五年の記事には「沖縄県人の覚醒を促す」という表題で次のような文章が掲載された。

斯くの如く所産を挙げて本国送金をし毫も在留地の繁栄に投資せざるは断じてよくない、伯国人の日本移民に反対する理由の一はいつも「日本人は金を儲けたら国へ送って而して帰って仕舞う、決して伯国に落ちつかない」と言うに在って沖縄県人の為しつゝある所は正に伯国人の最も好まない所である。（中略）

一、契約移民たることを無視して、濫りに逃亡する者の多きこと。一、耕地に定着する風を欠き各耕地を転々を《ママ》として移動すること。一、耕主其他との間に紛擾を醸し易きこと。一、同盟罷業の挙に出づる者多きこと。等の非難が持ち上がり遂に大正八年外務省よりブラジル渡航者に制限を加えるの処置に出でた(140)

他府県人からも沖縄県民の送金額の多さが指摘されており、送金額の多さは沖縄の貧しさを反映しているとともに、移民先と沖縄とが経済的に強く結ばれていることを意味していた。他方、移民の賃金がブラジル経済に循環されていないとして地元民の不満が生じていた。沖縄移民に対する批判を解消し、渡航制限を撤廃するために、一九二四年に沖縄県海外協会が設立された。同協会の会長は県知事であり、県庁内に事務局を置き、各市町村に支部が設置され、市町村長が支部長に就任し、ブラジル移民の再開運動を行なった。

その結果、一九二六年、外務省は次の条件付きで移民を許可したが、渡航制限措置は三六年まで続いた。（一）一五歳以上の者は義務教育修了者であること。（二）男女とも五〇歳以下で、共通語を理解し、女性の手の甲に入墨をしないこと。（三）家長夫婦は入籍後直ちに渡航すること。（四）家族は家長夫婦何れかの血縁者で、養子でないこと。（五）借財が少ない者。（六）移民の新渡航者は船一隻につき二〇家族以下であること。但し、呼び寄せ移民と再渡航者は除く。(141)この条件をみたすために、第一九回初等教育研究会では小学校における移民教育として話し方教育と礼儀作法の必要性が主張された。また、三一年の沖縄県海外協会の渡航心得「ブラジル渡航ノ方々へ」では沖縄県民同士の共通語会話の奨励、移民船上での三線使用の禁止が明記されていた。(142)

以上のように、沖縄県海外協会が全島的な組織を有し、学校においても移民教育が行なわれたことからわかるように、移民活動が沖縄県民の生存にとって非常に重要であると認識されていた。沖縄方言や女性の入墨という沖縄の風俗を改めることが日本人として海外に行く際に要求された。その際に沖縄側が自主的に行なった標準語奨励運動等は、沖縄出身者が差別されず経済活動を行なうための方法であったといえよう。

一九一二年から四〇年までの移民による送金額の推移をみると、送金額が最も多い時期は三三年から三七年にかけてであり、三七年には三、五六七、〇九四円の送金が記録されている。(143)日本本土への出稼ぎ者も多くの送金をしていた。例えば、沖縄出身の女工が働いていた福島紡績堺工場における二一年上半期の一人当たりの平均送金額は約一八円であり、福島紡績の各工場の中で最も多かった。(144)

送金以外にも帰還者の持ち帰り資金、寄附金等、統計上では把握されない金銭も含めると、さらに大きな額に上ると考えられる。移輸出品を生産するうえで様々な障害が多く、消費性向が高く、対外収支が赤字であり、世界経済の動向に左右されやすい不安定な構造をもつ沖縄経済において、移民や出稼ぎ者の送金等は不可欠の要素となっていた。

沖縄移民は各種の産業に従事したが、次の資料に明らかなように特に漁業関連産業において顕著な働きをした。

（一）本漁業〔追込網漁法〕は沖縄人独特の漁法で他民族の容易に真似の出来ない特殊性を持ち沖縄人以外には出来ないものである。即ち長時間に亘る游泳と約十八尋の潜りを要し、骨格たくましく忍耐強くよく困苦に耐えねばならない。この潜水の訓練は十五～六歳から始められる。(145)

（二）日本の鰹漁船は例外なしに餌料は専業者から購入補給する為、餌料取引の如何によって出漁の日時及漁労回数が制限される。餌魚の種数でも日本の採餌専業者は集魚灯、カブシに蝟集する性質の魚種のみに制限せられ、殆ど鰮《いわし》（ウルメ鰮、ハダカ鰮、ヒシコ鰮、片口鰮、キビナゴ）等のみであるが、沖縄漁夫は右の外、ハラカタ鰮、マングロップ鰮、シイラ鰮、ムロ、鯖、アイゴ、スズメ鯛、カワハギ、ヒノデ、ボラの雑魚で群遊するを見れば、追込み漁獲して活魚船に飼い馴し利用する。だから集魚灯が利かない月明の頃でも餌に困ることはない。之は沖縄漁夫独自の特技である。(146)

（三）沿岸でも流し網を操業する場合、日本人漁夫は海岸線に垂直に網入れを行なうが、沖縄漁民は、海岸

> 線に平行に網入れをなす。これは明暗による魚類の深浅への異動《ママ》をねらったもので、南方島嶼に停滞した魚類の習性を熟知した操業法である。（中略）四十馬力二十屯の小漁船に妻子家族を合して三、四十名を乗せ、而も羅針機も海図も持たず、一千余浬の大洋の波濤を押切って、陸続渡航し来る沖縄漁民の勇壮果敢な姿は実に比類に絶する海洋民族の本領であった。昭和四年三月現在の南洋群島進出沖縄人所有漁船は、サイパン島十二隻、パラオ島五隻、トラック諸島七隻、ポナペ島二隻、計二十六隻で官庁から何らの指導も援助も受けず、全く独力で事業を開始し、年々相当の実績を挙げた。(147)

（一）の追込網魚法は一八六〇年頃、沖縄本島の糸満で考案されたものであり、他の漁法に比べて少ない漁業資材で行なうことができた。この漁法に適した環境は海水が透明であることである。沖縄の海もミクロネシア、東南アジア島嶼部と同じく珊瑚礁に囲まれて透明であり、沖縄で蓄積した技能を移民先で応用することが可能となった。この漁法は移住先の地元民にも伝えられた。

（二）では沖縄漁民が餌を自らで賄ったことによりコストが削減され、漁業経営の合理化が進んだと記されている。現在でも餌を自給して漁を行なうことを「沖縄方式」と呼んでいる。水揚げした魚は沖縄の女性が販売を行なう場合が多く、鰹業では餌採取から鰹節加工まで一貫生産体制がとられた。さらに他府県人は賃金が高い固定給を求める傾向があったのに対し、殆どの沖縄移民は歩合制であった。(148)沖縄移民は歩合制の給料という不安定性にもかかわらず、勤勉に働き、経営努力を行なっていたのである。

さらに（三）のような漁業技術においても優れており、独立独歩で事業を展開した人々の多くが、（四）にいう糸満出身者であった。沖縄移民の活躍は琉球王国時代にアジアの海を自由に航海した琉球の人々の姿と重なる。島嶼民は海を貿易路や資源の供給源、つまり経済手段として使うことによって、島嶼に特有の規模の不経済を克服し、経済発展の道を切り開こうとした。また、移民や出稼ぎに出る前に沖縄で漁業技術を蓄積しており、他の島嶼に生産の拠点を移しても、自らの技能を活かすことができた。

ある沖縄移民は、一九二八年にトラック島に移住し、南洋庁の支援のもと、漁船を作り、鰹をとり鰹節に加工した。後に、他の移民もトラック島に続々と移住し始めた。沖縄移民はトラック人を宴会に招き、家も地元の人々の近所につくり、地元の人と結婚したと言われている。沖縄移民はその後、パラオ、ポナペにも進出した。三四年に南洋興発はパラオ、サイパンに鰹節工場を設立し、約三〇〇隻の中型漁船を操業（内五〇隻がトラック、その他はパラオ）するまでに成長した。三七年において六千トンの鰹節が輸出されたが、それは砂糖に次ぐ輸出額であった。[149] 沖縄出身の漁民はサイパンのガラパン、パラオのマラカル、ポナペのコロニア、トラックのドゥブロンに拠点を置き、船団を率いて漁業に従事した。[150]

戦後も沖縄とパラオとの関係は続き、一九六四年に米国系漁業会社バン・カップ社がパラオに設立されたが、主要な漁民は沖縄住民であった。その後、パラオ人がマグロ漁業会社を創立したが、その際にも沖縄から船と漁民が導入された。[151] 現在、パラオを代表する漁業会社を経営する人は沖縄の久米島出身者である。

漁業以外に南洋群島で沖縄移民がどのような経済活動を行なったかについて考察してみたい。第一次世界大戦でドイツが敗北して後、日本はミクロネシア諸島を自らの委任統治領にした。一九一四年に海軍がミクロネシアを占領し、一七年には日英連合秘密協定により日本が地中海に艦隊を派遣するかわりに、イギリスは赤道以北のミクロネシアを日本領とすることを承認し、その後、ロシア、フランスの了解を得た。[152] パリ講和会議によって旧ドイツ領ミクロネシアは日本の委任統治領となり、南洋群島と呼ばれるようになった。それと前後して日本のミクロネシア統治時代は軍政期と、南洋庁が設立された二二年以降の南洋庁期に分けられる。

当初、南洋群島の人々が日本人移民に対して土地の売却や譲渡、土地を担保にすること等が禁止された。さらに、地元民が移民との間で土地の賃貸契約を結ぶに際しては南洋庁長官からの許可と登録が必要であった。しかし、一九三一年、土地の売買や譲渡、土地を担保にすること等が南洋庁長官の許可を受けるという条件で可能となった。その理由は日本から数多くの移民が来島し、生産手段としての土地を提供する必要に迫られたからである。[153]

一九二〇年の南洋群島の人口が五万二、二二二人であり、三三年には八万八八四人に増加した。その内、日本からの入植者は三、六七一人から三万六七〇人に増えた。三三年における入植者の出身別内訳は沖縄からは一万七、五九八人であり、東京からは二、七三三人（そのほとんどが小笠原島、八丈島出身）、鹿児島からは一、〇六一人（そのほとんどが奄美大島出身）であった。ドイツ統治時代にドイツ人を含めた島外者が約二〇〇人であったのと比べると対照的である。[154]ドイツが主に地元民を労働力として利用していたのに対して、日本は沖縄県民を中心とする移民労働者を開発の担い手とした。

台湾と同じように南洋群島でも製糖業が産業の中心となった。製糖会社は地元民をほとんど採用せず日本からの移民を働かせた。一九二〇年代から三〇年代半ばにかけて、南洋庁は産業奨励金を製糖業に対して全体の八〇％から九〇％を支給した。南洋庁は製糖業の育成に力を注いでいたことがわかる。開発は急速に進み、二二年から一〇年間に南洋群島からの移輸出額が約一二倍増大した。さらに砂糖に対する出港税が二七年以後、租税収入の九〇％以上を占めるようになり、三二年には財政的独立を達成した。[155]この経済自立を実現させた一因として沖縄移民の存在がある。

製糖業を中心とする輸出産業が成長した理由としては次の諸点を指摘できる。（一）日本から安価で生産性の高い労働者を投入したこと。（二）日本が世界の主要な原料供給地から経済的に孤立していたため、砂糖、リン鉱石、コプラ、鰹節等が比較的高い価格で大量に需要されたこと。（三）国際的な貿易システムの崩壊とそれにかわる大東亜共栄圏というブロック経済圏によって製糖業が保護されたことである。それ故に、戦後、国際的貿易システムが形成されたことにより、ミクロネシアの輸出物に対する保護がなくなり、さらに安価で技能を有した労働者の流入に制限が設けられたことでミクロネシアの輸出産業は衰退した。[156]それらの外的経済環境とともに、有能な企業家と労働者の存在が南洋群島の経済自立の実現には不可欠であった。

沖縄県民が南洋群島に移住した大きな要因として松江春次の存在がある。一九二一年に松江は南洋興発を設立し、サイパンで事業に失敗した西村拓殖会社のバラックに収容されていた数千人の沖縄出身の農民をそのまま労働者として採用した。松江はサイパンの砂糖黍刈り労働者の供給先として沖縄に注目したが、その理由として次の四点を挙げている。（一）既に沖縄出身労働者が存在しており、さらに沖縄から労働者を採用することで移民間の軋轢を和らげることが可能となる。（二）沖縄県民は亜熱帯気候に慣れており、南洋群島の環境にも順応できる。（三）沖縄の島々で製糖業が行なわれており、沖縄県民は砂糖黍刈り労働に適している。（四）沖縄から移民を募ることで沖縄内の失業問題を緩和することができる。移民費用を有しない農家に対して松江は資金援助を行なった。[157]松江が沖縄県民の採用に積極的であったことが南洋群島への沖縄県民の移住を促す契機となった。

南洋興発には小作人と作業夫（会社が経営する工場や農場または、小作人の農場で働いていた人々）がおり、小作人には既に開墾された五〜六ヘクタールの土地が与えられた。砂糖黍生産全体の一二％を南洋興発に渡し、その他は南洋庁の定めた価格で南洋興発に販売した。しかし、不作のときは会社に供出する義務は免れた。沖縄県民は一九一五年頃からサイパンに来島し始めたが、県民の団結力、勤勉性、倹約性が評価された。また、南洋興発の職員の過半数は沖縄県民によって占められていた。[158]南洋群島の開発において沖縄県民の存在は不可欠であり、県民の経済活動が一因となって南洋群島の経済自立も可能となった。

われわれは、近代沖縄における内発的発展の動きを検証してきたが、次にこうした内発的発展の動きをある程度思想的にまとめた三人の著作家の見解をまとめておきたい。

第三節　近代沖縄における経済思想

伊波普猷の経済思想

本節では近代沖縄において、内発的発展の観点から重要と思われる思想家として伊波普猷《いはふゆう》、太田朝敷《おおたちょうふ》、謝花昇《じゃはなのぼる》の経済思想について考察を行なうことにしよう。独立国家から沖縄県という一国の一部になるという時代の激変の波に左右された沖縄において、その経済思想は新たな展開を示した。

最初に伊波普猷の経済思想について論じる。伊波は、一八七六年に生まれ、一九四七年に死去するまでの間、沖縄の言語、歴史、宗教、芸能等に関し三〇〇編余の論文と二〇冊余の著作を纏めあげ、「沖縄学の父」と呼ばれた人物である。琉球王国時代、特に古琉球時代の歴史、文化の独自性を明らかにし、近代沖縄においても、その独自性を活かし、地方としての個性を鮮明化するための研究、実践を行なった。[159]

伊波普猷

伊波は研究生活だけに終始するのではなく、実践活動をも積極的に行なっており、学問を通じて現実の沖縄問題を解決しようとした。伊波は音声学、宗教、衛生改善等に関する講演を沖縄方言を用いて各地で行なった。人々の意識に一定の方向性を示すことで、歴史の転換点で混乱している県民の生活や精神世界を安定化させようとした。伊波は沖縄の文化を深く探究することで、内発的発展の土台となる地域の独自性に光をあてた。

沖縄学の父とされる伊波の学問は島嶼経済にとっても幾つかの重要な意味を持っている。伊波は次のように述べている。

（一）〔琉球開闢神話の中の〕アマミキヨ族が、南島に落ちつくと間もなく、人口の夥い増加のために、食糧が欠乏を来して、之を海外に求めたことを意味する。(160)

（二）琉球に幾度か起った革命と擾乱とは、食糧問題が主因をなしているといって差支なかろう。（中略）島民の生活を豊富にしてくれる君主を、古琉球人は「にが世あま世なる君」（世並の凶しきを吉きにかえす君）と謳い、こうして貿易に従事した人を、「世なれ神」（時勢に通じた神）と称えた。(161)

（三）『おもろそうし』の中の航海に関するオモロを解説して〕何と平和的のオモロではないか。最初から貿易を以って国を立てなければならなかった琉球人は、どうしても平和的にならざるを得なかったのである。(162)

伊波は琉球が食料を生産するうえで様々な制約のある島嶼であるという認識から、島嶼における貿易の不可欠性を神話や歴史の中から証明した。そして、貿易立国琉球の政治的立場として平和の理念を琉球の歴史過程から導き出している。ここにおける平和とは他国と貿易をするためには友好関係の維持が必要であることを意味しており、貿易活動と平和とが切り離せないものとして認識されている。

琉球が中国型華夷秩序、日本型華夷秩序に属しながら、独自の文化を形成したことについて伊波は次のように述べている。

享保四年（西暦一七一九年）尚敬王の冊封のあった時、王府では冊封使の宴席の興を添えしめる為に、その前年玉城を踊奉行に任命して、国劇の脚本を作らせたが、自国の古事や古典に精通し、兼ねて歌舞音楽の心得のあった彼は、それまでに五回も日本を訪れていたので、謡曲に示唆を得て、材料を自国の古史神話に取り、「みせゞるの言葉」即ち古代琉球語を復活させて韻文の戯曲を創作し、「こねり」や「しのぐ」などの手を取入れて、一種の楽劇を仕組んだ。（中略）彼の創作は、南仏プロバンスの詩人〔フレデリク〕ミストラル等が、一時その方言の再興を企てたのを連想させるものである。(163)

一七一九年当時は、儒者の程順則《ていじゅんそく》（一六六三〜一七三四年、琉球最初の教育機関である明倫堂の建立を建議）、画家の殷元良《いんげんりょう》（一七一八〜一七六七年、国王お抱え絵師）、和文学者の平敷屋朝敏《へしきやちょうびん》（一七〇〇〜一七三四年、和文の物語作者）、歌人の恩納《おんな》ナビ（生没年不詳、琉歌作者）、政治家の蔡温等が活躍したころであり、伊波はこの時代を沖縄のルネサンス時代と呼んでいる。組踊り作者の玉城朝薫を紹介する際、日本からの影響と同時に、琉球古典を復活させたことを強調し、西欧における文芸復興と比較することで琉球文化を世界史の中に位置付けた。伊波の琉球文化の独自性を普遍的なものにしようとする認識を窺うことができる。

伊波の琉球文化に対する認識について鹿野政直の次の指摘は示唆的である。伊波が自らの研究書に『古琉球』という題名をつけたこと、そして自分の名前を英文で表記する際「Loochoo, F. IFA」としたことは、三つの点で伊波の思想を表わしている。（一）琉球を世界に繋ぐ。（二）日本の一地方としての沖縄ではなく、政治的、文化的な独自性のある琉球をこの書物では扱う。（三）名前の英文綴りをＩＨＡではなくＩＦＡとしたことである。つまり、日本本土ではＨ音で発音されていた言葉が沖縄本島ではＦ音、先島ではさらにＰ音というように日本の古代や中世の発音が沖縄の島々に残っているという伊波の言語変化研究に基づいて、ＩＦＡと記すことで沖縄県民としての自己意識を明らかにしたのである。(164)

以下の引用のように伊波は太平洋島嶼と沖縄との類似性に着目している。

（一）琉球には「医者巫」という熟語があって、ポリネシア群島に於ける如く、古くは医者と巫女とは一致していたのである。(165)

（二）此ミウゼアムにハワイ神社の模型がありまして、長方形の其の建物は、琉球に見る萱葺の様なものであります。その神社の傍に石垣を囲んだ長方形の場所があり、髑髏の模型が所々に置いてありました。これはハワイ土人の墳墓でありまして、昔土人はこういう処に屍をほふって置いたもので御座います。琉球にもこういう風な所があった様であります。今も残っている処の御嶽などの石垣は、こうした墓から発達したものかと考えて居ります。(166)

沖縄と太平洋島嶼の類似性を沖縄側で指摘したのは伊波が管見の限りでは最初ではないかと考える。太平洋島嶼を原始的であるとして沖縄より下位にみるのではなく、同じ視線でとらえたところに伊波の特徴がある。このような視点に立ってこそ両地域の比較を通した島嶼問題の探究が可能となろう。

伊波は近代において沖縄の歴史文化の独自性を探求したが、その前提には沖縄と日本本土の文化が同一であるという日琉同祖論が存在していた。近代化により日本本土で失われた文化の古い姿が沖縄には残っているというのが伊波の研究上の結論の一つであった。先に論じたように近世の羽地も同様な認識を示していたが、伊波は日琉同祖論を言語学、歴史学の観点から証明した。

日琉同祖論を言語学の観点から研究した最初の人物はバジル・ホール・チェンバレンであるが、沖縄県民として多角的に同祖論を研究したのは伊波が初めてである。先に考察したように、羽地の思想、近世の琉球同国観の系譜上に伊波の学問を位置付けることができる。ただ、これまでの同祖論との大きな違いは、日本本土と共通の文化的基盤を有することを前提としながら、独自な歴史を歩んだ沖縄の文化的な個性も明らかにしたことである。

次の引用は伊波最後の著作からの文である。米軍統治下におかれた沖縄を見据えながら沖縄の過去と将来について述べている。

沖縄の帰属問題は、近く開かれる講和会議で決定されるが、沖縄人はそれまでに、それに関する帰属を述べる自由を有するとしても、現在の世界情勢から推すと、自分の運命を自分で決定することの出来ない境遇におかれていることを知らなければならない。彼等はその子孫に対して斯くありたいと希望することは出来ても、斯くあるべしと命令することは出来ないはずだ。というのは、置県後僅々七十年間における人心の変化を見ても、うなづかれよう。否、伝統さえも他の伝統にすげかえられることを覚悟しておく必要がある。すべては後に来たる者の意志に委ねるほか道はない。それはともあれ、どんな政治の下に生活した時、沖縄人は幸福になれるかという問題は、沖縄史の範囲外にあるがゆえに、それには一切触れないことにして、ここにはたゞ地球上で帝国主義が終りを告げる時、沖縄人は「にが世」から解放されて、「あま世」を楽しみ十分にその個性を生かして、世界の文化に貢献することが出来る、との一言を附記して筆を擱く。(167)

伊波は琉球王国時代の貿易活動の中に自立と平和思想をみいだした。しかし、沖縄県となり、経済問題が山積するようになり、特に一九二四年頃からソテツ地獄と呼ばれる飢餓状態に沖縄が陥るころから伊波の書物の巻頭には「私達は歴史によって圧しつぶされている」というグルモン(Remy de Gourmont 1858-1915 フランスの評論家、小説家)の言葉が掲げられるようになった。次に沖縄戦が終わり、沖縄は米軍の統治下におかれた。世界市場における砂糖価格の暴落でソテツ地獄が発生し、大国間の衝突により沖縄戦が起こり、その後、米軍統治が行なわれた現実を目の当りにした伊波は今後とも島嶼沖縄の将来はすべて外部的要因によって決定されるのだと考えたのであろう。

しかし、歴史過程を内発的発展の観点からみると、必ずしも外部勢力が総てを方向付けているわけでもなく、沖縄県民は「すべては後に来たる者の意志に委ねるほか道はない」と諦めているのでもない。様々な状況に応じて沖縄県民は独自の生きる術を模索してきたといえよう。そのように考えるとしても、伊波が感じていた帝国主義という世界システムに対する緊張感は重要である。なぜなら島嶼が世界システムに大きく左右されたことは事実であり、沖縄県民も世界システムとの駆け引きの中で独自の道を形成してゆく必要があるからである。

以上のように伊波は琉球併合によって沖縄的なものが否定されてゆく時代背景にあって、沖縄文化の独自性を明らかにし、島嶼における貿易の重要性を指摘し、太平洋島嶼との比較研究の先達となり、世界システムに左右される琉球を緊張感をもって認識していた。近代国家日本の一部になった沖縄において近代化を浸透させるための実践を行なったり、日琉同祖論を展開して「琉球人」に対する差別を解消しようともした。

伊波が主張した琉球の独自性はあくまでも日本文化と琉球文化は歴史的に遡れば共通性をもっているということを前提としていた。それは学問的な探究の結果としての日琉同祖論であるとともに、羽地朝秀と同じく日本と調和した関係を維持するという戦略的な観点をも含むものであったと考える。

太田朝敷の経済思想

太田朝敷

太田朝敷《おおたちょうふ》（一八六五〜一九三八年、琉球新報社社長、沖縄砂糖社社長、首里市長）は地元の新聞である『琉球新報』において近代沖縄が抱える経済問題について論陣をはり、現状を分析し、具体的な政策提言を行なった。その中には現代沖縄の経済自立を考えるうえで示唆的な点が多くある。まず、太田は沖縄が島嶼であることを明確に自覚し、そのことによって生じる問題を次のように述べている。

本県は南海の中に孤立し内地との交通不便にして一般の感化を受くること少なく随って人情風俗言語等にも非常の影響を受け内地と歩調を共するの点に於ては実に不便不利の地位にあれども一害あれば一利あるものにて内地の利益を波及すること少なき代りに其弊害を輸入することも亦少なき(168)

太田の他の文章では交通の不便さ、経済資源の不足等も指摘されている。最大の問題は、一八七九年に沖縄が日本の一部になったことによって生じた植民地的状態であると、以下のように太田は指摘した。

武装して県に臨み、電光石火数日の間に於て、藩王始め数千の士族の位を奪い職を奪い、数百年来の制度を廃して置県の処置をなし、此間役人が警察に引かれて地獄の呵責を受くるもの少なからざりき、主客忽ち地をかえて、沖縄人民はさながら食客の境遇に陥り、政治上より社会上に至るまで、一切の賄は居留人の方寸に出て、沖縄の士民は唯々諾々たゞ其制に服従するのみ[169]

琉球処分後、社会全般において沖縄県民が従属の位置におかれるようになったと太田は主張している。このような境遇にある沖縄県民を救済する一つの方法として太田は「同化」を唱えた。

沖縄今日の急務は何であるかと云えば、一から十まで他府県に似せる事であります。極端にいえば、嚔《くしゃみ》する事まで他府県の通りにすると云う事であります。（中略）全国の百分の一しかない地方でありますから、其れ位な勢力では、到底従来の風習を維持して行くことは出来ない。維持が出来ないものとせば、我から進で同化するか、又は自然の勢いに任すか、取るべき道は此二ツであります[170]

ここにいう太田の「同化論」は社交方法、家族制度、日本語の習得、衣服の改善など外見的な側面に限られており、沖縄を近代化させることに主眼がおかれている。[171]この近代化により沖縄の経済的力を増し、沖縄の従属的、差別的状況を改善しようというのが太田のいう「積極的同化」であった。同化を唱える一方で太田は県庁が沖縄の歴史を教えようとしない事に対して「歴史湮滅主義」[172]と批判している。同化といっても沖縄の全てを日本的なものにするのではなく、沖縄の独自性を踏まえたうえで、沖縄の経済的実力をつけるための近代化を主張していたのである。

経済的な近代化のために太田は「富力培養即ち殖産興業」[173]が必要であるとし、また、殖産興業を推し進めるものは次のように「生産力」であると考えていた。

購買力の増進は一寸考えれば富の増加の結果として喜ぶべき現象と云われるが一方より見れば奢侈の結果で頗る寒心すべき現象とも言える（中略）生産力に伴はない購買力の増進は如何なる場合に於ても恐るべきものである。リストと云う経済学者は斯云うことを説た。富と富源とは全く別物である(174)

近代沖縄は多くの物産を輸入し、人々の消費性向は高かった。需要と供給のバランスをとるために沖縄経済の生産力を強化する必要があると太田は述べている。近代において沖縄が資本主義経済に巻き込まれるという状況の中に太田が存在し、太田なりに対策を出したといえる。ここで太田が言及しているフリードリヒ・リストの概念は他の太田の文章でも散見される。後進国ドイツと後進地域沖縄を重ね合わせながら、地域における生産力の増進が経済発展に欠かせないと考えたのであろう。

近代化を推進し、生産力に着目した太田はこれらを押し進めるには沖縄内部の実状を明確に認識する必要があると考えていた。『琉球新報』において太田は「ニクブクの上で」と題する記事を書いた。ニクブクとは藁で作った敷物であり、農家で用いられていたものである。沖縄経済が停滞している最大の原因は、行政や教育関係者がニクブクの上で生活する農家の実態を深く認識していないからだとしている。つまり、島の外から文明の諸制度を持ち込んであてはめるのではなく、沖縄の殆どの人が生活をしていた農村の実態を把握し、その実態に即した形で近代化政策を実施することで、農民の生活が改善されると太田は認識していた。(175)自治制度について次のように論じている。

（一）地方自治と云うのは平たく言えば其土地其土地の習慣を公認し其公認した習慣に基づいて或程度まで自分に自分を支配させると云うことであるから良習慣は実に自治団体に於ける至宝である立法者に於ても習慣の歴史又は或事物に対する人民の信念の厚薄抔《など》を詳かにせざれば迚も良法を作ることが出来まい(176)

（二）元来国家の法律抔と申すものは帽子屋が帽子を造る様なもので一々頭に当嵌て造るのではない凡そ日本国民の頭の寸法はどれ位いのものじゃと太凡その見当を極めて六八分とか七とか七四分の一とか云う様に造り出す（中略）法律の帽子は頭に嵌らうが嵌るまいが否でも応でも強売りさるゝから土地に嵌らない法律抔ツ付けられた時にはそれこそ其土地の人民の迷惑は一方ならん[177]

（一）では地方自治は土地の習慣に基づく必要があること、（二）では日本において画一的な法律を各地域に適用することの弊害について指摘している。特に沖縄では、砂糖消費税法、酒造税法、米穀輸入税法等の適用が問題であると太田は主張している。砂糖消費税法に対しては謝花昇もその弊害を説いていた。また、土地の習慣の尊重という観点から太田は、先に論じた村内法を評価し、原山勝負についても新聞に連載し、その意義を強調した。

沖縄内部に埋め込まれている経済自立のための諸手法を評価する一方で、太田は沖縄社会の問題点をも明確に指摘し、その改善を求めた。第一の問題点は沖縄県民が官吏を非常に恐れ、彼らに対して自立した対応を取ることができないということである。第二の問題点は本土の人々と対等に競争するのではなく、沖縄県民の間で張り合おうとすることである。第三の問題点は社会の指導者になるべき人物が沖縄には存在しないということである。[178]これらの改善に努力すれば沖縄は経済自立を達成できると太田は考えていた。

沖縄内部に目を凝らす太田は、沖縄経済思想史上において評価すべき人物として、蔡温の名を挙げた。[179]太田は蔡温の政策の中で特に次の諸点を近代においても有効であると考えた。第一に山林の保護と育成である。明治末から大正初期にかけて山林の荒廃が叫ばれ、薪炭の材料まで島嶼外に求めるようになった状態を太田は憂え、運輸交通手段の進んだ近代においても木材は島嶼内で自給すべきであるとし、蔡温の植林政策に注目した。[180]

第二は習俗の是正、特に節酒による生活の改善である。生活全般を近代化し、浪費による弊害を是正すること

サーターヤー――馬を動力として砂糖黍を搾り出す旧式製糖場(『那覇百年のあゆみ』)より

で、沖縄をより住み良い社会にしようとした。第三は財政運営の方法である。蔡温は、狭い島嶼内で人口が増大するという問題を解決するための政策に取り組んだが、太田の時代でも財政的に沖縄県は逼迫していた。[181]

一八六九年に蔡温の林政に関する著作は『御差図控』と併せて『林政八書』として出版されたが、一九三四年にはそれらが再版された。同じ年に蔡温研究会が結成され、官民有志数十名が蔡温の著作に関する研究を行なった。[182]沖縄という環境に根差した農政、林政、土木、水利、教育、財政等を実践した蔡温の経済思想は、近代においても、同じ沖縄という土地で生活する者に対して多くの示唆を与えていたのである。

次に近代沖縄経済にとり中心的位置を占める製糖業に関する太田の認識と政策提言について論じてみたい。太田は次のように製糖業について述べている。

製造に関しては飽くまでも黒糖を以て方針とする方利益と信じ候黒糖と申せば絶対に下等社会の需要に充つるものに候えども社会は如何に進歩するも下等社会なきを得ず(中略)本県の経済程度は迚《とて》も大工場を興して台湾と拮抗する望みもなく縦令大工場を興したればとて製糖業発達の割合

に農民の幸福が増進するとも思われず候[183]

太田の独自性は、経済成長著しい台湾を経済発展のモデルにするのではなく、沖縄の経済規模に応じた沖縄独自の黒糖生産の振興を重視しており、その製造過程の近代化を説いたことである。ソテツ地獄期を除いて黒糖の需要は増大し続けたが、分蜜糖生産は県庁の奨励にもかかわらず伸び悩んだ。大製糖工場の建設ではなく、三、四〇トン前後の製糖機械の導入を太田が提言したのも、その規模のほうが沖縄農村の経済状態、習慣、知識の程度からみて適当であると考えたからであった。また、太田は製糖過程の生産組織を協同的なものにするために後に論じる産業組合を提唱した。[184]

沖縄黒糖生産の特徴は農家が砂糖黍生産の担い手であったと同時に、黒糖の製造も行なったことである。他方、台湾の農家は巨大製糖工場に搬入することを目的とした砂糖黍栽培に特化する傾向があった。太田は沖縄の農家が黍の栽培と黒糖の生産という二面性をもつことにより黒糖価格の変動に対して柔軟に対応することが可能になるとして、小規模生産法を評価している。しかし、台湾と日本本土間の輸送費が沖縄と日本本土間のそれよりも割安であることが原因で、市場において沖縄砂糖がコスト高になっていると問題を指摘している。[185]

太田は、輸送費だけでなく肥料代、労賃等の節約方法を紹介し、産業組合結成による経営合理化の必要性を訴えた。一般的に製糖業における技術面の改善によって生産性を増大させようとする意見が多かった中で、太田は市場において沖縄黒糖が売れるようにするにはどうすればよいかという、販売面にも注意を払った。

製糖業を含めて沖縄の地場産業を発展させるための経済組織として太田は産業組合に注目した。産業組合とは一九〇〇年に公布された産業組合法に基づくものである。信用組合、販売組合、購買組合、生産組合の四種に分かれ、法人格が与えられ税制上の優遇措置がこうじられた団体である。太田は小生産者に分立する織物業者が粗製濫造に陥っていた状況に警鐘をならし、産業組合結成による品質の改善を唱えた。[186]産業組合を重視する太田

那覇港に集められた黒砂糖樽(『那覇百年のあゆみ』より)

の経済観を明らかにしているのが次の文である。

経済は自利に始りて共利に終る利己一方に流るゝときは最早経済の軌道を逸したるものにして寧ろ経済の罪人なり故に経済の一の目的とする所は一人の利益よりは一村の共同利益一村の共同利益よりは一郡一県一国世界の共同利益にあり(187)

太田が考えている近代化とは自己利潤の追求ではなく、沖縄社会の共同利益を求める内在的な経済原理に基礎を置いたものであった。それを実現するのが産業組合である。しかし、現実の産業組合の実態に対しては批判的であった。産業組合は少数の資産家が資金を得るための組織になっていること、経営方法が未熟であること、そして組合活動が対象とする地域が広すぎること等を失敗の原因として挙げている。(188) このような諸問題を解決するには、産業組合制度の本来の目的である資金を殆ど有していない人々の生産を増進させるということに立ち返るべきであるとして次のように述べている。

産業組合の如きも部落内に於ける共同的精神と其習慣を斟酌して之を組織致し候えば事業も安固にして部落民も平等に利便を得随って漸次発展を期せらるべく

候[189]

沖縄村落の人々の共同的精神を基礎にした産業組合を形成するには、その地域的範囲も自ずから限られてこよう。太田は伝統的な砂糖与と呼ばれる生産組織を一〇単位まとめて一つの産業組合に結成することを提案している。[190]

太田が奨励した産業組合は具体的にどのような変遷を辿ったのであろうか。最初の産業組合は一九〇一年に設立された織物業者による沖縄購買販売組合である。農業組合の魁は四年に結成された北谷間切《ちゃたんまぎり》信用組合である。その後、一一年までに四九町村において四五の組合が誕生した。しかし、一八年には二九組合に減少した。失敗の原因は、太田が指摘していたように広域の町村を組合活動の対象地域としたこと、そして、大部分の組合が無限責任の組合であったことにあるとされている。他方、一八年以降は部落単位で有限責任の組合が結成されるようになり、三九年には一〇九組合にまで増加した。[191]

太田と同じような認識をもち産業組合を推進した人物に柳田國男がいる。柳田は農商務省農務局農政課に勤務し、産業組合推進のための職務についていた。沖縄と同じく日本本土でも産業組合は一部の資産家による利用が目立っていた。産業組合本来の目的を人々に知らせるために柳田は『最新産業組合通解』を著した。その中における基本的認識は次の通りである。

（一）けだし宇内の各国を通じて、小農小商工の数に富めること、わが邦のごときはむしろ稀なるところにして、加うるに維新の政変の後急激なる西洋文物の輸入ありしより、従来の産業組織は、一としてその影響を受けざるものなく、資本の集積労役者増加の趨勢は歴々としてこれを認むるを得べきをもって、産業組合のごとき適当なる方法を用いて、社会の危機を未然に防制することは、決して当今の急務ならざるにあらず。[192]

（二）わが国のごとく数百年の間、養成せられて、しかもようよう廃弛せんとする郷党の結合心を回復し、社会道徳の制裁によりて、個人の弱点を匡正し、ただ利的原動力のほかに、純粋の対人信用制を設けて、もって国民の品性を上進せしめんとするものなり。[193]

（三）世に小慈善家なる者ありて、しばしば叫びて曰く、小民救済せざるべからずと。予をもって見れば、これ甚しく彼等を侮蔑するの語なり。予はすなわち答えて曰わんとす。何ぞ彼等をして自ら済わしめざると。自力、進歩協同相助これ、実に産業組合の大主眼なり。[194]

（一）のように日本本土においても人々の経済単位は小規模であり、開国による経済変動がもたらした生産活動の不安定化という社会問題を解決するための手段として柳田は産業組合を考えていた。（二）では日本において数百年の歴史をもつ「郷党の結合心」を土台にして太田のいう「共同利益」を増進させるような組織が産業組合であるとしている。太田も柳田も農村内部の可能性に注目し、そこに近代社会の変動を乗り切るための鍵を見いだそうとしていた。だから、（三）で述べているように、農民が自らの力で経済活動を行なう手段として産業組合をとらえていたのであり、農村の外部から人々を救済するという外発的な性格を持つものとして認識してはいなかった。

沖縄を舞台として唱えられた太田の産業組合論は、興味深いことに同時代の欧州においてもエコノミー・ソシアルとして議論され、実践されていた。資本蓄積と工業化による社会問題の発生とその解消を主張したロバート・オーエン等の初期社会主義派、フレデリック・ル・プレイ等のキリスト教社会主義派、レオン・ワルワスのような経済自由主義の立場からの協同組合主義への支持者、シャルル・ジード等の連帯主義派等の動きがみられた。[195]そして、現在でも世界的にエコノミー・ソシアルの運動が盛んである。それにより失業問題を解消し、人々の経済活動への参加を促し、共同体がもつ「協同相助の精神」を現代においても有効なものにしようとしている。[196]これらは現在の沖縄経済にとっても重要な課題である。太田の産業組合論を含めたその経済思想は蔡温の経済思想と同じく現代でもその意義を失っていないといえる。

近代国家日本の一部となった旧王国の沖縄で危急の課題とされたのは近代化である。太田はそれを「同化」という言葉で推進した。しかし同時に、太田は沖縄の独自性を踏まえた近代化を念頭においており、沖縄農村に埋め込まれた発展の方法を近代沖縄に活かすための諸方法を提唱している。太田は、対外的な収支バランスが取れなくなった状況に対し、産業組合、村内法、原山勝負等による内発的な経済活動の活性化を力説した。太田の内発的な経済発展論は蔡温の経済思想と重なる。

補助金の増額や企業誘致等、他律依存的な性格をもつ現代沖縄経済にとっても太田の経済思想は示唆に富んでいる。国家の一部となっても島嶼の外部世界に安易に依拠せず、経済自立の方法は沖縄内部に蓄積されたものを土台にしようという試みの中に島嶼経済自立への強い意志をみることができる。

謝花昇の経済思想

自由民権論の論客・謝花昇《じゃはなのぼる》(一八六五〜一九〇八年)は第一回県費留学生として東京で学んだ。他の沖縄からの留学生とは異なり東京帝国大学農科大学に進学した。そのうえ、他の多くの農科大学卒業生が農商務省に入省したが、謝花は内務省に入り高等官県技官として沖縄県庁に採用された。その理由は、農家出身の謝花が沖縄の主産業である農業を学ぶことが留学の目的であり、学んだものを沖縄で活用するために内務省に入り帰郷の道を選んだと考えられる。[197]

謝花の農科大学卒業論文は「讃岐国糖業実況及び其改良策」である。そこに謝花の経済思想の一端をみることができる。

抑々も農家の肥料に於ける務めて農場より出る廃物を利用し貴重なる培養物を最も廉価に製造し以て精良なる物質を多量に生産することを計るは肝要なる職務なり徒らに金銭を擲ち所謂金肥而已を以て作物の培養を計るは策の得たるものにあらず[198]

讃岐の糖業では金肥のコスト高という問題があったが、同様な問題は沖縄でも指摘されていた。謝花はその対策として農業の生産過程で排出される有機物を利用した肥料作りを提唱した。それは堆肥に窒素と燐酸を加えて肥料をつくるやり方である。沖縄では農家が砂糖黍の栽培と製糖とを同時に行なう場合が多かった。その過程で農家は家畜の糞尿を堆肥として有効に利用しており、謝花はその在来の方法を評価した。現代沖縄では畜産業者が河川や海へ糞尿を垂れ流して水質の汚染が問題になっているが、糞尿の有効利用という謝花の方法が見直されており、[199]謝花の研究は現代においても有効であるといえる。

沖縄県の技師となった謝花は常に農民の立場に立った農政を行なった。琉球王国時代に制定された税制の中に貢糖と買上糖という現物納税制度があり、農家の重い負担となっていたが、このうち買上糖制度を県庁官僚としての謝花自身が廃止した。

謝花　昇

また、謝花は太田と同じく、砂糖消費税法は沖縄の糖業発展を阻害しているとして批判した。砂糖消費税法は一九〇一年に実施され、黒糖一〇〇斤につき一円の税が賦課されたが、四年には二円に増大した。謝花は「砂糖消費税法案に対する調査」と題する論文を書き、「砂糖課税法実施後三、四年間は消費税にあらずして製糖業者の直接負担となるべし[200]」と砂糖消費税が日本全国の製糖業に悪影響を与えていると述べ、特に沖縄糖業には次のような問題が生じるであろうと論じている。

課税の為に製造者減少するときは滞納者多かるべし、此場合に於て滞納処分を行なうに大混雑を来すべし即ち同県には滞納処分法未だ行はれず納税者は村にして滞納者あるときは旧慣例によりて親類若くは村の支弁すべき理なれども明治三二年沖縄県土地整理法によりて個人に土地の所有を許されたる以上は親類若くは村に強べきものにあらず、然れども今日之を行いつゝあり、故に沖縄県に於ては現品納たる貢糖を廃し金納と為すと同時に納税者を個人に改めざれば法律を潜る所の不良の徒の為に良民は苦められ遂に村が破産の災厄に遭うこと相踵ぐに至るべし、特に沖縄県は一般税法未だ行われず旧藩當時の税法によりて徴収せられ(201)

謝花が唱えていたように砂糖消費税が実施された時点から一九〇四年まで、大阪の黒糖市場では糖価は上昇しなかった。なぜなら、直接税金を払わなければならない沖縄の糖商が税額分だけ農民から砂糖を安く買っていたからであり、砂糖消費税とされていたが、実際は生産税としての性格をもっていたのである。(202)第一次世界大戦後、黒糖価格が大幅に下落し、砂糖消費税の負担が農家にとって大きくなり、町村長会、沖縄県農会は砂糖消費税廃止と糖業保護運動を起こした。その結果、二七年に黒糖に課税される砂糖消費税が二円から一円に下がり、農家には沖縄県糖業改良奨励費が与えられるようになった。(203)

右の引用文の中で言及されている沖縄県土地整理法が施行され、土地が私有化される過程においても謝花は農民の立場から論じ、そして行動した。沖縄本島北部に広く分布していた杣山と呼ばれた共有林を奈良原繁知事が貧窮士族救済、食糧問題解決、産業開発のためとして大規模に払い下げようとした。しかし実際は首里、那覇や日本本土の資産家に払い下げられた。その後、同地域では風水害が頻発するようになり、さらに、農民の薪炭が枯渇しない範囲で土地を払い下げるという約束は破られ、払い下げ面積は拡大した。このような知事の行為に対して謝花は杣山払い下げが環境問題を引き起こし、農民が有する資源が枯渇し、そのうえ、知事の関係者に対する払い下げにより知事は私腹を肥やしていると批判した。開墾事務主任を務めていた謝花は開墾願書を却下して払い下げを認めなかった。それが原因で、謝花は知事により左遷された。(204)

新たに土地整理調査委員に就任した謝花は杣山の土地と樹木の所属を巡って奈良原知事と対立した。知事は、土地は官有であり、樹木は民有であるとして官地民木論を主張した。しかし、謝花は住民自身が杣山を保護育成し、木材販売による収入を得ていたことを理由にして民地民木論を唱えた。謝花の意見は退けられ、杣山は官有地にされ、住民は杣山への立ち入りを禁じられた。(205)

奈良原知事の更迭を内務大臣の板垣退助に求めたが実現せず、謝花は県庁を退職し、沖縄県から日本国政に代表を送る参政権運動を起こした。払い下げ地では開墾の結果、干害と風水害が頻発し、森林資源の欠乏により木材を島嶼外からの輸入に大きく頼るようになった。

相互扶助の地としての杣山が官有地化され、富裕者層の下に集積し、沖縄農村の共的世界が切り売りされてゆく状況に謝花は危機感をもって右のような反対運動を行なったのであろう。太田と同じく謝花も沖縄経済の自立化の土台として在来の相互扶助の社会システムを重視しており、次の「農工銀行と産業組合」という論文の中で産業組合の重要性を指摘した。

> 産業組合を、小区域に於て設立するの最も必要なることは予の信じて疑わざる所なり（中略）〔信用組合は〕貯蓄心を養成し併せて土着の念慮を倍々深からしむるの妙は他の制度の及ぶ所にあらずと信ず、而して今日農界に於ける労力者が漸次他の職業に転じ、大に識者の憂うるところとなれる、彼の所謂都会熱を防御するの一策は、此産業組合を設立するにありというべし(206)

村社会の中で一定の纏まりをもった小区域を組織の基礎とした産業組合により、農民の「土着の念慮」を深め、農村経済が発展することで都市の人口集中問題も解消されるであろうと考えている。同じ論文の中で、産業組合を資金的に援助するのが農工銀行であるが、その立地場所が都市部であり、大農家、企業者に多くの融資が行なわれていると批判している。(207)県庁在職中に謝花は農工銀行設立委員を務めており、次のような方法で農工銀行を農民のための銀行にしようとした。つまり、株式の一般公募による資産家への株式集中を懸念し、県庁の共有金でいったん株式を買い取り、その株を各間切（村の上におかれた行政単位）に配分したのである。(208)

農民自身が参加できるような経済組織の形成を謝花は目指していたことがわかる。県庁を退職し、沖縄倶楽部という結社を組織し、『沖縄時論』という雑誌を発行して参政権運動を推進したのもやはり、人々の人権を確立することで経済だけでなく社会活動全般に沖縄県民が参加できるような環境をつくろうとしたのだと考えられる。

以上、本章では日本国家の中の沖縄における経済発展の動向と、経済思想の形成について論じた。アジア型世界秩序は華夷という文化的秩序観に基づく国家間関係であった。一九世紀に入りアジアにおいて国境線が確定されていく過程で、日本は近代国家建設の必要上、琉球王国を編入し、その島と海に対する所有の権利を明確にした。そして、琉球処分後、近代資本主義の中に沖縄が巻き込まれることで移輸入の増大、モノカルチャーの弊害、ソテツ地獄等、様々な諸問題が生じた。

その問題に対し沖縄では内発的発展の試みが行なわれ、政治的自治と経済的自立を求めた運動や実践が展開された。また、伊波、太田、謝花等は近代的な島嶼経済の混乱という状況と向き合いながら、独自の経済思想を生みだした。これらの思想は沖縄経済社会の現実を踏まえたうえで、近代化を安定した形で推進することを共通の課題として考えていた。実際、沖縄では在来型の発展方法が存在しており、それが資本主義の進展にともなう諸問題をある程度緩和させたとはいえよう。

伊波は内発的発展の土台となる文化的独自性を学問的に確立し、太田は新聞を通じて沖縄内在の発展方法を押し進め、謝花は政治運動による政治的自立や農業協同組合による経済的自立について論じ、実践した。

近代沖縄において注目されるのは移民活動である。島嶼という地理的制約を越えて、アジア・太平洋に働く場所を求め、沖縄に送金等の形で経済的な還元を行なった。沖縄経済の活動範囲が海洋世界に広がったのは琉球王国時代の貿易活動と同様である。近代において王国が消滅し、諸外国と交渉する権限を失った沖縄は、国家に代わって島民の一人一人が対外活動の担い手となった。特に南洋群島において沖縄移民が産業振興の中心的役割を果たしたことは特筆されてよい。

沖縄県であった時代は第二次世界大戦を機に終了した。戦後、米軍による統治が始まった。琉球王国から沖縄県への移行において、島嶼経済の流れを決定する制度的枠組みが大きく変更したが、沖縄県から米軍統治領としての琉球列島に変わる際にも制度的枠組みが激変した。次章では米軍統治時代の島嶼経済、経済思想について論じてみたい。

第三章　米軍統治下の島嶼経済（一九四五～一九七二年）

太平洋戦争後、米軍統治の下に琉球という独自の政治体制が誕生した。これは太平洋戦争における大国同士のヘゲモニー争いの結果として、米国が軍事的に自由に使える領土を獲得したことを意味した。日本の周辺としての沖縄県は米国の周辺としての琉球列島として位置付け直された。しかし、米国はほぼ軍事的な利益を享受したのにとどまり、日本本土との間では経済的関係が強化された。

その背景には米国が統治権を持ち、日本が潜在主権を持つという、それぞれの権利の分担があった。基地の建設、維持を中心とした経済政策が実施され、沖縄経済構造が近代と比べて大きく変化した。本書では米軍統治下の島嶼経済が有した諸問題の本質を論じ、経済思想形成の歴史的背景を明らかにする。

最初に植民地解放後の国際システムの中で、島嶼経済の問題とその解決策について、世界的にどのような議論が行なわれてきたかを沖縄の状況と関連させながら論じ、次いで、米軍統治下の沖縄の様々な条件下でいかなる沖縄独自の経済思想が育まれたかを考察することにしたい。

本章の構成は、第一節「島嶼経済の問題とその解決策」、第二節「復帰前の沖縄軍事基地と島嶼経済」、第三節「米軍統治下における経済思想」となる。

第一節　島嶼経済の問題とその解決策

島嶼経済の問題性

本節では、植民地解放後の国際システムにおける島嶼経済を巡る議論について考察する。他の島嶼における経済的問題とその解決策について論じることにより、沖縄が直面した政治経済問題との類似性とその特異性を明らかにしたい。諸問題を抱える島嶼に関する様々な経済理論や思想は、沖縄の経済問題を認識する際の手掛かりを与えてくれるだろう。

戦後、島嶼独自の経済問題に関する議論が高まったのは、国連の場であった。一九四五年の時点で国連に加盟していた島嶼国はキューバ、ハイチ、ドミニカであったが、その後、島嶼が続々と独立を果たした。イギリス、ポルトガル、フランス等から島嶼が独立するにしたがい、国連への加盟数も増えた。例えば、一九六〇年から六二年に加盟した三つの島嶼国の平均人口数は約一三〇万人であったが、一九六四年から七三年に加盟した七島嶼国の平均人口は約四三万人であり、一九七四年から八三年の間に加盟した一三島嶼国の平均人口は約一五万人であった。(1) 時代とともに独立する島嶼の人口規模が小さくなっており、より多くの島嶼国が国連に加盟するようになった。島嶼国の加盟が増えるにつれて、島嶼経済に関する議論が国連の場で盛んに行なわれるようになった。

島嶼の経済問題に積極的に取り組んだ機関の一つにＵＮＣＴＡＤ（国連貿易開発会議）がある。これはＲ・プレビッシュが一次産品の交易条件の悪化という第三世界に特徴的な問題を解決するために設置した機関であり、輸入代替化策による工業化を推進した。この政策を実行するためにはある程度の経済規模の大きさが求められたが、島嶼国の中には輸入代替策を実行した島嶼が見られた。沖縄でも米軍統治下において各種の保護による輸入代替策が実施され、復帰後に比較すると、島内の自給率は高かった。

一九七二年のＵＮＣＴＡＤの決議文の中で島嶼の経済問題について次のように指摘されていた。島嶼においてよく見られる経済的問題として、狭小性、隔絶性から生じる交通や通信上の制約、中心市場から非常に離れていること、国内市場の小規模性、経済活動に対する知識の欠如、少ない資源賦存量、輸出商品のモノカルチャー化、地元出身の有能な行政官僚の不足、財政赤字の累積化等が指摘されている。(2) 島嶼という生活空間は経済を発展させるうえで多くの障害が存在している。これらの経済問題の本質を分析して解決策を提示してゆく過程で島嶼経済論の学問的内容が形成されていったといえる。

その他の国連機関による研究の中で重要であると思われる研究はＵＮＰＡＤ（国連行政部局）が行なった行政運営上の問題についての研究である。それによると島嶼国を含む極小国には次のような諸問題が存在している。（一）行政手腕のある人材が欠乏状態にある。（二）極小国においては行政サービスが適正人口以上に増え、政府部門が肥大化する傾向にある。（三）極小国は人的、物的資源が少なく、自然災害や世界市場の価格変動によって大きな影響を受けやすいために、行政や経済計画立案者が果たす役割が大きくなり、行政や計画の失敗が島嶼経済に大きな影響を与える。（四）極小国社会は均質的であり、国民相互の関係が緊密であるため、行政府への採用や政府内昇進が身内びいきになりやすい。（五）極小国の諸個人は行政府の担当官との直接的な接触が広い範囲にわたって可能であり、諸個人が行政活動の諸局面に影響を与える場合が多い。(3)

このように島嶼経済問題の一つに行政費の増大がある。島嶼では全賃金労働者のうち公務員が占める割合が大きく、公務員の給与が民間企業の給与水準を上昇させている。人件費の高騰が企業経営を逼迫させ、自立的産業の育成を阻む場合がしばしばみられる。しかし、行政費の支出に島嶼経済が大きく依存しているため、経済水準の維持には政府部門の肥大化が不可欠になっており、行政費削減は容易ではない。沖縄においても戦後、現在まで援助金や補助金に大きく依存し、公的部門が肥大化しているが、県民経済水準の維持を考えると、公的部門の縮小は困難な状況にある。

一九九二年に開催された国連の環境会議で採択された「アジェンダ21」は、小規模な島嶼の持続可能な開発に関して次のように指摘している。小島の開発途上国は、生態的に惰弱であり、無防備である。島嶼は、小さなサイズ、限られた資源、地理的分散、そして、大市場地から離れていることによって、経済的に不利であり、規模の経済が阻害されている。さらに、島嶼は、地球温暖化と海水面上昇に対し、極めて無防備であり、熱帯の島嶼の大部分は、気候変動に伴うサイクロン、暴風雨及びハリケーンの増加によってより直接的な影響を受けている。これらは社会経済的発展に対する大きな障害となっている。(4)

これらの諸問題に対して「アジェンダ21」は、島嶼の特殊性に適した沿岸域管理技術を採用し、持続可能な開発を実施するために伝統的知識の開発と適用を奨励すべきであると提唱している。(5) 現代の島嶼が抱える問題を解決するために、国連レベルにおいて内発的発展の手法が評価されていることがわかる。

島嶼性から生じる経済問題は以下のように纏めることができる。(一) 面積に限りがあるため、規模の経済が働かない。この状況は「規模の不経済」と呼ばれている。(二) 天然資源の賦存量に限りがある。その限定性は開発用の資源にとどまらず、環礁島の場合では生活必需のための土地、水、野菜等を十分に供給することができない。(三) 数少ない熱帯商品の輸出に依存し、交易条件に対して受動的な立場に置かれている。(四) 世界の中心市場から離れており、対外的な輸送コストが高い。(五) 国際収支が赤字傾向になりやすい。(六) 技能のある労働力が不足し、外国人技能者に依存している。(七) 多国籍大企業によって島内経済が支配されている場合が多い。(八) 世界の資本市場へのアクセスが困難であり、援助や外国機関による資金導入に大きく依存している。(九) 自然災害の影響を大きく受けやすい。(一〇) 生態系や物理的環境が非常に脆い。遺伝子の種類が少なく、植物や動物が絶滅しやすい。（一一）海によって隣国と隔てられているため、経済活動をするうえで不効率性が生じやすい。例えばクック諸島とリヒテンシュタインは人口や領土面積はほぼ同じ規模であるが、後者の場合、陸地によって隣国とつながっているため容易に隣国のインフラ等を利用できるが、前者ではそれが不可能である。（一二）輸送コスト、工事監督者への給与、エネルギーコスト等、工業化のための様々な追加的費用が必要となる。(6) 島嶼性から生じる右のような問題を沖縄は抱えているが故に、沖縄の経済問題は構造的性格を持つようになったといえる。以上のような問題を解決するにおいて有効であると考えられるのは他地域とのネットワークの形成、つまり、海洋が有する発展のダイナムズムに沖縄が乗ることである。

後で論じるように、クズネッツやストリーテンは海上輸送によって運送費用がそれ程負担にならなかったことを小国の利点として挙げている。輸送費が増大しない場合とは、輸送量が多く、世界市場に近く、輸出物の利益率が高いという諸条件を備えた小国また島嶼にあてはまるのだろう。しかし、先に論じたような島嶼は輸送量も少なく、利益率の低い一次産品を遠隔の市場に輸送せざるをえない状況下におかれた場合が多い。それゆえ海上輸送のコスト高というハンディキャップが生じていた。沖縄も同じく移輸出物が少なく、港湾施設も整備されなかったために、高い輸送コストが経済発展において阻害要因となった。

大陸地域と比較して島嶼地域は自然災害の影響を受けやすいが、島嶼は地震と台風に対して脆弱である。島は自然災害の影響を受けやすく、それがまた経済活動を阻害する。沖縄は、ミクロネシア地域で発生した台風が北上する際の通過地域となっており、台風によって農業を中心とする諸産業の発展が阻害されている。

以上のような島嶼が有する経済問題を解決するために、以下に論じる政策が提示されてきた。

島嶼経済問題への解決策

国連諸機関による解決策

島嶼を含めた第三世界に関する経済理論の中でまず考察しなければならないのは、新国際経済秩序論である。それは次のような要素からなっている。(一)資本や商品の自由移動というIMF・ガット体制に対して資本や商品の配分における公正原理の追求。(二)体制を越えた諸国家の協力による経済新秩序の形成。(三)大国による指導的国際秩序形成に対し、中小国の立場にたった新国際秩序形成の指向(7)等である。具体的には外国投資や多国籍企業の規制、一次産品価格の価格保証、非相互的無差別特恵、途上国輸出品価格の輸入品価格に対するインデクセーション等が新国際経済秩序論において必要とされた途上国の発展策である。

この議論との関連で島嶼の発展はどのように論じられていたのであろうか。一九七四年の国連特別総会における「新国際経済秩序樹立宣言」や、また同じ年に採択された「国家の経済的権利義務憲章」の第二五条には、島嶼開発途上国がその特有の困難を克服し、経済的及び社会的発展を行なう際に、それに対する援助は島嶼国特有の問題に特別の注意を払う必要があると記述されている。(8)

一九七五年のリマ宣言では島嶼開発途上国の経済開発のためには、次のような産業政策が望まれるとしていた。(一)島嶼自体の資源を開発するために必要な技術的、財政的な援助。(二)地元資源を利用するための産業施設の設置。(三)サービス部門やメンテナンス部門を含む生産組織の統合化。(四)統一的な農村開発のための適正な農業政策の実施。(五)中小企業の育成。(六)産業化が可能な分野の体系的な研究。(七)干害の影響を受けやすい島嶼国の水資源の適正な保全。(八)島嶼における地域的協力と企業協力によって生産された製品の優先的取り扱い。(九)輸送と通信への援助。(一〇)UNIDO(国連工業開発機構)や他の国際機関による産業化促進策への援助(9)等である。島嶼資源の開発、農村開発、中小企業の育成、水資源の保全、輸送問題への援助等、島嶼経済特有の問題に焦点が当てられている。

ＵＮＩＤＯの一九七五年総会の決議では島嶼開発途上国の開発において次のような事柄が必要であるとされた。つまり、島嶼開発途上国はその地理的条件によって貿易活動が阻害されており、高い輸送費、船舶運行時間の遅れ、港湾設備の欠如等の問題がある。これらの問題を解決するためには、船舶運行に関する諸問題を調査し、適正な規模の船舶、港湾施設が設置される必要がある。また、航空機の運航に関しては対外貿易や観光を促進するために航空運賃の低減化を含めた改善策を実施しなければならない。航空輸送、通信ネットワークに携わる人材の育成機関も設立し、さらに海中や海底資源を開発するために技術的、財政的援助も必要である。(10)船舶や航空機の利便性を高くする等、島嶼へのアクセスの改善に重点がおかれており、島嶼の隔絶性という問題の解決を目指している。

国連大学は地球サミットの「アジェンダ21」やバルバドス会議の行動計画を踏まえて、学際的な島嶼研究を行なっている。具体的には、(一) 学術研究所において島嶼開発に関連した能力育成活動、(二) 持続可能な発展に関する経済協力の推進、効果的な資源の利用、地域紛争の解決等に関する島嶼フォーラムを開催することによって、適切な技術の伝達、生態系を考慮した開発、環境の管理等を推進し、国際的交渉時における島嶼国の地位を向上させようとしている。(11)

クズネッツ、ストリーテンによる解決策

小国に関する経済学会としての最初の研究成果は、「国家規模の経済的影響」と題する本に纏められた。これは国際経済学会(ＩＥＡ)が一九五七年に行なったリスボン会議の報告書である。その報告の中で関心を引くのはＳ・クズネッツの議論である。彼によれば、マイクロステーツは経済発展を行なううえで次のような利点があるという。（一）小国はその領域が狭いため国内における輸送コストが高くなく、利潤の高い輸出商品に特化することができる。[12]（二）小国は人口が少なく、また、均質な社会構造であり、人間関係も緊密であるため社会的適応力があり、新しい技術や経済成長の新動向に素早く対応することができる。[13]（三）小国では経済成長の成果を大国に比べてより均等に国民に分配することが可能である。[14]

以上のような利点を活かして、小国は自らが抱える経済的問題を克服すべきであるとクズネッツは主張した。この議論はＮＩＥＳの経済的隆盛を説明する際に大きな説得力をもつ。

クズネッツと同じく小国の経済発展について論じた人物にＰ・ストリーテンがいる。ストリーテンは小国が経済規模の不利性を乗り越えるための経済活動として貿易に注目したが、その理由として次の諸点を挙げた。（一）小国はコストのかかる内陸運輸ではなく、海上運輸に依存しているため輸送費が安くてすむ。[15]（二）経済的革新を行なうには各種の改革が必要であるが、通常、それに対抗する勢力が現れて、改革を実現できない場合が多い。しかし、小国は国内が纏まっているため大きな対立者が出現する可能性が少なく、経済的革新を大胆に実行することができる。[16]（三）小国では領域が狭いため多くの移民が域外に出ているが、彼らの送金は外貨蓄積の大きな部分を占め、産業化の資金となる。さらに帰国した移民は貯えた資産や身に付けた技術を基にして国内経済発展の担い手になることができる。[17]

クズネッツやストリーテンの議論は小国を対象とし、必ずしも島嶼に限定していないが、島嶼の経済自立を考えるにあたって示唆的である。例えば沖縄は社会的な纏まりが強く、その纏まりにより新技術や、経済成長の新しい動向に適応することが可能となろう。社会的纏まりは島嶼の伝統や地理的隔絶性から生まれる歴史の連続性を土台としている。また、沖縄も移民が多く、上の（三）の指摘は興味深い。移民のプッシュ要因には島嶼生活の経済的困難性があるが、移民によってつくられた送金のネットワークや技術移転が結果的に島嶼経済の活性化につながるという指摘は重要である。

サブシステンス経済を利用した持続可能な発展

太平洋の島嶼の自立的発展を考える場合に、サブシステンス（生存部門）が大きな役割を果たすと考えられている。ティオ・フェアベーンは、サブシステンス経済は以下のような利点を有すると述べている。（一）作物を商品化することで人々の所得が増大する。（二）豊富な食料が存在するために、深刻な飢餓に陥ることがほとんどない。[18]（三）土地や物産の共有によって自然災害を含む経済危機から生命を守ることができる。そして、土地の共有制は諸活動における協同性を保証し、社会的纏まりをうながす。[19]（四）失業した場合、生活の糧を与えてくれる。（五）島民が主体的に農業やその他の経済活動を行なう際の適正技術を生み出すヒントが存在している。（六）多くの食料は輸入品と比べて栄養価が高く、価格も安い。（七）村の集まり、長老、首長による安定的な地方政治のあり方、家族や親族等が有する経済単位としての機能、村の諸施設の維持、宗教的儀礼の執行などの文化的要素は近代的なものとは代替できない。[20]

太平洋島嶼が他の第三世界と異なり、深刻な飢餓等の問題に直面せずにすむのはサブシステンス経済が強固に存在しているからである。しかし、フェアベーンはサブシステンス経済をそのまま保持するのではなく、次のような欠点を補う形でサブシステンス経済を島嶼の自立経済に向けて方向付けなければならないと述べている。

その欠点とは土地の共有制である。共有制は個人のやる気を失わせ、土地の有効利用を妨げる。[21] それらを改善するために、フェアベーンは土地改革を行ない、技術革新、農業教育、肥料の使用、簡単な機械導入、高収益性植物・動物の商品化等を行ない、さらに農業の応用研究、交通や市場機構の改善、商業方法の近代化の重要性を指摘し、そうすることによりサブシステンス経済の生産性は拡大するだろうと考えた。[22]

フェアベーンは「サブシステンス経済の豊かさ」という概念に対して異議を唱えている。フェアベーンよれば

「サブシステンス経済の豊かさ」はロマンチックな認識の仕方であり、高い幼児死亡率、短い平均寿命、栄養不足や食料欠乏状態、台風被害、糖尿病の多発等の諸問題から目を逸らしているという。[23] 太平洋島嶼は「実り豊かで人々は働かずにすむ」という一般的なイメージに対して、島嶼出身フェアベーンは島嶼もまた第三世界特有の問題を共有しているという冷めた認識をもっていた。豊かなサブシステンス経済により比較的安定した生活を島嶼民が送っていることは事実である。他方、諸問題に直面しているのも厳然たる現実である。これらの問題を解決するために、フェアベーンはサブシステンス経済の近代化を唱えた。

フェアベーンはこの近代化を行なう際に島嶼内在のシステムに従う必要があると述べている。つまり、急激な近代化は社会的結束力を崩壊させ、文化的価値体系を衰退させるために持続可能な発展が実現できないと考えている。[24] また、輸出商品の価格下落やその枯渇によって生存水準以下に生活のレベルが落ちる可能性を経済モデルを用いて明らかにした。[25]

フェアベーンにとってサブシステンス経済は島嶼における発展の動因を島嶼内部に据えるためのものであり、過大な輸入依存状況を打破する戦略手段である。このようなフェアベーンの認識は近代沖縄において太田朝敷が主張した発展論と類似している。両者とも食料等の輸入依存という問題を解決するために島嶼内在のシステムに基づいた近代化を主張した。

フェアベーンの議論をさらに独自な方法で展開したのが嘉数啓である。嘉数も島嶼における発展はサブシステンス経済と近代部門とを適切な形で結びつけるのが望ましいと考えた。太平洋島嶼それぞれの個性に応じて次のような戦略を示した。

第一の戦略は対外収支アプローチである。それは（一）消費を国内生産力の範囲内に抑えるか、（二）消費＝国内生産力、または輸入＝輸出を実現するようにサブシステンス経済の生産を拡大することによって対外的依存度を低下させようとするものである。この戦略が可能なのは資源が豊富で、サブシステンス経済が幅広く存在している島である。第二は最低安全性基準アプローチである。これは島嶼民にとって必要最低限の栄養を保障することを最大の目標にしてサブシステンス経済と近代部門の生産を活性化させようというものである。島嶼が孤立し輸入食料品の入手が困難であることや、自然災害によって食料が枯渇しやすいこと、そして、輸入食料品への依存が健康に悪影響を与えているという島嶼問題にとり、このアプローチは大きな意義をもつ。第三は輸入置き換えアプローチである。これは輸入品を伝統的な産物によって置き換えるものであり、貿易収支赤字を削減し、栄養価の高い島産物を食することで島民の健康状態を改善するという利点をもっている。(26)

　これらの戦略はいずれも「サブシステンス貧困」をいかにして回避するか、という発想に立っている。フェアベーンも論じたように、これは経済的に対外依存が進んでいる島嶼が抱える最大の問題である。輸出品の交易条件悪化、需要減退、輸出資源枯渇によって生じる「サブシステンス貧困」は輸出品への特化、人口増大、伝統的生産技術の喪失によってさらに悪化する。これを避けるためにサブシステンス経済を見直し、輸入代替生産を活性化しなければならないとしている。

　しかし嘉数は、以上のアプローチは島嶼それぞれの社会経済的発展段階、資源の賦存量、サブシステンス経済の大きさ等に応じて具体的内容は異なり、技術、人口という相互に結びついた変数も島嶼個々に考慮しなければならないとした。(27)このように戦略の実施にあたって重要なのは、島が違えば発展のあり方も異なり様々な発展の方法がありうるという多系的発展の視点である。沖縄においても四〇の有人島があり、島の経済的、社会的、地理的諸条件に基づき発展方法にもそれぞれの個性があってしかるべきである。

　C・ティズディルは別の角度からサブシステンス経済について論じている。プランテーション農法に比べてサブシステンス経済は小農生産であり、農薬、肥料を多量に使わないため、輸入依存の度合いを低下させることができる。プランテーションは効率性の観点からみると優れているといえるが、その経営主体は外国企業であるか、もしくは地元の富裕者であり、利益は海外に流出するか、奢侈品に消費され国内に蓄積されない傾向にある。さらにプランテーションは村を二重経済化し、プランテーション部門はサブシステンス経済となんら生産的な関連をもつことなく、収入の分配や土地取得に不平等性が生じ、村社会に対立と混乱を招きやすい。[28]サブシステンス経済に存在する豊かな天然資源は再生産可能なものである。さらに島嶼国の収入源として近年注目されている観光業の発展のためにも天然資源の維持は重要である。

また、島嶼の持続可能な発展はあらゆる側面、つまり、生態的、経済的、文化的側面、天然資源や協同性の保持という側面から考察しなければならない。よって、経済計画を作成する際には全体的な観点が必要とされ、この全体像の核となるのが島の制度的、文化的基盤である。島の文化的基盤は西欧諸国のものと異なっている。にもかかわらず西欧的価値観を基盤とした新古典派経済学を手段として経済計画が作られているのが現状である。そこから諸問題が生じている。それゆえにこそ内発的で持続可能な経済計画の策定が必要であるとティズディルは力説している。[29]

以上のように、ティズディルは、外発的なプランテーション型の経済成長に対し、内発的なサブシステンス経済に基づく発展を持続可能な発展のための最良の道として提示した。内発的発展の核となるものは制度的、文化的な地域の独自性であるが、沖縄の歴史的、文化的な個性を沖縄学にまで高めた伊波普猷の貢献は沖縄の内発的発展の基盤となるであろう。また、羽地朝秀、蔡温、太田朝敷、謝花昇等の経済思想は具体的な内発的発展の方法を考えるにあたり考慮すべき諸点を多く含んでいる。

海を媒介とした経済発展

島嶼の経済自立にとって海がもつ意味について、人類学者のトンガ人E・ハウオファは次のように述べている。

大陸の人である西欧人は「海の中の島」として島嶼を認識し、島嶼は中心から離れ、孤立していると考えた。そして、海に国境線を引き、島嶼を植民地化する過程で島嶼民を狭い空間に閉じ込めた。一方、島嶼民は「島の中の海」を唱え、島と海との緊密な関係を強調する。彼らは国境線のない海を自分の家となし、島嶼間を自由に行き来し、交易を行ない、親族関係を結び、または他の島の人と戦った。島が「小さく、貧しくそして孤立している」という状態が生じ始めたのは一九世紀における大陸の人達による植民地化以降のことであり、歴史的につくられたものである。(30)

上のハウオファの言葉には島と島とを結びつけるものであった開放系としての海に国境線が引かれることで、閉鎖系としての海になり島の孤立化が始まったという歴史認識がある。近代以前、「開放系としての海」を保証した中国型華夷秩序、日本型華夷秩序の中に琉球が属して、貿易活動により経済発展を可能とした。しかし、移民活動はあったが、近代に入ると沖縄は孤立するようになり、経済的諸問題に直面するようになった。「開放系としての海」という概念は沖縄が島嶼性から発生する経済的問題を克服するための内発的発展の方法を考えるうえで重要な意味を有している。

海を利用した経済発展策が展開されている地域として、カリブ海諸国がある。一九六八年にＣＡＲＩＦＴＡ（カリブ自由貿易連合）が発足し、域内関税の自動的一括引き下げ、対外共通関税が設定された。そして、同連合は一九七三年にはＣＡＲＩＣＯＭ（カリブ共同体・共同市場）に改組された。(31)

Ｇ・デマスは、経済統合によってカリブ海諸国は次のようなメリットを得ることができたと指摘している。（一）共通関税、共通保護政策によって守られた地域市場を形成することで、島内の市場を拡大することができるし、ひいては農業や工業の生産を増大させることができる。（二）地域内の島々に分散している様々な天然資源を共同で開発することにより大国からの輸入を削減し、域内で生産される商品に付加価値をつけ、島嶼国の経済力を強化することが可能となる。（三）カリブ海諸国が共通政策を作成し、共同に行動することで外部勢力に対する交渉力を有することができる。[32]カリブ海諸国だけでなく、太平洋諸国が加盟している地域機構であるＰＩＦ（パシフィック・アイランド・フォーラム）のレベルでも自由貿易地域化の動きが進んでおり、島嶼の経済的関係を強化して広域経済圏を形成することで経済発展をはかろうとしている。

海と島との経済関係について論じた議論にＭＩＲＡＢ経済論がある。ＭＩＲＡＢとは次の言葉の頭文字を組み合わせたものである。ＭＩ（Migration）は移民社会、Ｒ（Remittance）は送金収入、Ａ（Aid）は経済援助、Ｂ（Bureaucracy）は官僚組織の肥大化と民間セクターの欠如をそれぞれ意味している。島嶼経済において送金、援助金そして政府部門がどの様な意味をもっているかがＭＩＲＡＢ経済論では議論されている。[33]

その提唱者はＲ・ワッターズとＩ・バートラムである。彼らによると、島嶼国の出現は既存の経済学の前提である一国経済論が太平洋諸国においては必ずしも有効でないことを明らかにした。経済主体が島嶼から離れ、他国に住み、そこからの送金等によって出身島嶼との経済的結びつきが存在する場合、経済分析の対象地を島嶼だけに限定すると、経済の全体的構図がつかめないという事態に陥る。

島嶼経済は大国と密接な関係にある。その関係は資本、援助、送金、労働力、技術、企業等を通じて形成される。これらの動きを無視して一国内のマクロ経済のレベルで農業開発やその他の自立的発展のための経済計画を立案しても徒労に終わるだろう。島嶼国の経済社会の全体像を把握するための考え方がＭＩＲＡＢ経済論である。

フェアベーンを代表とする島嶼経済論者は、対外的な資金の流れに依存することは外部的な要因に島嶼が左右され、安定的ではないととらえた。他方、ワッターズとバートラムは安定的であると主張した。例えば、移民は狭小な島嶼社会を離れて、広大な空間で経済活動を行ない、送金をし、島嶼在住者と移住先の人々が相互に訪問

しあうことで家族の絆を強化している。だから、移民を別の言葉でいえば「超国籍的血縁企業体」ともいえる。(34)

移民は別の角度から論じることもできる。つまり、島嶼外に存在する近代部門で働くために賃金労働者として島を出て、島に残った人々が土地や他の共同体の資産を保持するために働くことによって島嶼内のサブシステンス経済を維持、発展させることができる。(35)ワッターズとバートラムは移民を「超国籍的血縁企業体」として積極的に経済主体の一つに位置付け、島嶼と他地域とを結ぶネットワークの強靱さを明らかにした。

ＭＩＲＡＢ経済論に対して嘉数啓は次のように論じている。もし、島嶼のレント（援助金、入漁料、基金収益等）の獲得活動が、戦略的地点に島嶼が位置し、世界的な安定、大国の善意等の利点を活かす形でなされているなら、経済成長とレント獲得活動は両立するだろう。そして、レント獲得国はレント供給国の経済的余剰を吸収し、商品市場を提供するという積極的な役割を果たしている。島嶼民がコスト高で競争力のない商品を生産するよりも、所得増大の機会がある限りレント獲得活動のために行動するのは経済的に合理的であるといえる。レント獲得活動によって得られる資金が、太平洋島嶼国の現在の生活水準を維持している。政治経済的依存とレント獲得活動とをそのまま結びつけるのではなく、国際的な所得の再分配としてレント獲得活動を認識する必要がある。(36)

このように、自立経済を説く嘉数は、レントをどのように生産的活動に振り向け、島嶼の自立性を高めるかという観点から島嶼経済論の中にレントを位置付けている。

ＭＩＲＡＢ経済論に対する反対の見解を以下に紹介する。ＭＩＲＡＢ経済論を唱えたワッターズとバートラムはニュージーランドと自由連合関係にあるクック諸島、ニウエ、トケラウを分析対象とした。フェアベーンはクック諸島に関して次のようにＭＩＲＡＢ的状況の問題性を指摘した。（一）ニュージーランドへの移民が増大した結果、労働力、特に若者が減少し、子供と老人の比率が高まり、生産のための技術や気力が失われた。（二）

移民によって国民としてのアイデンティティが喪失し、慣習が衰退し、社会生活の混乱を招き、モラルが低下した。(三)援助金や移民の送金を媒介としたニュージーランドへの経済的依存が強まり、国家や地域のレベルでの自立性が弱まった。(四)ニュージーランドの消費様式や商品に対するデモンストレーション効果が強まり、消費水準は援助金なしでは維持できないレベルまでに上昇した。同時に生産部門が衰退し、サービス部門が拡大した。[37]

移民が島嶼在住者に送金することで数字上は所得が増大し、島嶼経済が安定的であるようにみえる。しかし、その経済内部を細かく考察すると過疎化の問題、自治性の衰退、輸入品への依存という構造的な問題が浮かび上がってくる。嘉数がレントを島嶼経済自立を高める方向で利用すべきであるといったように、その使い方に重点を置いたのも右のフェアベーンの認識があったからであろう。このようにフェアベーンは経済援助や送金等の外部的な資金の流れは島嶼経済の自立化にとって不安定な要素であると考え、サブシステンス経済の活性化を安定的な経済発展の道であるとした。

佐藤元彦も次のような論点からＭＩＲＡＢ経済論を批判した。(一)「超国籍的血縁企業体」の担い手としてエリートと非エリートという二つの階層が考えられる。それぞれの階層に応じて移民の動機や送金の消費形態も異なり、血縁企業体の結束力の強弱も階層毎に変化があり、血縁企業体による経済的繋がりが安定的なものであるとはいえない。(二)ニュージーランドにおけるポリネシア人の多くは未熟練・低賃金労働者であり、景気変動の影響を受けている。そして、一九七四年以降、移民規制が行なわれるなど、受入れ国側の様々な要因に左右されやすく、その意味でも移民や送金を通じた人や物の流れは不安定性をもっている。(三)漁業権を外国政府・企業に譲渡して入漁料収入に依存することは対外的、政治経済的影響を被りやすい。ツバル、キリバス、パラオ等が設けている信託基金の運用益もまた国際的な金融状況の変動に左右されるだろう。(四)レント収入への依存は消費財の輸入増大を招き、貿易赤字の原因となる。島嶼において輸入品の多くを占めるのが食品であるが、住民は栄養価の高い在来の食料よりも栄養価の低い輸入食品を食する傾向にあり、島嶼民の健康障害という問題が深刻化している。(38)

以上のようにMIRAB経済論に関する議論をまとめることができるが、MIRAB経済を論じる場合、次の諸点を考慮に入れる必要があるだろう。つまり、島嶼に住む人々と移民とのネットワークの関係性が非常に強い島嶼も存在しているが、このようなケースを全ての島嶼に当てはめたり、今後も対外的な繋がりによって島嶼経済が安定的に推移するとは必ずしも言えないだろう。なぜなら、島嶼人口の大半が島外に居住するといった状況は一定の人口規模の島嶼において起こりうるが、数十万、数百万の人口を擁する島嶼においては移民がもたらす経済的影響力は限定されたものとなると考えられるからである。また、移民が世代を経るに従って送りだし先との関係が衰退することが予想される。移民送金に過重に依存しすぎる状態は、外部世界の政治経済の変動に左右されて、島嶼経済構造が不安定となる。島嶼内で産業の多様化を行ない、送金や援助金以外の現金収入獲得の道を開拓して外部要因の変動に備えるとともに、送金や援助金等を経済自立化のために投資する必要がある。

MIRAB経済論は国民経済という分析枠組みを超えて、大きな経済空間の中で島嶼を認識することで、島嶼が抱える諸問題（市場の狭さ、資源の欠如、人口増大、高い生産コスト）を解決する一つの視点を与えたという意義をもっている。

琉球王国として存在することができ、経済発展が可能になったのは、貿易活動を通じてであった。近代沖縄において移民活動が盛んになり、送金等で送り出し先の生活に潤いがもたらされた。そのように、沖縄という陸地のみを考察の対象にすると、その経済実態の全体像をとらえきれない。援助金や補助金への依存、その結果としての公的部門の肥大化という現象も、沖縄と外部世界との関係性が強まったことにより生じた。対外依存の状態を不安定であるといい、それらを切り落とすことが経済自立だと考えられてきた。近現代の沖縄において送金、援助金等が構造的性格のものとなった段階では、外部的依存状態を直ちに脱却することは困難であり、島嶼経済内部の生産力を強化するために外部性の資金を効率よく利用し、徐々に経済基盤を強化することで経済的自立を図る必要があるだろう。

構造調整政策　太平洋島嶼の政治経済構造を改革して、発展への道筋を確立するために実施されているのが世界銀行、ＩＭＦによる構造調整政策である。世界銀行の調査団が一九八九年、九〇年に太平洋島嶼の経済調査を行なった。その際の太平洋島嶼の経済に対する認識は次の通りである。カリブ海諸島やインド洋諸島における一人当りＧＮＰの伸び率がそれぞれ五％、七％であるが、他方、太平洋島嶼は〇・六％と経済成長が停滞的であった。その主な原因は生産部門への民間投資の欠如、島嶼国家の産業保護政策とそれに伴う輸入代替政策にある。その対策としては輸出指向型の経済政策、規制緩和、赤字の国営企業の売却、民間投資の奨励など自由化政策が提唱された。そして、モルジブが観光業と漁業、モーリシャスが製糖業と衣料製造業で成功しているように太平洋島嶼国も比較優位のある産業に特化すべきであり、フィジーにおける輸出指向的な衣料産業が高く評価された。さらに、財政赤字の大幅な削減と、輸出競争力をつけるための適正な賃金政策、為替政策の実行が求められた。特に、賃金水準を生活費にリンケージするのではなく、生産性に従って賃金が決定されるべきだとした。財政収入を増やすために間接税によって課税範囲を拡大する一方で、直接税を減らし、貿易活動を規制するような課税を撤廃し、企業活動を推進させるような優遇税制を導入する必要があると提言した。(39)

以上のように経済を自由化することにより島嶼の経済停滞状態が解消されるという見地から構造調整政策が行なわれている。パプアニューギニアではそれが一九八九年に始まり、最低賃金法や基本的食料に対する価格統制が廃止され、保健費や教育費の自己払い、政府職員の解雇、国営企業の民営化が行なわれた。世界銀行が高く評価したフィジーにおける経済自由化の経過について次に述べてみたい。

フィジーでは一九六〇年代から八〇年代の初めにかけて製造業の数が減少した。その原因は大きな商業中心地から離れていること（シドニーやオークランドから飛行機で三、四時間はかかる）、労働コストが高いこと等である。労働コストが高くなったのはオーストラリアの方式に従った賃金率を法律で定め、オーストラリア式の残業手当制度をフィジーに適用したからであった。一九八七年のクーデター後、GDPが約七％下落したため、新たな産業政策を打ち出す必要に迫られた。まず、フィジードルの為替レートが三三％切り下げられた。そして、政府に労働賃金率と労働条件を決定する権限が与えられ、労働組合の力が削がれた。(40)

次に、一連の自由貿易政策が実施されたが、主なものは次の通りである。投資促進手段として資本財や他の生産財を輸入する際の許可制度が廃止され、設備や原材料等生産に必要な輸入品に関税をかけず、域内で生産された製品には物品税が免除され、資本や利益の海外移動に対する制限が撤廃された。これらの自由貿易政策の結果、衣料の生産量が増大した。(41)四六の企業が自由貿易地域に設立されたが、その内の九五％は衣料関係の企業であった。(42)この衣料品の輸出市場は特恵措置が実施されていたオーストラリアとニュージーランドであった。

一九八九年にフィジーのGDPは一二・五％上昇し、九〇年には五％増大した。八五年の衣料品輸出額は約一〇〇〇万ドルであったが、九〇年には約一億二千万ドルに急増し、全製造品輸出額の二〇％を占めるようになった。また同年、衣料製造業と観光業からの収入は製糖業収入の二倍半になった。(43)九二年の時点で自由貿易地域の企業は一一九社であった。その内の五四％は地元企業であり、一六％は外国企業と地元企業との合弁であり、三〇％は外国企業であった。外国企業三六社の中で一二社はオーストラリア企業であり、九社はニュージーランド企業であった。(44)急激に衣料製造業が成長し、それと観光業の収入を合わせると植民地時代の遺産である製糖産業の収入を上回り、経済的に新たな時代の到来を告げるかのように経済構造に大きな変化が生じた。合弁を含めると国内企業が主な衣料産業の担い手となり、外国企業への依存状態からも脱却したという側面も窺える。

しかし、経済成長の反面、財政予算の中で保健、教育、住宅、社会サービス等の予算が削減され、使用者負担分が増えた。例えば、一九八七年から九〇年にかけて電気料金が三〇％増大した。自由貿易地域内の工場で働く労働者の健康基準や安全基準が緩和され、労働条件が悪化した。そして、保護政策の撤廃により輸入代替産業における倒産、失業問題が発生した。企業税、所得税が削減された一方で、間接税が増え、貧困層に厳しい税制になった。(45)

一九八五年の衣料製造業の従事者の時給は平均七四セントであったが、製造業全体のそれは平均一・五〇ドルであり大きな開きがあった。八九年にはさらに衣料製造業の時給は平均五一セントに減少した。衣料製造業の従事者のほとんどは女性、特に貧しい家庭の女性が多く、その大半は労働組合に加入していなかった。(46)財政予算削減と民間投資促進型の税制が実施された結果、貧困層の生活水準が低下した。また、政府が労働賃金や労働条件に対する権限を拡大することで衣料の生産コストを下げ、海外市場における競争力を高めた。他方、コスト切り下げの結果、低賃金の労働者が増大した。

次のようにフィジー以外の他の太平洋島嶼でも衣料産業の発展がみられた。独自の労働法、移民法を有する北マリアナ諸島においては多くの中国人を労働者として衣料産業が営まれており、観光産業に次ぐ政府の税収源となっている。また、米国との自由連合盟約によって米国市場への輸出関税や数量規制が免除されていることを利用して、ミクロネシア連邦やパラオに中国、台湾の衣料製造業が進出している。

構造調整政策の大きな特徴は、外資を導入して島嶼経済の成長を促すことである。つまり、自由貿易政策により、島嶼を外部市場に開放し、島嶼と外部との経済関係を強化すれば島内の経済成長がもたらされるとしている。そのために、貿易を行なううえでの制約、共有地の私有地化、島嶼政府のガバナンスの透明性とスリム化が求められ、公的部門に依存した状態から私的部門を島嶼経済の活力源とする方向への転換が必要であるとされた。ＭＩＲＡＢ経済論とは、援助等の流入が安定的であるという点で違いがみられるが、双方の経済論とも島嶼と外部世界との関係の強化に島嶼経済発展の可能性を考えている点で共通している。

沖縄においても公的部門の肥大化が指摘され、私的部門の活性化の必要性が唱えられ、自由貿易地域等も設置されている。一地方の沖縄にとり、フィジー、ミクロネシア諸島、北マリアナ諸島のような独立国、コモンウェルス地域と同様な経済政策を実施することに際して様々な制約が存在している。しかし、島嶼沖縄の経済振興のための政策を考えるにあたり沖縄と同様な経済問題を抱える太平洋島嶼における経験から学ぶことは可能であろう。

本節では島嶼経済に関する議論を沖縄経済と関連させながら考察した。島嶼経済の問題に関する議論について検討したうえで、それに対する解決策について論じた。解決策は大きく二つに分けることができる。第一の解決策は、新国際経済秩序論やサブシステンス経済論に代表されるように、島嶼民の経済自主権に基づいて自らの資源を自らで開発する輸入代替策である。第二の解決策は、ＭＩＲＡＢ経済論や構造調整論のように島嶼と外部世界との関係を肯定的にとらえ、送金、援助金、外国投資を通じた島嶼経済の発展を目指す考え方である。以上のような島嶼経済の問題についての分析と、それに対する二つの解決策を踏まえたうえで、現代沖縄の経済について論じてみたい。

第二節　復帰前の沖縄軍事基地と島嶼経済

沖縄・ミクロネシアにおける米国の軍事戦略

沖縄は太平洋戦争直後、海軍の施政下におかれたが、将来の沖縄の統治方法を巡って、統合参謀本部と国務省との間に次のような見解の相違がみられた。一九四五年一〇月、グリーンランドやアイスランドとともに沖縄を「主要基地」とすることを統合参謀本部は決定した。「主要基地」とは米国が絶対的な管理権を持つ基地のことである。四六年一月には施政権者を米国とし、沖縄の基地を無制限に使用できることを骨子とした沖縄の戦略的信託統治（戦後国連憲章に基づきおかれた信託統治領の中で、施政国が軍事的に利用できる信託統治領）領化案を統合参謀本部はまとめた。それに対し、国務省は四六年六月に沖縄の日本への返還と、沖縄の非軍事化を主張した。その理由は米国政府の領土不拡大の方針を守り、沖縄統治に伴う財政負担を軽減し、基地建設により生じるであろう国際的な批判を避けることができると考えたからであった。(47)

いったん国務省が統合参謀本部に歩み寄り、一九四八年から四九年にかけて沖縄を戦略的信託統治領にし、講和条約でこれを確定しようとした。講和会議に先立ち、五〇年九月に国務省と国防省との間に共同メモが作成された。それは大統領の承認をえたうえで、講和条約草案となった。その草案で重要なことは、沖縄の信託統治とミクロネシアの戦略的信託統治とが同じ草案の第六条で扱われていたことであり、沖縄の信託統治をミクロネシアの戦略的なそれと同じ性格のものにしようとする統合参謀本部の意図が示されていたことである。しかし、国務省は五〇年一〇月から翌年三月にかけて沖縄の戦略的信託統治領化構想を骨抜きにしようとし、三月草案を作成した。その第三条で朝鮮の地位とミクロネシアの地位に言及し、日本の主権の放棄を明記するとともに、第四条では沖縄や小笠原における信託統治の可能性を示唆したが、日本の主権放棄は明示しなかった。実際の講和条約の第三条では沖縄の信託統治領化の将来における可能性について触れるのみであった。そのうえ、講和会議で米国代表のダレスと英国代表のヤンガーが日本の沖縄に対する潜在主権を認める発言を行なった。(48)

このように戦略的信託統治領から信託統治領へと変わり、さらに日本の潜在主権を認めるというように、統合参謀本部と国務省との見解が折衷された形で沖縄の地位が確定された。

しかし、沖縄はその後、信託統治領にならなかった。その理由として当時の国務長官顧問のコーエンは次のように述べている。沖縄が信託統治領とならなかったのは、もし信託統治にすると住民の経済的、社会的水準を増進させ、国連の信託統治委員会に報告書を提出する義務が生じたからであり、そして、住民から基地建設のために土地を獲得することが、信託統治の下では困難であると考えたからであった。(49)

一九五二年には統合参謀本部も極東軍司令部や国務省が取り決めた信託統治領化構想の廃止という方針にしたがった。(50) しかし、米国はミクロネシアにおいて六〇年代初めまでほとんど住民の経済的、社会的水準の向上のための措置をとらなかった。沖縄を領有した目的は土地取得と基地の自由使用であったのであり、ミクロネシア諸島と同じように、米国は沖縄を軍事戦略上の拠点とした。

沖縄基地では核兵器の持ち込み、戦闘作戦行動が自由に行なえただけでなく、旧安保条約の行政協定や、新安保条約の地位協定による制限を受ける必要もなかった。日本本土において基地を建設する際には米軍用地特措法の手続きに従わなくてはならなかった。しかし、沖縄では米軍が一方的に発令する布令や布告によって、土地から人々を強制的に立退かせることが可能であった。(51)

沖縄には安全保障条約や行政協定が適用されず、沖縄への米軍基地の配置について日本政府は発言権をもたないということが既成事実となった。一九五〇年代後半になると沖縄の日本からの事実上の分離が明らかになった。(52)そして、沖縄で五八年に行なわれたB円からドルへの通貨変更過程において、陸軍省は、グアム、プエルトリコ、ヴァージン諸島、太平洋の戦略的信託統治諸島つまりミクロネシア（グアムは米国領）における通貨変更をモデルとして示し、ドルへの切り替えを主張した。(53)日本の潜在主権を認めたものの、それは名目上のことにすぎない。実質的には米軍が政治経済の実権を握り、統合参謀本部が当初考えていた戦略的信託統治領化案で目指した統治方法と基地使用が可能となったのである。

一方、東京在住の沖縄住民の漢那憲和《かんなけんわ》、伊江朝助《いえちょうすけ》、仲吉良光《なかよしりょうこう》等は吉田茂首相に対して、一九四六年九月に次のような「沖縄日本復帰につき請願」と題する請願書を手渡した。

> 衆議院選挙法貴族院多額納税議員法により日本国政にも参与し自治民として立派な成績を収め居る次第につきサイパン、テニアン等の如き委任統治民とは選を異にするものにて連合国規約の信託統治制は我が沖縄には該当せざるものと存じ候。(54)

信託統治の対象となるのはサイパン、テニアンのような自治能力がない地域であるとしている。沖縄は戦前日本の議会制度の一翼を担い、地方自治が行なわれてきたのであり、信託統治下に置くべきではないとの主張である。

一九五七年に沖縄統治の基本法となる行政命令が発令された。その背景には太平洋地域における米軍戦略の変更があった。東京に置かれていた米極東軍総司令部がホノルルの太平洋地区司令部に統合されたため、極東軍司令官が兼任していた琉球民政長官の役職が廃止され、行政命令によって高等弁務官が新設された。この行政命令が立法化されたものがプライス法である。それはグアム、プエルトリコ、バージン諸島、米領サモア等を統治する組織法に類似していた。(55)

行政命令で高等弁務官の設置が決まった。沖縄の高等弁務官は、国防長官が国務長官と協議したうえで大統領の承認を得て、現役軍人の中から指名された。沖縄と、外国や国際機関との関係についてのみ国務長官の権限があり、その他は全て国防長官の管轄下におかれた。(56) 沖縄の統治は軍政的色彩が強いものとなった。

高等弁務官は様々な権限をもった沖縄の最高権力者であった。ミクロネシアにも高等弁務官がおかれ、絶対的な力を有していた。社会経済の開発を怠った米国に対する国連の勧告を受けて、ミクロネシア援助は一九六二年の六八〇万ドルから翌年には一、五〇〇万ドルに増額された。また、六三年にミクロネシアに派遣されたソロモン調査団も援助額の増大と社会経済的投資の拡大が必要であると提言した。米国援助の大部分は教育投資に向けられ、契約教師や平和部隊が送り込まれた。(57) 沖縄でも同じように、米国は六〇年代初めに援助額を増額し、米国援助の平均して三割から四割は教育関係費に配分された。

ソロモン報告書ではまた日本のビジネスマン、技術者、漁民のミクロネシアへの入域を認め、ミクロネシアの経済開発のために日本からの資金導入が提案されていた。そして、米国の関心や忠誠心を島嶼民にもたせる手段として、住民を米国に訪問させ、米国式教育を受けさせて大学奨学金取得者数を増大すべきであると提言した。(58) 沖縄でも一九六一年の池田・ケネディ会談以後、日本援助が急増し、日本の経済力を利用して沖縄の開発を推し進めようとした。さらに沖縄各界の指導者に米国を見学させる国民指導員計画が五〇年から実施された。

また、ソロモン報告書では、選挙で選ばれた議員で構成される議会と、議会により任命された行政長官を長とする自治政府の創設が提言されていた。その際、自治政府は高等弁務官の管理下におかれるが、この政治形態は沖縄で実施されている形態と同様なものになるだろうとしている。高等弁務官の権限範囲は、軍事法の公布権、安全保障上必要とされる立法権や行政権、そして、全ての法律への拒否権、行政府局長の承認権、行政長官の解任権、議会の解散権というように広範囲にわたっていた。(59) 沖縄の通貨制度や行政法として米国の太平洋やカリブ海の統治領のそれが参考とされていたように、ミクロネシアの高等弁務官制度は沖縄の同制度を基にして考えられており、米国の数々の統治領が一体のものとして認識されていた。

一九六二年にミクロネシアへの米国援助額が急増した頃、沖縄でも日本援助額とともに米国援助額が急激に増えた。六一年にケネディ大統領はケイセン調査団を沖縄に派遣した。同調査団は沖縄を日本と同じ生活水準にするために米国援助を増大しなければならないとする勧告を出した。それを受けて大統領は約六〇〇万ドルから約二、五〇〇万ドルに援助額を引き上げる法案を議会に提出した。しかし、議会に反対され、翌年には約一、二〇〇万ドルの援助が議会で決定された。さらにプライス法により六一年から約六千万ドルの援助も始まった。(60)

一九六六年にミクロネシアの経済開発についての計画書であるナサン報告書が発表された。同報告書は公的部門よりも私的部門における経済開発を推進するための方法が重視されていた。(61)同報告書は沖縄で米国民政府と琉球政府が共同で作成し、七二年に出版された琉球経済開発調査報告書においても参考資料にされていた。(62)

軍事的にもミクロネシアと沖縄は相互補完の関係にあった。一九七一年に沖縄の米軍基地に配備されていた毒ガスが撤去されたが、その行き先はジョンストン島であった。それを移送する前に、ホノルルに本拠をおく先住民世界会議が米軍に対して、毒ガス移送に関する公聴会を開くように要求した。しかし、移送について太平洋島嶼は法律上、発言する権利はなく、毒ガス移送は環境に悪影響を与えないと米軍は主張し、公聴会開催を拒否した。(63)

一九五五年に大統領に提出されたニュールック戦略では、沖縄は前進基地、日本とフィリピンは補助基地、台湾は前哨基地、マリアナ諸島は補給基地、アラスカとアリューシャン列島は後方基地として位置付けられ、それらの基地における海軍力、空軍力の充実の必要性が力説されていた。(64)

沖縄とミクロネシアは戦後、米国の施政下におかれた。一九六〇年代初めに米国は援助金を増額する等の措置をとったが、基本的に両地域に対して本格的な経済開発策を実施しなかった。ミクロネシアが戦略的信託統治領となり、軍事的機能が重視されたように、沖縄も経済開発よりも軍事的利用という側面に力点が置かれた統治が行なわれていた。以下において米軍統治下の島嶼経済の実態について考察してみたい。

戦後沖縄経済の形成

戦後の沖縄経済は軍事的利用を最大の目的とする米軍による統治、基地の建設から始まった。経済活動全般において米軍の存在が大きな決定要因となった。沖縄戦の後に米国の軍事統治が始まる。だが、一九四三年の時点では沖縄の所属はいまだ明確ではなかった。例えばカイロ会談の際、蒋介石は琉球諸島を中国と米国とで共同して軍事統治し、後に信託統治領として両国で共同管理するよう提案した。テヘランで行なわれたルーズベルトとスターリンとの会談では、スターリンが沖縄は元来中国に属しており、将来、中国に返還されるべきであると述べた。(65)

沖縄が日本から分離されることについては大国間で合意があり、大国間の力関係から、長期の歴史から判断して中国にその統治権があると認識されていたのであろう。近代において日中間で琉球の所属が争われたが、一九四五年においては、沖縄を軍事占領した米国がそのまま駐留し続けることで実質的な属領とした。

米軍が一九四五年三月二六日に慶良間《けらま》群島に上陸した際に、ニミッツ元帥は米海軍政府布告第一号を出した。それは北緯三〇度以南の琉球諸島を日本から切り離し、統治権を米軍の下に移すというものであった。この三〇度線は渡瀬《わたらせ》線とも呼ばれ、生物学的な境界線でもある。また、言語学的にも日本語と琉球語が分岐する線である。戦時中において日本軍は北緯三〇度以北を皇土とし、本土防衛軍を設置した。三〇度以南は皇土以外として沖縄守備軍と呼ばれた南西諸島防衛軍を配備した。(66)ほぼ北緯三〇度線までが琉球王国の範囲であったという歴史的な意味でも、同線は日本と沖縄を分けるものであった。このように様々な異質性を根拠に米軍は日本との政治経済的な切り離し策を実施し、沖縄を自らの支配下においた。
沖縄に来島する米軍人の沖縄認識を形成したものとして『琉球列島民政の手引』がある。それには沖縄住民の「民族的特徴」として以下のような記述がある。

基本的には日本人も琉球人も上記の四種族〔アイヌ民族、ツングース民族、満州民族、マライ民族〕の混血にあたると思われ、混血の割合はほぼ同じくらいである。しかしながら、琉球先住民にはなぜか、本土の日本人よりもアイヌの要素が多く入っているようだ。（中略）日本人と琉球島民との密着した民族関係や近似している言語にもかかわらず、島民は日本人から民族的に平等だとは見なされていない。琉球人は、その粗野な振る舞いから、いわば「田舎から出てきた貧乏な親戚」として扱われ、いろいろな方法で差別されている。一方、島民は劣等感など全く感じておらず、むしろ島の伝統と中国との積年にわたる文化的つながりに誇りを持っている。よって、琉球人と日本人との関係に固有の性質は潜在的な不和の種であり、この中から政治的に利用できる要素をつくることが出来るかも知れない。島民の間で軍国主義や熱狂的な愛国主義はたとえあったとしても、わずかしか育っていない。(67)

この手引きはイエール大学の人類学教授で海軍士官であったジョージ・マードックを中心としたグループにより一九四四年に作成された。沖縄住民と日本人との民族的近さに言及しながらも、むしろアイヌ民族との共通性が多いとしている。日本人により沖縄住民は差別されており、そこから生じる両者間の不和な関係、そして希薄な軍国主義を利用すれば、琉球の統治が容易になるだろうと考えている。この『琉球列島民政の手引』や『琉球列島の沖縄（人）――日本の少数集団』を鵜呑みにした米軍人は沖縄住民を日本人に抑圧された自治能力のない、民主主義的権利を付与するに値しない「未開の民」と見なす傾向にあった。(68)
日本との文化的、歴史的相違を浮き彫りにし、太平洋戦争前における日本支配を強調しすぎたことで、沖縄住民が行なってきた自立的な経済活動に対して理解を示すことなく、沖縄住民の能力を低く評価し、パターナリズムを特徴とする経済政策を沖縄に適用するようになった。

例えば、一九四五年末頃、米軍部隊施設のいたる所に「沖縄人立入禁止」という掲示があった。その「沖縄人」は英語で「gooks」と表現されており、これは「土人」を指す侮蔑的な言葉であった。[69]中心としての米国は沖縄を世界システムの周辺として位置付けていたのであり、その世界システムと、文明と野蛮という世界観が緊密に結びついていた。米軍の統治は沖縄の経済発展を目的としたものではなく、基地の自由使用が最大の目的であり、その際、住民は米軍支配を従順に受け入れる存在として考えられていた。

米軍は他からの干渉をさけ、沖縄内で自由裁量権を揮えるように、日本とのつながりを連想させる「沖縄」という言葉を、独立国のイメージを与える「琉球」という名称に変えようとした。一九四六年二月に「米国海軍沖縄軍政府」の名称が「米国海軍琉球列島軍政府」へと変更された。それ以降、米軍政府により住民は「日本人」ではなく「琉球人」と呼ばれるようになった。行政的に日本から独立した民族集団を支配していることを内外に印象付けようという意図があったのだろう。しかし、米軍政府内で「沖縄」から「琉球」への名称変更が明確に行なわれたのは、四六年の七月一日に海軍から陸軍へと統治主体が移ってからである。「沖縄基地司令部」は「琉球司令部」に名前を変えた。公的な諸機関も琉球列島米国民政府、琉球政府、琉球大学、琉米文化会館等のように「琉球」という名前が用いられた。[70]

琉球名の強制は公共機関にとどまらず、民間企業にも及んだ。一九五〇年に琉球海運、琉球火災、琉球石油、五二年には琉球生命、琉球水産という琉球名を冠した企業が誕生した。その中で五〇年に創業した沖縄中央倉庫は、軍政府から「沖縄」より「琉球」を使用した方がよいとして社名変更を迫られ琉球中央倉庫とした。[71]琉球名の強制使用によって日本との精神的なつながりを断ち、島嶼に独立性を付与することで日本からの介入もなく自由に統治権を行使しようと米軍は考えていたと思われる。

米軍は琉球への名称変更の他に、言語的にも日本と分離させようとした。占領当初、英語で教科書を作成し、授業を行なおうとした。しかし、沖縄住民の教育家達の反対で成功しなかった。そこでＧＨＱの教育担当係官が一九四九年に外務省管理局総務課の沖縄班長であった吉田嗣延を呼び出し、沖縄のために特別に沖縄言葉による教科書の作成を依頼した。しかし、吉田は沖縄言葉は日本語であるとして断ったという。(72) 吉田とは前章で論じた方言論争の当事者であり、共通語奨励運動の主導者である。戦前において日本人から差別されないように共通語の普及を推進した。戦後においても日本とのつながりを残すために沖縄言葉による教科書作成を拒否した吉田の姿勢から窺えることは、生存や抵抗の手段として日本語をとらえていたということである。

それとは対照的に米軍にとり英語は支配の手段であった。成人学校が一九四九年に三四校設置された。それは五〇年には一五六校となった。成人学校は満一六歳以上の男女に英語と「民主的生活を営むのに必要な知識」を教育するための施設であり、週六時間の英語の授業を必修とし、社会科・家庭科・職業科を選択科目とした。(73) また、五〇年に開校した琉球大学の大学便覧は最初に英文、次に日本文という順序で記述されていた。大学顧問である軍情報教育部のチャップマンは、大学では日本語教育は必要ないと公言していた。チャップマンが帰国したため英語での授業は実現しなかった。琉球大学に国文学科が設けられたのは五四年になってからであり、国文学科では英会話が必修とされていた。(74) さらに他の学科の教師に比べて英語教師に対して給料の面での優遇措置がとられていた。立法院でワトソン高等弁務官は六五年二月一日に次のような演説を行なった。

英語の会話、読み書きの能力を向上するために大いに努力が払わ〔れ〕るべきである。これによって琉球経済は観光業や商業活動から余分に収入を得ることが出来、勤労者はより高い賃金が貰える仕事へ転職出来る資格を与えられ、また、琉球住民は英語で取得し得る偉大な文化的、技術的知識に触れることが出来、

更に琉球住民が日本人として日米間の理解のかけ橋の建設に一層効果的に貢献し得ることにもなる。(75)

バナキュラーな言語を支配者の言語に置き換えていくことで沖縄住民の経済活動が促され、雇用機会も拡大され、技術的知識を得ることができるとしている。つまり、英語化が問題であったのは、文化的側面だけでなく、経済活動とも結びつけられていたことである。英語を得意とする人物が米国留学を果たし、帰郷後、指導的人物になるケースがしばしばみられた。米軍は英語教育を制度的に推し進めたが、結果的には英語が第二母国語になることはなかった。

米国民政府は表現の自由に関しても規制を加えた。例えば、沖縄民主同盟という政党の機関誌『自由沖縄』が一九四八年に創刊された。その直後、同誌は米国民政府から発行停止命令をうけ、発行者の山城善光は検挙され、二千円の罰金刑が言い渡された。発行停止の理由は同誌に反米国民政府的な文章が掲載されており、米国民政府首脳の退陣を求め、知事公選、議会政治の確立を密議した内容が報じられたことにあるとされた。人民党の機関紙『人民文化』の第八号は五〇年に発行禁止となった。(76)

米国民政府は一九五四年、教職員会の『教育新聞』を復帰運動の促進のために利用するのを禁じ、同年、教職員会代表の屋良朝苗《やらちょうびょう》が「教育界のメンバーを駆って（琉球）政府及び（米国）民政府の利益に反するような活動に従事せしめた」という理由で屋良の日本渡航を禁止した。なお、沖縄教職員会に対して米国民政府は教職員ビル建築資金の融資申請を却下し、日本本土において集めた校舎建築資金の沖縄への持ち込みをも禁じた。(77)自由と民主主義を掲げる米国はその理想とは異なり、軍政下では統治者の意に沿わない見解を述べ、行動をとる個人や団体の存在は許さないという強権主義体制を敷いていた。

また、一九五六年八月には琉球大学の学生の中に反米的言動を行なった者がいるとして、同大学に対する援助を次の条件を満たさない限り打ち切ることを米国民政府は明らかにした。その条件とはデモに参加した学生を少なくても一年間停学処分にし、教授達も自らの反米的言動を深く反省しなければならないというものだった。同月、琉球大学は六人の学生を除籍にし、一人を謹慎処分にした。(78)米国により沖縄最初の大学の開校が可能になったとして宣伝された琉球大学も、軍統治体制を擁護すべき機関として位置付けられていたのであり、学の独立は認められなかった。しかし、琉球大学の学生による雑誌『琉大文学』や、永積安明《ながづみやすあき》教授渡航拒否撤回運動等に示されるように、琉大学生や教員は様々な妨害にあいながらも学の独立を達成しようとした。

米国の政治的理想である民主主義的な議会政治も沖縄では多くの困難に直面した。一九五六年に人民党の瀬長亀次郎が那覇市長に当選すると米国民政府は那覇市への補助金打切り、銀行融資停止、市預金の凍結を行なった。その後、市議会は解散し、選挙を行なったが市長反対派は市長不信任の再可決に必要な定員数の三分の二を獲得することができなかったため、米国民政府は「改正市町村議会、議員及び市町村長選挙法」と「市町村自治法」を公布することにより瀬長市長を追放した。(79)

米国民政府統治の正当化を法制度的に確立したものとして、一九五七年に公布された行政命令があり、それは次のような特徴を有している。(一)平和条約第三条に基づく米国の施政権は行政命令に従って行使しなければならないとして、行政命令が統治の基本法となった。施政権は大統領と国防長官の指揮監督の下に、高等弁務官が掌握していた。(二)五七年以前まで琉球軍司令官が行政主席を一方的に指名していたのを変更し、立法院の第一党が推薦する人物を行政主席に任命することができるようになった。主席は行政機関に対する指揮監督権を有するとともに、立法院で可決された法案への拒否権を与えられた。(三)米国の安全保障に重大な影響があると高等弁務官が認めた場合、法令を公布し、立法院可決の法律を無効にし、公務員を罷免することが可能となった。(80)様々な法律が錯綜する中で行政命令が沖縄の基本法となり、これに基づいて高等弁務官という司法、立法、行政にわたって絶対的な権力をもつ人物が沖縄を支配するようになった。

琉球政府が改善を求めた、自治権への干渉の事例として、法案に対する米国民政府による事前調整がある。琉球政府が法案を立法院に送付する前に米国民政府の承認を得なければならず、その際に米国民政府により大幅に法案の内容が変更された。一九五二年から六〇年の間に行政主席が行使した拒否権は三一件にのぼる。そのうち二八件が米国民政府からの書簡により拒否が主席に指示されていた。これらの事前調整や書簡による拒否権の指示は、表面的には高等弁務官の行為としては表れないため国防省や国務省へ報告する義務はなかった。(81)高等弁務官に島嶼支配をするための権力が集中していた。

このように権力を集中化することにより、沖縄を軍事基地として有効に利用し、その利用を阻むような動きに対して厳しく取り締まった。この点に関して米軍が危機意識を高めたのが島ぐるみ闘争とよばれた土地強制接収反対運動である。経済活動の基盤である土地を守ろうとする民族主義運動を次のように押さえ込もうとした。一九五三年に米国民政府は土地収用令を発し、土地を武力を用いて取り上げ始めた。それに対して翌年、立法院は次のような土地をまもる四原則を決議した。(一)米国民政府による土地買い上げ、永久使用、そして借地料の一括払いに反対する。(二)使用中の土地を適正に補償し、土地使用料は住民の要求額に基づき、一年毎の支払いとする。(三)米軍による損害に対しては住民が要求する適正な賠償額を支払う。(四)米軍が保有する土地で未利用地を速やかに返還し、新規の土地接収はしない。

このような主張の背景を調査するため米国議会はプライス調査団を沖縄に派遣し、調査後プライス勧告が出された。その内容は沖縄側の要求に合致しないものであったために、一九五六年から政治的立場の違いを越えて全沖縄を巻き込む島ぐるみ闘争が始まった。六四市町村のうち五六市町村において市町村住民大会が開催された。一九五八年に米国民政府が借地料の一括払いをやめる、つまり土地の買い上げをしない、土地使用料をこれまでの六倍にするという妥協案を出したため、住民は経済的要求がみたされたと考え、島ぐるみ闘争を終えた。米国民政府も住民の抵抗運動に危惧を感じ、五七年一〇月に『今日の琉球』、五九年一月に『守礼の光』を創刊して、島ぐるみ闘争の盛り上がりに対する「思想的対策」を実施した。(82)

土地とは経済活動を行なううえで基盤となるものである。米国民政府は土地を基地として利用するために強制的に収用し、適正な補償をせず、借地料の一括払い、永久使用を行なおうとしたのに対し、沖縄住民は四原則を提示し、デモ、座り込み等の島ぐるみ闘争を実施した。後に伊江島の阿波根昌鴻《あはごんしょうこう》の経済思想において論じるように、借地料に依存した生活ではなく、自らの土地に自らが手を加えて経済利益を生み出す生産のあり方を求めた人々が島ぐるみ闘争の火付け役となった。しかし、一括払いを止め、借地料の値上げが決定されると闘争が鎮静化し、基地に依存する経済構造が確立するようになった。

高等弁務官の性格を象徴するものとして、一九六三年に金門クラブで行なわれたキャラウエイ高等弁務官の以下のような演説を挙げることができる。

私には琉球において自治とは何を意味し、また何を暗示しているかについて全般的に理解されていないように見受けられるのである。(中略)定義によれば「自治」とは自治政府を意味しているのである。この定義を論理的に結論すれば琉球列島における自治論者は、外部からの如何なる抑制をも一切受けない自治政府の樹立に尽力していることになるのである。これはとりもなおさず独立国家を主張していることを意味するのである。(中略)琉球政府に対し「いつ如何なる状況の下に、もっと多くの機能を委任出来るかを決定するために、琉球列島における政治的諸機能を継続的に検討して行く」のが米国の政策である。このような検討は現在も継続して行なわれているのである。(中略)「自治」やすべての拘束を受けない完全な自由や責任、または実証された能力を伴わない支配権力を要求する叫びは、偽りの「住民の願望」である。(中略)それは事実、下働き政治屋といかさま経済人に残された最後の架空の理論である。(83)

キャラウエイは自治の概念を狭く解釈し、独立国家にしか自治はありえず、沖縄のような米軍支配下の地域において自治を主張することは体制の否定につながり、容認できるものではないとしている。住民が自らの手で島嶼の政治経済を作り上げていくのではなく、米国民政府が意図することを島嶼民が能率的にこなしてゆくトップダウン型の政治経済体制の形成が目指されていた。「責任」や「能力」が沖縄住民に欠けていたというのではなく、それらは米国民政府に貢献する度合により評価されたのであり、沖縄自体の経済発展を促すことを念頭においた「責任」や「能力」ではないと思われる。

キャラウエイは銀行幹部が「無能力」であるとして更迭したばかりでなく、労使の賃金交渉にも介入した。全逓（郵便と電電公社労働組合）が一九六三年の春闘で一〇・九％の賃上げを要求し、賃上げに関し労使間に合意が形成されていた。これに対しキャラウエイは四・六％に留めるよう行政主席に書簡を送った。立法院は本会議において一〇・九％の妥結案を全会一致で可決したにもかかわらず、行政主席は四・六％に修正された特別会計予算に署名し、公布した。(84)

高等弁務官を中心にした擬似国家・琉球では、あくまで軍事基地としての機能を最重要視した施政が行なわれていた。次の事例のように島内外における沖縄住民の生命の安全を保障しなかったところに、擬似国家の脆さが露呈された。沖縄の漁船は一九五〇年の布令一二号に基づき米国または日本の国旗ではなく黄青黄の三色旗を掲げることになった。それは国際信号旗Dを利用したもので、「わが方の航行安全のためにわれを避けよ」という意味をもっており、特定国の船舶旗とは認められていなかった。(85)

このように沖縄の船舶旗が国際的に認められてなかったため、一九六二年にはモロタイ海峡で航行中の第一球陽丸がインドネシア軍用機に銃撃された。これを受けて立法院では「沖縄船舶に日章旗の掲揚を可能ならしめるよう日米交渉で、適切な処置をこうじてもらいたい」という趣旨の決議を行なったが、米国民政府側は無視し

日本本土に旅行する沖縄住民は米国民政府が発給するパスポートが必要であった
(『那覇百年のあゆみ』より)

た。六六年には第八恵洋丸がインドネシア海域でインドネシア警備艇にだ捕されるという事件が起った。五八年の『沖縄タイムス』には次のような「さまよう〝琉球人〟」と題する記事が掲載された。

アメリカへ留学した沖縄の学生が、休暇を利用してカナダへ旅行しようとしたが、パスポートではなく身分証明書であるため断られた例があり、またローマからスイスへ渡ろうとした旅行者が民政府発行の身分証明書で断られ、止むなく日本大使館に泣きこんだら、「日本人ではあるが、アメリカの出先機関が発行した身分証明書だからアメリカ大使館でもらうべきだ」といわれ、アメリカ大使館では「日本人だから日本大使館が措置する」と断られた実例があって同〔出入国〕管理部では民政府を通じて在外大使館に沖縄からの旅行者の保護、渡航の便宜を与えてくれるよう、連絡してほしいというもの。(86)

米軍が日本から沖縄を分離するために疑似国家的

な装いをこらした。しかし、沖縄が国際的に認められる地位を取得していなかったため、沖縄籍をもつ沖縄住民は地球上で生命の保護と行動の自由に対する保障を得ることができなかった。平和条約の第三条で沖縄の将来における信託統治領化を明言しながら、日本には沖縄への潜在主権を確約することで沖縄の曖昧な地位が作り出された。

信託統治領であれば、国連の視察を受け、将来的に自立した法的地位を与える義務が生じる。だが、曖昧な地位に沖縄をおくことでその義務から免れた。潜在主権は日本にあり、沖縄住民はアメリカ人ではないと主張することで自国民保護の義務からも解放される。そのうえ、「琉球・琉球人」と沖縄の独自性を強調しながら、琉球政府の活動に様々な制限を加えた。所属と地位が明確でない状態を引き延ばすことで、基地沖縄を他からの干渉なく自由に使用しようとしたといえる。

その過程で沖縄住民の人権も大きく侵された。軍人や軍属による損害賠償事件については、行政命令の規定にもとづき、琉球民裁判所に民事訴訟を提訴することができた。しかし、同裁判所は軍人や軍属に対する捜査や差押えをする権限を有していなかったために、判決を執行することは困難であった。一九四八年から五八年までの間に米軍人や軍関係者による人身傷害・財産や農作物への被害等に対する損害賠償請求は一一二件にのぼった。主な被害の内訳は農作物への被害が二七件、土地の損害が二〇件、人身傷害事件が一八件、自動車損害が一五件、殺人事件が一三件となっている。損害賠償請求総額は二、〇七一万三七四四円であったが、そのうち賠償された額は七三万四、一四三円でしかない。事件を調査した米国陸軍賠償審査官が被害者の方に過失を認めたために、申請の多くが却下された。(87) 軍人や軍属に有利な形で事故や事件が処理されていたのである。農作物の被害が二七件に達していたように、基地の存在は経済活動に対しても直接的、間接的に悪影響をあたえていた。

人権を保障してくれるはずの裁判制度はどのような仕組みになっていたのであろうか。琉球民裁判所は治安裁判所、巡回裁判所、上訴裁判所の三つに分かれ、沖縄における民事事件の全てを所管していた。しかし、米国軍人、軍属、米国政府で働く米国人、そしてこれらの家族（沖縄住民を除く）が犯した刑事事件に対しては一切の裁判権を有していなかった。上訴裁判所の判事五人は高等弁務官が任命し、巡回裁判所、治安裁判所の判事三〇余人は高等弁務官の認可を得たうえで、行政主席によって任命された。琉球民裁判所の他に米国民政府裁判所、米軍軍法会議、土地裁判所があり、統治者（米国）用と被統治者（琉球）用とに裁判所が分かれていた。ほとんどの民事事件は琉球民裁判所において裁かれたが、高等弁務官が米国の安全、財産や利害に影響を及ぼすと判断した事件については米国民政府裁判所が裁判権を有した。(88)

裁判所を二つに分離することで、軍人や軍属の刑事犯罪を公平に裁くことができないシステムになっていた。高等弁務官が裁判官の任命権、承認権を掌握することで反米軍的な判決が下せないようにもなっていた。沖縄住民を殺害しても罪を問われずに米国に帰国する事例もしばしばあった。

逆にアメリカ人が沖縄住民に対して損害請求をしたケースとして一九六四年に起こったフィスク少年事件がある。それは次のような経過をたどった。変電所で感電した米国人フィスク少年は上半身に火傷をした。少年の母親は米国民政府裁判所において二五万ドルの賠償請求を変電所側に要求した。変電所は裁判の民間裁判所への移管を求めたにもかかわらず、要求は却下され、米国民政府の上級裁判所そして復帰後は福岡高裁那覇支部で審議が行なわれた。その結果、変電所は五万ドルを支払うことになった。この賠償額はアメリカ人が支払った沖縄住民への賠償額と比べると大きな開きがあった。例えば交通事故死した小浜ナビには二千ドル、米軍機墜落墜落で死亡した勢水一雄には一万四、〇二五ドル、殺害された我喜屋《がきや》良元には一万四、二〇〇ドルしか補償されなかった。(89)

疑似国家・琉球には、人権を保障する憲法が存在しなかったことから、沖縄住民の生命が非常に軽視された。

また、疑似国家・琉球は国際的な国家としての認知を得られなかったことから、沖縄や日本本土以外の場所で邦人保護の対象とならなかった。国家の保護をうけることができないことから生じる様々な問題に苦しんでいたゆえに、沖縄住民は日本国憲法による人権の保護を願って祖国復帰運動に参加したのであろう。

牧港補給基地は国道 58 号線と東シナ海に挟まれる形で存在している
(『沖縄の米軍基地』沖縄県総務部知事公室基地対策室刊より)

基地経済の構造

近代沖縄において形成された経済基盤は沖縄戦によって徹底的に破壊された。戦前戦後の生産水準を比較してみる。一九三四年から三六年までの平均生産指数を一〇〇とすると、五〇年において農産物は三五、林産物は二二、水産物は七二、工産物は八でしかなかった。(90)経済復興が遅れた原因として、戦争被害の程度が大きかったことに加えて、面積の狭い沖縄を米軍が基地として利用し、正常な経済活動が阻まれたことも指摘できる。

基地の機能強化にともない沖縄経済の構造も変容していった。基地機能は次のようにして整えられた。一九四五年から五一年の対日講和条約までは対日監視基地として沖縄は位置付けられた。朝鮮戦争が始まると戦略空軍の出撃基地となり、戦争終結後はソ連、中国に対する哨戒基地となった。六〇年代初めに沖縄基地が完成すると、移駐部隊の訓練施設がつくられ、ベトナム戦争が始まるとともに兵站機能が強化された。戦争の激化にともない六七年に通信施設が完備されることで沖縄に五大基地機能が全て揃った。[91]極東において緊張と紛争が発生するに従い、沖縄基地に様々な機能が付与されていった。

また、軍人を需要者とするサービス産業が成長し、一九五〇年から五五年の間に増加した労働者の八二・三%は第三次産業で働いた。[92]そして、五八年から七一年の間に沖縄住民の純生産は約一億四、四六〇万ドルから約八億六、二四〇万ドルに増大した。年平均成長率は一四・一%であった。同期間における産業構成比の推移をみると第一次産業は二〇・四%から七・六%に、第二次産業は一三・一%から一八・一%に、第三次産業は六六・五%から七四・三%になった。[93]沖縄の経済成長は第三次産業を牽引力としていた。

容易に収入の途が得られる軍作業の魅力、ドル景気と商業資本が生み出した消費的な風潮から、戦前と比べ農漁業は衰退していった。戦前には農家の平均耕作面積は七反五畝であったが、一九五三年頃には三反九畝に減少した。五反未満の耕作面積で働く農家は全農家の八割を占めるようになった。また、戦前の農家の七八%が専業農家であったが、一九五三年頃にはその割合が二五・八%に減少した。[94]しかし、五〇年代の半ば以降、日本政府による砂糖、パインに対する特別措置が実施され、それらの作物の栽培が大規模に行なわれるようになった。

土地が基地用地として接収され農業をする基盤が奪われたこと、作業がきつく収入の少ない農業を嫌ったこと、基地関連の産業が生まれてきたこと等が農業離れを促した。

工業生産物の自給率はどのような状況にあったのであろうか。一九六七年の沖縄における工業製品の自給率は次の通りである。タバコ製造業が九四%、木材・木製品製造業が七一%、家具・装備品製造業が六九%、皮革・同製品製造業が六七%、窯業・土石製品製造業が六五%、出版・印刷・同関連製造業が六四%、食料品製造業が六一%等であり、[95]現在の状況と比べると自給率は高いといえる。

復帰前においては小麦粉、麺類、塩、紙袋、釘、王冠、鋼棒、茶、合板、大豆、菜種油、硬質塩化ビニールパイプ、パイン加工等に対して物品税が免除され、輸入規制が行なわれていた。このような保護措置を利用して沖縄の企業家達は経済発展の担い手となった。例えば、古波津清昇《こはつせいしょう》、具志堅宗精《ぐしけんそうせい》等は米国民政府から様々な経済促進策を引き出すとともに、企業家努力により品質向上と市場開拓を行なった。

しかし、企業家により拓南製鉄所、オリオンビール、琉球海運、琉球石油、琉球火災、琉球生命、琉球水産、琉球中央倉庫等の企業が創設されたものの、復帰前における製造業の全産業に占める比率は二割程度であり、第三次産業は六割から七割という大きな割合を占めていた。また、一九五三年の企業利潤率をみると、漆器販売業と並んで金融業者が上位に位置していた。(96)沖縄企業の平均利潤率は、日本本土企業のそれに比べ大幅に下回っており、(97)幾つかの成長企業を除いて、大部分の企業が利潤率の低い不安定な経営を行なっていた。

政府が産業政策に比重を置かなかったことは、琉球政府一般会計歳出の構成比に明らかである。一九六七年における一般会計歳出の構成をみると、教育文化費は三五%、政府機関費は二〇%、社会保障費は一四%、地方行政費は九%であったが、他方、国土保全及び開発費は一一%、産業経済費は一〇%であった。(98)開発や産業経費に多くの財政資金を配分することができなかったのは、沖縄の財政規模が一県並みであるのにもかかわらず、一国家としての財政運営を行なう必要があったからである。

また、沖縄経済は人件費を中心とする消費的経費の比率が高く、投資的経費の比率が低いという特徴をもっていた。一九七〇年における沖縄の消費的経費と投資的経費の比率はそれぞれ、六二%、一七%であるが、本土類似県の平均値（島根、徳島、高知、佐賀、宮崎）はそれぞれ、五〇%、四〇%であった。(99)沖縄という擬似国家の行政を維持するために予算の多くが割かれ、島嶼経済の生産性を上昇させるための経費が圧縮された。この政府維持経費、特に人件費の上昇、そして第三次産業への依存、次に述べる援助への依存等の問題は、復帰前と同様、今日の沖縄経済が抱える問題であり、長期にわたり形成されてきた構造的性格を有する問題であるといえよう。

戦争により破壊された経済基盤を復興し、戦後の経済成長を促したのは米国政府からの援助であった。米国援助はガリオア援助から始まった。ガリオア援助は全世界に存在する米国の占領地域における飢餓や疾病等を防ぐことを目的とし、食料を中心とした物資援助である。一九四九年に米国民政府が沖縄の基地建設のために五千ドルを予算に計上して、基地の建設に乗り出した。同年、援助の内容も次のような変化がみられた。(一)援助額を二、四八六万ドルとし、前年に比べて七八・二%増加させた。(二)食料等の救済的援助から経済復興に役立つ援助物資を供給し始めた。(三)米国の日本に対する援助とは別枠で沖縄に対する援助を行なうようになった。(四)ガリオア援助の他に、経済復興を目的とするエロア援助が加えられた。(100)

沖縄戦により基礎的生活物資が欠如した状態から、それらが満たされ、沖縄の経済活動が本格化するようになる過程で援助の性格も変わった。援助金は結果的に沖縄経済と基地とを緊密に結びつけるとともに、島嶼経済の物的な成長を可能ならしめた源資ともなった。

ガリオア援助により一九四九年に戦後初の民間の運輸会社が設立され、翌年には米国民政府の海運課から琉球海運が分離し、琉球食糧、琉球石油、琉球火災海上保険等の払下げが行なわれた。(101) 米国民政府によって創設された企業が沖縄住民によって経営されるようになった。日本明治期における官営払い下げ政策に類似した政策が軍制下の沖縄で実施されていた。近代の沖縄経済が寄留商人により支配されており、沖縄出身者の主導による企業運営の経験が少なかった。しかし、戦後、沖縄戦の被害等を初期条件として始まった企業の形成過程において、米国援助とともに米国民政府の官営払い下げを受けて沖縄出身企業家が経済活動に積極的に関わるようになった。

しかし、援助には米国民政府の政治的意図が含まれていた。当初、ガリオア援助はガリオア資金によって物資を購入し、それを住民に分配する方式であった。だが、一九五四年以降、現金を琉球政府に供与する形に変更した。米国民政府は資本投下事業を指定し、それに対して資金を援助した。そのようにした理由は、援助を具体的に政府事業に結びつけることによって為政者のイメージを良くしようという政治的意図[102]があったからであるといわれている。米国民政府は援助という名の下に基地建設やその維持を行なっただけでなく、開発事業を実現する主体として自らの役割を強調することで米国民政府の存在意義を示しながら、軍事統治を行なおうとした。

為替レートは、基地建設とその維持を効果的に行なうことを第一の目的にして決定された。一九四九年に一二〇B円＝一ドルのレートが内定され、五〇年に実施された（B円は軍事布告に基づいて発行された「補助B型軍票」が正式名称）。これには次のような背景がある。基地建設をスムーズに行なうための経済的環境として軍部が重視したことは経済の安定とインフレの防止であり、基地建設労働者の確保であった。当時、基地労働者の賃金は民間企業で働く労働者賃金の三分の一から四分の一でしかなかった。低い賃金水準を維持するためには島内のインフレを抑える必要があり、インフレを防止するためにB円高に為替を設定して、輸入品の価格を下げようとした。米国民政府は輸入価格を抑制するためには「輸出産業を育成する必要はない」と公言していたという。[103]

当時の主な輸出商品において、輸出可能な為替水準をみると、一ドルに対してアダン帽が一〇一B円、貝殻が一〇五B円、スリッパが一一一B円等と一二〇B円以下の商品もあった。しかし、ユリ球根が一八二B円、角俣《つのまた》が二〇〇B円、鰹節が二五〇B円、海人草が三〇〇B円、黒糖が五〇〇B円等とほとんどの商品は設定レートを上回り、輸出しても輸出市場における競合商品よりも割高になった。[104]B円高の為替設定により輸出関連産業の発展に制約がかかった。また、B円高の為替設定は、島嶼内の消費関連産業が成長し、第三次産業の比率が大きくなり、輸入に依存する経済構造が形成される一因となった。

基地経済に関する統治者のイデオロギーを明示しているのは、一九五一年に策定された『琉球列島経済計画』である。同計画では、沖縄の生産要素を基地建設とその維持のために投入して、その結果、得られたドルによって、貿易赤字を補填することに重点が置かれていた。計画には「計画当局のとりうる最も効果的な方策は労働者を訓練して永久に軍事施設内で雇用できるようにすることである[105]」と記されていた。また、沖縄住民が基地労働者になることで、幅広い専門技術を習得でき、アメリカ人との接触で沖縄に文化変容がもたらされ、労働者の嗜好の対象も農産物から工業製品に移り、沖縄は生存維持的農耕社会から勤労者社会に移行するであろうと基地経済の効用も計画書の中で指摘されていた。[106] 土地の強制収用が本格化し始めた時期に策定された同計画は、基地の存在を沖縄住民に理解させ、土地収用過程を円滑に行なうために作成されたのではないかと考えられる。

次のように基地建設や基地の維持・管理にともなって発生した経済需要や、アジア世界における紛争の発生にともなって沖縄の景気に変動がみられた。一九五〇年から五三年の間に約二億七千万ドルが基地建設のために投下され、軍工事ブームと呼ばれる好況がおとずれた。しかし、五三年末に大規模工事が終了し、朝鮮戦争が休戦するとともに、地元建設業者、運輸業者、サービス業者が倒産し、賃金不払いや解雇等の問題が発生した。五五年には米海兵隊の沖縄への移駐にともない再び軍工事ブームが始まり、その後、軍用地料は三倍に値上げされ、スクラップ輸出、日本政府からの年金や恩給の提供という要因も加わり好況が再び訪れた。[107]

沖縄経済は、基地収入に支えられ、設備投資では船舶建造、電力施設拡張、店舗や社屋の新増設等があり、かつてない投資ブームがみられた。軍需景気は直接的に海運会社、陸上輸送業、縫製業、製粉業、製麺業、醸造業等を潤したが、間接的には全ての産業に及んだ。周期的な変動はあってもアジア諸国に緊張が続くかぎり、景気が持続するとの期待があった。[108]

ベトナム戦争の激化にともない沖縄基地が攻撃や補給等の面で重要性を増し、人や物の動きが活発となって、沖縄経済の成長を促した。沖縄に基地が存在する限り近隣地域の戦争発生によって、沖縄が軍需景気に沸き返るという経済構造がつくりだされた。

基地経済が活性化するにしたがい、租税収入が一九五三年に約八億B円であったが、五七年には約一八億B円に増大した。その結果、五三年の自主財源と依存財源との比率がそれぞれ六九・五％、三〇・五％から、五八年には九五・七％、四・三％になり、自主財源の割合が拡大した。その背景には、基地経済により民間企業の設立が促され、税収入が増えたという要因の他に、米国において財政膨張政策を主張する民主党から緊縮財政政策を主張する共和党に政権が変わり、補助金が縮小されたという事情もあった。(109)基地経済の影響が沖縄の財政構造にも及んでいたのであり、米国における政権の交代という外部的なそして非経済的な要因によって財政状態が左右された。

沖縄の税制は日本本土と比べて次の点で異なっていた。『沖縄タイムス』の一九六一年の記事によると、沖縄の方が日本本土に比べて、日用品への税金が多く、奢侈品への税金が少なかった。貴金属や宝石類に対しては本土では七〇％から八〇％の税金が課せられていたが、沖縄ではそれが五％であった。自家用普通乗用車への自動車税は沖縄では二一ドルであったが、本土では一六六ドルであった。(110)つまり、日用品の島内生産を奨励するような税制ではなく、奢侈品の消費を促し、輸入に大きく依存させるような性格をもつ税制であった。また、同税制は人々に所得を蓄積させ、投資に回すという通常の資本蓄積や製造業の育成を阻害し、島内の貧富の格差を拡大させるという問題を含んでいた。

製造業に必要な水や電力等は米国民政府関連の会社が管理していた。一九五八年に高等弁務官布令により米国民政府の付属機関として琉球水道公社が設立された。しかし、水道は米軍優先に配水され、米軍から水を購入して沖縄住民や企業に供給する体制がとられた。そのため基地内のプールに水が満たされ、芝生に散水する一方で、フェンスで隔てられた沖縄住民の住宅地では断水状態が続くという光景がしばしばみられた。(111)

電力も同じような状況にあり、軍需が優先され、島内の生産活動や日常生活が大きな制約をうけた。さらに都市ガス価格において沖縄と日本本土諸地域との間には開きがあった。一九六九年において、沖縄ガスの価格を一〇〇とすると、室蘭のガス価格が六四、福山のガス価格は七二でしかなかった。[112] 沖縄のガス価格が高く、それが企業経営に対する阻害要因ともなった。基本的生産要素は島嶼性によって高価格になる傾向があり、それに加えて、米軍基地を優先する方針により沖縄経済の歪みはさらに大きくなった。一般消費者は所得が少ないうえに、高い公共料金を払わなくてはならなかった。以上のようなことを原因として、沖縄と日本本土との生活水準の格差が拡大した。

那覇軍港は那覇市街地に隣接しており, 紛争時には軍事車輌が並ぶ
(『沖縄の米軍基地』沖縄県総務部知事公室基地対策室刊より)

地元製造業が直面していた以上述べたような諸問題を解決するために、米国民政府は外国企業を誘致することで沖縄の製造業を振興しようとした。外資導入政策の変遷については三つの時期に分けることができる。(一) 一九四六年から五三年までは、琉球列島軍司令部による許可と、琉球エックスチェンジとの特許契約に基づき、軍人、軍属、その家族への販売を目的とした軍施設内や牧港商業地区においてのみ外資の進出が許された。(二) 五三年から五八年までは、次のような条件を前提として外資導入を認めた。島内資源の加工や輸出、輸入代替物資の生産、地元企業との合弁、資本の元本や利益の本国送金の制限等であり、さらに、行政主席が外資導入を認める前に米国民政府の許可が必要とされた。(三) 五八年にB円がドルに切り替えられるとともに「外資導入に関する高等弁務官布令」が発令され、以下の諸点で外資導入が自由に

なった。合弁事業に限らず単独事業の認可、資本の元本や利益の本国送金許可、地元企業に資本投下する場合に総資本の内三五%までは政府の許可を必要としない、外資の審査権を琉球政府側に委譲する等である。(113)

一九五八年以前においては輸入代替策と企業の保護や育成が基本方針であった。同年以後は島内企業の保護よりも積極的な外資導入政策に重点がおかれた。外資導入と同時に、B円をドルという世界通貨に変更することで外資の進出を奨励しようとした。

1958年に軍票のB円からドルに通貨が変更された
(『那覇百年のあゆみ』より)

一九六六年から六九年の間に沖縄に進出した外資の投資金額の多い順に列挙すると次のようになる。石油事業が約二億二、五〇〇万ドル、一般工業が約七五〇〇万ドル、砂糖・パイン製造業が約二五三万ドル、観光ホテル・レストラン業が約二〇〇万ドル、その他が約一七三万ドル、清涼飲料水製造業が約一三五万ドル等である。(114)

この政策の変更には幾つかの理由が考えられる。変更時期は一九五九年における島ぐるみ闘争の終結期と一致する。闘争の解決策が借地料の一括支払いを止めること、土地使用料の六倍値上げであったように、経済的側面の不満が闘争の大きな原因であった。このような住民の意向に対応して米国民政府側も輸入代替策とともに、経済成長を更に促すために外資導入と、輸出奨励策を実施したものと思われる。

一九五八年以降、輸出額が大きく増大した。五九年の輸出額が約二、一〇〇万ドルであったのに対し、七一年には約一億九〇〇〇万ドルへと約五倍に増えた。しかし、米軍関係収入をみると五九年が約六、一〇〇万ドルであったのに対して、七一年には約二億九、五〇〇万ドルになり、同じく約五倍に増えた。輸出促進策は基地依存経済の構造を変えるまでには至らなかったといえる。(115)

外資導入政策の一環として一九六〇年に自由貿易地域が開設された。しかし、それは以下のような諸問題を含んでいた。(一)敷地が狭いうえに、敷地内に港湾設備が存在しなかったため、近くの港から物資を運ぶ際、通関手続きを経なければならず、その手続きが煩雑であった。(二)組立加工に必要な電力や水の供給施設の整備が十分でなく、コストも高かった。(三)地域内に搬入できない「米国資産管理令による品目」や「日琉貿易覚書によって制限された物品」が存在していた。(四)税制上またはその他の優遇措置が少なかった。(五)沖縄の国際的地位が不明確で投資先としてリスクが大きいと考えられていた。(116)

一九六五年における自由貿易地域は次のような状態であった。同地域への入居企業が家賃の引き下げや雨もりの補修を訴えたが、屋根の一部が補修された程度であり、施設全体がバラックのようであった。施設は、二棟(総面積四、四四八平方メートル)とも戦後間もなく建築されたガリオア倉庫(外国からの援助物資を保管した倉庫)を利用していたため、老朽化が進んでいた。六〇年から六六年の間にトランジスターラジオ組立業、カメラ組立業、野球用グローブ製造業等が年平均六%の成長を示していた。しかし、パラソル加工業、ビニール加工業、ミシン組立業は創業後一年足らずで撤退した。六六年現在で七社が同地域において操業しているにすぎなかった。(117)

次に戦後沖縄における移住政策の変遷について論じてみたい。基地によって土地が占有されたため、狭い沖縄の面積がさらに狭まった。人口稠密状況を緩和するために沖縄内の島々への移住政策が実施された。一九四六年に沖縄側の行政機関である諮詢会は沖縄本島の人口増加問題を緩和し、食料の自給率を高めるために八重山開拓移住計画を策定し、移住調査を行なった。五一年には琉球農林省を中心とした各群島政府機関と関係諸団体から構成される開拓移住計画委員会が設立され、開拓計画の策定、実施方法の検討が行なわれた。五二年に琉球政府が発足した後には、八重山開拓計画が琉球政府と米国民政府で協議され、立法院で議論が行なわれた。移民には移住費、営農資金、開拓助成費が支給された。(118)

さらに海外への移住政策は次のような変遷を辿った。一九五一年に沖縄群島政府は経済部の中に移民係を設置し、四八年に創設された沖縄海外協会に対して補助金の給付を始めた。戦後の沖縄移住計画策定にあたり大きな役割を果したのはスタンフォード大学のジェームス・ティグナー教授であり、五一年以来、沖縄と南米各地の調査を行なった。ティグナーはボリビアにウルマ（琉球の雅名）移住組合を設立し、一〇年間に一万二千人を移住させる計画を作成し、渡航費一六万ドルを米国民政府に支給させた。連邦政府も沖縄住民の南米移住に対し援助費八〇万ドルを予算に組み入れ、それをボリビアに移住した沖縄住民の定着資金とした。(119)五三年には移民金庫が設けられ、米国民政府補助金、琉球政府出資金、ハワイ同胞からの寄付金等を基にしてボリビア、ブラジル、アルゼンチンへの移住者に資金が貸し出された。五三年に発行された『沖縄大観』には次のような記述がある。

> 沖縄における人口は、一九五〇年末現在で、五十六万二千四百四十七人で、そのうち沖縄産業の抱擁し得る人口を三十万七千八百八十八人とすれば、残りの二十五万四千五百五十人は過剰人口とみなければならない。しかし、そのうち九万八千三百六十二人は軍作業に従事する二万人の労務者が扶養する人口である。軍作業が続く限り要移民数は十五万六千百九十七人と推定される。しかし軍作業員が減少すれば、それだけ要移民数は増えるわけである。(120)

右の文で興味深いのは沖縄内部の経済力で養える人口水準を超える人々は、軍作業を行なうか、移住をしなければならないという指摘である。軍作業の機会が増えるほど移住者数は少なくてすんだという意味で、海外移住そして沖縄内の移住は基地経済と密接な関係があったといえる。戦前、戦後も島嶼経済の困難性が移民のプッシュ要因であったが、戦後は基地建設にともなって経済活動を行なうための場所が縮小されるという新たな要因が加わった。一九五五年に立法院は次のような「沖縄移民受入方に関する請願決議」を採択した。

言語に絶する程の戦争災害を受け、更に軍事施設のために四万エーカー余の土地を接収され、土地狭隘、人口稠密で苦しんでいる沖縄において移民の送出しは絶対必要なことである。(121)

一九五〇年から本格的な基地建設が始まり、住民の土地が接収され、行き場を失った人々に移住の選択肢が与えられた。四八年から五八年までの移住地別の移民数をみると、ブラジルが四、九〇九人、アルゼンチンが二、五三〇人、ボリビアが一、二四二人、ペルーが二六九人等であり、ラテンアメリカに集中していた。(122)テイグナーが移住計画を作成し、米国政府の援助が与えられたボリビアでは、一九五四年から五五年にかけてウルマ病と呼ばれる熱病が発生した。沖縄出身者は一四八人が感染し、一五人が死亡した。沖縄出身者は原生林の中でキャンプを張り、食糧も不十分な中で集団生活をした。配分された五〇ヘクタールの耕作用の土地に道路をつくり、開墾している最中に突然病気が発生した。(123)沖縄内の過剰人口を減らすという目的が優先し移住地の受け入れ態勢が疎かになっていたといえる。

以上、基地経済の様々な諸相を米国民政府との関係に焦点をあてて論じた。沖縄が基地経済としての特徴を有するようになるとともに、沖縄と日本本土との経済関係も緊密になってきた。次項ではその点について詳しく考察する。

日本本土との経済関係の強化

基地建設に伴って日本本土企業の沖縄への進出が顕著になってきた。一九四〇年代の末頃、日本本土は経済安定九原則の実施によりデフレとなり、ドル資金が減少し、国内の購買力が低下する等の不況に陥った。その際に沖縄における基地建設はドル資金獲得の機会として大きな役割を果たした。一件の請負工事金額が約八億円から約一五億円という巨額にのぼるうえに、業者には資材が支給された。[124]

日本本土の建築業者にとり沖縄における基地の建設は、経営の近代化を押し進める一因となった。つまり、工事仕様書の作成、書類に基づく契約の重視と責任の明確化、八時間労働制、重機械の使用、ジョイントベンチャー方式、合理的な業務の遂行等を企業経営に取り入れることが可能となった。[125]また、ドル獲得の場として沖縄の重要性が高まった。例えば、一九五八年にB円からドルに通貨が変更されたが、その年の日本本土の外貨保有額は円に換算すると約一三億円であった。約一三億円のうち沖縄から日本本土に移転したドルの円換算額は約四億円にも達していた。[126]

日本企業のドル獲得は基地建設だけではなく、沖縄への輸出によっても可能になった。一九六三年における日本の中国への輸出額は沖縄への輸出額の半分でしかなかった。[127]米国民政府が沖縄を日本本土から切り離すために「琉球化政策」を実施したことについては前に論じた。日本政府発行の統計書や白書の中で沖縄は「琉球」と記載されており、日本本土も「琉球」として沖縄を外国とみなし、貿易利潤を取得していた。

一九六〇年二月四日の『沖縄タイムス』には「琉球と日本とのお取引には日本勧業銀行」との広告が掲載されていた。潜在主権は日本政府の下にあり、日本復帰運動が展開されていた当時において日本本土企業にとって沖縄は海外投資先の一つであると考えられていたことの一端がこの広告からわかる。

一九五〇年代から六〇年代の末にかけて沖縄基地の建設、朝鮮戦争、ベトナム戦争等の軍需で、日本本土からの輸入品が増大した。基地需要の約九割は日本本土からの輸入品によって充たされていた。[128]米国がB円高に為替レートを設定して輸入品の価格を安くすることでインフレを抑制しようとした。その輸入品の殆どは日本製品であり、日本本土への依存または関係が強化された。政治的切り離し策とは裏腹に経済的には日本本土との結びつきが強まった。また、日本本土が高度成長を謳歌していたことと沖縄経済が様々な問題を抱えていた状況とが対照的になるに従い、米軍の経済政策や統治方法が批判の対象となり、日本復帰運動を促す一因となった。

一九五四年から七一年までの輸入額をみると、総輸入額の約七割は日本本土からの輸入であった。また、五八年から七一年までの総輸出額をみると、総輸出額の約九割は日本本土への輸出であった。五八年から七一年までの沖縄の日本本土への総輸出額は約八億三、八〇〇万ドルであり、日本本土からの総輸入額は約二六億七、二三四万ドルであり、約一八億三、四三四万ドルの貿易赤字が沖縄側に生じていた。[129]

その間の沖縄に対する日本政府援助の総額は約二億四、五〇〇万ドルであり、貿易赤字を相殺するにはほど遠かった。[130]沖縄住民は日本復帰運動により母国との一体化を求めた。その母国日本は沖縄から膨大な経済的利益を得ていたのであり、日本本土にとって米軍統治は沖縄を擬似国家としてドル取得を可能にする制度的枠組みでもあったといえよう。

日本本土との経済関係強化によって沖縄経済が日本経済に大きく依存するようになるとともに、日本本土の国内事情にも左右されるようになった。一九五五年から始まった軍工事ブームと呼ばれる好況が五七年には沈静化した。その原因は日本政府が対外収支調整のために輸入削減策を実施し、同時に金融引締め策を行なったことにある。その結果、日本本土へのスクラップ輸出は前年に比べ四六・六%落ち込んだ。[131]日本政府による援助額の増大、特恵措置の実施という外部要因により沖縄経済の成長が促されたが、日本政府の経済政策の変更もまた沖縄経済に大きな影響を与えた。

日本本土からの援助金によって沖縄と日本本土との経済関係が強化された。日本政府の援助は一九五二年に始まったが、五五年までは教育関係費が主であった。五三年には恩給や年金支払いが始まり、五六年には南方同胞援護会に援助金が与えられ、臨時の見舞い金も供与された。しかし、米国が「技術援助費」と名付けられた、日本本土から沖縄への財政援助金の受け入れを認め、沖縄の統治と経済開発に利用するという方針を示したのは五八年である。日本援助が急激に増大したのは六一年の池田・ケネディ会談の合意後であり、「産業開発関係」、「社会福祉及び医療関係」という項目が援助予算に付け加えられた。(132)

その後、日米両国は「琉球諸島に対する援助の供与についての日本国と合衆国との間の協力取決の実施のための手続」を締結した。それに基づき日米間に沖縄のみを議論の対象とする日米協議委員会が設置された。その議論の内容は経済問題に限定され、復帰や自治権等の政治問題は除外された。そして、沖縄援助計画を米国側が作成し、その中から日本政府が実施可能なものを選択するという方式がとられた。(133)援助の使用方法は前もって決められていたのであり、琉球政府による援助金の自由な利用は認められなかった。そのうえ、事業計画に対し援助金が全額支払われるのではなく、その一部を琉球政府が対応費として自ら賄わなくてはならず、日本政府の援助金が増えれば増えるほど対応費が増大し、財政運営上の自主性が損なわれるという結果になった。(134)

一九六二年の六月から八月にかけて三回、日本政府は沖縄に調査団を派遣した。これは戦後初めての日本政府による沖縄行政内部に対する実態調査であった。調査団は、多くの関係官庁を含んだ大規模なものであり、これに基づいて沖縄援助計画が作成された。(135)政府や自民党の沖縄政治への介入が顕著になったのは六二年末頃からである。(136)つまり、米国民政府による日本援助への規制にもかかわらず、日本政府は援助金の大幅増額を行ない、沖縄への政治的なコミットメントを行なうようになったのである。六六年からは米国政府からの援助額よりも日本政府からの援助額が上回り、日本経済の一部としての沖縄経済という性格がより濃厚になった。

日本は援助を行なうだけでなく、沖縄からの貿易品に対して様々な特恵措置を実施した。一九五二年に日本政府による初めての特恵措置が「本土と南西諸島との貿易及び支払に関する覚書」により実施された。その主な内容は沖縄産の物産を外国為替予算において自動承認制とし、他国からの物産とは区別して予算を十分確保するというものである。その結果、砂糖やスクラップ輸出が急増した。[137]五九年に日本政府により外国産パインの輸入制限、沖縄産パイン缶詰めへの関税二五％免税、「特定臨時輸入措置法」による差益金三〇％免除等の優遇措置がとられた。その結果、五五年においてパイン畑面積は四八町歩であったが、六一年には二八倍の一、三六七町歩に拡大し、生産量は五五年の八六〇トンから六一年には三万三、五五六トンへと約三九倍に拡大した。[138]

砂糖も関税の撤廃、砂糖消費税の格差課税制度等の優遇措置の対象となったため、沖縄産砂糖は、競争力のある台湾やキューバ産の砂糖によって日本市場から駆逐されずにすんだ。[139]本土市場で台湾産パイン缶詰が一二〇円の低価格で売られていたため、沖縄産パイン缶詰の価格も低くなり、台湾産と競い合うようになった。[140]

戦前において台湾からパイン生産に関する技術導入を行なった沖縄にとり、台湾はパイン生産の先進地であり、日本政府の保護なしには沖縄のパイン業者は存続できなかった。しかし、台湾の業者にとって沖縄産パインへの特恵措置は自らのパイン生産を危機的状態に陥れるものであった。台湾のパイン業界は、日本政府が決めた台湾パイン缶詰に対する差益率を三〇％にするという措置が、沖縄を優遇し台湾を軽視するものだとして不満を漏らした。

台湾からみれば沖縄は競争相手「国」なのであり、特別措置は台湾パイン産業に大きな打撃となると考えていた。日本の旧植民地であった台湾と、日本の旧地方自治体であった沖縄は、戦後、日本市場を巡って競争を展開していたのである。

日本市場を対象とした台湾との競争はパインだけでなく、砂糖においてもみられた。沖縄から輸出する黒糖の消費税が、斤当り一円引下げられた。その結果、台湾赤糖は関税、消費税をふくめて、従来より斤当り七円五〇銭も高くなり、沖縄黒糖の優位性はさらに大きくなった。

しかし、沖縄の製糖業者やパイン業者が日本からの特恵措置により利益を得たのとは対照的に、日本政府は自由貿易地域の開設にあたって沖縄の輸出産業の発展に制約を加えるような措置をとった。自由貿易地域を開設する際に、日本政府と琉球政府との間に「琉球の自由貿易地域設置に関する処理方針（案）」が結ばれた。その主な内容は次の通りである。日本からの特定産物については外国に再輸出したり、自由貿易地域に持ち込むことを禁止し、特定産物を加工する工場を設置する場合、あらかじめ日本政府の許可を必要とした。さらに外国産物を加工する工場を設置する場合にも日本政府の許可を事前に得なければならず、琉球政府は毎月の貿易実績を日本政府に報告する義務があった。(141)

一九六〇年から六九年までの自由貿易地域における輸出入額の動向をみると、米国向け輸出額は全輸出額の七割から九割を占めており、日本は全輸入額の八割から九割を占めていた。(142)輸出市場は米国、輸入市場は日本にほぼ特化しており、自由貿易地域においても日本の貿易黒字を増やす役割を沖縄が果たしていた。

上に述べた特定産物とはマグロ油脂罐詰、絹糸、綿織物、絹織物、毛織物、スフ織物、繊維二次製品、金属用食器および半製品である。それらは日本が対米輸出で自主規制していた製品であった。この規制によって繊維加工業と金属工業への投資を予定していた数社の企業が自由貿易地域への進出を取りやめた。沖縄の業界からは、日本が対米輸出で自主規制している品目を沖縄に強制適用するのは「日本の沖縄への産業行政の干渉」であるとの声があった。また、日本が対米輸出で自己規制している品目は米国の業者の不満を反映したものであり、米国の統治下にある沖縄が日本の対米輸出上のしわ寄せを受けるのは不合理であるとの指摘もあった。(143)

日本との経済関係が深まり、成長を続ける日本経済の展開は米国民政府にとっても無視できないものであった。米国民政府が一九五五年に沖縄経済の全般的分析を行ない、五六年には沖縄の生活水準を「日本の県並みの水準」に引き上げることを経済政策の目標に掲げた。(144)日本との一体化を求める住民の要求をそらし、日本本土と沖縄の現状を比較する形で米国統治を批判する住民の不満を解消するために、「日本の県並みの水準」という目標が考えられたのであろう。これは米軍統治時代の経済的目標となったが、復帰までに達成されることはなかった。

沖縄諸島と奄美諸島は隣接した島々であるが、日本本土では奄美大島の復興のために特別会計が設けられており、資金需要に対応するように国家予算上の措置もとられていた。他方、沖縄の高等弁務官には経済開発を実施するために必要な権限が与えられておらず、高等弁務官の指導下にある米国民政府にも経済開発計画を作成し、実行に移すための機構は整備されていなかった。[145]行政権が異なるため経済開発上の諸制度において格差がみられた。

沖縄と日本本土が経済的に緊密な関係になればなるほど、政治制度上も日本本土と一体化すれば、さらに経済成長が期待できるとの考えが沖縄側に生じてきた。米軍統治下における人権問題とともに、経済的繁栄の希求が日本復帰運動の原動力になった。

第三節　米軍統治下における経済思想

沖縄独立論者の経済思想

本節では沖縄の独立論者、環境保護や基地反対運動家、企業家等の経済思想、そして日本復帰後に備えた開発の思想について論じてみたい。沖縄が日本の諸制度から切り離され、不明確な政治的地位に置かれたことで、将来の政治的地位の選択肢の一つとして独立論が主張された。また、戦後は米軍基地の建設が始まり、建設にともない既存の生産形態に変更が迫られた。さらに、戦前にはみられなかった大規模開発が行なわれ、島嶼環境にも様々な影響が生じた。そして、沖縄の日本復帰に備え、沖縄と日本本土との経済的格差を是正するための経済開発計画が提示された。他方で、一種独立国家的状況の中で基地経済が形成され、輸入代替政策が行なわれたことにより、沖縄出身者が経営する企業が続々と誕生した。

独立論の主張、軍事基地の建設と基地経済の形成、大規模開発と環境問題、沖縄出身企業家の活躍、復帰後に向けた開発計画の提示等は、近代沖縄には存在しなかった経済現象であり、経済思想の上でも新たな展開がみられた。

最初に独立論者の経済思想について論じてみたい。戦後直後の一九四六年に日本共産党は沖縄人連盟全国大会に「沖縄民族の独立を祝うメッセージ」を送った。戦前の日本政府による差別的支配から沖縄住民が米軍によって解放され、独立の道を歩むことになったことを祝福するという内容であった。

戦後間もなく幾つかの政党が結成された。一九四七年に結成された沖縄民主同盟、沖縄人民党、沖縄社会党のうち、沖縄民主同盟と沖縄人民党は沖縄独立を主張し、沖縄社会党はアメリカの信託統治領化を求めた。東京をはじめとした日本本土各地に沖縄人連盟が形成された。同連盟が掲げた目標は、沖縄における（一）住民代表機関の創設、（二）土地共有制の復活、（三）沖縄住民の文化や生活の向上、そして（四）引揚者の斡旋等であった。連盟の中には沖縄独立を訴えていたメンバーが存在していた。(146)

沖縄とともに奄美諸島でも独立論が唱えられていた。しかし、沖縄における独立論は沖縄を中心に奄美を含めた大琉球独立論を主張する場合が多かったのに対し、奄美の独立論は奄美人民共和国を目指し、琉球人民共和国ではなかった。さらに、日本本土における組織も沖縄人連盟と奄美連盟のように別組織であった。(147)歴史的にも琉球王府は武力を用いて奄美諸島を王国に統合しており、周辺として位置付けた。奄美独立論者は日本からとともに沖縄からも離脱することで奄美の独立が達成されると考えていた。

日本復帰運動が盛んに行なわれている折りに、復帰に反対を唱え、現状維持または独立を主張する勢力があった。その主な団体は「沖縄人の沖縄をつくる会」と「琉球議会」である。前者には約三千人、後者には約二、七〇〇人が入会した。様々な動機をもつ人々により構成されていた。その要求は三つに分けることができる。(一)復帰による経済不況を回避するための諸条件を獲得する、(二)復帰を延期する、(三)独立を実現するというものである。支持層には零細な自営業者や職人層が多かった。彼らは農業従事者、官公庁役人、教職員のように日本政府から復帰特別措置の恩恵をほとんど受けることができないと予想して、現状維持または独立を求めた。沖縄経済界の中でも復帰への対応は異なった。例えば国和会や大扇会等は総合建設業を主体とした企業グループであり、公共事業を請負い、沖縄に進出する本土企業の下請けになり利潤を増大することができるという見通しがあった。しかし、琉鵬会、琉展会等は製糖業、パイン製造業、食品加工業を主体とした企業グループであり、本土企業の製品との競争にさらされる可能性があり、琉展会会長の宮城仁四郎《みやぎにんしろう》は「沖縄人の沖縄をつくる会」の役員でもあった。[148] 一九六九年に「沖縄人の沖縄をつくる会」は以下のような設立趣意書を発表した。

日本復帰をすればとうぜんわれわれ沖縄人が戦後二十数年もかかって、灰燼のなかから営々と築きあげてきた政治と経済の機構が、その場でひっくり返るわけであるから、県民のすべてがそのあおりを喰うであろうことはいうまでもない。その経済変動はやがて混乱し、県民のなかから破産、倒産者が続出し、失業者はちまたにあふれ、お互いの生活が苦しくなることは想像に難くない。(中略)ことに現在の沖縄の経済は、おそらく有史以来ではないかと思われるくらい繁栄の途上にある。この繁栄は、われわれ沖縄人が自らの手によって築いたものである。おそらく今後十年、あるいは二十年もすれば、沖縄は東南アジアの一角に特殊な文化と経済をもつ楽土を建設するだろう。[149]

この文には沖縄戦により廃虚と化した沖縄を再建したという自負の念があり、今後も沖縄住民の手で文化と経済を東南アジア諸国と比肩できる程度には発展させることが可能であるという自信が示されている。沖縄出身者による企業の発展は米軍統治がつくりだした擬似国家が有する様々な産業保護策によるところが大きい。復帰によって多くの日本企業が沖縄に自由に進出することで、戦前の沖縄のように経済的な従属状態に陥ることを危惧していた。

世界の島嶼住民の自決権を論じることで、復帰後沖縄の政治形態として独立、その他の政治的地位の可能性について論じた人物に西野照太郎《にしのてるたろう》がいる。分析対象地域を島嶼に限定した理由として次のように述べている。

　私があえて「島嶼」だけの事例に限定したのは、沖縄が島嶼だからであり、本土と陸続きの特定の地区とは、社会経済的にはもちろん、政治的にも全く条件がちがってくる、と信じているからである。[150]

そして、世界の島嶼を三分類し、それぞれについて沖縄との関わりを以下のようにまとめている。(一)キプロス、モルジブ、アイスランドの島嶼民は本土と同一または同系統の民族であり、言葉もそのような関係にある。しかし、これらの島嶼は本土と一体化することなく独立したのであり、沖縄住民もその意思さえあれば独立できる。本土復帰は選択肢の一つであり、必然的な沖縄の運命ではない。(二)カリブ海諸島は第二次大戦後、多様な形で自決権を行使した。戦前において日本政府は沖縄に対して同化政策を行なったが、それは画一的な地方自治制度であった。このような事態を復帰した後に起さないためにもカリブ海諸島の事例は参考になる。(三)イギリスの属領で、自治政府をもつマン島、本土の地方自治体とは全く異なる自治政府をもつデンマークのグリーンランドやフェレルネ島、自治権をもつ本土の州のモデルとなったイタリアのシシリー島やサルディニア島が存在している。[151]沖縄が日本の一部となった際に必ずしも県でなく、他の制度的形態が可能であることが、これらの島嶼の実例から明らかとなる。

以上のように、島嶼が海により本土と隔てられているために、独自の政治的纏まりと自治性を有するようになったことが世界の島嶼の事例からわかる。世界の島嶼が独立したり特別な自治制度を確立した背景には、本土と異なる経済的条件を島嶼が有していたからである。沖縄もまた島嶼であることから生じる経済問題を解決し、独自の歴史や文化を諸制度に反映させるために本土とは異なる政治形態を取ることができるという主張の根拠と、自決権獲得のための方法を世界の島嶼は教えてくれる。

復帰前の独立論の基底には、復帰によって現在の経済状態が脅かされることに対する危機感や、国家的なものに同一化することへの抵抗感があった。しかし、具体的な独立像や独立までの手続き論等は議論されなかった。また、そのことは沖縄における日本国家への復帰運動が大衆一般の支持を得ていたことを示すものであったといえよう。他方で、復帰前だけでなく復帰後においても独立論が主張されたことは、沖縄の歴史的独自性と、地理的な孤立性を反映していただけでなく、基地の存在や経済的従属性等の政治経済的な現状に対する不満が存在していたことも明らかにしている。

環境保護・反基地運動家の経済思想

米軍統治下の沖縄において最大の大規模開発は宮城島、平安座《へんざ》島等に建設されたＣＴＳ（石油備蓄基地）であった。ＣＴＳにより海が汚染され、漁民や地域住民の生活が破壊されるとして反対運動を導いたのは安里清信《あさとせいしん》である。反対運動は次のように行なわれた。一九六〇年代後半に沖縄本島の金武《きん》湾では米国系石油企業による資本投資計画が明らかになり、村の中で進出賛成派と反対派の間で次のような見解の違いが見られた。「工場誘致促進委員会」の地主は以下のように述べていた。

軍事工場ではない、民間企業だ。農業だけでは島の繁栄はない、若い者は農業をすてて都市地区に渡り、島は老齢化している。このままだと〝廃虚の島〟になる。工場を誘致すれば港も道も電気も完備され離苦は解消される。(152)

石垣島白保のナガキ
(潮の干満を利用して魚をとるための石組み)

石油備蓄基地に隣接した拝所(うがんじゅ)

過疎が進む離島に若者を定着させ、地域を活性化させるためには外資の導入が不可欠であるとの立場である。賛成派は建設用地の測量を認め、仮契約を結ぼうとした。一方、反対派は金武《きん》湾を守る会を結成し、次のような理由で反対を主張した。(一) 土地は農民の命である、(二) 教育、衛生状態が悪化する、(三) 米国系の企業を誘致すると日本復帰が遅れる。宮城島に完成する予定のコンビナート計画によると、それは島の三分の一の面積に石油貯蔵施設、ガス工場、ビニール工場等を設置し、隣の伊計《いけい》島には工場労働者二千人のための社宅を建築するというものであった。

琉球政府は石油コンビナートによる沖縄経済の自立化を主張し、反対派は地域の生態系を重視し、健康で安全な生活を守るという観点から反公害運動を起こした。安里は金武湾の自然について次のように述べている。

> ここの自然というのは、裾礁や干潟が多いだけに、海になったり陸になったりする微妙な自然でしょう。珊瑚がこの沖縄の国をつくってきた。浜比嘉《はまひが》島の西にミルチビシというところがある。珊瑚礁は虫によって隆起していますから、あそこも将来はひとつの大きなのになる可能性があります。そのようにして成長していく海だということがわかります。珊瑚をだいじにすると、島がふえるんです。(153)

海が島の形成に大きな役割を果たしており、海を大切にすることで島嶼民の生きる空間が増えていくと安里は考えている。

また、珊瑚礁は島の生活において次のような役割を果たしていた。珊瑚礁は島嶼民にとり魚貝類、海草類等の生活の糧となるだけでなく次のような恩恵も与えていた。海人草は回虫駆除の薬になり、ホンダワラは畑の肥料として役立った。ノウ珊瑚、ハマ珊瑚は容器、家の土台、テーブル珊瑚は石垣の材料や墓の蓋、焼いた珊瑚は漆喰の原料や黒糖の固結材等に利用された。一七七一年に八重山群島を襲った明和の大津波や一九六〇年のチリ津波そして毎年の台風に対しても珊瑚は防波堤の役割を果たした。[154]珊瑚礁を利用した漁法に石干見がある。この漁法の有利な諸点は次の通りである。石垣を積み、補修をすれば永続的な使用が可能であり、潮の干満を利用するため資源の乱獲につながらず、時間をそれほど必要としない漁法であり、農業との兼業も可能である。[155]

石油備蓄基地

しかし、石油備蓄基地が平安座島や宮城島に建設され、海中道路が勝連《かつれん》半島との間に安普請でつくられた結果、廃油、化学剤が海に流出し、潮流が変化して漁獲量が激減した。ＣＴＳを誘致した与那城村は立地交付金を受け取ることができたが、計画されていた石油コンビナートが実現しなかったことに加え、化学消防車の購入、災害防止のための人員や諸経費の増加等で必ずしも村の財政は豊かにならなかった。[156]

ＣＴＳのように外資導入が唱えられ、実施された後に、期待された経済成長が地元に実現せず、環境破壊をもたらしたことが、その後、沖縄において外資導入型の経済開発論に対し懐疑的な論調を生み出す一つのきっかけになったといえる。

次に米軍基地の撤去を求めた阿波根昌鴻《あはごんしょうこう》の経済思想について考察してみ

たい。一九五四年から米軍は伊江島《いえ》を基地にするために住民を強制的に立退かせた。その時、米軍は地主に次のように述べて、立ち退きを迫った。

あなた畑すると難儀、金たくさん取って那覇に貸家をつくる、オイシイもの食べて、ラクして金持になる、こんな田舎ダメ、あなたの頭イモ頭。(157)

この言葉の背景にある考え方は島で農業をするよりも、基地からの一時金に依存して都会で暮らす方が良いという考え方である。琉球政府は米軍の意向に従っているため頼りにならず、島嶼民自らが生産手段となる土地を守る運動を行なった。次の引用は伊江島の真謝地区、西崎地区の地主が署名捺印した宣誓書であり、阿波根が起草したものである。

一、集合し米軍に対応するときは、モッコ、鎌、棒切れその他を手に持たないこと。

一、耳より上に手を上げないこと。(中略)

一、人間性においては、生産者であるわれわれ農民の方が軍人に優っている自覚を堅持し、破壊者である軍人を教え導く心構えが大切であること。(158)

運動は非暴力主義的に行なわれ、生産者としての誇りに基づいていた。伊江島の人々は自らの主張を訴え、運動資金をえるために沖縄本島を「乞食行進」し、一九五〇年後半から始まった島ぐるみ闘争で指導的役割を果した。阿波根等の運動の結果、伊江島の基地面積は大きく縮小した。

阿波根は、基地依存経済を批判するために、以下のようにハワイにおける状況と沖縄のそれを比較した。

一、ハワイの原住民たちは豊かな島で土地を耕し平和な生活を営んでいた。そこへ米人の資本家がやって来て初め土地を借りゴルフ場や遊技場やいろいろな娯楽場をつくった。資本家はもっとも高い賃金を支払って不必要に多数の原住民を傭って優遇した。(中略)

十、第二のハワイ、沖縄――米人が沖縄を第二のハワイにするという言葉の底にある目的を見逃してはならない。かつてハワイの原住民を山奥に追いやって原住民から土地を奪い取ったように、沖縄の原住民（彼らはそう見ている）を西表（島）や目に見えない北部の山奥に追いやって沖縄人から土地を奪いとり沖縄にあるアメリカ人を発展させるという魂胆に外ならない。（中略）

十七、欲しがっているのは土地である。――彼らがもっとも必要とし、かつ欲しがっているのは沖縄の土地である。それにもましてわれわれ沖縄人や農民には土地は生命であり、もっとも大事なものである。土地にかわる宝はないからである。土地は永遠に生命を産み続ける偉大で高貴な力をもっている。[159]

一九世紀以降、アメリカという大国により支配をうけ土地を奪われたハワイ人の歴史過程と沖縄の現実とを照らし合わせ、民族の存亡は自らの土地の有無によって決定されると述べている。比較の対象をハワイにしたのは、太平洋におけるアメリカの戦略拠点として沖縄とともにハワイに米軍基地があり、大国と島嶼の政治的従属関係を端的に示していたからであろう。また、アメリカ人が沖縄を「第二のハワイ」にすると述べた際に、それは経済的成長を謳歌するハワイの繁栄を沖縄でも実現させるといった意味が込められていたと考えられる。しかし、阿波根はその繁栄の裏側にあった先住民族の苦境を考えていた。

実際、米軍は沖縄本島で土地を奪われた人々を石垣島、西表島に移住させるための計画を策定していた。島嶼における生産や生活にとり、土地は必要不可欠であり、基地建設のために土地が奪われ、自らの生産や生活の基盤が消失されてしまうという危機感が運動の背景にあった。

反基地運動家ではないが、基地と沖縄経済について考察した経済学者として矢内原忠雄がいる。矢内原は、戦前、日本の委任統治領であった南洋群島の研究を行なったが、戦後、沖縄に来島して実施した調査を踏まえて、米軍統治下の沖縄経済に関して以下のように論じている。一九五五年度における沖縄人口の自然増加率は、日本本土におけるそれの約二倍であった。このような人口増加問題があるにもかかわらず、米国民政府の幹部がカトリック信者であったために、計画的な出産制限政策に反対の立場であったという。増加する人々が働くための近代的工場が存在せず、将来それが設立される立地条件もない。また、農村も基地建設により面積が狭くなっており、人口を吸収する力はない。[160]

よって、基地の周辺に居住し、米軍人向けの商業を営むか、軍作業労働者になるしか沖縄住民の経済的活動の余地はないという。しかし、基地に依存した経済構造は不安定であり、米軍が沖縄から撤退した場合、沖縄経済は崩壊するであろうと矢内原は考え、その対策として以下の諸点を提示している。（一）人口増加に対して計画的な出産制限政策を行なう。（二）農民のために宅地と農地を提供する。（三）工業が発展する可能性がない沖縄では移住を奨励する。移住先は宮古、八重山の島々、信託統治領のミクロネシアの島々が望ましいとした。[161] 矢内原は次のように米軍統治時代の沖縄を「軍事植民地」と規定している。

本国がその植民地を統治し、利用する目的が主として軍事的・戦略的な見地にある場合に、これを軍事植民地として分類しました。もちろん軍事以外の活動も全然そこにないわけではないが、主なる目的が軍事的・戦略的な価値にある、逆な言葉でいうと、軍事的・戦略的な価値がなければ、その植民地を統治することはしないという、そういう性質の植民地であります。かかる植民地においては、その主なる利用目的が軍事でありまして、面積が狭いとか、住民の人口が少なく、産業も目立つものはなくても、軍事的見地からこれを統合し、住民は軍事的利益に寄生して生活する。また性質上かかる植民地に、大いなる産業のおこる余地もない。[162]

沖縄が米国により軍事的、戦略的な観点から利用されており、その際、沖縄住民は軍事的利益に寄生した経済活動を行なっているが、そのような植民地に大きな産業が形成される可能性はないと指摘している。それ故に、人口増加を抑制するために、出産制限策、移住奨励策等を行ない、基地が沖縄から撤退した時に備えて農業の振興を図るという提言になったのであろう。しかし、実際には、移住や本土への集団就職等により人口は減少せず、農業の全産業に占める比率も減少し、基地依存の経済構造は強化された。

米軍戦闘機の燃料タンクでつくられたサバニ(伝統的漁船)
(沖縄県立博物館蔵)

企業家の経済思想

次に輸入代替政策の下で産業自立に努力した沖縄出身企業家の経済思想について考察してみたい。沖縄本島では戦後間もなく経済活動が始まった。沖縄本島南部の米須や真壁では一九四六年頃から黒糖作りが開始された。製糖場の焼け跡から砂糖車を取り出して修理し、馬の代わりに青年達が回転棒を回して砂糖を絞った。(163)南部は沖縄戦の激戦地であり、その中から人々は生活のために黒糖を生産し始めた。米軍は自給用食料をつくるために砂糖黍畑を焼き払った。しかし、住民は黍の株を一定の場所に移植して砂糖黍栽培の本格化に備えた。一九五三年に『沖縄タイムス』で、大東製糖社長宮城仁四郎《みやぎにんしろう》は次のように述べた。

> 民族のほこりは自立経済を確立することである。(中略)戦後八年、我々は資本と施設を失い荒廃から立ち上って来たが決して無能ではなく、又自立経済の確立も不可能ではない。糖業の問題にしろ戦前より有利な立場にあり唯糖業がやっていけるような政府の施策が欲しいだけである。輸出計画している国で無計画に輸入している国がある筈がなく、自立経済が重要問題なら産業を強固に保護育成することだ。(164)

製糖業による自立経済が民族の誇りにつながるとし、琉球政府の産業育成策、保護貿易策の必要性を訴えている。その後、宮城は米軍が砂糖黍を焼却することに反対して、砂糖黍栽培が沖縄の風土にいかに適しているかを力説し、本土に渡り日本政府の沖縄産砂糖に対する特恵制度を引き出した。

拓南製鉄所の創業者、古波津清昇《こはつせいしょう》は一九五〇年代に屑鉄輸出業から身をおこし、製鉄業をはじめた動機として以下のように述べている。

本土各地の伸鉄工場や香港の船舶解体工場、伸鉄工場を視察して益々起業意欲が湧いてきた。彼等に出米て沖縄の人に出来ない筈はないと思ったからである。又、香港産業視察に次いで沖縄経済界のトップの方々と共に東南アジア視察旅行をした時に、オリオンビール（株）の創立者、具志堅宗精氏と二人で本隊を離れ、ビール工場や製鉄工場を見学したことがある。その時、民族意識をもって発奮しようと熱っぽく語り合った事を今でも忘れることは出来ない。（中略）「拓鉄興琉」（鉄綱業を開拓して琉球の振興発展を図る）これが私の企業理念であり会社創立の精神となった。(165)

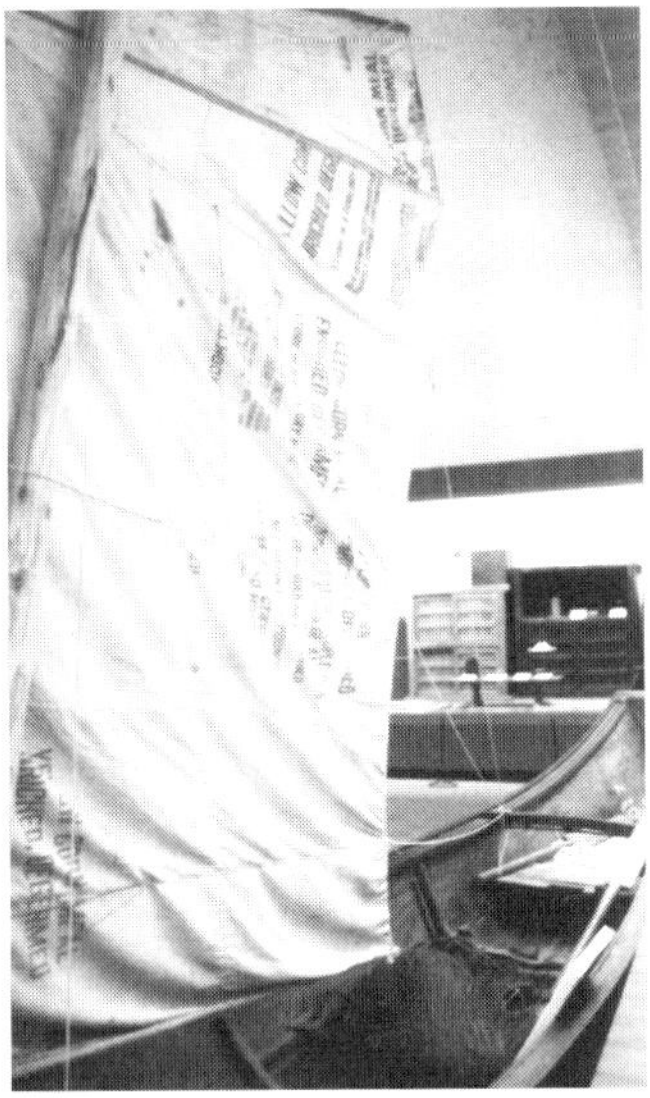

米軍の払い下げ品でつくられたサバニの帆
(沖縄県立博物館蔵)

日本本土や香港の人々にとり可能なことならば、沖縄の人にとっても可能であるとの確信が古波津に創業を決意させた。日本から分離し、擬似国家となった沖縄において、基本的物産を自らまかなう輸入代替政策の担い手が古波津等の沖縄出身企業家であった。古波津は次のような理由から琉球政府に関税保護の必要性を訴えた。

本土政府にあっては輸入鉄筋に対しては関税

十五％が課税されているので琉球政府に於ても輸入鉄筋に対し、関税に代わる物品税を課すよう要請するのは当然と考え、本土を含む外国からの輸入鉄筋に十五％の物品税課税をなすよう陳情したのである。(166)一九六三年に二〇％の物品税課税が認可された。一五％から二〇％になったのは高等弁務官のキャラウェイが日本の真似をして一五％にする必要はないといった一言だという。(167)古波津が米国政府によるＡＩＤ物資指定を要請するために渡米する際、キャラウェイが書いた紹介状により、カイザースチール社から伸鉄材を直接購入できた。また、沖縄内で生産された鉄筋用棒綱が米国生産品と同等の扱いをうけたため、東南アジア、ハワイに棒鋼を輸出して外貨を稼ぐことが可能となった。(168)メイド・イン・リュウキュウの製品が海外に市場を見いだすことが可能となったのは、古波津の経営努力とともに、輸入代替政策、キャラウェイ高等弁務官の支援等によるところが大きいといえる。キャラウェイは沖縄の政治形成の過程において負の遺産を残しているが、沖縄企業の発展に果たした役割は無視し得ない。

ビール、醤油等を生産していた具志堅宗精は次のように、米国民政府に産業保護を求めた。

民政府のオグレスビー氏を訪ね「日本、アメリカにおいてもあらゆる手を打って、自国産業を保護している。灰燼の中から立ち上がる沖縄産業を、手離して放任したのでは、沖縄の産業は絶対に振興しない。輸入規制なり、輸入禁止なり、あるいは関税なりで保護措置を講じてもらいたい」と訴えた。（中略）オグレスビー氏は「それはそのとおりだ。なんとか検討しよう」ということになり、しばらくすると醤油の輸入全面禁止の措置が発表された。これが沖縄における産業保護政策の第一号になったと思う。一九五六年の四月である。(169)

しかし、醤油の輸入全面禁止措置は立法院議員や輸入商の反対で一年後には廃止された。それでも具志堅は輸入品に対する課税を訴え続け、醤油二〇％、味噌一〇％の課税が認められた。単に保護を求めるだけでなく、企業努力も行なった。例えば一九六一年以来毎年、日本全国醤油鑑評会で最優秀賞を受賞するほど醤油の品質を向上させる一方で、原料値上げや労賃上昇に便乗することなく価格を据え置いた。具志堅の経営する赤マルソウは六五年の時点で全島需要のうち、醤油の七一%、味噌の五八%を供給していた。五六年には天ぷら油を製造販売する琉球製油合資会社、五七年にはオリオンビール、五九年には琉球アスファルト工業株式会社等を設立させ、(170)輸入代替を推進した。ただ単に保護政策を求めるのではなく、品質向上、価格維持等の企業努力を弛まず行なうことで、沖縄の消費者の信頼を得て、その需要の大部分を充たすことができたのである。

オリオンビールの経営にはしばしば外部からの妨害がはいった。創業する前に外国ビールの輸入制限を約束していた米国民政府の民政官が更迭され、別の民政官が赴任した。新しい民政官は輸入規制を行なうつもりはないし、今後、財政援助の予定はなく、金利引き下げもしないと述べたという。つまり、米国民政府内に政策の一貫性がみられなかったのである。会社の創業資金の出資元は琉球開発金融公社と琉球銀行であり、両方に対して米国民政府が資金運用に関する実権を握っていたために、米国民政府は債権保全のためとして会社の経営権を剥奪する可能性を具志堅に暗に示すこともあった。さらに、米国民政府の民政官や工業課長が会社の経営者に就任したいとの希望を伝えたこともあった。株式募集の折りにはオランダ資本の会社から株取得の働きかけがあった。しかし、具志堅はあくまで沖縄地元だけの民族資本による会社経営を望んでおり、外国の株取得を断った。(171)他方、米国民政府内にもオグレスビーやキャラウェイ高等弁務官のように沖縄企業の振興を支援した人物もいた。具志堅は自己の企業だけでなく沖縄産業全体の自立化のためにも行動し、一九五一年に開かれた農民大会において具志堅は次のように訴えた。

政府は琉球の産業振興を図らないで、何でも輸入品に依存するという態度をとっていたので、私はそれを皮肉って、「輸入品依存をするならそれもよろしい。しからば輸入商人、あるいはその他のサービス業はもちろん、歓楽街のバー、キャバレーのホステスまで日本本土から輸入したらどうだ。産業を興さずして郷土の復興はなく、住民の福祉向上もありえない。政府はすべからく、農民の栄えが全住民の栄えであることを肝に銘じ、この基幹産業である砂糖を保護育成し、輸入糖に対し百パーセントの課税をすべきである」と弁じた。(172)

産業の発展による輸入依存状態からの脱却という明確な目標が設定されていた。具志堅が大会の決議をもって比嘉秀平・琉球政府主席に一〇〇％課税を要求したところ、間もなく要求がそのまま実現した。一九五四年には具志堅等の主導により島産品愛用運動が始まった。それは日本本土における国産品普及向上運動にさきがけること七年前であった。運動の初期においては原料不足、技術的問題のため県産品の品質は悪かった。しかし、六〇年代にはいり日本本土からの技術移転がすすみ、製品にＪＩＳ、ＪＡＳが表示された工場も増えてきた。(173)

島産品愛用運動は「産業振興」、「輸出の増進」、「島内自給度の向上」、「輸入削減、輸入防止」を目標として展開された。一九五四年当時は琉球政府の保護措置をうけた醤油を除いて、輸入品に押され気味であった。同年の『沖縄タイムス』社説は以下のように論じている。

島産愛用は単に産業関係のものだけであってはならぬ。それは同時に文化にたいしても言えることであろう。産業の場合、それが生活のながい伝統によって培われ、業者の生活と渾然一体化した、生産のよろこびが即生活の楽しさともなり、生産されたものは物質であっても、しかし業者の人間的な愛情がたっぷり注がれ、この愛情が売る人、買う人の関係を利潤追求の欲得だけにとどめないで血の通ったものとする、島産愛用もそうした極致に達しないと長続きしないだろう。（中略）廃藩置県以来かもされた郷土卑下の風潮が、島産の文化や産業に寄せる愛情を惜しみなく奪い、衰微の一途を辿らしたのである。島産愛用は、この愛情の煥発が先決であり、島産文化の振興もこの愛情がないでは望めぬだろう。とは言え郷土の古文化財は嘗ての戦争でおおかた失われ、郷土文化を示して、十分な理解に訴え、おもむろに愛情を喚発する、という啓蒙運動が容易でないことは返す返すも残念である。だが、万難を排して文化財保護に努力し、郷土文化の再認識をひろく一般にうったえることは、新しい文化創造のためにも是非望ましいことであろう。[174]

島産愛用運動が単に輸入代替という政策の段階にとどまるのではなく、生産や消費過程において島産品を通じて島民同士が相互理解することが目標とされた。また、一般的に沖縄の物産と輸入品とを比較すると沖縄の方が価格や性質の面で劣っているという先入観があった。その先入観は戦前における郷土の物産に対する卑下の風潮を原因としており、その偏見を正すには沖縄の文化的価値を認めて、自らが創造した物産への自信を深めることが重要であると同社説は強調している。

沖縄における醤油生産は約四〇〇年の歴史をもつ。琉球処分後、大量生産でコスト安の日本本土産の醤油に太刀打ちできず衰退した。しかし戦後になると、醤油の輸入を禁じたり、輸入税を課したり、機械設備を拡充してコストダウンをはかり、品質の向上を図ったことにより、島内の需要を満たすことが可能となった。

醤油の生産高は一九五一年には一、六九六石であったが五六年には一万九、四〇〇石となった。これは戦前の生産高の約三倍にのぼり、約九〇%の自給率となった。味噌の生産高は五一年に二八万七千斤、五六年には二五八万斤と九倍に増えた。戦前と比べても三・四倍増大した。[175]

一九五六年の第三回島産愛用運動では次のようなことが行なわれた。愛用運動は琉球政府が主催し市町村長協議会、商工会議所、沖青連、沖婦連、新生活運動推進協議会、各新聞社や放送局、その他五つの生産団体が協賛した。期間は一〇月一日から一週間で、全島一斉に行なわれた。各地区毎に街頭行進が行なわれ、島産品を車両に陳列して移動展示会を催した。そして、ラジオ、新聞、ポスター、広告塔による宣伝活動、座談会、モデル工場の公開等を行ない、島産品の販売を押し進めた。[176]

島産愛用運動、輸入代替政策、企業家の努力により、戦前に比較して沖縄には様々な企業が設立された。例えば、味噌、醤油、砂糖、製粉、肥料、飼料、ビール、繊維加工、油脂、パイン、缶詰、煙草、合板、タオル、ガス等の企業である。一九五五年から五八年までの各企業の総出荷額をみると、五八年の数値は五五年の数値の二倍になった。味噌、醤油以外の物産における島内の自給度も上昇し、製粉は七〇%、煙草は九〇%、製紙は八〇%、清涼飲料水は九七%、製菓は一〇〇%になった。(177)

以上のように島産愛用運動は着実にその成果をあげ、企業の成長と製品の多様化が実現した。しかし、製造業の隆盛は輸入依存や基地経済依存という沖縄に形成されていた他者依存的な経済構造、第三次産業への偏重状態そのものを変えるまでには至らなかった。

以上のような企業家の思想の背景にあった輸入代替化政策と、輸出促進政策とを唱える人々の間で次のような論争が行なわれた。米軍統治下の沖縄における経済思想を考えるうえにおいて示唆的な論争は、琉球大学で経済学を教えていた久場政彦と琉球銀行調査課長の宝村《たからむら》信雄とのものである。

久場は次のように論じている。民族資本を育成して生産を促進し、自国経済を自立させるために、たとえ外国製品が安価良質であっても、外国商品の輸入に制限を設け、ドルの外部への流出を抑え、国民経済の拡大再生産に努力すべきである。しかし、天然資源に乏しく、生産拡充の余地の見出し難い沖縄にとって、この政策は困難である。よって、経済的基盤の脆弱な沖縄では、計画的な経済政策を実施し、企業の乱立、消費等を統制し、分配の不平等を規制すべきである。個人中心の経済ではなく、社会総体の福祉を向上させるような強力な権限を有した政府の政策が必要である。ドル切替え後の外国資本に対しては、その進出に歯止めをかけなければならない。(178)

民族資本の保護育成策により経済基盤が確立されるとし、それを実現するには政府が主導的に外資の進出を規制し、消費性向の増大や分配の不平等を是正してゆくべきであるというのが久場の立場である。

自由主義経済の理念に基づいて宝村は次のように述べている。沖縄は土地が狭いうえに、資源貧弱であり、一国の独立経済として自立するには制約が多すぎる。沖縄経済も日本経済の一部、または世界経済の一部として、沖縄の利点を生かす必要がある。沖縄で非能率的な企業を保護するのではなく、自由競争の原理に任せることで沖縄住民が安価な輸入品を消費できるようになるだろう。現在沖縄では、沖縄民族資本の保護の名の下に、日本からの輸入品に課税している。これら企業が沖縄側の保護政策により、将来、本土企業に太刀討ちできるように育つのであれば問題はないが、日本復帰が実現するまで、一般消費者に負担をかけながら企業経営が維持されるのであれば、却って住民の実質所得を低下させてしまう。[179]

島嶼内の資本だけに依存し、経済活動を島嶼内に限定してしまうと、規模の不経済に陥ると考え、日本経済、世界経済と沖縄経済とを緊密に結びつけるために積極的な外資導入を唱えた。島内企業を保護してもそれはある一定期間しか有効でなく、さらに、島嶼民の実質所得が減少するだろうとしている。

久場は、経済基盤の弱い沖縄企業を政府が計画経済の手法で保護しなければならないと主張している。しかし、政府が計画経済を実施できる程、琉球政府は米国民政府から自立しておらず、市場に対する完全な情報も入手していたとはいえない。他方、宝村の議論に沿った形で一九五八年以降、自由主義的政策が実施されたが、先に論じたように抜本的な政策が行なわれなかったため、基地依存の経済構造を変えることはできなかった。

この両者の論争に本章第一節でみた輸入代替に基づく経済自立論とＭＩＲＡＢ経済論の対立が沖縄という特定の地理空間で再生したと、これをみることもできる。

輸入代替に基づく経済自立論とは、新国際経済秩序論やサブシステンス経済論に代表されるように、島嶼民の経済自主権に基づいて自らの資源を自らで開発する輸入代替策である。ＭＩＲＡＢ経済論とは、島嶼と外部世界との関係を肯定的にとらえ、送金、援助金、外国投資を通じた島嶼経済の発展を目指す考え方である。

フェアベーンにとってサブシステンス経済は島嶼における発展の動因を島嶼内部に据えるためのものであり、過大な輸入依存状況を打破する戦略手段である。また、ティズディルは、外発的なプランテーション型の経済成長にたいし、内発的なサブシステンス経済に基づく発展を持続可能な発展のための最良の道として提示した。沖縄経済思想史をみても、羽地朝秀、蔡温、太田朝敷、謝花昇等は沖縄内における経済努力により生産性を向上させようとしたことで共通している。

他方、琉球王国として存在し、経済発展が可能になったのは、貿易活動を通じてであった。近代沖縄において移民活動が盛んになり、送金等で送り出し先の生活に潤いがもたらされた。援助金や補助金への依存、その結果としての公的部門の肥大化という現象も、沖縄と外部世界との関係性が強まったことにより生じた。近現代の沖縄において送金、援助金等が構造的性格のものとなった段階では、外部的依存状態を直ちに脱却することは困難であり、島嶼経済内部の生産力を強化するために外部からの資金を効率よく利用し、徐々に経済基盤を強化するという戦略もみえてくる。

以上のように久場と宝村の論争は、沖縄経済思想史において展開された二つの経済発展論に重なる形で議論されていたといえる。またそれらは同時に、世界における島嶼経済に関する議論で提示された二つの経済発展論とも重なり合うものであった。

以上、米軍統治下の沖縄経済を巡って形成された経済思想について論じた。米軍統治という新たな政治的状況にともなう経済現象の発生に対し、問題の本質を解明し、解決策を提示する経済思想が展開された。

日米間で沖縄復帰が決定されると、日本本土と沖縄との経済格差を是正するために、様々な開発計画が提示された。沖縄はこれまで幾つかの政治体制の変革を経験してきたが、大きく次の四つに分けることができる。第一は一六〇九年の薩摩の侵攻とその後の支配、第二は一八七九年の琉球処分と日本国への統合、一九四五年以降の米軍統治、そして一九七二年の沖縄復帰である。米軍統治までの変革期は準備をする余裕もなく突然生じたが、沖縄復帰は前もって予定されており、それに備えた開発計画の策定も可能となった。次項ではそれらの開発計画に関して考察を行ないたい。

日本復帰を巡る開発の思想

沖縄の日本復帰が明らかになった一九六八年頃から、日本本土側による沖縄開発計画が次々に示された。六八年の沖縄問題等懇談会一体化小委員会経済調査団の報告書「沖縄経済に関する所見」には以下のような記述がある。

(一) 産業経済に関する施策の樹立推進に当っては、本土政府及び財界がより一層積極的に沖縄側を指導し、協力すべきであり、また、こういった施策を、比較的短期の間に、総合的、計画的、かつ強力に推進するためには、本土政府に特別な行政組織(たとえば沖縄開発庁)を設けることが効果的であると思われる。[180]

(二) 経済振興対策としてまず行なう必要のあることは、これら底の浅い人工栄養による産業を、どのように体質改善させうるかということであり(後略)[181]

(三) 沖縄の工業開発は、沖縄の乏しい資源、狭隘な市場に着目する限りでは全く希望のないものといわざるを得ない。しかし、沖縄を日本の経済圏の一環として捉え、そこに見出すことのできる経済的な特性——たとえば日本の最南端にあるという地理的条件、良好な港湾、工業用地の造成の可能性、比較的豊富な労働力等——が本土より一分でも二分でも有利に作用し得る産業があればこれを先導的な産業として、相当に思い切った助成措置をこうずることにより沖縄に定着させ、これに関連する企業を波及的に地場資本で育成させる以外に沖縄の工業を飛躍的に発展させる方法がないのではないかと思われる。(182)

「沖縄問題等懇談会一体化小委員会経済調査団」という名称から伺えるように沖縄と日本との経済的一体化が計画の基本的前提となっている。日本復帰とはまず、経済的諸制度の違いを平準化することが目的とされていたことがわかる。

(一)で述べているように本土政府や財界が沖縄側を指導することが明示され、短期間に一体化を推進するために沖縄開発庁の設立を提唱している。(二)、(三)において沖縄経済の底の浅い人工栄養状態を変えるには、沖縄を日本経済圏の中に組み込み、本土よりも有利になりうる諸条件を活かして、思い切った助成措置により工業化を推進させる必要があると説いている。実際に沖縄開発庁が設置され、高率の補助金が投与され、工業用地や港湾施設が整備されたが、現在において工業化が飛躍的に進んだとはいえない。

次に一九六九年に総理府特別地域連絡局が策定した「沖縄経済振興の基本構想(試案)」について考察する。それには次のような記述があるが、長文になるので二つに分けて論じてみたい。

(一)対外依存性を特徴とする現在の沖縄経済の姿が将来においても肯定されるべきものとはいい難いだけに、沖縄県民と一体となり、産業の開発を促進し、経済の振興をはかり、県民生活の安定に努めることは二十五年間にわたる断絶を埋める意味での本土の責務であり、反面沖縄側おいて、いたずらに過去を想起して疑念を抱き、新たな局面の展開に拒絶反応を示すようなことがあるとすれば、経済の真の発展は期待できず成長はやがて停滞へと変ろう。(183)

(二)未開発の故に開発の可能性を秘めている沖縄(184)

(三)日本列島の最南端、亜熱帯地域に位置し、アジア諸国に最も近く、比較的余剰労働力を有する沖縄は、たとえば畜産物、生鮮食料品の本土への供給地として、本土の中央ベルト地帯に立地できなくなった大規模工場の適地として、自然環境地域の遠隔地化に伴う新しい海洋性観光地域として、さらに日本と東南アジアを結ぶセンターとして期待される。(185)

(一)では日本本土との断絶を埋めるための経済開発を行なう過程で予想される沖縄側からの反対運動に対して、反対運動をすれば経済停滞に陥るだろうと述べている。(二)では日本本土の経済状態を基準にして沖縄を未開発地域であると認識している。しかし、基地経済に由来する様々な問題はあったものの、戦後二七年の間、輸入代替政策、輸出促進政策がともに実施され、沖縄出身企業家も活躍していたことを考えると、沖縄を未開発地域であると規定することはできないであろう。未開発地域を開発するという行為は当該地域の外部からの発想であり、その際、内部の論理は無視される場合が多い。そして(三)のように、日本本土では公害問題のために立地が困難となった大規模工場の設置場所として沖縄が適当であるとしている。大規模工場の一部はCTSとして実現したが、日本全体の経済状況の変化によりコンビナート化は実現せず、周辺地域への経済波及効果も限定されたものとなり、環境に対しても負荷を与えた。

(四)沖縄は新しく期待されている。沖縄経済がこの期待に応え、日本経済の重要な一環として組み込まれつつ、長期にわたり安定した成長を持続し格差を解消する。(186)

(五)(沖縄本島においては)日本列島の南の玄関口としての機能的条件に注目し、また南部地域の人口集積を基礎に石油関連産業等基幹資源型工業を主とする大規模な工業開発の可能性を検討するとともに、予想される日本と東南アジア諸国との交流の緊密化に備え、東南アジア文化交流センターないし国際的会議場の設置の可能性について、国際観光との関連をも考慮しつつ検討を進める。(187)

(六)(宮古島と石垣島に関しては)本土向け大規模食糧供給基地としての開発の可能性を検討する。(中略)そ

のため亜熱帯農業の振興に関する試験研究機関の設置、交通・通信施設の整備、生産物流通体系の確立をはかる。(188)

（七）この基本構想にもとづく沖縄経済の具体的振興施策を樹立するに当たり、沖縄の軍事基地をめぐる高度の政治的論争に左右されることなく、一方においては、冷静に沖縄経済の現実をふまえた着実な施策を積み上げてゆくべきであり（後略）(189)

（四）のように期待するのは日本本土側であり、沖縄はその期待に応えることで、日本経済と一体化し、経済格差が解消できるとしている。復帰後、沖縄側は本土との経済格差の解消を求め続けたが、それは別言すれば、沖縄と日本とを経済的に一体化させる過程でもあったといえよう。その期待の内容は（五）、（六）の通りである。沖縄本島は日本の南端とされ、東南アジアとの経済的、文化的交流地点としての機能を担い、先島は本土向け食糧移出基地等の役割が期待されていた。沖縄における観光化の進展とともに、国際交流の拠点整備は計画通りに行なわれたといえる。しかし、先島は本土向けの大規模な食糧移出基地にはならず、地域振興が現在でも大きな課題とされている。

（七）において米軍基地については開発計画の中には含めないと記されている。復帰後の沖縄振興開発計画を含めて、殆どの開発計画は基地の存在は計画の対象外としていた。

次に一九六九年に総理府が作成した「沖縄工業開発計画基礎調査報告書の概要」について論じたい。同報告書では臨海性工業の業種として製鉄業、洋紙製造業、銅・鉛・亜鉛精錬業、アルミ精錬業、火力発電業、原子力発電業、ソーダ製造業、石油化学製造業、肥料製造業、板ガラス製造業等を挙げている。その中で石油精製について次のように述べている。

沖縄で臨海性工業を考える場合、市場条件や港湾および用地条件の優位性をいう面から石油精製が検討されてよい業種である。従来、石油精製は一般消費者が集積する大都市に近接して立地する典型的な消費立地型の工業であったが、近年、用地、用水の不足、産業公害問題、タンカーの大型化と船舶の輻輳化等により、大消費地に適地が少なくなっていることから、立地のパターンは将来大きく変貌するものと思われる。(190)

日本本土での石油精製工場の設立が困難となり、その代替地として沖縄が適地であるとしている。しかし、実際に米国資本による石油精製業が設立されようとした際に、日本企業の保護を目的として政府は外資の進出を妨げており、精製業はあくまで日本企業が主導権を握ることが前提とされていた。

以上のような政府機関または財界による計画ではなく、革新政党を母体にした沖縄平和経済開発会議は、一九六九年に「沖縄県総合開発計画第一次報告書」を作成した。この計画によるとまず将来の沖縄を日本本土、中国大陸、東南アジアの経済地域に結びつける中継加工、貿易基地とし、その際、本土の主要工業地帯と関連づけることが必要であるとされた。第二次産業については第一段階として石油中継、アルミ精錬、セメント生産等を推進し、第二段階としてアルミ二次加工、石油化学、木材加工、住宅資材製造等を育成する。(191)生産物の移出先は日本本土であると想定していた。経済成長をもたらす先導部門としては中継加工センターと観光産業が考えられており、中継加工センターの開発では石油化学コンビナートに大きな期待が込められていた。(192)

しかし、沖縄平和経済開発会議は沖縄側の那覇商工会議所から提示された全島フリーゾーン構想に関しては反対の姿勢を示した。その理由としては、(一)香港、台湾の安い労働力に対抗する競争力を沖縄は有していないこと、(二)関税手続きが必要となり、そのため日本本土と沖縄との経済交流が阻害されること、(三)技術力のない地元企業の育成に役立たないこと、(四)沖縄経済を輸入依存的にすること等を挙げた。(193)

同会議の開発計画の中では日本本土における大規模開発とそれにともなう公害問題を沖縄に引き起こしてはな

らないと計画の前半部分で述べながら、後半部分では政府や財界による計画と同じく石油精製を中心としたコンビナートという大規模開発を提案していた。また、中継加工センターの設置を提言したが、他方で、製品の移出市場として日本本土を想定しており、日本経済の枠組みの中で沖縄の開発を考えていた。よって、沖縄現地から提示された沖縄を一種の独立経済圏として考える全島フリーゾーン案にも反対の姿勢を示すことになった。

一九七〇年、日本経済調査協議会によって作成された「沖縄経済開発の基本方向要約と提言」は以下のように論じていた。

（一）現在沖縄の行政は、アメリカ民政府、琉球政府、あるいは日本政府と複雑に入り組んでいるが、本土復帰によって、行政主体は日本政府に一元化させ、必然的に「沖縄県」として、他の府県と同様な地方自治体となる。一部で説かれている〝全島フリーゾーン構想〟にみられるような一種の〝独立地域〟でもなければ、〝特殊地域〟として存続するものでもない。また、本土復帰に伴って、商品、労働、資本の移動は自由になり、通貨も一元化するが、このように〝関所〟がとり払われることに伴って、必然的に経済的論理の貫徹が要請される。すなわち、商品は廉価良質なものが選ばれ、労働はよりよき雇用の機会を求めて移動し、資本は投資誘因に導かれて動くであろう。経済的格差が大きい場合には〝関所〟をとり払うことは、少なからぬショックを与えるものとなるであろう。(194)

（二）われわれは、沖縄住民が革新技術の導入に対して保守的な姿勢をとり続けたり、公害の発生に対してあまりに過敏であったり、あるいは、既得権擁護を主張して、経済的な一体化が遅れるようなことがあれば、沖縄の産業開発はそれだけ遅れ、本土との経済格差が狭められず、過疎現象がいっそうすすむことが避けられなくなることをおそれるのである。(195)

（一）では市場経済の原則が沖縄にも適用されるべきことが記されている。日本復帰は制度的に沖縄が日本の一部になるだけでなく、経済的にも一体化され、物、人、資本の移動が自由になり、通貨もドルから円に統一されることで経済原則が貫徹する経済空間が形成される。「高値悪質」な沖縄製品が日本製品に駆逐されることも予想される。だが、それは経済原則の結果であり止むをえないことであると述べている。

実際に、本土企業により米軍基地が建設され、本土で生産された製品が輸入された沖縄が、復帰後は本土企業の進出先、製品の移出先として注目を集めた。輸入代替策により設けられた沖縄企業への保護制度の幾つかが撤廃され、日本本土企業との競争に晒された。復帰後、沖縄製品は日本本土製品に代替されるようになり、島内で生産された各種製品の自給率は低下した。また、復帰後三〇年経過した現在においても、本土との経済格差は解消しておらず、高率補助金、特別措置等が実施されており、完全な形で沖縄と日本本土が経済的に一体化されたとはいえない。

(二)では先進技術を集めた大規模開発を原因とする公害の発生に反対し、地元企業存続のために既得権を主張すると、開発は遅れ、本土との格差も縮まらないとして、本土側が策定した計画や、計画の実施を抵抗なく受け入れることを求めている。

同提言の他の箇所においても沖縄が日本の南端にあることの意義に基づいて、沖縄の経済的役割が付与されている。つまり、日本の経済規模がさらに拡大した際の貨物輸送量を処理するために沖縄は南の玄関口として物資の集積地になり、日本の一人当り国民総生産が約五千ドルに近づいていた当時、沖縄は亜熱帯のレクリエーション地区として、きわめてユニークなフロンティアを提供する場所であるとされた。[196] 物資の集積地構想に関しては、那覇地区自由貿易地域の不備、沖縄における海運コストの高さや輸出製品の不足等を原因として、未だ実現していない。

沖縄側からも幾つかの開発計画が提示された。一九六八年、琉球大学経済研究所は「沖縄経済開発の基本と展望」と題する次のような計画を発表した。

特に復帰後あるいは復帰実現の過程において沖縄を対象とした「国による特別な施策」を行なう必要があるとすれば、沖縄経済開発の地域的意義のみでなく、国民経済的意義、「国民経済として沖縄経済を開発すべき必然的理由」をとりあげなければならないであろう。それは同時に沖縄経済が日本国民経済の一部として如何なる位置づけ、役割を得るか、国民経済の発展成長に如何に寄与し得るかということを検討することに外ならない。(197)

琉球大学の計画においても経済開発の焦点は日本の一部としての沖縄が日本経済にどのような貢献ができるかに置かれている。開発の中心も石油精製業を中心にして、石油化学工業、LPガス製造業、合成樹脂製造業、化学肥料製造業、合成ゴム製造業、合成繊維製造業等のコンビナート化が提言されている。

同計画では開発経済学の理論に基づいた議論も展開されており、開発政策として均整成長説と発展戦略説を挙げ、後者の方が沖縄には適していると述べている。なぜなら、日本経済の一部としての沖縄がもつ比較優位を体現するような産業に特化する必要があるからだという。そして前方連関効果と後方連関効果が大きい産業として、石油関連産業があり、それに集中的に投資すべきであるとしている。また、沖縄の勝連《かつれん》半島が石油産業建設地として適切である理由として、日本における港湾能力が限界に達していること、工場用地が取得困難で、過密地域において公害が発生していること等を挙げている。(198) しかし、沖縄も土地を米軍基地に占有された過密地域であり、住民は石油化学コンビナートからの公害により大きな被害を受ける恐れがあった。

琉球政府企画局は一九六九年に「長期経済計画の基本構想（案）」を提示した。この計画でも、沖縄は珊瑚礁埋め立てによる土地造成が可能であり、臨海工業地としての有利性をもっているとして、コンビナート設置が唱えられ、また原子力発電の建設が必要であるとしている。(199)

琉球大学や琉球政府の計画は、沖縄と日本本土との経済的一体化を前提としているが、それとは異なり、戦後の沖縄を再興させた企業家の団体である那覇商工会議所は一九七〇年に「自由港（特殊関税地域）の提案と背景」を提起した。その主な内容は次の通りである。（一）沖縄全体を自由港にする。（二）原則として関税、物品税を免除する。（三）関税法、物品税法、外国為替及び外国貿易管理法並びに外資法については沖縄に限り特例を設けて、その他の法令は日本本土に準じる。（四）沖縄と日本本土間に関税法を適用する。（五）島内産業を保護するために例外的に関税障壁を設ける場合がある。全島フリーゾーン化により次の諸効果が生まれるとした。世界の商品が安く流入するため物価を安くすることができ、免税品を購入しようとする観光客の数が増大する。原材料コストが低減し、関税手続きが簡素になることで貨物の流入が迅速化され、工業立地としての有利性をもつ。国際市場、見本市が形成され、経済投資の機会が多くなる。(200) 那覇商工会議所の計画案は、沖縄全島を自由貿易地域にして観光業、製造業をさらに発展させることを目的としていた。

次に、復帰前の沖縄経済を分析し、様々な開発計画を批判したうえで代替案を提案した宮本憲一の経済思想について考察してみたい。宮本によれば、復帰前、沖縄と同じような人口規模や所得水準の本土諸県に比べ、沖縄の行政水準や社会資本のストックは乏しかった。その原因として以下の諸点を挙げている。

（一）琉球政府に財政自主権がなく、米国民政府が予算編成権を握っており、基地に対しては課税権がないため、その分、税収が減少した。また、重要な社会資本を米軍が管理し、無料または安価で独占的に利用していた。(201)

（二）琉球政府が多くの国政事務を抱えており、それは一九六〇年代において政府予算の二五から三〇％を占めていた。さらに、六〇年代の南九州や山陰の諸県における国税の還流率は約一八〇％であり、それを沖縄にあてはめると、日本政府は約一〇億ドルの援助金を沖縄に与える必要があった。しかし、実際は約五億ドル程度しか援助しておらず、沖縄を米軍統治下におくことで日本政府は約五億ドル節約したことになる。日本の援助金の使途は項目毎に決められており、そのうえ、琉球政府側の負担が必要となる制度であり、琉球政府の財政自主権が制約されていた。(202)

宮本は、沖縄に基地が存在することで過密問題をはじめとする様々な問題が発生しており、沖縄における地域開発の最大の目標は、基地経済からの脱却でなければならないと主張した。しかし、地域開発の戦略手段ともいうべき「社会資本」の大部分は軍用となっているため、これを民間に開放し活用することから、地域開発を始める必要があるとしている。(203)沖縄に関する宮本の経済思想の特徴は、基地と経済活動とを関連付けながら論じていることであり、基地の存在を前提としない開発計画に対しては批判的立場に立っていた。

批判の対象として例えば、宮本は一九七〇年に策定された琉球政府の経済審議会による開発計画を挙げている。それは中央直結型、高度成長方式の沖縄版であり、計画の策定過程では住民への公開の手続きを省略しており、審議会の委員は琉球政府の事務局案を討議しただけであり、市町村の計画との調整も十分行なわれていなかった。他方、経済企画庁の担当官は事務局案を指導するなど、日本政府の考えは十分配慮されていた。(204)

宮本は次のようにこの開発計画を批判している。

(一) 基地問題を避けている。琉球政府がそれを避けた理由は次の通りであるとしている。(A) 基地の実態が明確でない、(B) 問題の性質が政治的で琉球政府の権限をこえており、日本政府の判断を仰ぐ必要がある、(C) 基地施設が返還されてしまうと、社会資本に投資する必要がなくなり、日本政府からの補助金が減ってしまう等である。上の理由に対して宮本は、基地内の土地の面積や主要施設が確定されれば地域開発計画の作成は可能であり、基地を政治問題として開発計画の対象外とすることは、基地の永続化につながると反論している。(205)

(二) 同計画は日本本土で一九六〇年代に行なわれていた拠点開発方式の後追いであり、七〇年代の新全国総合開発計画の沖縄版になっている。同計画では大那覇圏構想と沖縄メガロポリス構想も提示されているが、それらの内容は那覇を大都市にするとともに、過疎地域を交通手段や通信手段によって大都市と結合させようとするものである。拠点開発とは重化学工業を誘致して、その波及効果により他産業を成長させ、所得の増加、雇用の確保、財政収入の増大により社会的サービスを行なうというものである。しかし、日本本土では拠点開発方式の失敗が報告されており、重化学工業の利益は中央に吸収され、オートメーション工場の雇用効果は乏しく、公害産業によって地元の農業、漁業が衰退したことで、労働力の中央への流出が加速化された。公害や災害による環境問題、陳情政治の横行による地方自治の衰退という問題が生じていた。[206]宮本は高度成長がもたらした経済的問題を分析した経済学者であり、日本本土と同じような政策が実施されようとしていた沖縄に警鐘を鳴らした。

　宮本の経済思想の特徴は沖縄経済の現状を批判的に分析するだけではなく、自らが考える地域開発のための具体案を提示したことである。まず、沖縄の地域開発を実施するうえにおいて沖縄がもっている可能性を次のように挙げている。（一）沖縄住民の政治意識の高さ。「この自治意識にもとづく巨大な政治エネルギーが、基地を解放し、地域開発へ結集するならば、新しい開発方式は必ず生まれるであろう[207]」としている。（二）沖縄住民の知的能力が優れていること。（三）民主的地方自治体が確立していること。（四）地元の資本や技術による開発が着実に進んでいること。[208]そして、一九七〇年に久場政彦とともに次のような七つの沖縄経済開発の原則を「沖縄の心」として提言した。

（一）基地は沖縄の人民の基本的人権を侵害し、文化を破壊しただけでなく、経済の正常な発展を不可能にしている。経済の正常な発展のためには、すみやかに沖縄から基地を撤去し、基地依存の経済を脱却しなければならない。

（二）沖縄経済開発の基盤となる用地・用水・交通手段・エネルギー・住宅などの重要な生産手段・生活手段は、即時無条件で琉球政府および住民に返還されるべきである。返還後の利用権については、住民の意志を尊重して、琉球政府が決定すべきである。

(三)沖縄の地域開発は、経済主義の本土の拠点開発の後追いをしない。

(四)沖縄の戦前戦後の犠牲を考え、日本政府は復帰の前後に、最低五億ドルの援助とそれに相当する財政投融資をおこなうべきである。それは外資の保有量、対外援助額との関係、国内のインフレの抑制策などのいずれの点からみても、現実的に容易な援助額といいうる。右の援助資金の使途は琉球政府に一任する。

(五)住民のための沖縄の開発の長期計画の早急な立案のための総合的研究チームをつくること。この長期計画の策定までの間の工場その他の事業所の設置は仮契約とし、将来策定された土地利用計画・環境保全計画に抵触する場合は、工場その他事業所の撤去あるいは政府指定地への移転を条件とすること。

(六)沖縄の地域開発の主体として、沖縄住民の意志が反映し、科学者の監視が可能な公共機関が地元に設置されること。

(七)沖縄の開発はその経済環境の特殊性により、当面の復興期間中は、新全国総合開発計画や新経済社会発展計画など本土政府の長期計画に束縛されない。(209)

「沖縄の心」は沖縄の地域開発における理念を明らかにしたものである。基地の撤廃によって生産手段や生活手段を返還させ、援助金は沖縄側が自由に使えるようにし、開発政策は本土の後追いはせず、沖縄住民を主体とした開発計画を策定することを求めている。この理念を実現するための具体策として宮本は、糸満-那覇-石川-名護を結ぶ本島縦貫鉄道の建設、海岸部を中心とした土地公有化による本土企業の土地買占めの阻止、一括贈与された資金を四つの基金(社会資本整備、地元産業振興、市町村財政調整、失業対策事業)に限定した利用、県庁に日本政府の内政事務を委託した特別都道府県制の導入等を提示した。(210)特徴的なのは本土企業による沖縄の土地買占めへの対応策を示し、補助金を基金化してそれを沖縄側が自由に利用できるようにし、沖縄の自治性を高めるために特別都道府県制を沖縄に適用すべきであるとしたことである。

那覇商工会議所と宮本の提案を除いて、ほぼ全ての経済計画の中心に据えられていたのが石油化学コンビナートの設置であった。諸計画の石油化学コンビナート案は無から生じたのではなく、米国系石油会社による沖縄への進出計画を踏まえていた。

一九六七年にカイザー・セメント・アンド・ジプサム社、ガルフ・オイル社、カルテックス・ペトロリューム社、エッソ・スタンダード社が外資導入の認可申請を琉球政府に行なった。四社を合わせた日産能力は二五万五千バーレルであり、琉球政府の松岡主席は四企業の申請を認可し、日本企業と合弁する場合でも米国企業に五一%の資本保有を許可した。(211)

しかし同年、日本政府は琉球政府に対して次の事項の実行を要求した。(一)外資の資本保有率を五〇%以下にする、(二)日本に進出していない外資を認可しない、(三)外資の生産能力の大きさに制限をもうける等である。これらが琉球政府によって拒否されたため、一九六八年に右の四社に対して通産省の両角《もろずみ》鉱山局長は「両角二原則」を通告した。それは沖縄が日本復帰した後、四社に対し日本の石油政策を適用し、返還前後に日本本土の石油生産や流通市場に混乱を起こさないような調整を実施するという内容であった。それに加えて、琉球政府に対する「報復」として次のような措置がとられた。米国企業の中で日本国内に関連企業が存在する場合、沖縄に進出した生産能力分だけ国内生産能力の割当を削減する。また、関係企業が存在しない場合は、その米国企業の製品を取り扱った日本企業を関連企業とみなし、生産能力の割当を減らす。さらに、本土復帰の際、日本企業の石油生産シェアーが回復するまで、沖縄に進出した企業の増設を認めない、(212)というものであった。

日本企業を外資から保護してきた通産省は、四外資による沖縄への投資は復帰前に既得権益を獲得し、沖縄を拠点として復帰後に日本本土市場に進出するための布石であると考えた。しかし、基地関連産業、製糖業以外に目立った基幹産業が存在しなかった沖縄にとって、規模の不経済を解消するためには進出企業が日本企業であるか外資であるかは関係なく、沖縄経済に成長をもたらすものであれば、その国籍は問わないというのが琉球政府の方針であった。

通産省の介入にも関わらず、琉球政府は一九六九年に外資導入に関する審査基準を策定した。それは沖縄経済に貢献するかどうかを基準とし、本土資本か外国資本かを区別せず、県益第一主義の立場から琉球政府独自の判断を下すとした内容である。[213]しかし、その過程で、カルテックス社やカイザー社は沖縄進出を取り止めた。同年、通産省は沖縄工業立地調査団を派遣し、琉球政府の外資導入審議会に対し次のように述べた。日本本土においてエネルギー産業や電子産業は絶対に自由化できず、これらの外資は復帰の時点で規制の対象とするが、特にガルフ社の石油精製業は認可し難いという内容であった。この通産省の見解にもかかわらず、七一年、屋良《やら》主席は自由貿易地域指定に関するガルフ社の解除申請を認可して、修正免許を交付した。[214]

この屋良主席の行動の背景には次のような事情があった。琉球政府は、日本政府に対して沖縄開発を大胆に推し進めるような政策を実施してくれるだろうと期待して、最初は石油外資の投資を自由貿易地域内に限定していた。しかし、日本政府は外資を規制するだけで、実効性があると思われる開発政策を提示しなかったため、琉球政府は外資を自由貿易地域内に限定するという方針を見直し、沖縄全体への外資進出を認めた。[215]沖縄が母国に返還される一年前に、石油関連産業の経済開発方法に関して沖縄は母国と対立していたのである。

石油備蓄基地が建設された金武湾、宮城島、平安座島等では海の汚染と潮流の変化によりリーフ（珊瑚礁）を利用した漁業が衰退したのに加えて、関連産業は同地域に形成されず、誘致賛成派や、開発計画立案者が予想したように経済成長の起爆剤とはならなかった。重厚長大産業の不振という日本全体の動向に沖縄が巻き込まれた結果であり、日本経済の一部として補完機能を果たすことが必ずしも沖縄経済の発展にはつながらなかったことを示した。

米国系石油企業の進出問題の他に、アルミニウム会社の沖縄投資についても琉球政府と日本政府との間に見解の相違がみられた。一九七〇年にアルミ精錬会社のアルミニューム・カンパニー・オブ・アメリカ（アルコア）社が琉球政府へアルミ精錬事業を目的とする外資導入免許の申請を行ない、政府はこれを受理した。その直後、通産省はアルコアの進出を認められないと琉球政府に伝えた。本土アルミ五社は通産省、外務省、総理府にアルコアの沖縄進出を阻止するよう要請し、日本政府からの補助を前提として本土アルミ五社による沖縄への資本投資を提案した。しかし、七一年にアルコアは通産省の規制が厳しいこと、日本企業との提携に失敗したことを理由に進出を取り止めた。本土アルミ五社の共同出資による沖縄アルミニウム会社もコスト高と政府の助成措置が不十分であること、反公害の住民運動が激しいことから沖縄進出を断念した。(216)

通産省による厳しい検査と頻繁な投資条件の変更が外資との合弁の際にはつきものであり、日本産業全体が有利になるような形でのみ特許権の購入を通産省は許可した。通産省とその諮問委員会との間に産業育成の方針についての合意が形成されてから外国技術導入が承認された。(217) 外国企業を国内市場から排除するために、外国人に五〇％以上の株式保有を認めず、日本企業の取締役会における外国人の数と投票権を制限し、外国人が日本企業の合意なしにはその会社を買収することができず、さらに、通産省が進出の許可をしない場合には、外国企業の日本市場参入を非公式的に阻止する暗黙のルールが形成されていた。(218)

たとえ沖縄が母国に帰るときであっても、通産省による企業の保護育成策に変更はなかった。このように日本国の利益を唱える通産省に対し、擬似国家であった沖縄も自らの権益を主張した。その主張が明確に示されているのが一九七〇年に行なわれた「現地座談会・沖縄経済開発の視点」である。喜納彰《きなあきら》・琉球政府商工部長は以下のように発言している。

優良な外資であれば特に区別はしません。本土側の企業関係者は、琉球政府に対し立地環境の整備を先にすべきだ、と注文をつけていますが、アメリカ側は別に条件をつけず、道路や港湾の整備も自らやる気構えを示しています。われわれの事務段階の者としては、やはり自ら基盤整備をやる企業を歓迎しますね。[219]

日本復帰をするからといって日本企業の投資を優先するのではなく、沖縄にとってより有利な投資を歓迎するというように経済合理的な判断基準を琉球政府当局者は持っていた。久場政彦は次のように述べている。

沖縄で生産されてどしどし本土に流れるようになれば、本土のアルミ業者は困るということでしょうが、しかし一般の建築消費者はむしろ値段が安くなって都合がいいと思うんです。ただ困るのはアルミ業者ですね。そうすると、日本が困るというのははたして日本国民全体が困るのか、一部のアルミ業者が困るのか。一部業者が困るから日本が困るという考え方はどうかと思いますね。（中略）ある程度沖縄県自体のためにはよいが日本のためには多少好ましくないということがあっても、私はこの際、県益に重点をおいて考えるべきだと思います。なぜなら、国益のためにのみ沖縄県民は二十数年間つくしてきたのです。ですから、これ以上国益の名のもとに県民を萎縮させることはないと思います。[220]

通産省が主張する日本国の利益とは日本企業の利益であり、一般消費者の視点に立ったものではないとして、国益を享受するのが一部分の企業に限られていることを指摘している。それら一部の企業が外資進出によって被る損害と沖縄経済の成長の可能性を比べる時、戦後二七年間の沖縄の犠牲を償う意味でも沖縄の経済成長を優先すべきであると主張している。つまり、戦後二七年間、沖縄が米軍統治下に置かれたのは日本の国益のためであり、沖縄への外資進出に関してもまた日本国の利益を貫こうとするのは沖縄に犠牲をさらに強いるものであるという認識である。

本章の第一節では島嶼が抱える経済問題や、それらの諸問題を解決するための経済政策に関してどのように国際的に議論が展開されてきたのかについて沖縄経済と関連させながら検討した。島嶼は地理的な制約性から、行政的、経済的な諸問題を抱えており、それが経済を発展させるうえでも大きな障害となっている。問題の解決策は、大きく二つに分類でき、島嶼民の経済自主権をもとに島嶼資源を開発する輸入代替政策と、外部世界からの送金、援助金、外国投資等を通じた開発を目指す考え方である。

第二節では、沖縄とミクロネシア諸島において共通にみられた米軍の戦略と、島嶼経済の関係について考察した。そして、戦後沖縄経済の形成について論じた。沖縄経済は米軍基地の存在により大きく左右されてきた。他方で輸入代替政策によって多くの沖縄出身企業家による事業が生まれた。また、外資を導入するために一九五八年から自由主義的な一部開放政策が実施され、自由貿易地域も開設された。

沖縄経済は米軍基地や基地関連産業、米国民政府からの援助等、米国との経済関係とともに日本との経済関係も強化された。次第に日本の援助額が増大し、日本本土は沖縄で生産される砂糖やパイン等の主要な市場となった。また、日本本土側も沖縄に基地を建設するために企業が進出したり、商品を輸出してドルを得た。

第三節で米軍統治下の経済思想について考察した。独立論、環境保護や反基地運動家、輸入代替政策の担い手であった企業家等の経済思想とともに、復帰後を想定した諸開発計画について考察した。

沖縄の施政権を米国が有し、潜在主権を日本が有するという特殊な政治的地位にあった沖縄では、独立論を含む、政治的地位に関しても様々な議論がみられた。一種の独立国家的状況におかれた沖縄ではまた近代沖縄に比較して沖縄出身の企業家が多く出現したことも見逃せない。また、沖縄史で初めての大規模な基地建設や産業開発が行なわれたのに対して住民は抵抗運動を展開した。

復帰に備えた開発計画では、沖縄企業を保護するための制度が撤廃され、日本本土企業の沖縄進出を前提とする経済的一体化策が提唱された。経済的一体化策とは、沖縄市場と日本本土市場とが、一部の例外を除きほぼ同一化することを意味した。しかし、実際は完全に日本本土と沖縄が制度的に同一化したのではなく、復帰後、高率の補助金が提供され、各種の優遇措置が実施された。

次の章では、米軍統治下の島嶼から日本国の一県になり、制度諸条件に大きな変化が生じた復帰後の沖縄経済について論じる。経済状況の変遷にともない、どのように経済思想が形成されたのかについて考察を行ないたい。

第四章　日本本土復帰と島嶼経済（一九七二〜二〇〇〇年）

本章では、一九七二年に日本本土に復帰した後の時代を対象として沖縄経済の推移過程と経済思想の形成について考察を行なう。日本復帰により沖縄には日本国憲法が適用され、人権の保障をえることができた。それとともに沖縄は日本経済の一部として統合された。復帰前に存在していた輸入代替のための企業保護策も一部例外を残して撤廃され、本土企業の商品との競合を余儀なくされた。基地は復帰後も存在し続けることで、それに付随する経済問題も発生した。復帰後沖縄経済に特徴的なことは、沖縄開発庁が新設され、それを通じて膨大な補助金が沖縄に流入したことである。基地依存の経済構造から、補助金依存の経済構造へと変化した。

以上のような復帰後の経済状況の変遷に応じて、経済思想の上でも新たな人々が登場し、経済問題を分析し、沖縄経済自立に関する提言を行なった。

本章の構成は、第一節「復帰後沖縄経済の構造」、第二節「本土復帰後における沖縄の経済思想」、第三節「二一世紀に向けた沖縄経済発展のための政策提言」となる。

第一節　復帰後沖縄経済の構造

沖縄経済の開放化

本節では復帰後の沖縄が直面した経済的諸問題について論じる。復帰にともない沖縄の通貨はドルから円に変わった。一九七一年に米国がドルと金との兌換制を廃止したため、一ドル＝三六〇円の固定相場制が変動相場制に変更され、復帰の際の為替レートは一ドル＝三〇五円に決定された。ドル価値の減価を前にして、沖縄県民は総額約一億ドルの預金を引き出して物品を購入しようとしたが、流通業者も商品の減価をおそれて通貨切り替え後まで商品の出し惜しみをしたため、物価が急騰した。(1)

日本国家の一地方となった沖縄に特別な為替レートを適用することは不可能であり、部分的に通貨差損の補償措置はとられたものの現金や資産の減価、物価上昇という状況の中で復帰の第一幕が下ろされた。

復帰前は合板や綱棒のメーカーに対しては競合品の全面輸入禁止の措置がとられ、釘、紙袋、パイナップルの関連業種も保護の対象となった。ビールは輸入品に対して消費税が課せられ、原料輸入は無税扱いであった。その他ほとんどの製造業が何らかの保護措置を受けていた。(2)

復帰によりこれらの保護措置が原則的に撤廃され、経済が開放された。一定期間をもうけて、規模の大きい本土企業との競争による影響を緩和するために復帰特別措置がとられた。例えば、輸入の規制が行なわれていた製造業用の原材料に対する輸入割当、関税や内国消費税の減免が実施された。海運業界では沖縄航路を配船調整して本土－沖縄間航路への本土企業の進出が抑制された。銀行業でも本土の銀行の進出に制約が設けられた。しかし、これらの復帰特別措置は既存の制度を一定期間、継続しただけにすぎず、企業の生産性を積極的に向上させるものではなかった。(3)

沖縄開発を推進するために沖縄開発法が制定され、次の商品に対する保護措置を認めた。例えば、牛肉、バター、脱脂粉乳、麦芽、泡盛、ビール、ウイスキー、ヨット、家具、モーターボート等は保護の対象となった。しかし、合板、鋼棒の他、麺類、ブロイラー、鶏卵、菓子類、釘、サラダ油、硬質塩化ビニール、味噌、醤油等は自由化された。(4)

沖縄開発法に関しては次のような疑問が呈されていた。沖縄開発法は軍事基地の縮小によって発生するであろう失業者に対する救済措置に言及するのみで、基地の撤去と基地跡地利用を前提とした経済開発については対象外としている。開発のための金融機関として沖縄振興開発金融公庫が設立されることになった。その資本金は琉球開発金融公社、大衆金融公庫、琉球政府特別会計の純資産等であり、日本政府は予算の範囲内で追加的に出資をすることになった。その監督権は沖縄側から主務大臣へと移り、沖縄の金融政策に関する自主性が失われた。(5)先に検討した日本政府または財界による開発計画が軍事基地を考慮に入れていなかったように、沖縄開発法でも対象外とされた。本土との一体化により、沖縄が有していた各種の裁量権も日本政府に移され、沖縄側の自主性が狭められた。

沖縄開発の基本的方向を決定した機関は沖縄開発庁と沖縄総合事務局である。沖縄開発庁とは日本本土に設置された中央機関であり、その出先機関が沖縄総合事務局である。復帰前にも同様な機関があった。例えば、一九五二年に中央機関として南方連絡事務局があり、出先機関として那覇日本政府南方連絡事務所が設置されていた。そして、五八年には中央機関が特別地域連絡局となり、六八年には出先機関が日本政府沖縄事務所となった。七〇年になると中央機関が沖縄・北方対策庁、出先機関が沖縄事務局に変わった。復帰前の各機関は、沖縄と日本本土との連絡や協議を主な活動としていた。沖縄開発庁の必要性が最初に主張されたのは六八年における沖縄問題等懇談会である。七〇年には琉球政府も沖縄開発庁の設置を要求した。(6)復帰以前においても日本との間の経済的な関係が緊密であり、上のような各機関がその橋渡し役を果たした。復帰を前にして沖縄の「経済的遅れ」に対処するために、より行政的に権限のある機関が構想されていた。

沖縄開発庁の所管事務は次の通りである。(一)沖縄振興開発計画(沖振計)の作成とそのために必要な調査を行なう。(二)沖振計の実施を推進し、関係機関との調整をする。沖振計の事業経費の見積もり方針を調整し、特定経費についての配分計画を行なう。（三）沖縄振興開発特別措置法（沖振法）の施行に関する事務を行なう。（四）軍用地の中で位置境界が不明確な土地の調査を実施する。（五）沖縄振興開発金融公庫の監督について総理大臣の補佐をする。（六）多極分散型国土形成促進法に基づいた沖縄における振興拠点地域の開発整備について総理大臣の補佐をする。（七）沖縄の復帰に伴う特別の措置に関する事務を行なう。

以上のような沖縄開発に権限をもつ沖縄開発庁に対しては、復帰前に次のような批判がみられた。（一）琉球政府が保持していた自治権が沖縄開発庁の設置により侵害される。（二）県の上にさらに機関が設置されることで二重行政の弊害が生じる。(7)このような批判はあったが、沖縄と本土との経済格差を解消することが復帰後の最大の目標となったため沖縄開発庁と総合事務局は予定通り設置された。

沖縄開発庁が存在することで、他都道府県よりも有利な形で公共事業が行なわれた。沖縄開発庁一括計上方式と呼ばれる予算計上の方法がある。それは各省庁で実施する事業予算を一度、沖縄開発庁の予算に一括して計上した後に、執行段階で各省庁へ予算の移し替えを行なう方法である。例えば、一九九七年二月に開通した浜比嘉《はまひが》大橋は総事業費が約九〇億円であったが、他都道府県では自己負担額が約四五億円にのぼると推定されているのに対し、沖縄県の自己負担額は約九億円ですんだ。その理由は沖縄において離島架橋事業の補助率が一〇分の九であったためである。その他の開発対象にも高い補助率が適用された。他方、八五年と九五年における各事業の予算比率を比較してみると、治山治水が一・〇三％から一・二三％、道路が三・八六％から三・九二％、港湾が八・六八％から九・〇％へと、ほとんど比率が変化していない。沖縄開発庁は固定された事業予算のシェアーを維持することを優先し、事業の効果を軽視した予算を作成する傾向にあるといわれている。(8)この様な開発行政の結果、復帰後多くの公共事業が実施されたにもかかわらず、補助金依存の経済構造が形成されただけで、歪んだ産業構造の是正につながらなかった。

沖振法に基づき、「工業等開発地区」（六市五町村）が指定され、固定資産税免除等の優遇措置が講じられている。さらに、工業等開発地区を含む八市一三町村が頭脳立地法によって承認を受けた「集積促進地域」に指定され、固定資産税免除等の優遇措置がとられている。工業団地については、「糸満工業団地」及び「中城港湾新港地区工業団地」が整備されている。(9) 工業化のための優遇策が実施されたにもかかわらず、後で論じるように、復帰後の工業化は期待されたほど進展しなかった。

沖縄開発庁の業務の一つに、沖振法に基づいた沖振計の策定がある。なお、日本政府がある一つの自治体を対象にして総合計画を策定しているのは沖縄県だけであり、北海道開発計画は資源開発計画に限定されている。計画の策定手続きは県知事が計画案を作成し内閣総理大臣に提出することから始まる。内閣総理大臣は沖縄振興開発審議会の審議をへて、関係行政機関の長と協議して最終的な計画を決定する。知事案は総理大臣への提出後、様々な修正をうける。例えば、第一次沖振計の知事案では水道の軍事優先使用をなくし、軍事基地による文化財の破壊を防止し、基地依存経済から脱却し、基地の撤去が要求されていた。だが、最終計画の中では基地撤去という言葉は削除され、基地への言及箇所も少なくなった。公害についても知事案では強い懸念が示されていた。しかし、計画の中では全体的に公害反対の姿勢が弱くなっていた。第三次沖振計でも第一次沖振計と同じく、基地に対する態度に知事案と実際の計画では大きな隔たりがあった。(10)

第三次沖振計は沖縄開発の方向性として次のような諸点を挙げている。

（一）東南アジア等南に向けた我が国の農業技術協力の拠点(11)

（二）我が国における余暇時代及び長寿社会の進展に対応した国際的規模の観光・リゾート地として整備することにより、健康で豊かな国民生活の実現に貢献するとともに、地域の経済発展にも資することが期待されている(12)

（三）沖縄の地理的優位性を生かした貿易の振興と企業の立地を促進するため、自由貿易地域における優遇措置の重点的活用等を図るとともに、自由貿易地域那覇地区の充実、中城湾新港地区等への新たな設置を推進する等、我が国の南における国際的な物流中継加工拠点の形成を図る(13)

（一）、（二）、（三）で明らかなように日本国の中で沖縄が有する経済発展上の可能性が指摘されている。沖縄が本土経済圏から遠隔地に位置するという地理的問題性、企業経営基盤の脆弱性を克服するためとして、（三）の自由貿易地域に重点が置かれている。

一九八七年に那覇空港に隣接した地域に那覇地区自由貿易地域が設置された。自由貿易地域の根拠法令は沖振法、沖振法施行令、自由貿易地域内における事業の認定申請に関する総理府令等である。同地域の経済的利点として次の諸点が指摘されていた。（一）国外に輸出される貨物への関税や消費税が免除される。外国貨物を保管している間、関税や消費税が課せられない。同地域内で品質検査を行ない、不良品の減却処分が可能である。（二）輸入通関は同地域内の税関出張所で行なうことができるため通関手続きを簡素化できる。（三）国税、県税、市町村税等の優遇措置がある。沖縄振興開発金融公庫や沖縄県庁の融資制度を利用できる。同地域で可能な経済活動は、製品の加工、中継、備蓄、品質調整、展示、取引等である。(14)

一九八八年に二七社が同地域に進出したが、二〇〇二年三月年現在では一三社に減少している。同地域への搬入額は八九年において五三億五、七〇〇万円であったが、二〇〇〇年には一三億六、〇〇〇万円に減った。(15)

自由貿易地域の制度上の利点として国外に輸出される貨物に対する免税措置がある。しかし、競争の激しいアジア市場に対して輸出可能な商品はほとんどなく、優遇措置が活かされていない。税制上の優遇措置としては国税である法人税や所得税の特別償却と、投資損失準備金制度が設けられている。しかし、二〇〇二年三月現在においてこれらの優遇措置は利用されていない。さらに、不動産取得税に対しても優遇措置が設けられているが、同地域は沖縄県庁の借地であるため優遇措置が活用できない。また、同地域の建物が国の所有物であることから、融資を受ける際に建物を担保とすることができない。地方税の事業税、固定資産税の免除という特別措置も利用されていない状況であった。(16)

右記の他に次のような不振の原因が指摘されている。(一) 入居企業には、中小零細企業が多く、貿易実務や市場開拓力が弱い。(二) 施設が狭隘なため、適正規模の設備が設置できない。(三) 常設展示場が狭いため集客および商談機能が不十分である。(四) 自由貿易地域に関する管轄は、法人税や関税は財務省、輸入割当(IQ)は経産省と農水省、特別法人は内閣府というように縦割り行政が行なわれており、問題が生じた場合、省庁間を行き来しなければならない。(17)

以上のような自由貿易地域の不振を解決するために、一九九八年に沖振法が改正され、特別自由貿易地域が中城湾港新港地区工業団地内に創設されたが、次のような優遇措置が講じられている。(一) 特別自由貿易地域内に設置された常時雇用者数が二〇人以上の企業に対して、新設後一〇年間、所得の三五%を法人税の課税所得から控除する。その結果、所得八〇〇万円以上の企業において一般地域では税率が四〇・九%であるのに対し、同地域内では設立後五年間は二二・九%となり、設立後六年から一〇年の間では二七・四%となる。(二) 設備の新増設を行なった場合、機械が一五%、建物が八%を法人税から控除する投資減税制度を設ける。(三) その他、地方税に関しては事業税、不動産取得税、固定資産税、特別土地保有税等に対して優遇措置を実施する。(18)

沖縄は情報通信産業振興地域、観光振興地域、工業開発地域等に指定されているため、これらにともなう優遇措置を活用することも可能である。沖縄の経済振興のために様々な経済優遇措置が提供されている現在、どのようにそれを活かして自由貿易地域への企業投資を促すのかが問われている。

復帰後、沖縄開発庁を通じて膨大な補助金が沖縄に注ぎ込まれ、社会基盤が充実した。この補助金が復帰前の基地に代わって、沖縄経済に成長をもたらす最大の動因となった。社会基盤の整備がそのまま民間部門の体力強化には結びついておらず、補助金に依存した経済構造となった。

沖振計では二種類の工業地域を想定していた。第一は「内陸型工業」であり、沖縄の豊富な労働力を活用するために内陸部に工業団地をつくり、既存の工業生産との融合を図るというものである。第二は「臨海型工業」であり、臨海部を埋め立てて大規模な港湾を有する工業地帯にするというものである。[19]これは本土企業を誘致することを目的としていた。しかし、石油ショックや一九八五年の円高の影響、水の供給や賃金コスト等、沖縄内在の生産条件の問題によって大規模な企業の進出はなく、計画が目指していた製造業の形成や、高失業率の解消は実現しなかった。自由主義的な経済政策が実施されたにもかかわらず、沖縄経済の問題性を解消できなかった原因は、右に論じたように、自由貿易地域制度自体に問題があったが、次の項目で論じるように、沖縄の経済問題は構造的な性格をもつものであった。

沖縄経済の問題性

一九九八年の実質県内総生産は三兆三、〇四六億円で、本土復帰時の六、六一二億円に比較し約五倍に増大した。[20]九八年における産業別総生産の構成比をみると、第一次産業が二・一%、第二次産業が一八・一%、第三次産業が八三・三%であり、[21]第三次産業に大きく偏った産業構造であることがわかる。

一人当たり県民所得の対全国比は復帰直後は約六〇%程度であったのに対し、一九八六年には約七六%に増大し、九八年には約七三%になった。一人当たり県(国)民所得は経済成長と人口の動向により左右されるが、九六年から過去一〇年間における国内総生産の平均増加率が四・一%であったのに対し、沖縄県の県内総生産の平均増加率は三・八%であった。他方、九六年から過去一〇年間における人口の平均増加率は全国が〇・三%であったのに対し、沖縄県は〇・七％であった。経済成長率が低く、人口増加率が高かったため、沖縄県における一人当たり県民所得が全国平均値より低く推移するようになり、現在、四七都道府県の中で最下位となっている。(22)

二〇〇〇年の完全失業率は七・九％を示し、全国平均（四・七％）の約二倍の数値となり、復帰後最大の失業率となった。(23)同年における年齢別の完全失業率をみると、一五～一九歳が二五・〇％、二〇～二四歳が一六・九％となっている。完全失業者全体の中に一五～二九歳層の占める率は四八％にのぼった。若年者の失業率が高い原因は、新規学卒者に対し県内の雇用機会が少ないこと、県民が就職先として県内を選ぶ傾向が強いこと、本土就職からのUターンが多いこと、公務員等安定志向が強いこと等を挙げることができる。(24)

第三次産業への偏重については先に指摘したが、特に製造業の脆弱性が顕著である。一九九六年において県内総生産の中で製造業が占める比率は六・〇％にしかすぎず、全国平均の二四・四％に比べ著しく小さかった。製造業の経営規模は、一人から四人規模の事業所が全体の五六・二％を占めており、出荷額では全体の三・四％を占めるに過ぎなかった。このような状態は復帰以降ほとんど変化していない。九六年において従業者数が五〇人以上の工場は県内に八八あり、そのうち三七が食料品製造業であり、建築用金属製造業、コンクリート製造業、印刷業がそれに続いた。資本金が一〇億円以上の製造業を挙げると、五〇億円以上は石油精製業、たばこ製造業各一社であり、一〇～五〇億円の企業は石油精製業二社、肉製造業、セメント製造業各一社であった。(25)

以上のように沖縄の経済構造は、失業率が高く、一人当たり県民所得が少なく、第三次産業に偏重しており、製造業が経済発展に果たす役割が極端に小さいことを特徴として挙げることができる。開発行政によりインフラの整備、一人当たり国民所得に対する県民所得の比率等の面ではある程度の改善がみられたが、沖縄経済構造の体質を変革するには至らなかった。

第三次産業自体も底の浅い性質をもっていた。一九九四年における規模別商店数をみると、従業者数が一人から二人の商店が一三、三八四店であり、全商店数の三分の二を占めていた。[26]

企業の開業率、廃業率、純増率（開業数から廃業数を差し引いて出された企業の増加率）も沖縄企業の経営体質の脆さを示している。企業の開業率は一九七二年から七五年まで平均一六・三％増大したが、九一年から九六年にかけては平均五・九％減少した。八六年から九一年までの都道府県別開業率、廃業率をみると、沖縄県はいずれも全国第一位であった。純増率の方は、七二年から七五年まで平均六・〇％であったが、七五年から八一年までは平均三％台となり、八一年から八六年までは平均一・八％、そして、九一年から九六年までは平均一・〇％というように年々減少した。[27]

一九九八年における販売不振、売掛金回収難、赤字累積を主要因とする不況型倒産は全国で約一万一、三〇〇件発生したが、それは全倒産件数の六五・一％であった。他方、同年、沖縄県における不況型倒産は三〇件発生したが、全倒産件数に占める割合は二〇・〇％でしかなかった。沖縄県の場合、不況型よりも過小資本、放漫経営を原因とする倒産の割合が多かった。[28]

企業規模が小さく経営基盤が弱かったため、企業の存続が困難であったことが右の数値からわかる。また、年毎の企業の純増率の減少は、先にみた県内総生産の減少傾向と附合しているとともに、公共投資により民間企業の発展が促されていないことも明らかにしている。

県内企業の売上高対経常利益率は、一九九五年が〇・六％であり、九一年から五年連続でコンマ以下の数値が続いている。本土企業の平均値一・二％に比べて、沖縄はその半分程度である。また、同年の総資本対自己資本率は八・四％（全国一四・九％）で極めて低率であり、他人資本依存体質による金利負担が企業の収益性を圧迫し、業績不振をまねいている。[29]

金利負担の他に企業は生産要素のコスト高という問題も抱えている。例えば、立地費用をみると、一九九五年において内陸造成用地価格は沖縄が五万六五〇円であったのに対し、全国平均では三万三、二四〇円であった。他方、同年における臨海造成用地価格は沖縄が二万六、七〇〇円で、全国平均では八万二、七九〇円であった。九八年における電気料金をみると、沖縄が二五・三六円／kwhで、全国平均は一八・〇八円／kwhであった。九七年における工業用水は沖縄が三五・〇五円／立方メートルで、全国平均が二〇・九四円／立方メートルであった。[30]以上のように、臨海造成用地価格を除いて、沖縄の生産要素価格が割高になっていることがわかる。それらが沖縄企業の経営体質を悪化させる原因であるとともに、沖縄への企業進出を阻む障害となった。臨海造成用地価格が全国平均に比べて割安になっているのは、沖縄では珊瑚礁が発達しているために埋め立て費用が通常の場合よりも安くなったものと思われる。

次に沖縄県財政の特徴について考察してみたい。一九九九年における沖縄県歳入の構成比をみると、自主財源が二三・〇％（内、県税が一三・七％）であるのに対し、依存財源は七七・〇％（内、国庫支出金が三六・三％、地方交付税が三二・九％、県債が七・七％）にのぼった。他方、全国平均値は自主財源が四七・一％、依存財源が五二・九％となっており、[31]沖縄県の財政が外部に収入源を大きく依存していることがわかる。市町村財政においても沖縄県の場合、自主財源が三〇・〇％、依存財源が七〇・〇％であるのに対し、全国平均では前者が五〇・九％、後者が三三・五％であり、[32]市町村レベルでも依存度が高い。

また、一九九六年における沖縄県の一人当たり行政投資額は四七万五千円であり、全国平均の三九万円を上回り、全国一の水準となっている。特に、復帰後から九六年までの間、七三年を除いて行政投資額の内、産業基盤投資、生活基盤投資、農林水産投資それぞれの金額は全国平均を上回った。[33]国から産業関連、生活関連の多くの補助金が投下されてきたことがわかる。

補助金の投下は沖縄の産業構造を次のように変えた。復帰時の一九七二年における名目県民総支出に占める主要項目の構成比をみると、公的支出が二三・五％、軍関係受取（軍人軍属消費支出、軍雇用者所得、軍用地料）が一五・六％、観光収入が八・一％であった。九八年になると、それらの構成比は、公的支出が三二・五％、観光収入が一二・三％、軍関係受取が五・二％になった。(34)軍関係受取の比率が減少し、公的支出の比率が増大したという特徴をみることができ、復帰前の基地経済から、補助金や、観光業に依存する経済構造に変遷したといえる。

補助金は沖縄経済にとりどのような意味を持っているのであろうか。日本本土と沖縄との間には経済的ブーメラン効果と呼ばれる経済現象がみられる。それは沖縄に投入された補助金や投下資本が、日本本土からの商品の購入、本土企業による観光開発・企業の合併や下請け化等によって日本本土に還流する状態を指す。(35)経済ブーメラン効果は「ザル経済」とも呼ばれ、外部から投下された資金が沖縄内に蓄積されず、歪んだ産業構造が改善されなかった。

補助金により自立的な経済構造は形成されなかったが、補助金によるインフラ整備を一因として観光部門が飛躍的に成長した。一九七二年における観光客数は約四四万人、観光収入は約三二四億円であったが、九九年における観光客数は約四五六万人、観光収入は約四、六七七億円に増大した。しかし、観光客一人当たりの消費額をみると、七二年に約七万三千円であったのが、九九年には約一一万三千円にとどまっており、(36)観光収入の増加は観光客数が増えたことによりもたらされたといえる。

沖縄最大の観光地である恩納《おんな》村の固定資産税収入は一九八一年に比べて八五年は八五％増えた。その増収分の七五％は地方交付税交付金と相殺され、そのうえ、下水道整備、産業廃棄物処理、海岸保全等の出費が嵩み、観光開発により村財政の事情は必ずしも好転したとはいえなかった。(37)その他、観光施設の建設による地価高騰、地元物産や食材が観光施設によって充分に購入されていないこと、住宅環境の悪化等の問題もある。さらに、本土から来島する観光客がパッケージ化された航空機、ホテル、レストラン等を利用するため、地元沖縄への経済波及効果が限定されたものになっているとの指摘もある。

補助金依存の経済構造を制度的に形成したものとして沖振計の策定と、その実施を挙げることができる。同計画において最大の目標とされたのは、沖縄と本土との間の経済格差を是正することである。道路や港湾等は国が全額建設費を負担し、教育施設、土地改良事業、公営住宅、上下水道、医療福祉施設等に高率の補助金が与えられた。このような補助金投下の結果、県財政収入に占める補助金の比率が高まった。同時に、移輸入が移輸出を大きく上回るようになった。移輸出では石油や石油製品が、移輸入では原油や粗油が圧倒的なシェアーを占め、復帰前の砂糖黍やパインに代わって石油や原油関連に依存する構造になった。ＣＴＳは石油備蓄や精製の機能に限定され、日本全体の産業構造の変化の影響を受けてコンビナート化は実現しなかった。

本土との格差是正策を急速に行なったために、島嶼の環境に歪みが生じた。海洋博の頃から赤土による珊瑚礁の破壊が目立つようになった。赤土は外洋に拡散せず、イノーと呼ばれる礁湖内に堆積して、珊瑚を中心とした生態系を破壊した。農地整備、ダムや道路建設等により樹木が剥ぎ取られ、露出した赤土が雨によって、川を通じて海に流れた。ある浸食量の測定によると、最大で年間五センチの表土層が流出しており、これは開発を行なわなかった場合に比べて約千倍の浸食量であるという。(38)

赤土流出には次のような沖縄独自の原因がある。（一）島嶼性。面積が狭いため開発対象地が丘陵部に及び、赤土の影響が河川全体に波及する。（二）亜熱帯性。化学的風化が激しく、赤土が生成しやすいうえに、深層まで細粒で未固結の土壌からなっているため、流出を容易にしている。（三）社会歴史性。沖振計に基づいた本土との格差是正策を急激に進めたため、社会経済的変化と環境との間に不整合が生じた。例えば、沖縄本島北部の東海岸における赤土流出の原因は、パイン畑の造成、道路やダムの建設、土地改良事業である。パイン畑の造成は一九六〇年以来続いており、通常五年に一度、連作障害防止のために表土が三〇から五〇センチ剥ぎ取られ除去される。道路やダムの建設は七三年から集中的に行なわれ、土地改良事業による農地整理は七五年以降、石川市、金武《きん》町、宜野座《ぎのざ》村を中心に実施されていた。(39)

沖縄本島北部だけでなく石垣島でも土地改良事業が行なわれていた。一九七六年に「近代的、合理的な畑地かんがいシステムによって土地生産性ならびに労働生産性の高い営農を展開せしめる(40)」という目的をもった土地改良事業が、石垣島の「宮良川土地改良区」で始まった。組合員が二、一八一人、土地改良面積が三、四五六ヘクタール、水利のためのダム建設費が三八六億円、畑整備費が三三〇億円、スプリンクラー設置費が一八〇億円という大規模投資であり、国が七五%、県が一五%、地元が一〇%の費用を負担することになった。しかし、作物価格の下落、作物収量の停滞、赤土流出による土壌の栄養分流出等で農家の滞納金も二億三千万円に増大した。農家の中には電気代も三カ月分滞納となり、送電停止にともない農業用水の送水が止まったケースもあった。(41) 失敗の原因は、農家の経営力に関して充分な調査を行なわず、沖縄独自の環境を考慮に入れず大規模開発を行なったことにあるのだろう。

右の土地改良事業は農業の生産性を向上させる目的をもっていた。一九九九年における部門別の農林漁業粗生産額をみると、畜産が約三五八億円、水産物が約二四七億円、砂糖黍が約一九七億円、花卉が約一三七億円、野菜が約一二三億円、葉たばこが約六六億円、パインアップルが約一一億円であった。(42)

沖縄粗糖価格は国際相場の約一〇倍であり、政府による価格支持制度は沖縄砂糖の生産にとり不可欠であった。一九八五年の国内産糖価格支持費用の内、沖縄には約三一二億円が支給されていた。北海道に対しては沖縄分を上回り、約四九二億が配分されていたが、北海道テンサイ糖の生産量は沖縄の三倍であり、沖縄への補助率の高さは歴然としていた。(43) 復帰前の砂糖への特別措置が農家の保護のため復帰後も継続された。しかし、農業粗生産額に占める比率は年々低下している。沖縄農業で近年注目されているのは花卉であり、沖縄は全国市場の中で冬春期おける供給産地として確立されている。

沖縄の経済成長を目標として金武湾の珊瑚を埋めて造成したのがＣＴＳ（石油備蓄基地）である。ＣＴＳの関係者が当初、環境保全を説いていたにもかかわらず、海が汚染された。金武湾に面している与那城村だけで一九七二年に一九五トンの収穫量があったモズクが七六年には一トンに激減した。埋め立てに際して漁民が手にした漁業補償は一億二千万円であった。七二年の全水揚げ量を七九年のセリ値で計算すると、約四億八千万円になるという。そして、クルマエビ、貝、ウニ、海人草、ヒトエクサ、サンゴ、ホンダワラ、アマモ等が少なくなり、カモも飛来しなくなった。[44]さらに、当初、ＣＴＳ内に設立されていた企業は四八〇人を地元から採用すると約束しながら、実際は八〇年の時点で一九四人しか雇用せず、与那城村でも安全対策のための経費が増えた。[45]時代状況の波に乗り遅れたという側面はあるが、環境影響や経済波及効果に関する調査や対策が不備であったために、経済的だけでなく、生活上も人々や村役場に豊かさをもたらさなかった。

島嶼環境の破壊は沖縄本島の北部や中部、そして先島だけの問題ではなく、都市部でも環境汚染が深刻になった。復帰特別措置として本土よりも二〇倍近い高濃度の畜産排水を放流することが許された。その結果、日本のワースト五河川の内の三つが那覇市内の川であった時期がある。

基地と沖縄経済

二〇〇〇年三月現在において、沖縄全面積の一〇・五％が米軍基地であり、沖縄本島だけに限定するとその面積の一八・九％を基地が占有している。さらに、在日米軍の専用基地全体の七四・八％が沖縄に置かれている。[46]島嶼の陸地以外にも訓練空域、訓練水域、射爆場があり、沖縄は基地に取り巻かれているといえる。沖縄が敗戦後、米軍に占領され、米軍の強圧的統治の下で基地建設が行なわれたことにより、右のような高い比率の基地集中度となり、復帰後もその状況は変わらなかった。

陸地に設置された基地だけでなく訓練水域があることもまた経済活動にとって大きな障害となっている。伊是名《いぜな》島から那覇市までは船やバスを乗り継いで四時間は必要とする。その不便さを解消するために二〇年前から空港建設計画を進めているが、訓練水域が存在するために建設を実施できない状況におかれている。以上のように島を取り巻く海や空が米軍訓練のために利用されていることにより、狭い島嶼で経済的に活用できる部分が限られ、経済自立への道を困難にしている。

観光業や日本本土市場への物産の運輸や交通のための航空輸送は、沖縄経済にとり不可欠である。空域の軍事化によって民間機は、危険な状態の中で沖縄上空を飛行しなければならない。嘉手納基地上空の半径約八〇キロは、日本側の進入管制業務が及ばない管制空域「嘉手納ラプコン」と呼ばれる空域である。この中では米軍機の飛行スケジュールが優先され、民間機には離陸や進入高度に細かな制限がかかる。そのため、米軍機と民間機がニアミスをするケースが数多く発生している。(47)

基地はその性質上、広大で平な土地を必要とするが、経済活動においても同様な土地を必要とする。基地が生産要素として不可欠の土地を占有してきたゆえに、沖縄の経済活動が阻害された。復帰後、沖縄の施政権は日本に移されたものの基地の縮小は進まなかった。一九七二年から九五年までに沖縄に返還された基地面積は全基地面積の一五％でしかない。一方、本土では同期間に全基地の五八％が返還された。(48)七三年、七四年、七六年の日米安全保障協議委員会において返還が合意された基地は六三件であり、その総面積は五、七四六ヘクタールであった。八八年までに返還されたのは四〇件で、それは合意面積の四六％でしかない。復帰後返還された土地のなかで、八八年時に跡地において公共事業が終了しているか、実施中の事業は五三％であり、工業団地的なもの

(『沖縄の米軍基地』沖縄県総務部知事公室基地対策室刊より)

や、第二次産業はほとんど跡地に設置されなかった。[49] 沖縄基地の返還が進まず、返還後の跡地には第三次産業や住宅地が建設され、沖縄の産業構造を変える方向には進まなかった。

跡地利用が遅れた原因としては次の諸点を指摘できる。

(二) 行政的理由。跡地利用のための特別な財源が存在せず、また、一般の土地改良法や土地区画整理法の他に跡地利用のための

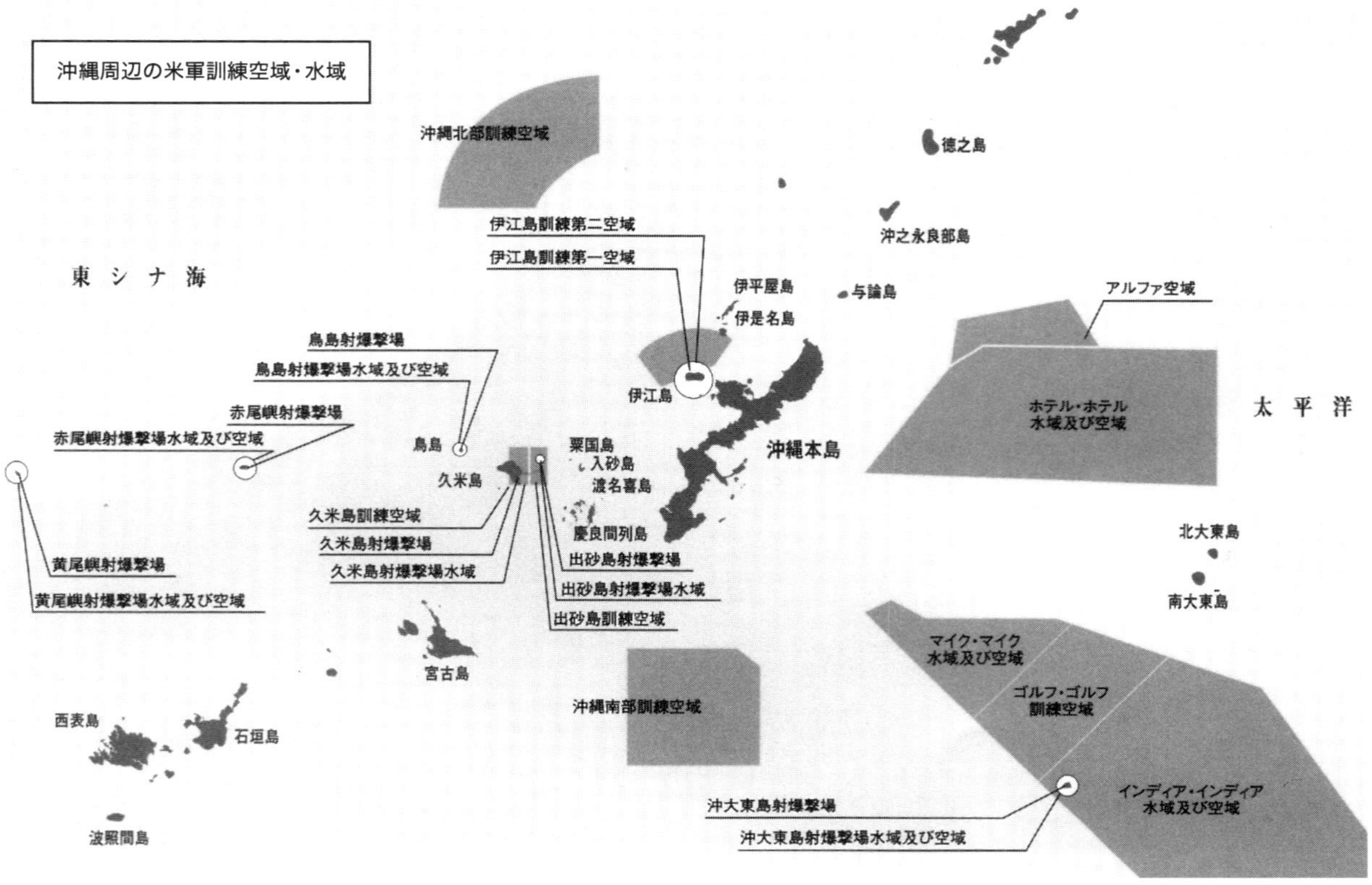
沖縄周辺の米軍訓練空域・水域
東シナ海
太平洋
沖縄北部訓練空域
伊江島訓練第二空域
伊江島訓練第一空域
徳之島
沖之永良部島
与論島
伊平屋島
伊是名島
伊江島
沖縄本島
アルファ空域
ホテル・ホテル
水域及び空域
鳥島射爆撃場
鳥島射爆撃場水域及び空域
赤尾嶼射爆撃場
赤尾嶼射爆撃場水域及び空域
鳥島
久米島
粟国島
入砂島
渡名喜島
慶良間列島
久米島訓練空域
久米島射爆撃場
久米島射爆撃場水域
出砂島射爆撃場
出砂島射爆撃場水域
出砂島訓練空域
黄尾嶼射爆撃場
黄尾嶼射爆撃場水域及び空域
北大東島
南大東島
宮古島
マイク・マイク
水域及び空域
ゴルフ・ゴルフ
訓練空域
沖縄南部訓練空域
西表島
石垣島
インディア・インディア
水域及び空域
沖大東島射爆撃場
沖大東島射爆撃場水域及び空域
波照間島

（『沖縄の米軍基地』沖縄県総務部知事公室基地対策室刊より）

特別な土地法が存在しない。返還時期が明確でなく、細切れに返還され、立ち入り調査も実施できない状態となり、市町村による跡地利用計画の策定が困難である。

(二) 跡地利用を巡る地主間の意見の相違。例えば復帰前に返還されて、放置されていた本部飛行場の跡地利用が未決定であった原因は、農地として使いたい地元の地主と、それ以外の利用を望む都市在住の地主との間で考え方に違いが見られたからであった。

(三) 国の都合による返還。島嶼民にとって必要性の低い、山間や谷間の土地や、周囲を基地に囲まれた進入路のない土地がその時々の政治状況に応じて返還された。

(四) 細切れ返還。例えば那覇市の牧港住宅地区が全面返還されたのは返還が始まって一〇年後であり、一〇年間細切れ返還であったために実用化できず土地は放置されていた。

(五) 地籍（土地の位置や境界）の不明確性。地籍が不明確なために、跡地利用が進んでいない場合がある。(50)

跡地利用を促進するには跡地利用のための財源を確保し、特別な土地法を制定し、地主が合意できるような跡地利用計画を作成する必要がある。

次に基地返還後の土地の具体的な利用状況について考察したい。返還軍用地において企業立地が成功したのは北谷のハンビー飛行場跡、小禄金城《おろくかなぐすく》地区、具志川市のみどり町等、数例に限られている。小禄金城地区の場合、開発の結果、地主の中には軍用地料の約五倍の賃貸料を得ることが可能となった者もいた。同地区では商業開発を成功させるために計画的な都市設計が作成され、道路から建物を離すセットバック方式、昼間型商業施設の設置の義務付け等を導入した。(51)

北谷町のハンビー飛行場跡地には、ショッピングセンター、フリーマーケット、娯楽施設、レストラン、宿泊施設が建設されている。北谷町民を対象とした調査によると、地元で買い物をする人は一九九四年においては全

体の六八・六%であったが、それは八九年調査時の数値よりも一割程増加した。(52)

北谷町によると、ハンビー地区において、区画整理総事業費に対する固定資産税の増収分を算出すると、開発前に比べ開発後は二二・七倍の費用対効果があった。同地区の地価総額は、開発前は二六四億一、六〇〇万円であったが、開発後は減歩により減少した面積を考慮しても、四一三億九千万円となり、一四九億七、四〇〇万円の増加となった。(53) 軍用地時代よりも土地は多くの経済的利益を生みだし、返還後の土地利用方法において両地区はモデルケースとして位置付けられている。

市街地の真ん中にある普天間飛行場は沖縄本島北部の辺野古に移設予定
(『沖縄の米軍基地』沖縄県総務部知事公室基地対策室刊より)

沖縄に米軍基地の大部分が存在することに対する金銭的な償いの意味で多くの補助金が沖縄県に投下されており、補助金依存構造が復帰後の沖縄経済に定着した。それは沖縄の地域レベルにおいても確認できる。基地が置かれている市町村に対する財政的措置として、防衛施設庁所管の各種助成事業と特定防衛施設周辺整備調整交付金、自治省所管の基地交付金がある。助成事業としては障害防止工事、学校等騒音防止工事、住宅防音工事、民政安定施設に対する助成制度、移転補償制度がある。大規模な基地が存在している市町村の公共施設に対しては特定防衛施設周辺整備交付金が交付されている。さらに、基地からは日米地位協定により固定資産税が徴収できないが、それに代わって日本政府から次のような交付金を受けている。米軍が所有する固定資産に対して課せられるはずの固定資産税に代わるものとして市町村に助成交付金と調整交付金が支給されている。

一九九六年に、地方交付税配分の基準となる「基準財政需要額」の算定項目に安全保障への貢献度が加えられ、基地関連予算が新たに増えた。全国の基地所在市町村への配分額は約一五〇億円であったが、そのうち、半分以上が沖縄向けであった。その使い方は自治体の裁量に任され、基地所在市町村はさらに財政的支援を得ることが可能となった。(54) その他、沖縄県米軍基地所在市町村活性化特別事業費が用意されている。それは米軍基地所在市町村から提案された事業に対し国が補助金を提供するものであり、金額は九七年度から七年間で総額千億円にのぼる。さらに、九九年には名護市など沖縄本島北部に一〇年間に千億円の補助金を投入することが閣議決定された。これは普天間米軍基地の移転先とされた名護市に対する経済的見返りとされている。以上のように沖縄の米軍基地を長期にわたり利用

嘉手納飛行場は極東最大の米空軍基地
経済活動をするうえで重要な平面部分を基地は占拠する
(『沖縄の米軍基地』沖縄県総務部知事公室基地対策室刊より)

するために多額の補助金が二一世紀においても沖縄に提供される予定である。

復帰後、沖縄の経済は財政補助金への依存が高まったことにより、沖縄県全体の経済規模からみると基地への依存状態から脱しつつあるといえる。例えば、先に指摘したように軍雇用者所得、軍人・軍属の消費支出、軍用地料等の合計である軍関係受取の県民総支出に占める割合の推移をみると、一九七二年が一五・六%であったが、九八年には五・二%にまで減少している。[55] しかし一方で、軍関係受取の金額は復帰後、大きく増大した。七二年における軍関係受取は約七八〇億円であったが、九八年には約一、八七三億円にまで増大した。同期間中、軍人・軍属の消費支出は約四一四億円から約五〇五億円へ、軍雇用者所得は約二四〇億円から約五二八億円へ、軍用地料は約一二六億円から約五七一億円へと増えた。[56] 補助金の投入等で県民総支出自体が増大したことにより、軍関係受取が占める比率が低下したが、同受取は金額としては無視できない額である。

失業率の高い沖縄にとり基地は、沖縄県庁に次いで二番目に、大きな就職先である。つまり、二〇〇〇年三月末現在、駐留軍従業員は八、四五〇人に上っており、[57] 完全失業率が高水準にある沖縄にとって職場として基地は大きな意味をもっている。基地労働者の職種は事務、技能、公安（警備や消防）、医療等に分かれている。基地はその労働条件や給与条件のよさから多くの人々を引きつけている。

一九九八年において基地が撤去されると仮定すると、軍関連受取の約一、八七三億円が存在しなくなることを意味する。この金額を民間部門において生み出すのは容易なことではない。また、沖縄本島の中部や北部には基地関連交付金等の軍関連受取が歳入総額の二〇%以上を占める町村が四カ所存在している等、[58] 地方財政にとっても基地経済が持つ意味は大きい。

以上のような沖縄経済の現実を踏まえて、沖縄の経済発展を考える必要がある。基地が撤去されれば自動的に沖縄経済が発展するという保証はない。基地撤去後に生じるであろう失業、軍関係受取の消滅等の問題に対する対策が重要な課題となろう。

基地の返還に関しては次のような進展がみられた。一九九五年にＳＡＣＯ（沖縄における施設及び区域に関する特別行動委員会）が設置され、九六年に一一施設（約五、五〇〇ヘクタール）の返還が合意された。その中には普天間飛行場（四八〇ヘクタール）があり、その跡地は沖縄経済振興の起爆剤として大きな期待がかけられている。他方で、環境破壊等を懸念する住民が移転先の基地建設に反対している。

基地移転先における経済振興、基地跡地利用、軍関係受取の消失への対策等、基地移転にともない、様々な経済政策を策定し、実施する必要がある。そのように沖縄経済と基地は緊密な関係を有しているのである。

第二節　本土復帰後における沖縄の経済思想

独立、特別県制論者の経済思想

本節では、独立、特別県制、環境保護、自由貿易地域、自助努力等に関する経済思想について考察する。復帰後、膨大な補助金が投下されながらも、日本本土との経済格差が解消されず、米軍基地の縮小も進捗しないという状況に対して、抜本的解決策として沖縄の独立、特別県制等の政治的地位の変更を求める議論が展開された。また、補助金の提供によるインフラ整備は環境破壊を引き起こしたため、自然と経済発展との調和を求める見解もみられた。沖縄の経済自立を達成する方法としては、自由貿易地域を設置し、沖縄経済を一層開放すべしとする議論と、補助金や特別制度に依存するのではなく、沖縄県民の自助努力によって道を切り開く必要があるとの議論がみられた。

本節では、まず独立、特別県制論者の経済思想に関して論じる。復帰後、本土との経済格差の縮小を目標に膨大な補助金が投下され、インフラ整備、観光投資により沖縄社会が大きく変貌していく中で、一九八〇年前後に自立、独立の可能性を問う議論が盛んに行なわれるようになった。

宮古島出身で、イリノイ大学の労働経済学教授であった平恒次《たいらこうじ》は米軍統治時代から沖縄独立を主張していたが、沖縄県となってから平は全世界的琉球精神共和国論と呼ばれる独立論を展開した。琉球共和国の構成員は琉球列島に住む人々だけではなく、世界中で生活している沖縄県出身者を含めている。主権国家になることによって得られる特権は領海権であり、それにより入漁料、船舶の通過料等を財政収入とすることができる。そして、国際的な金融業や流通業、医療保険福祉サービス業等を自由に展開することも可能となる。もっとも島嶼国家は経済自立が困難であるため、世界の各地に住んでいる沖縄出身者による沖縄の経済発展のための協力が必要とされる。沖縄と世界各地に定住している沖縄出身者をつなぐものが、郷土沖縄に対する愛着である「世界的琉球精神」であるとしている。(59)

平の島嶼国家論はＭＩＲＡＢ経済論と共通する側面をもっており、島嶼と外部世界との関連性の中で島嶼経済を認識している。しかし、太平洋島嶼は独立後間もないが、大国からの援助金に依存しており、経済自立化が最大の課題となっている。入漁料の対象となるのはマグロやカツオであるが、それらは回遊魚であり、近年、沖縄近海では減少しており、国家の収入源として期待することは困難であろう。また、島嶼国の中にはオフショアー市場（非居住者を対象にした、税制上の優遇措置がほどこされた市場）を設置している島嶼もあり、マネーロンダリング（犯罪組織が自らの資金を洗浄すること）に利用される等の問題が指摘されている。つまり、当然ながら独立してもそのまま経済自立が保証されることはないのである。

島嶼内の経済自立化に関して平は次のように述べている。沖縄県の労働者は能力不相応の高賃金を得ている。地価は機会費用不相応の軍用地代に牽引されて高水準である。インフラ整備において規模の経済が働かず、インフラ整備の単価は高い。このような状態を引き起こしているのは日本政府の補助金である。よって、沖縄の経済自立を達成するには「日本依存謝絶計画」を作成し、経済非常事態を全県的に宣言することで、賃金相応の生産性を上げるべく様々な工夫を行なう必要がある。(60)補助金依存が沖縄経済の構造的問題であるが、補助金を日本政府に返上して独立を図るには沖縄側の自助努力が前提であるとしている。

沖縄の独立論が現実的な可能性を持つには、次の二つの条件が必要となろう。一つ目は、補助金打ち切りに伴う経済水準の低下と景気の低迷等を県民が受け入れることである。二つ目は、補助金に替わる収入を得る方法を具体的に提示することである。

次に復帰後の沖縄社会が急速に近代化してゆき、沖縄的な生き方が変貌を遂げつつあることに警鐘をならし、太平洋島嶼をモデルとした独立論について考察してみたい。CTS反対運動の過程で沖縄独立のモデルとしてパラオが挙げられていたが、パラオや他の太平洋島嶼の独立に引き付けて次のような沖縄独立を宣言したのは高良勉《たからべん》である。

　一九八〇年一月一日をもって、私は日本国・沖縄県民としての義務と地位を一切放棄し、琉球ネシア共和国連邦に加わり、新しい人間＝琉球ネシアンとしての自立革命に起ち上がる。(61)

高良による琉球独立の原点は琉球王国ではなく、一万数千年にわたる縄文時代である。その時代において自然と調和して祭りと文化を育み、琉球人は海洋民族となったという。だから、琉球ネシア共和国は海洋を原点にし、太平洋諸島との連帯をめざす。経済的には地域の特性と、人間と生態系との関係を重視し、自給自足度を高めると同時に、海を基盤とした第一次産業と貿易中継基地による生産活動を独立後の経済像として描いた。二万人弱のパラオが非核憲法を制定し独立しようとしている。人口一〇〇万余の琉球ネシアがどうして独立できないことがあろうかと述べ、高良はまず自ら独立を宣言した。(62)そして、琉球共和社会憲法C私（試）案を作成した。

その内容は平和主義、貿易活動、伝統的生活形態に基づいた経済発展を特徴とする。(63) 高良も環境保護運動である「琉球弧の住民運動」に参加し、運動のなかで本土復帰後の沖縄の変容に危機感を覚え、沖縄独自の生き方を独立論という形で提唱した。

沖縄独自の生き方を「パパラギ」との関連でとらえたのは、いれいたかしである。パパラギとはサモアの首長ツイアビが西欧人を指した言葉である。いれいによればパパラギは沖縄県民にとって日本人または日本であった。沖縄はこれまでパパラギの方ばかりに目を向け、沖縄内在のものを劣等視してきた。しかし、沖縄戦、米軍統治、日本復帰を通じて、日本を経由して導入された近代文明の弊害を認識したことにより、沖縄独自の豊かさ(亜熱帯の太陽、高温多湿の気候、珊瑚礁、豊かな耕地、文化体系)にも関心が向くようになった。いれいは、琉球共和国構想の意義は技術文明の社会とは対置された、沖縄島嶼の自然風土と民族社会を土台とした生き方を提唱したことにあると述べている。(64) 沖縄の自立についていれいは以下のように論じている。

沖縄が必要とする論理によって自らを統御し、自らが生きる方途を定めない限り、公共事業という名の開発事業に無限に依存し、沖縄の風土を食いつくして完全に「パパラギ」の属性になってしまうことを畏れるのである。思えば沖縄は、沖縄が沖縄を必要とする論理によってではなく、沖縄を必要とする他の論理によってうごかされてきた。(65)

島嶼外部の政治経済的要因に左右されるのではなく、沖縄の人々が自らの意思や、独自の豊かさを見直した発展のあり方を強調している。

沖縄独立にあたって太平洋島嶼がしばしば参照されるのは島尾敏雄のヤポネシア論の影響によるところが大きい。島尾は次のように述べている。

よく目をこらして見ると、けしつぶほどの小さな島々が、孤独をまぎらそうとより添うように、いくつかのグループをつくってかたまり合っているのを見つけることができるはずだ。それらは、ポリネシアやメラネシア、インドネシアそしてミクロネシアなどと呼ばれているのを私たちは知っている。そしてこの絵図面の中では日本が、さきの地図の中とは、すこしようすが変わって見えるのがおもしろい。それはもう大陸にしがみつこうと手足をのばしているもうひとつの日本のすがたといっていい。ヤポネシアと名付けられなかったのがふしぎなくらい、南太平洋のほかの島嶼群と似通った状態をそこに広げているところの島々のグループだ。(66)

日本列島を大陸の方に引き付けて考えるのではなく、太平洋島嶼の角度からみることを可能にしたのは琉球列島の存在である。太平洋島嶼と琉球列島には共通の文化的基盤があり、その延長上に日本列島の文化を島嶼文化の観点から位置付けようとした。(67) このように島尾は島嶼文化という枠組みでヤポネシアという概念を生み出した。ヤポネシア概念は次のような影響を与えた。ヤポネシア概念が琉球弧の住民運動の「琉球弧」という地理的空間に文化的な意味を持たせ、奄美諸島から与那国島にわたってみられた、大規模開発に反対する住民運動の思想的基盤となったのである。拠点開発型の経済成長ではなく、島嶼の環境と調和した相互扶助型の経済発展が目標とされた。

以上、思想的、文化的な意味合いの強い独立論について論じてきた。次に政治経済学の立場からの独立論について考察してみたい。原田誠司、安東誠一、矢下《やした》徳治等の沖縄経済研究会による「沖縄経済自立の構想」を簡単に紹介する。

その論文によれば復帰後の沖縄経済は基地経済構造の強化、日本資本への従属化と沖縄経済内の非接合化、過剰労働力構造の深刻化等の特徴をもち、周辺資本主義化がすすみ、「低開発性の発展」という状況が明確になった。そして、沖縄経済の非自律的、非工業的周辺経済化は沖縄県民を収奪や抑圧・差別の構造に陥れたという意味で、沖縄は日本の内国植民地である。(68)そしてこの従属化を打開する方法として次のようなものがある。
(一)S・アミンがいう世界資本主義経済からの離脱、の議論を沖縄にあてはめ、日本から独立することで周辺資本主義分業を拒否し、アジア太平洋圏における新たな分業関係を構築する。
(二)沖縄を差別する日本国家を解体するために、沖縄住民は少数民族として自己認識して日本国内の他の少数民族、社会的弱者、革命家と協力して闘う。
(三)沖縄独立の主体は沖縄民族ブルジョワジーや特権的公務員ではなく共同体民衆であり、沖縄共同体社会主義が目指すべき理想となる。(69)

上の議論は従属論の概念をそのまま沖縄に当てはめたものであり、独立のための方法も具体性に欠け、沖縄側への影響は少なかったといえる。島嶼の外部で作られた理論を島嶼の特殊性を考慮することなく、島嶼の現実に押し付けている。島嶼に内在化する形で理論は形成されるべきであろう。反面、従属論が第三世界で形成された理論であることを考慮すると、沖縄を世界的視点でとらえ、島嶼民を島嶼問題解決の担い手として位置付けたという意味では、この独立論は評価しえる。

沖縄の政治形態として県よりもさらに自治性の高い形態を提起したのが特別県制論である。それは一九八一年に自治労沖縄県本部により提示されたが、沖縄開発庁が推進する開発により沖縄の自治が衰退したという認識から、特別県の設置を求めた。特別県は振興開発計画の策定権や実施権を有し、地方税、地方譲与税、地方交付税、補助金等が一括して特別県に交付され、その利用については特別県の自主性に委ねられるというものである。(70)

島袋純は、沖縄の自治権を確立する方法の一つとして自治州を紹介している。それは復帰前の琉球政府が有していた法体系、組織、権限体系を基盤にし、課税権、関税自主権、そして沖縄開発庁の権限である予算編成権、教育に関する権利等を行使できる自治制度である。そのために、住民投票によって自治州設置のための地域特別立法をつくる必要があるとしている。[71] 沖縄が本来の自治を回復するためには、必ずしも県制である必要はなく、日本の国に属しながら他の形の政治形態のあり方が可能であると島袋は世界における自治制度の研究から導き出している。太平洋島嶼においても、ニュージーランドと自由連合協定を結んでいるクック諸島、ニウエ、トケラウは軍事権以外の内政権を有している。

復帰前に沖縄経済を分析した宮本憲一は復帰後の沖縄経済に関して次のように論じ、また独自の特別都道府県制を提起した。まず、復帰の際に沖縄県民の意志が問われなかったことを宮本は問題にしている。つまり、日本国憲法第九五条に基づいた復帰関連法が住民投票によって過半数以上の賛成を得る必要があり、さらに、基地の存続についても住民投票が行なわれるべきであった。住民の意志を無視した形で復帰が行なわれ、基地が存続したことにより産業開発、都市建設、交通体系整備等を実施するうえでの困難性が引き続き沖縄経済の問題となった。復帰は新たな経済問題を発生させた。それは軍用地料の増大であり、一九七一年から七五年の間に八・七倍になった。その結果、農業への転業が困難になり、軍用地料への依存度がたかまり、基地の返還がさらに困難になった。[72] ＣＴＳや石油精製工場の雇用創出力は乏しく、関連工業は発生しなかった。復帰後、沖縄への補助金が増大し、沖縄経済は復帰前の「基地経済」から、復帰後には「基地経済プラス本土政府依存経済」に変化した。[73]

以上のように復帰後変化した沖縄経済の諸問題を分析して、同問題を解決する経済政策として宮本は次のように提言している。

いま沖縄の開発にとって必要なのは、「総論」について抽象的論議をすることではない。「総論」は「沖縄の心」で十分である。いま求められているのは、「各論」的段階で、どのようにして沖縄方式を生みだすかである。たとえば、農業や工業の振興について、まず県民が創造することであり、それを行政機関が全力で応援することである。本土からの資本や技術の導入にたよるのでなく、まず自らの頭で考え、汗水を流して実現することである。(中略)このような地道な計画が、自立した生産的労働者を生みだすのである。どのような業種を育成導入するかは、沖縄の環境保全、水資源などの資源のあり方、県民の生活様式などを考えて、十分に検討すべきである。だが、もっとも重要なことは、いかなる業種をえらぶか以上に、誰がそれを運営するかである。たとえば、かりに畜産・野菜・果樹栽培が有効であったとしても、本土の商社がそれを経営するならば、社会的結果は、コンビナートと同じで、その開発は独占体の利益を第一とし、沖縄県民の生活向上に寄与することは小さいであろう。開発の効果は自立した経済人・技術人が沖縄で誕生するかどうかである。経営主体の創造には、協同組合方式のような共同経営や自治体の公社のようなものがもっと考えられてよい。(74)

沖縄県民自身による経済活動によって沖縄経済が発展しなければならないとし、それを行政が支援する「沖縄方式」を確立する必要があるとしている。「沖縄方式」とは、沖縄の諸条件を考慮し、沖縄内部に自立した経済人や技術人を創出するこころみであり、経営主体としては例えば協同組合方式、自治体の公社が望ましいとしている。宮本の「沖縄方式」は近代沖縄の太田朝敷や謝花昇が提唱した産業組合の活用や「生産力」の形成という考え方と共通しており、島嶼内発の経済発展のあり方を目指している。

ただ、宮本の場合、右の「沖縄方式」を実現するためには沖縄の行政的枠組みの変更が不可欠であるとする点に独自性がある。宮本は復帰特別措置法終了後の沖縄のあり方に関して次のように述べている。地方自治法を改正して特別都道府県制を沖縄に適用する。それは、軍事、外交、裁判、貨幣制度等の一部を除いた内政的国政事務と、都道府県本来の業務を実施する機関であり、財源として国税を地方に委譲するとともに、自主財源だけでは十分でない場合には傾斜交付税で補い、起債は自由とし、補助金は全廃する。そして、沖縄開発庁は沖縄県庁に統合する。中央政府への財政依存をさけるために、一括贈与金を沖縄県に提供し、これを行政基金として利用する。(75)宮本は特別都道府県制により沖縄の自治制度が強化されることで、沖縄独自の経済発展が可能になると考えている。

復帰後における独立、特別自治制を求める思想の背景には、復帰後の沖縄に対する膨大な補助金の流入と大規模開発によって自然が破壊され、沖縄独自の社会、文化が変容したことに対する危機感がある。そして、復帰特別措置によって本土との格差が解消せず、歪んだ産業構造が是正されないことから、新たな政治形態を求めることになった。しかし、独立や特別県に至る過程や、その後の経済運営についての具体的な議論が欠落している。沖縄が目標とした太平洋島嶼も独立国家となったが、独立したことにより島嶼経済問題が解決されたわけではなく、大国への援助金依存、公的部門の肥大化、財政収支や貿易収支の赤字、政府の腐敗、環境問題、社会問題などが深刻化し、そのうえ、経済成長がみられないという現実に直面している。

コモンズの経済学

復帰後、インフラ整備、産業振興、農地整理等を原因として沖縄の環境破壊が進んだ。経済学の立場から、島嶼環境と経済発展との関係について新たな沖縄像を提示した経済思想が生まれた。最初に、玉野井芳郎の沖縄に関する経済思想について論じる。玉野井は沖縄に定住し大学で教鞭をとる傍ら、琉球弧の住民運動にも参加し生命系を重視した経済学を構築した。まず、玉野井が経済人類学の視点から次のような独自の沖縄像を提示した。

(一)米軍統治下の時代は、ある意味で沖縄の伝統と歴史が再生した時期である。例えば、一九五〇年から五六年にかけてローカル産業が勃興してきたことを指摘できる。そして、同時期に発行されたB円はド

ル表示の軍票とは違って直接、米軍予算と結びついておらず、独立法貨としての性格をもっていた。(76)

(二) 現在の那覇港は嘗て他の那覇地域とは海により隔てられた一つの島であった。首里城が存在していた政治都市と、那覇港があった交易都市とは分離していた。那覇港に建設された、王国交易時代の倉庫である御物城《おものぐすく》は、那覇港がエンポリウム、つまり、市場経済出現以前における交易港であったこと示している。(77)

米軍統治時代は米軍が一方的に住民を支配していたのではなく、地元企業の勃興に示されるように自主性を発揮できる時代環境でもあったとの指摘は重要である。確かに、米軍の管理下にあるとはいえ、同時代は日本から切り離されることで擬似国家的性格を有することが可能となった。独立法貨としてのB円が一九五八年まで使用され、輸入代替化政策が行なわれていた。

那覇港エンポリウム論は玉野井が訳したK・ポランニーの『人間の経済――交易・貨幣および市場の出現』を踏まえた議論である。以下、エンポリウムについて言及している部分を引用したい。

海外で獲得された財貨は、アテネの港ピレウスに位置するエンポリウムにもたらされた。エンポリウムが、アテネの他の区域とあらゆる意味で分離されたものだということは、境界石によって象徴的に表現されていた。この境界石はエンポリウムを囲み、法的・制度的に(行政的には別だったが)アテネの一部をなすピレウス港から、エンポリウムを分離していた。(78)

アテネのエンポリウムの交易は管理交易、贈与交易、市場的交易の混合であったという指摘から判断しても、アジア世界で儀礼的、市場的交易を国家が主導して行なっていた琉球とアテネとの共通性は多い。このように玉野井により島嶼交易に新たな側面からの考察が可能になった。

玉野井は地域主義に関して沖縄独自の部落公民館、共同店を特に重視している。それらは地域住民が生産、消費、生活扶助、幼児の保育、祭り等、総合的な活動を行なう場である。それを玉野井は「行政単位の基層にある自立と自治の原型」と位置付けている。(79)また平和については沖縄の歴史には非常に根強い非暴力の伝統があり(80)、「島伝いの平和」(81)が可能となる地域であると述べている。

生態系に関しては珊瑚礁についての論考があり、「コモンズとしての海」と題する論文にまとめられている。コモンズの海とはイノーと呼ばれる地先の海であるが、そこに棲息する生物を利用するのは、農民や漁民という職業分類上では規定できない半農半漁の人々であった。稚魚や雑魚が多いコモンズの海は専業漁業をする際には役立たない。しかし、浜に住む人々の日常生活にとっては不可欠の空間をなしている。(82)珊瑚礁という環境に依存した島嶼民の伝統的な生き方を玉野井は近代社会に対するオールタナティブとして積極的に評価した。

玉野井の「コモンズとしての海」という概念を受け継ぎ、沖縄に定住し、琉球弧の住民運動の一つである新石垣空港反対運動に参加して、コモンズを中心とした島嶼の経済に関する『コモンズの経済学』という本をまとめたのは多辺田《たべた》政弘である。多辺田はコモンズを次のように定義している。

> 商品化という形で私的所有や私的管理に分割されない、また同時に、国や都道府県といった広域行政の公的管理に包括されない、地域住民の「共」的管理(自治)による地域空間とその利用関係(社会関係)を、コモンズとよぶことにしたい。(83)

コモンズ的資源利用によって個人の欲望は抑制されており、コモンズは共有されているがゆえに、共同体の全ての成員に開かれているため、共同体のルールが守られ資源枯渇の危機を避けることができた。その一方で既存の経済学はコモンズから個人の欲望や生産力を解き放つことで需要と供給の増大、つまり「豊かさへの接近方法」を説き続けてきた。しかし、欲望と生産力の増大により資源が大量に消費され、有害廃棄物が溢れて自然と人間を害してきたという現実がある。(84)

この本での島嶼の事例としては沖縄とヤップ島が取りあげられている。ヤップ島の野菜畑は高畝で、畝の間にナマコを埋め込み、草で覆うという農法が行なわれている。これは戦前に移住していた沖縄の人々から伝えられたものだという。(85)海の資源が農業にも活かされており有機的な循環がみられる。また、沖縄にも石干見《いしひみ》漁と呼ばれる漁法があるように、ヤップ島にも存在しており、コモンズにおいて海洋資源の共的管理を促している。(86)多辺田は沖縄経済においてコモンズが重要であることを両島嶼の比較を通して明らかにした。

多辺田は沖縄の内部における水処理や水利用の問題についても論じている。沖縄本島を南北に伸びる下水道体系が敷設されている。個別処理や集落処理が可能な地域にも全島的な処理施設を拡大するのは経済的に効率が悪いだけでなく、地域の生態的循環にもマイナスの影響を与えている。さらに、沖縄本島南部の湧水を使った簡易水道や恩納村の表流水利用の簡易水道が廃止され、広域的な上水道に変えようとするのも下水道の場合と同じような問題をもっていると指摘している。(87)

多辺田はコモンズという島嶼に強固な空間や社会関係に焦点をあてることによりヤップ島と沖縄という島嶼に根差した漁法や農法の重要性を示した。河川が短く取水が少ない島嶼の地形的要因や、島嶼に多い観光業者による大量の水需要という経済的要因から生じる水問題に対しても、地域住民によって管理され、地域の中での生態的循環を可能とする簡易水道の意義を明らかにした。

コモンズの経済を考えるにあたり、沖縄本島北部の名護市役所が作成した「名護市総合計画・基本構想」は多くの示唆を与えている。この構想によれば、今までの開発計画は、地域の文化や社会・環境がもつ歴史的固有性を無視し、人間の生命や生活を軽視した工業優先、企業優先の考え方であったという。工業と農業の間や、中央と地方の間に存在する所得格差を解消するために、利益率の高い製造業を誘致して経済成長をもたらそうとした。しかし、工業化による公害、社会の変貌等の様々な問題を考えると、農漁業地域の将来にとり必要なことは経済的格差の解消に重点を置くのではなく、都市に欠如している、地域住民の生命、生活、文化を支えてきた自然の豊かさを再評価すべきであるとしている。つまり、自然の豊かさという「都市との逆格差」を利用して、自立的な経済発展を考える必要があると同構想は主張している。(88)

個性的で多様な文化と豊かな生活を守ってきた背景には、〝島〟としての地理的、風土的特質に支えられた生産活動が存在している。米軍基地の建設にともない農地が接収され、軍事演習が生活環境を破壊し、軍雇用員が増大したことで農漁業民が減少して農漁業生産が停滞した。そのうえ、基地収入と日本や米国からの援助、砂糖やパイン等への特恵措置等によって外部に依存した移輸入過多の消費型経済になった。(89)以上のような状況を変えるために同構想は提案されたが、そこにおいて自立経済は次のように定義され、自立経済を実現するための戦略計画が示されている。

(一)沖縄における自立経済とは、こうした外からの差別と分断を断ち切り、自らの内在的可能性という内発的条件を整えることによって、安定した地域社会生活の内容を伴った、輸出入バランスのとれた生産経済を確立することなのである(中略)。

(二)沖縄における自立的経済社会建設の戦略的課題は、その農林漁業や地場産業を正しく発展させることにある。そして、この農林漁業、地場産業こそが、社会の安定的移行と経済的発展という困難な課題を、〝島〟という気候、地理、風土の特殊条件の中で最も効果的に行なうことができるものなのである。これが名護市総合計画にも求められる最も基本的結論のひとつである。更に、以上のような立場を実行に移す具体的手段として、ここで〝積み上げ方式〟を提案してみたい。これは、つまり農林漁業＋地場産業の発展と、それを基礎とする安定した社会への移行を〝内部充実〟と考え、一定の工業化や観光地化などの外的状況に対応する計画条件を〝特殊条件〟として、内部充実の基礎の上に社会的に有効な限りで積み上げていこうという方法のことである。現在、沖縄において、特殊条件のいかんにかかわらず、最小限手をつけなければならない緊急な課題は山積しているのであり、こうした自らの地域内部の内的発展の条件を整えない限り、沖縄における本島と離島間の、中南部と北部間の、北部市街地と周辺農村部間の格差、差別は絶対に解消されることはないのではなかろか。すなわち、地域自治体における計画作業とは、すべての格差、差別に対する理性的人間的闘いでなければならないといえよう。(90)

農林漁業や、地元の資源を加工する地場産業を内部充実とし、次にこの内部充実と対立しない形で工業や観光業という特殊条件を積み上げていくことにより、伝統と近代との連続をはかろうとしている。伝統的な価値観を踏まえたうえで、外部的、近代的産業を取り入れるのであり、あくまでも地域住民が主導権を握らなければならないとしている。復帰後、急激に増大した特殊条件に対して、それを単に拒否するのではなく、自らの論理に引き入れることで自立した経済を実現しようとした。この構想の評価すべき点は、沖縄内部の地域それぞれが有する内発的発展の可能性を評価し、それを逆格差として肯定的に位置付けたことである。

沖縄自由貿易地域を巡る経済思想

一九七二年から多くの補助金が投下されたにもかかわらず、沖縄の経済的諸問題が未解決のままである状況を打破するために、経済の自由化、開放化により企業の誘致をはかる起爆剤として沖縄の自由貿易地域構想が提示された。その論者としてまず嘉数啓《かかずひろし》(一九四二年生)の考え方について論じてみたい。

嘉数啓の経済思想

嘉数は一九八三年に「沖縄経済自立への道」を『新沖縄文学』に掲載した。同雑誌の特集「自立経済を考える」は、嘉数論文をどう読むかという構成で組まれていた。これまで言わば政治的、思想的な自立論が多出していた当時において現実性をもった初めての理論的な経済自立論として注目された。その論文の中で経済自立を次のように定義している。

世界規模にまで広がった市場経済の連鎖の中で、収奪・従属関係を止揚し、対等な相互依存関係を創り出すことが経済自立への基本的な課題である。経済自立はそれ自体が目的ではなく、対外的には政治的自立（自決＝Self-determination）、対内的には各意思決定主体の自立（あるいは自治）を担保するものとして位置づけられるべきである。この場合、経済的自立が先か、政治的自立が先かという古くて新しい論争があるが、世界市場に深く組み込まれた現実を直視するとき、経済的自立を獲得することが先決であると思われる。(91)

経済自立をこのように定義して、外生的受取（財政純受取＋軍関係受取）、自立収支（商品移輸出及びサービスの受取－商品移輸入及びサービスの支払）、自立度（移輸出等の受取÷移輸入等の支払×一〇〇）それぞれにおいて沖縄は自立性が低下していることを明らかにした。(92)

嘉数はこのように自立性が低下した原因として以下の諸点を挙げている。

（一）佐賀県の産業連関表より算出された地域乗数は沖縄の乗数よりも小さい。前者の自立度は沖縄と比べて非常に高い。なぜなら佐賀県の隣接諸県で投資が行なわれると経済的波及効果が佐賀県に及ぶからである。沖縄の場合、海に隔てられた島嶼であるために、隣接地域からの波及効果がなく、それだけ自立度向上のための努力を必要とする。(93)

（二）工業化には安価な電力供給が必要とされる。しかし、沖縄は次の点で電力供給のコスト高を迫られている。第一に、多くの島嶼が県内に存在しているため、電力の需給規模が小さく、スケールメリットがいかせないこと。第二に、電力源を全て石油に依存していること。第三に他電力会社との電力融通ができないため日本本土の電力料金より割高になっていること。以上のようなコスト高が沖縄の工業化を阻害している。

(三) 市場の大きさを「人口×一人当たり所得」ではかると沖縄と宮崎県はほぼ同じである。しかし、宮崎県の場合は他地域と陸路でつながり、巨大市場への接近が可能であるのに対し、沖縄は島嶼で市場規模が狭いうえに、四〇もある有人島に市場が分散している。

(四) 労働力の単価コスト (賃金÷生産性) は高く、その原因は次の通りである。第一に労働生産性をそれほど高める必要のない米軍基地労働者の賃金水準が他産業部門の賃金を上昇させたこと。第二に、労働組合運動が盛んであり、それが賃金上昇にも大きな影響を与えたこと。第三に、復帰後に賃金が全国水準並みになったこと。第四に、企業規模の零細性、技術的なそして企業組織上の遅れがあったために、賃金上昇率を上回るほどに生産性を拡大できなかったこと。(94)

以上のように沖縄経済を特に島嶼性という観点からその問題を掘り起こし、経済理論を用いて説明した。経済問題をこのようにとらえたうえで、自立経済を実現するための方法としてはまず、日本本土の市場を活用しながら、産業構造を改善する必要があると述べている。そして、日本国内における比較優位性と同時に、国際市場における沖縄の比較優位性を考慮して産業発展を推進することが重要であるとした。これらの基本的方向を踏まえて、「ローカル産業複合型」というモデルを提唱している。それは地場産業間の需給両面における産業連関効果を生み出すために、自由貿易地域と地場産業との間に有機的連関性をもたせるというものである。(95) 島嶼経済を理論的に整理して問題の本質を明らかにするだけでなく、これらの諸問題を解決するための具体的な方法を提唱したところに嘉数島嶼経済論の実践性をみることができる。

以上のような沖縄発展論をさらに深めたのが、嘉数の ***Sustainable Development of Small Islands Economies*** (1994) における議論である。先に論じたような経済的ブーメラン効果が沖縄と日本本土の間に働いている。このようなブーメラン効果による沖縄経済の従属状況を是正するために二つの多様化政策が必要であると唱えている。(一) 水平的多様化。第三次産業に偏った経済構造を農業や製造業に比重を移す。(二) 垂直的多様化。地元資源を加工したり、観光関連産業を拡大することでより多くの付加価値をつける。(96) 自立経済のためには自由貿易地域が必要であると嘉数は主張していたが、一九八八年に設置された自由貿易地域那覇地区は様々な制約があり、活動が停滞している。その理由は小規模性、各種の法的制限、投資刺激策の欠如、企業家精神の不足、ソフトやハードな面での施設の不備等である。最も大きな問題は製品の移出先が日本本土に限定されていることである。そこで嘉数はダイヤモンド・ピース・トレード・ゾーン構想を提唱する。それは台湾、沖縄、福岡、上海を結んだ貿易圏をつくり、その中で貿易や投資を活発にするというものである。それは分業化によって経済活動を促進し、地域経済圏が活発になることで日本の貿易黒字を削減し、さらに地域間の友好関係を強化して、尖閣列島を巡って高まっている政治的緊張を緩和させるという利点をもっている。これを実現するために沖縄側で取り組むべきことは自由貿易地域の再編である。沖縄で製造された生産物や輸入品を免税にし、オフショア・バンキング (非居住者を対象にした、免税措置がほどこされた銀行業務)、R&D、技術移転を自由に行なわせる。このように論じて嘉数は次のように述べている。

比較的閉鎖的な日本領土のなかで、このような開放経済を打ち立てるためには現在の政治・行政制度は徹底的に改変されなければならない。疑いもなく、この試みは市場システムにおける革命となろう。またこの試みは沖縄にとっても現実的な選択とはいえないかもしれないが、しかしこれは中心 (東京) – 周辺 (沖縄) という従属関係から島嶼が自由になるための唯一の方法であろう。(97)

沖縄という島嶼内部でのみ水平的、垂直的多様化を実施するだけでは十分ではなく、他地域との貿易を行なうことにより島嶼性から生じる諸問題、規模の不経済等の解決への道が開けてくる。制度面で整備された本来の意味での自由貿易地域を設置し、貿易活動、製造業、金融業を促進するとともに、二つの多様化政策を実施して産業構造を強固にすることが必要であるとされた。

産業・経済の振興と規制緩和等検討委員会の提言

産業・経済の振興と規制緩和等検討委員会は田中直毅を委員長として、本間正明、稲盛和夫、牛尾治郎、塚越弘、黄茂雄、徐明珠、稲嶺恵一、宮城弘岩からなる委員会であり、一九九七年に沖縄県庁に対して、次のような論旨の報告書を提出した。

沖縄経済の活性化、自立化に対しては一国二制度的な思い切った産業振興策の実施が必要である。沖縄経済は時代的な転換点におかれており、自己決定、自己責任の原則に基づいた積極的な取り組みが求められている。沖縄の財政依存度は全国平均の約二倍となっており、県内市場に依存した製造業は、経済のグローバル化や高度情報化への対応に遅れをとっている。米軍基地の整理縮小に伴い、基地関連収入に代わる所得や雇用をいかに確保していくのか、若年労働者の雇用対策をどうするのか等、産業経済全般にわたって構造問題への対応が迫られている。(98)

以上のように沖縄の問題点を指摘したうえで、次のような対策が望まれるとした。二〇〇一年に県全域を自由貿易地域にする。これにより、沖縄を、生活者が真の豊かさを享受できる空間にするとともに、自由で活力ある経済活動が行なえる場所とする。自由貿易地域を特色ある産業フロンティアの先行モデル地域、国内の産業空洞化業種の受け皿地域、外資導入や、水平分業の先行地域、新事業や新産業創造のモデル地域、資本集約度の高いハイテク型企業等の基地にするために、具体的に以下のような施策が必要であると提言した。(一) 自由貿易地域制度の創設（関税免除、関税の選択制、ＩＱ〔輸入制限をするために輸入数量を割り当てること〕撤廃、通関手続きの簡素化）、（二）投資税控除制度、（三）運輸関連の規制緩和（本土沖縄の外航扱い、港湾運送業の参入や価格規制の見直し、港湾使用料の軽減、以遠権〔A国の航空機がB国を経由して無制限にどこへも飛行できる権利〕を認めるオープンスカイ制度の導入、国際航空路線の那覇空港着陸に係わる空港使用料の軽減）、（四）入国手続きの簡素化や合理化、（五）港湾、空港、情報通信、観光施設等のインフラ整備の推進、（六）人材の育成等である。そして提言の最後に次のように述べている。

沖縄県民自らが復帰プログラムに幕を引き、自己決定・自己責任の原則に基づき「新しい沖縄の創造」に向けて取り組むことが前提となろう。いずれにしても沖縄県庁はかつて琉球政府として一国なみの行政組織を有していた等々、諸条件は揃っている。あとは、変化を恐れず、未来への構想力を鍛え上げ、実現に向けて県民の英知と総意を結集することである。(99)

同委員会の提言の特徴は、復帰特別措置を沖縄県民自らが断ち切り、一国二制度的な全島自由貿易地域を導入することで、生活者が商品価格の安さを享受でき、多くの企業が自由に経済活動ができる空間をつくりだす必要があると明確に主張したことである。また、自由貿易地域を地域限定とせず、全県型とすることで沖縄全体に規制緩和の恩恵を与え、離島や、沖縄本島の都市部以外の地域における産業育成が促されると主張した。島嶼経済がその地理的な制約から生じる諸問題を解決する一つの道として、税を緩和し、規制を撤廃して経済活動を行なううえで自由な空間の創設が提唱された。

沖縄県庁による国際都市形成構想　沖縄県庁は「国際都市形成構想」を纏めて、基地撤廃後の沖縄の全体像を示した。同構想は次のように三つの柱からなる。

（一）交易型産業の形成。アジア諸国に進出を図る企業の事業本部を誘致する。貿易業、物流業を促進するために、国際的航空貨物会社やアジア貿易において活躍している華僑系の貿易業者を招き入れる。
（二）文化情報産業の集積。沖縄を通信衛星を利用した文化や芸術の発信基地とする。情報コンテンツ産業を集積するとともに、有名アーチストにとって魅力的な環境づくりを行なう。
（三）国際貢献産業。日本のＯＤＡを利用したアジア諸国との経済交流を促進する等である。[100]

同構想は大田知事の任期中に作成されたが、沖縄県庁のレベルにおいて基地撤去後の経済開発策が提示されたことは初めてであった。

（一）と（三）に関しては、先に論じた田中委員会の報告書を受けて、一九九七年に沖縄県庁は「国際都市形成に向けた産業振興策県案」を作成した。その内容は、自由貿易地域における生産財の関税免除、ＩＱ枠の非適用、自由貿易地域内から国内に移出される製品の関税免除、免税店設置、特別法人の設置、投資額の五〇％を最長一〇年間法人税から控除する投資減税、法人税率を最終的に二三・五％とすること等である。さらに、港湾や空港の整備に際しては、ＢＯＴ方式など民間事業者の役割を重視した手法を取り入れる。中国福建省との交流の実績を踏まえ、ＯＤＡを活用して産業開発や輸送基盤の整備等を支援し、貿易の拡大を通じて相互の経済発展を図る。また、ＯＤＡを利用して輸入米の備蓄基地を沖縄に設置することにより、米輸出国との経済交流を活発化し県内産業の振興を図る。[101] 以上のように国際都市形成を具体化するための諸施策が提示された。しかし、田中委員会から示された二〇〇一年からの全県自由貿易地域化の実施は、経済の自由化によって競争が厳しくなり経営環境が激しくなることを懼れた県内産業界からの要求に応じて県案では二〇〇五年に延ばされた。

さらに、沖縄県庁は産業振興のために「沖縄県産業創造アクションプログラム」を作成した。同アクションプログラムの基本コンセプトは、「ウェルネス・アイランド沖縄」であり、沖縄内外の人々に健康で快適なライフスタイルを提供するような産業を育成することを目指し、分野としては食品産業、医療バイオ、観光関連産業、情報産業、環境関連産業、物流・流通産業等の振興に特に力を入れる必要があるとした。沖縄の文化的独自性を活かし、その島嶼性から生じる困難を克服するために情報産業に注目している。[102]つまり、沖縄独自の風土文化を利用した健康医療産業、観光産業、情報産業等に発展の可能性があり、また、離島県であることから遠隔医療や遠隔教育、住民票、印鑑証明の発行等の行政サービスを電子化することで離島の人々の利便性をはかるとともに、新たな経済活動の機会の拡大を目指した。

国際都市形成構想は国土庁の「二十一世紀の国土のグランドデザイン」（新しい全国総合開発計画）にも影響を与え、初めて沖縄の振興が東京都の首都機能移転問題と並び政府が取り組む特定課題となった。沖縄は「太平洋・平和の交流拠点（パシフィック・クロスロード）」、そして「太平洋新国土軸」の中に位置付けられた。パシフィック・クロスロードの具体的内容は、（一）特別自由貿易地域の設置、（二）沖縄本島北部圏域の振興、（三）ＳＡＣＯ最終報告の着実な実施等である。[103]日本政府も沖縄開発を重視し、国際都市形成構想を踏まえた国土計画を考えていたことがわかる。

沖縄県庁が独自に基地返還後を見据えた開発計画を策定したのは初めての試みであった。沖縄の特性を活かした経済振興の中心に自由貿易地域が据えられており、経済制度の抜本的改革により補助金や基地に依存した経済体質から脱却しようとした。

平和と島嶼経済の発展　復帰後の沖縄経済の問題性を認識したうえで、冷戦が終了し、国境の壁が低くなった今日における島嶼経済の可能性について西川潤は示唆的な議論を行なっている。一九七九年に「一九八〇年代の沖縄——平和と自立、内発的発展の展望」をテーマとして掲げた日本平和学会が開催された。その時初めて日本平和学会の研究会が沖縄で開かれ、また、沖縄において初めて全国規模の学会が沖縄の平和と自立について正面から議論した。研究会の性格とその目的について西川は次のように述べている。

沖縄「開発」の方策としては、石油備蓄基地、土木事業など、本土側からする便宜的な事業がもっぱら提起され、本土との経済格差、社会資本の遅れは依然として激しく、経済は沈滞し、失業率は本土の三倍に及び、県の美しい生活環境はむしろ公害、汚染により急速に破壊されている。復帰が本土依存のメカニズムを強化したとすれば、こうした「中心部」への従属構造こそが、沖縄問題を悪化させているのではないか。してみるならば、本土と沖縄間の支配と従属の関係を直視し、「基地沖縄」から「平和と自立の沖縄」への発展の方向を考えていくことは、じつは〝平和日本〟の前途を構想する上に、不可欠のことである。(中略)沖縄問題はけっして「開発」問題に還元されるのではなく、何よりもまず沖縄の地域自立と内発的発展をいかに保障し、これをすすめるか、という、むしろ原理的・政治的な次元の問題になってくる。(104)

復帰後の経済開発が本土側の都合によって進められてきたために、各種の経済格差が生じ、環境問題を発生させるなど、日本本土への従属性が強化された。また、沖縄問題は開発問題だけに限定されるのではなく、地域自立と内発的発展に係わる全体的な問題であると指摘している。

このように復帰後の沖縄の経済問題を念頭に置いて、西川は冷戦後の世界新秩序の中に沖縄を位置付けている。西川はポスト冷戦時代の世界新秩序について次のように述べている。覇権大国が形成していた垂直型の世界秩序は、冷戦後、市場経済化、グローバル化、企業の多国籍化、生産要素のボーダーレス化や情報化、人権や環境意識の強化、市民意識の拡大を特徴とする水平型の世界秩序に変化した。その過程で独占・寡占による価格の管理、景気循環にともなう失業、貧富や地域間格差、貧困、環境問題等の市場の失敗が生じた。これらの問題はボーダーレス化により世界的規模で拡大している。官僚支配、財政赤字、軍拡競争等の国家の失敗も明らかになった。これらの失敗を乗り越えた、人権と平和を核とする世界秩序の形成が今日的課題になっている。市場と国家とのバランスを保ち、これらを管理する市民社会が新しい世界秩序の核となる。市民社会における参加の具体例は、非営利部門である協同組合や共済組合、相互会社、NGO、地域・住民組織等の活動であり、企業においては労働者の経営参加、住民・消費者の理事会への参加であり、そして、公共部門においては平和、人権、環境、福祉等の政策形成過程での住民や非営利団体の参加である。(105)

このような新世界秩序形成の動きを押し進めているのが沖縄であるとして、西川は次のような基地撤去後の安全保障や経済的安定の仕組みを提唱している。(一)沖縄を東アジアや東南アジアの経済圏と結びつくような文化センターにする。アジア諸地域の文化保全を研究するセンターを設ける。(二)島国の人材を養成するセンターを設立する。現在、沖縄に設置されている国際協力事業団の沖縄国際センターに島嶼プログラムを設け、世界島嶼国会議の事務局をおく。(三)島国の人々が保有している環境保全の知恵に基づき、平和・人権を基礎とした持続可能な発展を実現するための国連関連のシンクタンクを設置し、世界に提言してゆく。(四)軍事安全保障に代わって人間の安全保障が世界的に重視されており、それに関する研究センターをつくる。文化、島嶼ネットワーク、持続可能な発展、人間の安全保障等の研究が活発になることにより、人々の交流が盛んになり沖縄が世界に広く開かれ、軍事力による防御の必要性がなくなる。(106)

さらに、「二一世紀の沖縄ビジョン」として西川は次の二点を示している。(一)沖縄独自の安全保障策を提示する。それは軍事でなく人間の安全保障に基づくものである。(二)基地の縮小と経済自立との将来像とを結び付ける。沖縄は土地や資源ベースが狭小であり、工業団地をつくるのでなく、人材養成に力を注ぎ、アジア太平洋地域とのネットワーキングによる「知的資産の自由貿易」を先導すべきであるとしている。(107)そして以下のように論じている。

沖縄はこれまで、「基地の島」として、冷戦時代の日本の安全保障コストを一手に引き受けてきた。冷戦が解体した今日、沖縄は平和な世界秩序形成のネットワーカーとして新たに発展する時期を迎えている。（中略）沖縄が自らの内にもつ自治、分権、民主、共生の世界像に基づいた平和のメッセージを世界に発信し、新しい世界平和秩序のアクターとしてはばたいていけるかどうかは、実は日本がこれからの世界秩序の中で平和的に生きていけるかどうかの試金石だということを、われわれは知るべきである。(108)

西川の沖縄自立論の独自性は世界新秩序の中で沖縄を考えていることである。西川が重視している参加型の市民社会像は太田朝敷や謝花昇等の産業組合論や、島嶼内在の内発的発展の試みとも共通している。文化、島嶼ネットワーク、持続可能な発展、人間の安全保障研究等に関する研究所を設置し、知的資産を蓄積する産業の育成を唱えており、土地・資源の限られた島嶼性を克服し、情報のボーダーレス化という現代の潮流を利用した沖縄型の経済自立論が展開されている。また、沖縄の経済問題と基地問題を統一的にとらえることで、平和な世界秩序を形成する重要なアクターとして沖縄が存在する可能性を明らかにした。

自助努力の思想

牧野浩隆の経済思想

沖縄経済思想史上における牧野浩隆《まきのひろたか》（一九四〇年生）の功績は、沖縄の米軍統治下の経済構造を日本との関わりにおいて分析したことである。牧野によれば、一九四八年の「米国の対日占領政策に関する国家安全保障会議の諸勧告」によって沖縄統治と基地建設が日本の経済復興と表裏一体のものとして行なわれた。(109)

日本本土では一九四九年に輸出産業育成の観点から為替レートの一ドル＝三六〇円設定、外国製品の輸入規制、外資の進出規制、産業育成のための財政政策・租税政策、金融政策等が実施された。そして、日本から沖縄を分離して基地を建設することにより、日本は重い軍事費負担を免れることができた。他方、沖縄では基地建設と維持に多くの労働力が投入され、この過程で得られたドルにより大量の物資を輸入するという基地依存の経済構造が形成された。インフレを抑制するために一ドル＝一二〇B円という為替レートが設定されたこともまた、輸入依存の経済体質を強化させた。[110]牧野はまた、日本企業が基地建設を請負ったり、沖縄に商品を輸出することでドルを獲得するなどして沖縄と日本との経済的関係が軍統治時代から緊密であった事実を緻密な実証研究によって明らかにした。

基地の存在により沖縄経済は外部要因に大きく左右されやすくなった。例えば、基地建設ブーム、スクラップブーム、軍用地代受取、講和前補償、日米政府援助、ベトナム特需等が沖縄に好景気をもたらした。その結果として、「過酷な経済論理の洗礼を受けた開発の苦悩＝学習過程を体験[111]」することなく、生産力不足型の経済構造になった。つまり、ケインジアン的需要管理政策が有効に働く前提条件は、十分な生産能力があるにもかかわらず、それが遊休化の状態にあることである。しかし、沖縄経済は需要刺激政策により解決できる「需要不足型」の経済ではなく、生産力不足型という第三世界に特有の経済的特徴をもっていると牧野は論じている。[112]生産力を重視する牧野が考える自立経済の主体となるべきものは、資本、労働力、技術、資源等を結合することで財貨やサービスを生み出す企業であった。[113]

このような生産力を重視する立場から牧野は一九五八年におけるドルの採用、貿易為替、資本取引の自由化を他律依存的開発政策として次のように批判している。

国際通貨ドルの保有と貿易為替の自由化という制度的条件に立脚した場合、産業資本のとる合理的必然的供給体制は「新規企業の設立→生産供給」の方式ではなく「輸入→販売供給」であることは当然である。（中略）何故なら、新規事業設立に伴う資本規模、自主技術の開発、マーケッティング等の危険性や不確定要素にあえて挑戦するよりは、既に外国で完成し採算性についても十分見通しの立つ製品を輸入→販売することが最も合理性にかなっているからである。しかも、沖縄経済における第二次産業はもともと惰弱であった上、資本蓄積や技術水準の低位、市場規模の狭小性、天然資源の皆無、他律的基地需要、科学的経営力の欠如、等の要因が零細資本で容易かつ安全な資本投下形態である輸入販売方式に一層拍車をかけたのである。(114)

島嶼経済が本来有する問題に加えて、そして、その問題をより複雑なものにしたのが自由主義的経済政策であり、そのことで経済の外部依存性がさらに強化されたと述べている。太田朝敷も近代において生産力の増大を主張した。牧野も同じく島嶼経済問題を克服する方法として内発的な生産力の強化を重視した。

生産力を増強するために牧野は、沖縄にとり必要なのは財政援助ではなく、市場であるとしている。つまり、沖縄企業が製造する製品に対する市場を開拓することにより、製造業を活性化させ、沖縄経済を自立の方向に向かわせることが可能になる。(115) このような主張は第三世界の国々からも出されており、牧野が沖縄経済の問題を第三世界の問題として認識していることがわかる。

沖縄で生産力の強化を図ろうとするとき、それを阻む動きがあり、牧野はそれを政治力学と呼ぶ。例えば、本土企業の沖縄進出を経済的ナショナリズムから拒否したり、一九七五年に開催された海洋博を運営する本部開発公社への民間企業の参加を阻むことで生産力の島嶼内形成を不可能にした。政治力学とは日本復帰に際して輸入関税の減免、内国消費税の減免、特別輸入割当制度等の特別措置の実施をも指すのであり、近代における旧慣温存政策と共通する性格を持っていると述べている。(116) 既得権益を政治力により保護することは経営基盤が脆弱な沖縄企業を守るという面では必要である。しかし、政府による保護政策が沖縄経済全体を対象とし、長期にわたる場合、沖縄側の自助努力の機会が失われるという問題が生じてくるだろう。

政治力学は公共部門への資源配分、弱小企業の保護、独占の禁止等に限定し、それが経済領域を補完する限りで必要であるにもかかわらず、沖縄においては市場経済の論理によって解決されるはずの問題に対し政治的手段をもって対処してきたところに問題があると牧野は指摘している。個人の努力不足や責任をも「政治の貧困」という他に原因を求めることになり、内部の改善が疎かになるうえに、政治力学への依存状態は次のような問題を生んでいるとしている。

> かかる論理は沖縄の政府に対する告発関係という特殊条件を背景とするだけに、時間の経過とともに論拠が弱化・消失する、県経済が最も必要とする産業資本のビルト・インを何ら保証しない、その結果、基地の存続を容認し、それを次の政治力学の発条に利用する可能性を秘めている、等の諸点を内包していることを見落としてはならないであろう。(117)

政治経済状況の変化や人々の関心の推移によって、「告発」という政治的主張の効果は長く続かない。制度的に実施される特別措置は急場を凌ぐだけで、生産力不足という沖縄経済の根本問題の解消には至らない。基地による被害を補助金や特別措置の取引材料にすることで、結果的に基地の存在を認めてしまうことになる。島嶼という狭い空間に広大な基地がおかれることで、他者依存的な経済構造になるとともに、島嶼民自身も基地による被害を理由として基地撤去を求めながら、結果的に基地を担保とした資金の流れに依存せざるを得ないところに基地経済の複雑な問題性があるといえる。

沖縄において政治力学が大きな位置を占めるようになったのは、米軍統治時代に遡ることができる。その頃から現在に至るまで対外的援助をえる目的で行政機関が経済計画を策定してきたことに関して、牧野は次のように述べている。

> 行政機能に課された経済的側面は、社会資本の整備や福祉行政の拡充等であり、その実現手段として財政資金の調達は行政レベルの最大の関心事となる。財源には税収等の内部調達と日米両政府の援助がある

が、前者は域内の経済規模と成長率による制約があるため必要額を決して充足しうるものではなかった。その結果、後者の獲得をより重視するところとなって安易な他力依存的甘えの意識が定着しはじめ、行政の経済的機能が住民の負託に応じえないのは、よって立つ経済力の惰弱性に起因するとの基本的認識をもつよりも援助額が不十分なことにあるとするなど、他に責任と原因を求める風潮が支配的になったということである。いわば、そこに行政レベルにおける経済開発意識の限界をみなければならないが、かかる意識を許容した条件は、県経済が外部要因に恵まれフロー面で持続的に経済成長を享受してきた事実であろう。(118)

復帰前も援助を増やすために経済計画を策定し、復帰後は日本政府による補助金支出の延長を求め続けている行政機関が「安易な他力依存的甘えの意識」と「他に責任と原因を求める風潮」を生んだと牧野は厳しく批判している。

政治力学への寄りかかりは現代沖縄においても顕著であるとして、「ポスト香港構想」の問題点を指摘している。この構想は沖縄が有する歴史的、地理的特性をのみ重視しており、経済的諸条件の検討が欠如している。例えば、牧野は台湾経済は日本経済の飛地として存在しており、沖縄経済が台湾経済とのネットワークを作り上げるには日本経済との結びつきをこそ強化しなければならないのであり、沖縄経済が単独でＮＩＥＳの経済圏に参入する余地はないという経済環境の実態を認識する必要があると述べている。(119)

香港の中国返還後、香港が有していた経済的機能が沖縄に移され、中国と台湾との経済的中継地点になりうるという議論は、両地域の政治的不調和に期待した他力依存的な性格をもつものであり、現在、両地域は良好な関係性を構築しつつあり、沖縄を経由しない形で経済活動が拡大していると指摘している。(120)政治力学を上回る経済力学が中国と台湾を結びつけており、沖縄も自らの生産力、技術力を強化し発展させることが先決であると、経済の内発的な側面を重んじている。
沖縄県庁が提唱した「国際都市形成構想」に対しては次の諸点を挙げて批判している。
（一）同構想を実施するうえにおいて政府からの財政的支援や制度的支援を求めている。政府からの税制的、制度的支援に頼りすぎたため、二度の石油ショックや円高という経済変動に沖縄経済が適切に対応できなかった。同構想によってさらに他者依存的経済構造が強化される。[121]
（二）仮に基地が返還され、広大な土地が経済的に利用される可能性が生じても、現在、工場用地が未利用のまま放置されているように、必ずしも沖縄の自立経済の実現を保証するものではない。[122] 復帰後の米軍基地返還地はほとんど商業地、住宅地として利用されてきた。
（三）同構想には沖縄側の主体性が反映されていない。「南の国際交流拠点」とは日本側の必要性に基づいたものである。同構想には「日本がアジアに残した負の歴史的遺産や相互理解の不足に起因するさまざまな摩擦」を解消するために国際都市は必要であるとの記述がある。だが、このような課題は日本全体で取り組むべきものであり、沖縄だけの問題ではない。[123]
（四）沖縄がアジア諸国と日本を結ぶ南の交流拠点であるとする根拠が、琉球の歴史的要因に大きく依存しすぎている。琉球王国による大貿易が可能であった時代背景は中国の朝貢冊封関係と海禁制度である。中国王朝の衰退と欧州諸国のアジア進出によって琉球のアジア間貿易が衰退したことを考えると、外的な政治的変動に左右されない独自の生産力を蓄積しなかったことが大きな問題である。沖縄が中継地点になるうえで地理的に有利な条件をもっているとの主張があるが、国際的なボーダーレス化にともなう「国際的最適分業関係」にとり地理的側面は重要ではなく、沖縄がどれだけ経済的分業関係の中で独自な経済諸要素を提供しうるかが課題である。[124]

全島自由貿易地域構想について牧野は次のように述べている。県内産業の保護育成をはかりつつ、「地域限定型」の自由貿易地域を活用していく複眼的視野に立脚したバランスある政策運営が望ましい。[125]全県自由貿易地域構想は、産業技術や生産性の向上等によって国際競争力をつけるという自助努力を怠り、抜け駆け的に特別制度に安住するという危険性を含んでいる。[126]同構想は特恵的な諸制度に依存しており、沖縄企業の自助努力という本質論が欠落していると指摘している。制度を変えさえすれば沖縄経済の自立化が可能であるとする考え方は、これまで政治力学に依存してきた構造と同じであるとしている。

対外的にボーダーレス化と自由化が進み、対内的には規制緩和が進展するという経済環境において、政治力学への依存を否定する牧野はどのような経済政策が沖縄にとって望ましいと考えているのであろうか。

それは自助努力、内発的産業振興である。「民活法」、「頭脳立地法」、「中小企業創造活動促進法」を利用して人材を育成し、産業技術を向上させるという経済自立策の基本を踏まえたものである。具体的には（一）世界的スケールの子ども科学館創設、（二）県立産業技術大学の創設、（三）トロピカル・テクノ・センター（ＴＴＣ）や工業試験場の整備拡充、（四）産業技術系人材の育成、（五）県出身技術者や経営者の呼び戻し、（六）インキュベーター制（ベンチャー企業に対し自治体が各種の支援をする制度）の導入、（七）ベンチャー起業家に対する技術的支援の充実等を提言し、これらに沖縄経済が有しているヒト、モノ、カネを集中的に投入する必要があると述べている。[127]

内発的産業振興論とは島嶼外部の政治的、経済的要因に左右されやすい島嶼経済を安定化させるために島嶼内部における生産力強化に重点をおき、そのためには他者に依存したり、政治力学に頼んで保護措置を求めるのではなく、あくまで自助努力、自力更生という困難をともなう道を歩まなければ沖縄経済の自立は不可能であるとする立場である。

だから、牧野が評価する琉球の経済思想家は近世琉球の羽地朝秀や蔡温等であり、薩摩に支配されるという困難を乗り越えるために実施した内部的な生産力増強策にこそ学ぶべきものがあるとしている。例えば、砂糖黍を栽培するために人々を海岸に移住させたり、薩摩を利用して大坂市場の価格動向に関する情報を手に入れて、砂糖黍の作付面積を決定する等、生産力を国家規模で増強したことは現代沖縄にとっても参考になると述べている。[128] 牧野の経済思想は近世の経済思想家だけでなく、近代の太田朝敷、謝花昇等とも系譜的には繋がり、島嶼経済において内発的に生産力を増強することで経済構造を改革すべきであるとした。

全島自由貿易地域構想への異論

全島自由貿易地域構想に対して県内の経済諸団体からなる県経済団体会議は「自由貿易地域構想に関する提言」を作成したが、その概要は次の通りである。製造加工業や物流業が発展していくためには、狭小な県内市場のみに依存するのではなく、経済のボーダーレス化、グローバル化に対応しつつ、本土市場や東南アジア等の国際市場も視野に入れた積極的な市場展開を図る必要がある。今後、自由貿易制度の抜本的拡充を図り、移輸入産品の輸入代替化を推進し、移輸出産業の育成振興により物的生産部門を強化する。しかし、開発計画および復帰特別措置は、その内容を見直す必要があるものの、当分の間、必要な政策的措置である。[129] 以上のように自由貿易地域の意義を認めているが、復帰特別措置の継続を要望しており、それにより地元企業の存続が可能であると考えている。

県経済団体会議が自らの提言を作成する際に、水産業界は、「輸入割当（ＩＱ）制度の撤廃」に関する項目に「水産関連品目についてはその実状に配慮する」という文章を挿入させ、農業団体は、「県内（農水産物の）自給率向上と低コスト流通の整備」という文章を挿入させた。[130] 規制の撤廃により影響を受ける懼れのある業界団体は全島自由貿易地域構想の実施時期に反対を唱え、これら業界団体の声におされて、県庁は田中委員会が提言した二〇〇一年の全島自由貿易地域構想の実施を、二〇〇五年に引き延ばし、業界保護のための措置を講じることを明らかにした。

県内企業が存続するためには、全島自由貿易地域制度による規制や税制の緩和ではなく、復帰特別措置による産業保護策が必要であるとした。そのことにより企業が自助努力することも可能になるであろう。なぜなら地元企業が島外の企業に淘汰されたのでは、誰のための沖縄経済発展なのかという問題が生じるからである。

自由主義的経済政策そのものに対する批判も存在した。例えば、金城睦《きんじょうちかし》、上田武信は次のように述べている。同政策により経済的強者と経済的弱者との格差が拡大するとともに、所得水準の向上、雇用の拡大という経済成長に絶対的価値を置くような社会的状況に沖縄は変化するであろう。また、全島自由貿易地域構想は資源の有限性、環境問題等を考慮に入れていない。

そして次のように論じている。

> バラ色の夢を描いただけで散ってしまったり、公害などマイナス要因だけを残して失敗に終わった過去の誤った開発政策の事例も、ここで想起されてよいでしょう。(131)

過去の開発政策とはＣＴＳを指すと思われる。沖縄が全島自由貿易地域となることで、環境問題が発生し、貧富の格差が拡大し、経済的指標を何よりも重視した社会に変化することで、沖縄社会の良さが失われてしまうとの考えである。

以上、復帰後沖縄の経済思想について考察してきた。牧野の論じるように沖縄内発の生産力を強化することが沖縄経済自立の基本である。しかし、沖縄はその地理的特性から生じる様々な問題があり、その解決のためには沖縄独自の制度、政策が必要になろう。内発的発展のために制度、政策をどのように活用するかが重要である。沖縄の生産力強化のために、日本全国で行なわれている産業、振興策から学ぶことも多いが、その際、沖縄の経済的特徴を踏まえる必要がある。

琉球王国が行なったアジア間貿易、近代・現代における移民活動、米軍統治下の日本本土との経済関係、復帰前から一貫してみられた自由貿易政策等――常に沖縄は島の外部との経済関係を深めながら島嶼内の経済を維持、発展させてきた。それと同時に、近世琉球の羽地、蔡温による国内の生産性向上のための議論や実践、近代における太田、謝花等の島内の生産力を増強するための内発的発展の諸方法、米軍統治下における企業家の経営努力、島産愛用運動、輸入代替政策等、沖縄内部の生産性向上のための経済思想が形成されてきた。沖縄経済思想史の歴史的蓄積から沖縄経済の特性と問題の本質を学び、経済発展の方法を形成する際の手がかりを見出すことが、内発的発展を行なうためには不可欠であると考える。

第三節　二一世紀に向けた沖縄経済発展のための政策提言

本節では、これまで論じた沖縄の経済思想を踏まえ、二一世紀という長期的な観点を見据えて沖縄の経済発展に関する政策提言を行ないたい。

文化の発展

二一世紀において沖縄経済が発展するためには、補助金や保護政策に依存するのではなく、沖縄県民自らが自助努力して経済社会を作り上げる必要がある。琉球王国時代の大貿易活動や、近代の移民活動、島嶼内での内発的発展の試み等は、沖縄の人々の経済能力を高さを示している。経済活動の面で長い歴史をもつ沖縄は、この歴史的に蓄積された経済発展の諸方法を経済思想の中から汲み取ることができる強みをもっている。

さらに、沖縄の歴史はアジア諸国から文化的にも大きな影響を受け独自な文化を形成してきた。琉球王国時代に諸外国から来島した使節に琉球文化を紹介する過程で、新たな文化が生まれたように、文化を今日的意味において活用することが文化の発展にとり重要であろう。沖縄文化を豊かにすることにより、日本文化の層を厚くし、日本文化の多様さを世界中にアピールすることも可能となる。

沖縄を情報通信基地にする政策が経済発展にとって有望であるとされている。しかし、単に資本を投じて施設をつくるだけでは経済的利益は生まれず、何を発信するかというソフトの開発が不可欠である。そのソフト開発において沖縄文化が重要となる。世界中に沖縄文化を発信して観光客を呼び込むことが出来る。沖縄は離島県であり、島嶼性が経済発展を阻害してきたが、情報を発信する場所として島という地理的条件は障害とはならず、島それぞれが自らの文化を世界に伝えることで、島の文化に引きつけられた人々が島を訪ね、離島産業の振興にもつながるだろう。さらに、文化の発信だけでなく、受信が容易になることで、島の人々が島を離れる一つの要因である、世界からの疎外感も緩和されるであろう。国や都市から距離的に離れて周辺に位置付けられてきた島々が、情報の出し手と受け手という立場では中心地域と平等になり、経済発展の可能性も開かれてこよう。

二一世紀に向けて国境の壁が低くなりボーダーレス化が更に進み、経済の自由化も進展すると思われる。その際、経済の自由化とともに文化の画一化を引き起こさないためにも、文化が発展する必要がある。沖縄の場合は、歴史的な蓄積が多いことと、現在、文化の商品化の過程で創意工夫が活発に行なわれていることから、沖縄文化は二一世紀においてもその独自性を保つことが可能であると考える。沖縄に本来の意味での自由貿易地域が設置された場合に、同地域には、経済や情報の自由化を利用して沖縄文化をも発展させるような機能が求められるだろう。

沖縄文化の特徴の一つに住み易い住環境がある。歴史的に沖縄は外部から様々なヒト、モノ、カネを取り入れて、経済発展を行ない、独自な文化を形成してきた。それとともに、親戚、コミュニティー等の人間関係の強さを維持してきた。今後も、島を外に開放しつつ、住環境の良さが存続するような方向での施策の実施が望まれよう。

沖縄の最大産業は観光業である。年間四〇〇万人以上が来島し、大規模な宿泊施設、レジャー施設が建設されている。しかし、沖縄観光は、国内の観光地だけでなく、国外の観光地との競争が激しくなり、二一世紀においても沖縄観光を安定的に発展させる戦略が求められている。その戦略の一つとしても文化は重要である。

現在でも沖縄の歴史文化をイベント化して観光客を呼び込む努力が行なわれている。文化の観光化は、文化の商品化につながり、文化の内実を喪失させるとの見解もある。しかし、文化の観光化の過程で新しい沖縄文化の創造がもたらされ、観光客が沖縄文化を理解する手がかりとなるとともに、沖縄県民も自らの文化を理解し、アイデンティティを確立することもできる。

特に重要なのは、過疎化が進む離島における文化の発展策の促進である。離島において文化の発展策を実施し、インターネット等を通じて広く島の文化を紹介し、観光客を島に呼び込み観光業を振興することで、特に若い世代の島への定着を促すことも可能となろう。島の中に蓄積された文化を活性化させることで、観光業を発展させ、現金獲得の機会を創り出し、離島における市場経済に刺激を与え、人口減少傾向に歯止めをかけることにも道が開けてくると考える。

沖縄文化は単にソフトとしての面だけでなく、物として商品化した物産としても沖縄経済発展にとり重要である。時代に応じて沖縄物産が開発され、今日、沖縄物産が健康食品として見直され、経済的利益をあげている。

村の物産振興において提言したいのは一シマ一品運動である。シマとは沖縄の伝統的な集落単位であり、幾つかの村や、一島を構成単位とする。沖縄は多くの島から構成されているため、市場が分断され、経済発展が阻害されていると指摘されてきた。しかし、発想を逆手にとり、それぞれの島（または過疎化が進む沖縄本島北部の村）において世界に通用する特産物を生産することができれば、必ずしも規模の不経済は問題ではなくなる。

一シマ一品運動は次のような諸点を考慮して実施される必要がある。

（一）グローバルな商品開発と販売。シマの特産物は県内、国内市場に出荷するだけにとどまらず、世界市場への進出を念頭におくとともに、その生産過程もグローバル化する。アジアのキーストン的位置にある沖縄は、亜熱帯に属し、中国文化の影響を受けており、日本本土市場だけでなく、東アジア、東南アジア、太平洋諸島等、より広い市場の需要を充たす商品を開発し、輸出するとともに、アジア太平洋地域からもたらされる素材を沖縄で加工して他地域間との経済的ネットワークを形成する。

特に沖縄と太平洋諸島とは動植物の生態系における類似性が多く、それらを商品に開発することにより相互の経済的分業化を実施できる可能性が大きい。沖縄の特産物は既に本土市場において一定のシェアーを確保しており、沖縄側が蓄積してきた商品開発技術、販売ノウハウを活用して太平洋諸島から産出される食品原料を沖縄において加工し、本土市場に移出することも一つの選択肢である。

（二）自助努力。行政機関からの補助金に依存するのではなく、シマの住民が費用を出し合い、地域の特産物を開発してゆく。行政機関は研究開発や商品の販売面において支援することに、その役割を限定する。太田朝敷や謝花昇が提唱した協同組合方式により、個人のリスクを分散し、地域個々の特性を見出し、それを商品化することも一つの方法である。また、外に開かれたシマを目指して、アジア太平洋地域におけるシマの人々と資金、技術等を協力し合って経済活動を展開することによっても、シマの自助努力を促し、シマ同士の経済的ネットワークの形成につながるだろう。

これまで沖縄における経済開発のための補助金は主に沖縄本島の中部、南部に投下され、離島、本島北部における発展が疎かにされ、沖縄内での経済格差や過疎化問題が指摘されている。沖縄全体が均衡した発展を遂げるには、一シマ一品運動のような地域に密着した草の根レベルの発展方法が重要であると考える。

地域振興に関する問題は沖縄だけにとどまらず、日本本土においても課題とされている。その意味で大分県の一村一品運動は地域密着型の経済振興策として考慮に値する。例えば、同県の湯布院はかつて閑散とした温泉街であったが、世界的な音楽祭、映画祭を開催したため、都会から多くの人々が集まるようになった。湯布院の人々は地域の文化度を高めるために様々な分野の芸術家に住んでもらおうと働きかけた。つまり、企業を誘致せず、人を誘致した。さらに、スポーツや芸術文化など生活環境を整備し、住んでいる人たちの暮らしを最優先とした。一九九〇年に「潤いのある町づくり条例」を制定して、住宅地域、農業地域、開発地域などを区分し建物の基準も厳しく制限した。[132] 文化が発展するためには文化創造に長けた人々を招き、地元の人々との交流を促す必要がある。そして、地域内だけで充足するのではなく、グローバルに文化を発信して湯布院を世界的な観光地として発展させた。重要なことは、経済発展だけでなく、住民の生活を重視した施策が実施されていたことである。

豚市場で子豚を売る女性
豚食文化も太平洋地域と沖縄との近さを示している
(『那覇百年のあゆみ』より)

大分県は世界的な大企業の誘致にも成功している。成功の背景には次のような同県独自のテクノポリス理念があった。（一）広域点在。先端技術産業は広大な敷地や大量の水を必要としない。重要なのは研究者、技術者が疲れた頭脳を休めるための美しい自然である。よって、工業団地方式ではなく企業を美しい自然の中で広域に点在させる必要がある。県北国東テクノポリスには一九九七年三月までに一六五社が進出し、従業員は約二万五千人にのぼった。工業出荷額をみると一九九四年において約七、六六〇億円であり、八〇年に比べて三八七％の増となった。（二）農工併存。農業は動植物学、土壌学、遺伝学、気象学、機械工学、エレクトロニクス等の技術を必要とする。技術力により農産物の品質が向上し、農民の労働条件の緩和も促された。（三）人材育成。国東農業高校に工業科を新設し、県立情報科学高校新設や県立工科短期大学校を設置した。大分県地域技術振興財団は中小企業に対し技術支援等を行なって人材育成に力を入れた。また、異業種交流が行なわれ、精密加工型企業や研究開発型企業が創設された。(133)

働く人の職場環境を重視し、地元からの雇用を増大させるために教育環境を整備しており、人を重視したテクノポリス振興策であるといえる。さらに、工業だけではなく農業の発展も視野に入れており、一村一品をはじめとする農業とテクノポリスとの均衡がとれた産業振興策である。離島県である沖縄でも一シマ一品運動を行ない、島の物産を開発し、世界に向けて売り出すと同時に、テクノポリスも沖縄本島の一部にだけ集中させるのではなく各島に分散させ、「農工併存」のように産業全体の均等がとれた形で発展策を実施し、各島に雇用の機会を増やす必要があるだろう。

大分県の一村一品運動やテクノポリス構想をそのまま沖縄県に当てはめるのではなく、蔡温の農林方法、太田や謝花の協同組合論、現代における島産愛用運動や沖縄出身企業家の考え方等にみられる沖縄の経済思想を踏まえて、沖縄独自の諸条件を考慮に入れた一シマ一品運動を生み出す必要があると考える。

文化の発展は、通信のソフト製作、観光業や物産製造業等の振興を促すだけでなく、内発的発展の基盤にもなる。地域独自の文化を経済発展の土台とすることで、個性的な発展の方向が確立されるであろう。さらに、沖縄文化の発展を行なうことで、日本文化自体を多様化することができるという側面もある。かつて独立王国であり、亜熱帯地方に属する沖縄の文化を日本文化が有することで、日本文化の懐の深さを世界に示すことも可能となろう。

以上のような認識が一般に共有されず、沖縄文化が日本文化の周辺に位置付けられる場合、沖縄県民の間で近代における差別的状況が思い起こされ、現在の基地問題と関連付けられ、日本本土に対する反発が大きくなるという現象が一九九五年の少女暴行事件以来しばしばみられた。

日本本土と沖縄との感情的対立を越えて、友好関係を今後とも続けるためにも、沖縄文化を発展させ、それにより日本文化が益々豊かになるという認識が国民一般に共有される必要があるだろう。

島嶼経済の再編と経済的ネットワークの構築

沖縄が現在おかれている経済状況は、国境の壁が低くなり、ヒト、モノ、カネが自由に行き来し、規制や各種の保護策が撤廃されてゆく方向にあるといえる。以上のような経済環境を踏まえたうえで沖縄経済の将来を展望する必要がある。大貿易時代における琉球の人々は時代の流れをつかみ、経済的利益を獲得することができた。時代状況を把握せず、復帰後の経済政策を今後も続けた場合、補助金への過度の依存、各種産業に対する保護制度等による競争力の低下等が進むとともに、経済的自由化の波に沖縄経済が急激に巻き込まれることで、企業倒産、大企業への系列化等が加速される可能性が大きくなるであろう。

沖縄企業が発展できる市場環境を形成するために、沖縄経済の問題性とその解決策を明らかにしてみたい。生産面では、沖縄は島嶼性に由来する規模の不経済という問題がある。その解決策としては、先に指摘した一シマ一品運動、規模の不経済の影響を大きく受けない情報産業の推進、自由貿易地域による企業の誘致と地元企業の体力強化があろう。販売面での問題点は、周りが海に囲まれているため輸送コストが割高であることである。その解決策としてはカボタージュ制（国内海運において当該国船籍の船舶の利用を義務づける制度）の廃止等の規制緩和、港湾施設の整備による港のベースポート化等を挙げることができる。輸送コストを削減するために最も重要なのは、沖縄において収益性の高い輸出産品を開発し、輸送量自体を増大することである。

消費面での問題点も島嶼性に由来する市場の狭さである。その解決策として例えば、デューティー・フリー・ショップ、ショッピングモール等を設置して沖縄県民だけでなく観光客による消費を促す必要がある。また、一シマ一品運動や自由貿易地域政策を振興して、沖縄県内で生産された商品の消費地を国内、国外に求めることで消費市場を拡大する。

島嶼経済が有する構造的制約を超えて生産過程の空間を拡大し、輸出市場や消費市場の範囲を広げるのを可能にするのは経済的ネットワーク化である。先に太平洋諸島との生産過程の分業化について論じたが、輸出市場や消費市場に関しても太平洋諸島は沖縄にとり重要な意味をもっている。例えば、パラオ、ミクロネシア連邦、マーシャル諸島は米国と締結した協定により米国市場に対する輸出品には関税が免除されている。それらの島嶼国に台湾、中国の企業が投資し、主に衣料品を米国に輸出している。また、太平洋地域の国際機関であるＰＩＦ（パシフィック・アイランド・フォーラム）に属する島嶼国から豪州、ニュージーランド、ＥＵ等の市場に対して輸出される製品には各種の優遇措置が施されており、島嶼経済の発展に役立っている。沖縄企業が太平洋諸国に投資することで、沖縄側が蓄積した技術によって生産された製品の輸出市場が拡がるだろう。太平洋諸島が有する経済的ネットワークに沖縄が接続することで沖縄経済にも発展の道が開けてくる。さらに、生態系や食生活の面で類似した沖縄と太平洋諸島とは、食品への嗜好でも似ており、沖縄食品の輸出先としても有望であろう。

生産、販売、消費における諸問題は相互に絡み合っており、総合的な経済政策の実施が必要である。その際、島嶼が閉鎖空間であることから環境問題の影響を被りやすい場所であることに留意しなければならない。リサイクル型の企業経営が沖縄の環境維持のために不可欠であるとともに、また、リサイクル型経営は経費の節約につながり経営の効率化をもたらすだろう。

企業経営において沖縄には次のような問題が存在している。地元企業には縁故採用が根強く残っており、それが有能な県出身者を島外に頭脳流出させ、労働市場における自由化、競争化による有能な人材の育成を阻んでいる側面がある。また、倒産の原因として企業の財務諸表作成が適正に行なわれていないことや、放漫経営等が指摘されており、企業経営の合理化とディスクロージャー制の徹底化が求められる。

沖縄経済の構造は補助金や基地という公的部門に大きく依存している。このような構造を変えるためにも、沖縄経済の発展は非公的部門主導で行なわれなければならない。非公的部門とは、民間企業の他、各種協同組合のような組織を含んでいる。沖縄の大規模開発に第三セクター方式が導入されているが、それには次のような問題がある。公的部門の信用力に基づき少額の出資で大規模事業を展開できるが、他方で、経営方針の転換や意思決定に多くの時間がかかる。そのうえ、収益性が低く、会計処理や経営評価が甘くなる傾向がある。あくまでも公共部門は非公的部門が発展するために規制撤廃、人材育成等の側面支援に徹する必要があろう。非公的部門は一シマ一品運動のように自助努力の理念に基づいた運営が望まれる。

以上、沖縄経済の再編と、経済的ネットワークの形成の必要性について論じてきたが、次のように既に沖縄経済の中に幾つかの発展の可能性を見出すことができる。

（一）安定し信頼できる投資環境として、基本的な財政や通貨制度の整備が前提となるが、沖縄は世界有数の経済発展を遂げた日本の中に存在していることによりこれらの有利性を享受している。歴史的にも沖縄経済が日

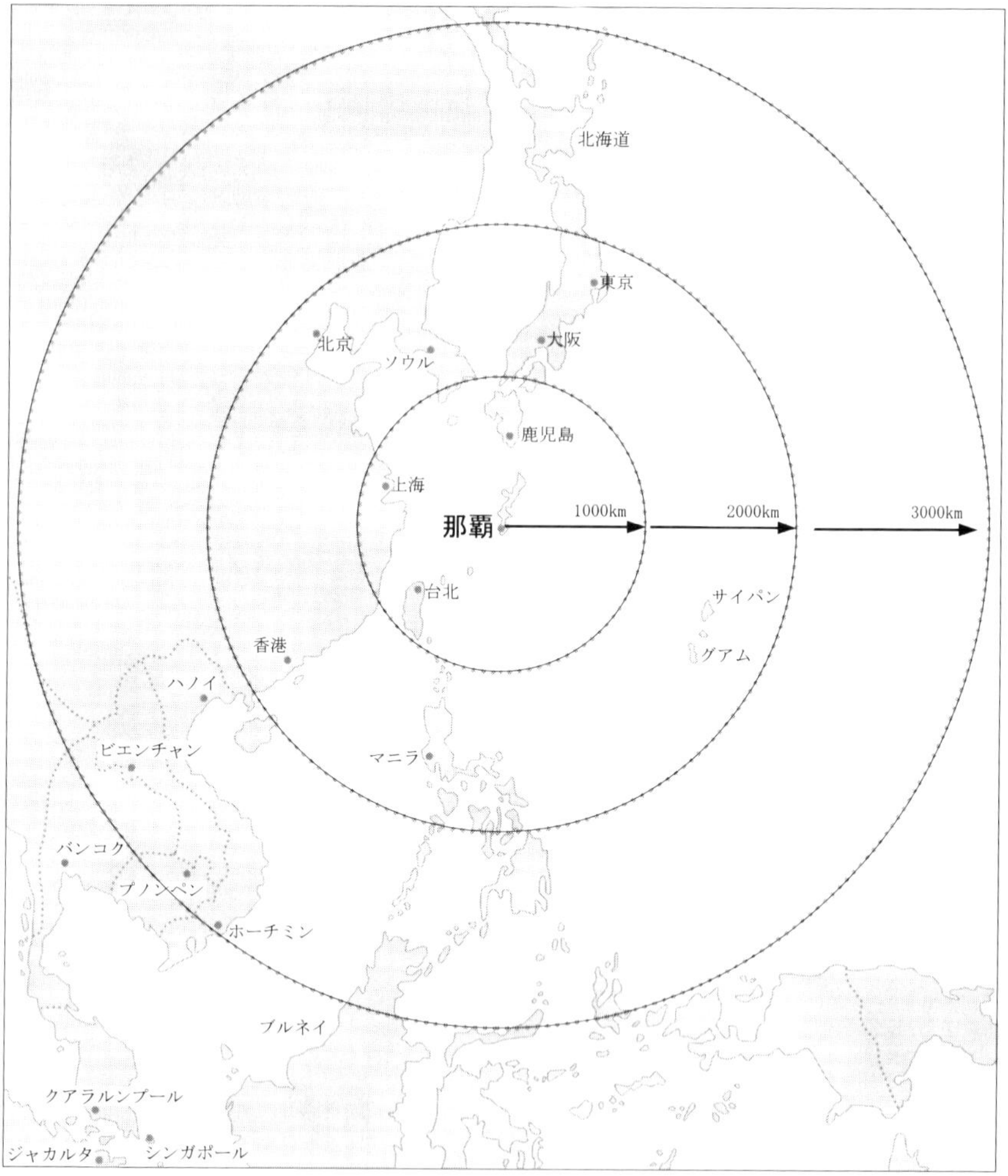

アジア太平洋の中心地としての沖縄

本経済から大きな影響を受けて発展してきたように、今後も日本経済の一部であることを活用して、投資先として世界にアピールできるだろう。

(二) 開放的な市場経済については、一九六〇年に自由貿易地域が設けられたように、現在にいたるまで、開放化経済の試みが継続されてきた。現在、特別自由貿易地域が設置されており、これまで失敗した経験を学び、今後の発展の糸口を見出すこともできよう。沖縄の地理的有利性、亜熱帯気候、中国文化と日本文化からの影響、太平洋諸島との文化的類似性等、沖縄物産の市場を拡大させる要因は既に存在しており、他地域との文化的、生態的類似性を基盤とした物産の開発と、経済的ネットワークを利用した物産販売網の形成が今後の課題となろう。

(三) 公共投資に関しては、復帰後、本土との経済格差是正を目標として、インフラ整備がかなり進んだ。このインフラを利用して経済の開放化政策や一シマ一品運動を推進することも可能となろう。ただ、公共投資によって沖縄の脆弱な経済構造に改変がもたらされなかったという事実は重く受け止める必要がある。この事実を踏まえ、全般的なインフラの整備ではなく、沖縄物産の開発や経済的ネットワークの形成等、的を絞り込んだ戦略的な公共投資の実施が必要であろう。

普天間米軍基地の返還にともなう跡地利用の方法や、基地移転と絡んだ膨大な補助金の使い方等に関しても二一世紀の沖縄経済の全体像を見据えながら議論が行なわれるべきである。これまで主な基地跡地では小売業、飲食業等の開発が行なわれてきたが、同様な開発が今後も続くと業者間の競争が激化するとともに沖縄の内発的な経済発展にはつながらないであろう。一シマ一品運動を推進し、経済的ネットワークを構築することを主要目標として基地の跡地を利用し、補助金を活用すべきであると考える。

(四) 規制撤廃に関しては、復帰前の諸制度が現在に残っているために、次のような有利な諸点が認められる。

県内牛肉の多くは輸入品であるが、店頭小売価格は本土よりもかなり割安である。本土では生産地の買い付け業者や、輸入商社が介在しており、卸業者の段階でコストや利ざやが加わる。他方、沖縄では食肉輸入業者が卸業者を兼ねており、中には小売り業者をも兼ねている場合があり、流通経費がその分割安になる。本土復帰前の米国流の簡素な流通システムによって輸入牛肉価格が安く抑えられている。食肉だけでなく、那覇市にある「マチヤグワ」と呼ばれる商店街の小規模店舗の中には海外から各種の商品を直輸入して価格を下げている商店もある。(134)

その他、復帰特別措置による規制緩和効果もみられる。本土のビール会社は原料として米国の四〜五倍もする割高な国内産大麦を一定割合使わなければならない。関税定率法による関税割当制度が存在しているからである。沖縄では産業振興に配慮して割当制度が免除されており、割安な輸入大麦の使用が可能である。(135) この制度を利用して、地元のオリオンビールは県内ビール需要の圧倒的部分をまかなってきた。

以上のように、復帰前の諸制度が現在に残り、また、復帰特別措置により、既に沖縄が本土に比べて規制が緩和された部分があり、このような諸制度を他の物産にも及ぼしていけば、沖縄は生活の場として住み易くなり、企業経営上でも経費削減の範囲が広がるであろう。

沖縄において市場の自由化政策を実施するにあたり、留意すべきことは、沖縄企業は経営基盤が強固であるとは必ずしもいえず、市場の自由化政策だけを推進する場合、地元企業の淘汰が加速されるということである。企業の競争力を高めると同時に、淘汰された企業や失業した人々の生活を守らなければならない。そのためには、沖縄社会の特徴とされる共同性の強さを守り、育成するような政策を同時に行なう必要がある。また、企業の他に協同組合のように地域の共同性に根ざした経済組織のあり方を模索することも重要である。

経済発展のための二重戦略

アジア経済が急成長し、世界的な大競争時代が到来している中で、沖縄がその地域特性を活かして自立的な産業発展を図っていくためには、大胆に経済構造を変革していく必要がある。

また復帰後、膨大な補助金が沖縄に投下されたにもかかわらず、非公的部門が主導する経済発展の構造は未だ実現していない。戦略的な開発行政や計画が実施されなかったことに大きな原因があると考える。戦略的な開発策として、嘉数等が主張した自由貿易地域を通じた経済的ネットワーク化と、牧野等が提唱した内発的産業振興や一シマ一品運動とを相互連携的に行なう二重戦略を提示したい。それは同時に国際的に展開されてきた島嶼経済についてのＭＩＲＡＢ経済論と輸入代替論とを止揚する方向でもある。

このような開発戦略を実施する主役はあくまでも非公的部門であるが、行政には以下のような役割が期待されるであろう。行政府は、沖縄経済の発展のために重要であると考えられる特定の産業に的を絞った、補助金付きの信用供与、政府系銀行による資金支援、応用研究への公的投資、企業や産業ごとの輸出目標の設定、輸出マーケット機関の開発、そして、公的部門と非公的部門との間の情報の共有等を推進する機能が望まれよう。[136]

二重戦略を行なう際に重要なのが開発行政であり、先に沖縄開発庁について検討したように、同庁には幾つかの問題があった。その中でも大きな問題は的を絞った開発戦略が欠如していたことである。そこで特定の経済戦略を実施できるような、税制、規制緩和等の大きな権限を有した機関の設立を提唱したい。このような機関は世界的にも存在している。

シンガポールでは、パイオニア企業やパイオニアサービス会社については、五年以上一〇年以下にわたり税が全面的に免除される。パイオニア企業とは、この企業が属する産業がシンガポールにとって重要であるにもかかわらず十分な規模で育っておらず、かつ通産大臣がその開発において有望であるとみなす産業である。優遇措置を適用する裁量権を実際的に行使しているのは経済開発庁である。[137]

タイにおいては、投資奨励法により、地方開発、基盤工業の発展、インフラの整備、環境問題の解消、天然資源の保全、エネルギー節減、産業の国際競争力強化、国際収支改善等の目的を達成するであろうとみなされた企業に対して奨励措置が講じられており、対象事業や奨励手段は投資委員会が決定する。投資委員会は、投資奨励のために税制上の優遇措置を行なったり、外国人事業法、外国人就業規則、土地法に係わる外資規制等の緩和を実施している。[138]

公共投資が非公的部門の発展を生み出すような道筋を作り出すのが開発行政の役割である。経済だけでなく、社会、環境にも配慮を払った総体的な観点から沖縄の発展を導く役割を実行し得る権限をもった機関の設立により、沖縄独自の二重戦略の実現が可能になると考える。

また、東京におかれた沖縄開発庁（現在は内閣府）において沖縄の経済計画を策定、実施し、沖縄に出先機関である沖縄総合事務局をおくという体制から脱却する必要がある。東京ではなく、沖縄に大きな権限を有した機関を設置し、地元出身者が主体的に働くことで、沖縄の伝統、環境、社会風土等の島嶼の独自性を踏まえた内発的発展への道が開かれるであろう。

沖縄経済思想史の中に二重戦略を位置付けると次のようになる。経済的ネットワーク化に関しては、琉球王国の貿易活動の基礎を形成した尚泰久王や尚真王の経済政策、貿易が琉球経済にとって有する意味を考察した羽地朝秀や蔡温等の経済思想、そして、アジア経済の中で沖縄が果たす役割を説いた嘉数啓等の流れにまとめることができる。

内発的産業振興論、一シマ一品運動に関しては、琉球王国内の生産性向上のための政策を考案し、実施した羽地朝秀や蔡温、近代沖縄において伝統的な共同性を基盤とした生産力の向上を論じた太田朝敷や謝花昇、米軍統治下の沖縄において企業の発展に貢献した産業人、他力依存を廃し、自助努力を主張した牧野浩隆、内発的発展と沖縄経済の関係について論じた西川潤や宮本憲一等の流れにまとめることができる。

本書では内発的発展論を元にして沖縄経済思想について考察したが、二重戦略は沖縄経済思想から導かれた経済政策であるといえる。本書における内発的発展論は、閉鎖された地域を対象とするのではなく、開かれた地域における内発的な発展を考察したのであり、経済のネットワーク化も沖縄という島嶼が生みだした内発的発展の一展開であるといえる。

沖縄史のそれぞれの局面において生じた経済問題を克服するために提起され、実施された二重戦略は、時代毎の諸条件下において有効であったといえる。二一世紀において沖縄経済の発展を展望するうえでは、アジア太平洋を取り巻く今日的な経済環境と沖縄が有する経済条件、経済構造等を十分考慮する必要がある。その際、沖縄経済思想史からは沖縄経済が有する特殊性、構造的経済問題を解明するための糸口、経済発展のための諸戦略等を学ぶことができよう。

本章においては復帰後の沖縄経済について論じてきた。一部の特別措置は残されたものの、復帰により経済的な保護政策が撤廃され、沖縄経済が本土市場に大きく開放された。それとともに膨大な補助金が流入し、基地を凌ぎ補助金に大きく依存する経済構造になった。インフラ整備が行なわれ、観光業が発展したが、他方、公的部門が肥大化し、非公的部門が主導するような産業構造は形成されなかった。復帰後も沖縄に基地が残り、経済的、人権的な問題を引き起こしているが、基地が沖縄県民に与える経済効果は無視できない状況にある。

次に復帰後沖縄における経済思想について考察した。膨大な補助金によりインフラ整備が大きく進んだが、自立経済を達成できず、環境問題が発生し、沖縄独自の生活環境に変貌がみられた。それらの経済環境の変化に応じて経済思想も形成された。経済的自立を巡っては特別県制論、自由貿易地域論、自助努力論等が提起され、環境問題、生活環境の変貌に関しては独立論、コモンズの経済学等の議論がみられた。

本章では最後に、二一世紀に向けた沖縄経済発展のために政策提言を行なった。その骨子は、文化の発展、島嶼経済の再編と経済的ネットワークの構築、経済発展のための二重戦略である。沖縄をとりまく今日的な時代状況を見据え、多くの蓄積を有する沖縄経済思想史を踏まえた経済発展の方向が望ましいと考える。

結びに代えて——島嶼経済論と沖縄

本書では沖縄における経済思想の展開を沖縄経済史と関連させながら論じた。本書の要約は以下の通りである。

第一章「アジア型世界秩序における島嶼経済の位置付け」の構成は、第一節「海洋と島嶼」、第二節「中国型華夷秩序と琉球経済」、第三節「日本型華夷秩序と琉球」、第四節「琉球型華夷秩序の形成」である。

第一章では、古琉球・近世琉球において琉球王国が中国型華夷秩序と日本型華夷秩序に属しながら、独自の琉球型華夷秩序を形成し、独立国家としての経済発展が可能になった理由を明らかにした。その経済発展を可能にした一要因は琉球王国が海を積極的に利用して、諸外国と貿易を行なったことにある。その意味で海と王国の経済発展とは緊密に結びついていた。第一節において海洋と島嶼との関係について考察した。島嶼が海洋の有している発展の回路に乗ることができれば、経済発展が可能になり、海は必ずしも島嶼経済発展の阻害要因ではないことが明らかになった。

次にアジア型世界秩序における琉球経済のあり方を論じ、それが沖縄経済思想史においてもつ意味について考察した。中国型華夷秩序の中に存在していた琉球がアジア諸国と貿易を行ないえたのは、海禁という中国が取り決めた貿易の枠組みの中で琉球に制度的優位性が与えられていたからである。現代の沖縄経済を論じる際に大貿易時代が引き合いにだされる場合が多い。だが、先に述べたように、それは時代的条件下においてはじめて可能になったのであり、地理的優位性を沖縄が有していても、アジア地域の経済構造が大きく変化した今日、大貿易時代の琉球と現代沖縄を簡単に重ね合わせることはできない。しかし、尚泰久王や尚真王が歴史的時代の趨勢をよみ、貿易活動を推進した、時代への俊敏な適応性は今日的な課題でもある。また、大貿易時代から近世琉球にわたる時代の変化に対応して、島嶼内の生産力向上のための経済政策が行なわれてきた事実にも注意を払う必要があろう。

西欧諸国がアジア経済に参入し、琉球の対アジア貿易が衰退に向かった頃、琉球は次に日本型華夷秩序の一角を占めて、貿易利益を継続して得ることができた。この二つのアジア型世界秩序に属しながら、自前の琉球型華夷秩序をも形成した。つまり、アジアにおける時代的変化に適応し、物産、技術、制度等を琉球に導入しながら、独自の経済社会を作り上げたのである。アジア型世界秩序という外部世界から技術や文化を採用することが可能であったのは、琉球内部の経済発展の土台が確立されていたからである。尚泰久王、尚真王による貿易機構や政治制度の統一化、羽地朝秀、蔡温による経済諸制度や技術体系の導入とその改良が着実に行なわれていた。

日本と琉球との経済関係を論じる際に、日本において認識された琉球像に関する考察は不可欠である。このような認識方法に基づいて日本型華夷秩序が形成され、日本と琉球間に経済活動が展開され、最終的には琉球は日本の一部になったからである。琉球内部にも独特の世界観が形成されており、島嶼の世界観と経済活動とは密接に結びついていた。この世界観に基づいて経済活動が可能になった一方で、島嶼外部にある豊かなものに対する依存を強める原因にもなったと考えられる。

琉球王国はアジア型世界秩序の中で貿易を盛んに行ない、外部から技術、制度等を導入することで島嶼内の経済発展を図ってきた。しかし、一八七九年をもって王国制度が廃止され、それとともに王国が依存してきたアジア型世界秩序に基づく貿易も終了した。

第二章「近代国家日本の中の沖縄経済」の構成は、第一節「近代沖縄における島嶼経済問題」、第二節「近代沖縄社会の内発的発展」、第三節「近代沖縄における経済思想」である。

第二章では近代において島嶼沖縄が資本主義の中に組み込まれてゆく過程で直面した経済問題と、それに対して沖縄県民が示した諸解決策について論じた。まず、周辺化の過程を政治経済的側面から検討した。その支配の構造を踏まえたうえで、島嶼内部で行なわれた内発的発展の試みについて論じた。

一八七九年の琉球処分により、王国制が終了し、中国型華夷秩序、日本型華夷秩序という対外貿易を保証する制度的枠組みから脱した沖縄は、沖縄県として近代日本国家の中の一部として存在することになった。島嶼経済の内実も大きく変化し、近代的な諸問題も発生した。

アジア型世界秩序は華夷という文化的秩序観に基づく国家間関係であった。一九世紀に入りアジアにおいて国境線が確定されていく過程で、日本は近代国家建設の必要上、琉球王国を編入し、その島と海に対する所有の権利を明確にした。そして、移輸入の増大、モノカルチャーの弊害、ソテツ地獄等、近代的な様々な経済問題が生じた。その問題に対し沖縄では内発的発展の試みが行なわれ、政治的自治と経済的自立を求めた活動が展開された。また、伊波、太田、謝花等は近代的な島嶼経済の混乱という状況と向き合いながら、独自の経済思想を生みだした。彼らは、沖縄経済社会の現実を踏まえて、近代化を安定した形で推進することを共通の課題として考えていた。実際、沖縄では在来型の発展方法が継続的に行なわれており、それが資本主義の進展にともなう経済問題をある程度緩和させたとはいえよう。

近代沖縄において注目されるのは移民活動である。島嶼という地理的制約を越えて、アジア・太平洋に働く場所を求め、沖縄に送金等の形で経済的な還元を行なった。沖縄経済の活動範囲が海洋世界に広がりをもったのは琉球王国時代の貿易活動にもみられた。近代において王国が消滅し、外交権や貿易に関する権限を失った沖縄は、国家に代わって島民の一人一人が対外活動の担い手となった。特に南洋群島では沖縄県民が産業振興の中心的役割を果たしたことは特筆されてよい。

第三章「米軍統治下の島嶼経済」の構成は、第一節「島嶼経済の問題とその解決策」、第二節「復帰前の沖縄軍事基地と島嶼経済」、第三節「米軍統治下における経済思想」である。

太平洋戦争後、米軍統治の下に琉球という独自の政治体制が誕生した。これは太平洋戦争における大国同士のヘゲモニー争いの結果として、米国が軍事的に自由に使える領土を獲得したことを意味した。日本の周辺としての沖縄県は、米国の周辺としての琉球諸島として位置付け直された。しかし、このシステムで米国はほぼ軍事的な利益を享受したのにとどまり、経済的には日本が様々な形で利益を得た。その背景には米国が統治権を有し、日本が潜在主権を有するという、それぞれの権限の分担があった。基地の建設、維持を中心とした経済政策が実施され、沖縄経済の内実が近代と比べて大きく変化した。

第三章では、最初に、島嶼経済に関して世界的に展開された議論を沖縄の経済問題と関連させながら論じた。解決策は大きく二つに分けることができる。第一の解決策は、新国際経済秩序論やサブシステンス経済論に代表されるように、島嶼民の経済自主権に基づいて自らの資源を自らで開発する輸入代替策である。第二の解決策は、ＭＩＲＡＢ経済論や構造調整論のように島嶼と外部世界との関係を肯定的にとらえ、送金、援助金、外国投資を通じた島嶼経済の発展を目指す考え方である。

戦後沖縄経済は米軍基地の建設から始まり、基地の存在によって経済の動きが大きく左右された。沖縄の施政権は米国が有し、潜在主権は日本が持つという特殊な政治的地位にあり、疑似国家的な経済環境におかれ、輸入代替政策が実施されたことで沖縄出身企業家の活躍がみられた。また、外資の導入を促進するために一九五八年から部分的な開放政策が行なわれた。沖縄経済は米軍基地に大きく依存していたが、次第に日本援助が増大し、日本本土は砂糖やパイン等の主要な市場を提供した。また、日本本土側も基地建設のために沖縄に企業が進出したり、製品を輸出してドルを得ること等により、日本本土と沖縄との経済関係が強まった。

米軍統治下の経済思想としては、輸入代替政策の担い手であった企業家の思想、独立論、開発問題に抗議し反基地を訴える人々の思想、復帰後に備えた開発の思想等について検討した。復帰後の開発計画では、沖縄企業を保護するための制度が撤廃され、日本本土企業の沖縄進出を前提とする経済的一体化政策が提唱されていた。経済的一体化策とは、沖縄市場と日本本土市場とが、一部の例外を除きほぼ同一化することを意味した。しかし、実際は各種の特別措置が残されるとともに、経済的同一化政策によって沖縄の経済自立は実現しなかった。

第四章「日本本土復帰と島嶼経済」の構成は、第一節「復帰後沖縄経済の構造」、第二節「本土復帰後における沖縄の経済思想」、第三節「二一世紀に向けた沖縄経済発展のための政策提言」である。

第四章では、一九七二年に日本本土に復帰した後の時代を対象として沖縄経済について考察を行なった。日本復帰により沖縄には日本国憲法が適用され、人権の保障をえることができ、それとともに日本経済の一部として統合された。復帰前に存在していた輸入代替のための企業保護策も一部例外を残して撤廃され、本土企業の商品との競争を余儀なくされた。基地は復帰後も存在し続けることで、それに付随する経済問題も発生した。復帰後沖縄経済に特徴的なことは、沖縄開発庁が新設され、それを通じて膨大な補助金が沖縄に流入したことである。基地依存の経済構造から、補助金依存の経済構造へと変化した。

一部の特別措置はあったものの、復帰により経済的な保護政策が撤廃され、沖縄経済が本土市場に大きく開放された。それとともに膨大な補助金が流入し、基地を凌ぎ補助金に大きく依存する経済構造になった。インフラ整備が行なわれ、公的部門が肥大化したが、それにともない自立的な産業構造への転換は実現しなかった。復帰後も沖縄に基地が残り、経済的、人権的な問題を引き起こしているが、基地が沖縄県民に与える経済効果は無視できない状況にある。

次に、復帰後沖縄における経済思想について考察した。膨大な補助金によりインフラ整備が大きく進んだが、自立経済は実現せず、環境問題が発生し、沖縄独自の生活環境に変貌がみられた。経済的自立を巡っては特別県制論、自由貿易地域論、自助努力論等が展開され、環境問題、生活環境の変貌に関しては独立論、コモンズの経済学等の議論がみられた。

牧野の論じるように自助努力により沖縄内発の生産力を強化することが沖縄経済自立の基本である。しかし、島嶼はその地理的特性から生じる様々な問題があり、その解決のためには他地域との経済的ネットワークの構築が必要となろう。島嶼内における経済発展と、他地域との経済的ネットワーク化をどのように整合していくかが今後の課題となろう。

第四章では最後に、これまでの分析を踏まえ、二一世紀に向けた沖縄経済発展のために政策提言を行なった。その骨子は、文化の発展、島嶼経済の再編と経済的ネットワークの構築、二重戦略である。沖縄をとりまく今日的な時代状況を見据え、多くの蓄積のある沖縄の経済思想を踏まえた経済発展の方向が望ましいと考える。

＊

本書では、沖縄における経済発展の問題を経済思想の観点から検討した。島嶼という地理的特性から生じる経済問題の構造を歴史的に分析し、経済思想としてこれらの諸問題がどのように議論され、解決策がどのように提示されてきたのかについて考察した。

沖縄の経済問題は構造的性格を有し、歴史的に形成されてきたことから、琉球王国時代から復帰後までという長期の歴史の中で沖縄経済の展開を分析することになった。また、経済的要因の外に、アジア型華夷秩序、琉球に対する認識の変遷、外部勢力による政治支配、軍事基地の存在等、非経済的要因についても考察の対象としたのは、沖縄においては政治と経済、経済と文化とが緊密に結びついており、経済現象が非経済的要因により大きな影響を受けてきたからである。

それぞれの時代毎に幾つかの経済思想を取りあげた。それらを取りあげた理由は、時代毎の経済問題に関する認識方法や解決策を、経済思想家が新たな観点から提示していたからである。本書で考察した経済思想は、それぞれの時代的背景において形成されたものであり、経済問題の分析内容や経済発展策も時代的な制約を有している。ただ、今日的な経済環境と沖縄が有する経済条件、経済構造等を十分考慮したうえで、沖縄経済思想史から沖縄経済が有する特殊性、構造的経済問題を解明するための糸口、経済発展のための諸戦略等を学ぶことができよう。

沖縄経済思想史を検討した結果、二つの経済発展の方向が明らかになった。それは、貿易や移民等を通じて、島嶼外部との経済関係を強化することで島嶼経済を発展させる方向と、島嶼内部の生産性を向上させて経済構造の安定化を目指す方向である。それは、世界における島嶼経済論の二つの流れである、MIRAB経済論と輸入代替論と重なりあう。経済思想史の検討に基づき本書では最後に二重戦略という形で二一世紀における沖縄経済のあり方について提言を行なった。

島嶼は海によって世界に開かれており、外部世界との経済的関係を築くことで、島嶼性から生じる様々な問題を克服することが可能となる。しかし、外部世界は変動的であり、島嶼はその変動に左右されたり、時には政治的な支配力の下に置かれることもある。外部世界の変動や支配による島嶼経済の不安定化を避けるためにも、島嶼内の生産力を向上させ、経済構造を強固にするとともに、草の根的な内発的発展を展開することで沖縄内に発展の機動力を据えおく必要がある。

本書では内発的発展論に基づいて沖縄経済思想について検討してきた。本書における内発的発展論は、閉鎖された地域を対象とするのではなく、開かれた地域における内発的な発展を考察したのであり、経済のネットワーク化も沖縄という島嶼が生みだした内発的発展の一展開であるといえる。他地域との経済的ネットワークは島嶼性に由来する経済問題への解決につながる。そのネットワークを形成するためには沖縄側がどのような経済的利点を他地域に提供できるかが課題となり、また、沖縄内部の経済状態が安定化する必要がある。つまり、沖縄における内発的発展は島内部、対外関係双方において展開しなければならず、それにより経済自立への道が開かれ、二一世紀のアジア太平洋において沖縄が独自の経済的位置を占めることが可能になろう。

関連年表

沖縄の歴史

旧石器時代	前三万年頃	山下洞人・港川人が居住する
貝塚時代	六〇八年	隋の煬帝、朱寛を琉球に使わす
	六一六年	奄美、信覚（石垣島）、球美（久米島）の使者が本土に往来
グスク時代	一一〇〇年	各地に按司が出現し、グスクを築き、村を支配
舜天王朝	一一八七年	舜天王即位
英祖王朝	一二六〇年	英祖王即位
	一二六四年	久米島、慶良間島、伊平屋島、英祖王に入貢
	一二六七年	奄美大島入貢
	一二九六年	元軍約六千名、沖縄本島に来襲
察度王朝	一三五〇年	察度王即位
	一三七二年	察度王、明朝に入貢
	一三八九年	察度王、朝鮮と通好
	一三九〇年	八重山、察度王に入貢

日本本土・世界の歴史

六〇七年	小野妹子、隋に使いす
六三〇年	遣唐使のはじめ
六四五年	大化改新
一〇九六年	十字軍遠征がはじまる
一一六七年	平清盛、太政大臣となる
一一九二年	源頼朝、征夷大将軍となり鎌倉幕府を開く
一二一五年	マグナカルタ制定
一二四一年	ハンザ同盟なる
一二七一年	マルコポーロ東方への旅に出発
一二七四年	文永の役
一二八一年	弘安の役
一三三八年	足利尊氏、征夷大将軍となり室町幕府を開く
一三六八年	朱元璋、明を興す
一三六九年	チムール帝国の成立
一三九二年	李氏朝鮮建国

第一尚氏王朝	一四〇四年	冊封使が初めて来琉。シャム船来航し、交易
	一四〇六年	尚思紹、中山王となる
	一四二〇年	尚思紹王、使者をシャムに遣わす
	一四二一年	パレンバンとの交易が始まる
	一四二九年	尚巴志王、全島を統一
	一四三〇年	尚巴志王、使者をジャワに遣わす
	一四五六年	尚泰久が王に即位し、マラッカと通好
	一四五八年	万国津梁の鐘を鋳造
	一四六六年	尚徳王、喜界島に遠征
第二尚氏王朝	一四七〇年	尚円が王に即位
	一四七二年	尚円王、マラッカに交易船を派遣
	一四七七年	尚真即位、朝鮮人漂流民が与那国島で救助
	一四八一年	初めて紋船が薩摩に派遣
	一四九〇年	パタニと初めて交易
	一五〇〇年	八重山でアカハチ・ホンガワラの乱が発生し、王府が平定
	一五二二年	与那国島で鬼虎の乱が起こり、王府が平定
	一五五六年	倭寇が来襲し、これを破る
	一五七〇年	東南アジア地域との直接貿易が終わる
	一五八三年	宮古上布が完成

一四〇四年	足利義満、明の国書を受ける
一四三四年	勘合貿易が始まる
一四六七年	応仁の乱（〜一四七七年）
一四九二年	コロンブス、北米大陸発見
一五一一年	ポルトガルがマラッカを占領
一五一三年	バルボア、太平洋を発見
一五一九年	マゼランの世界周航始まる
一五四三年	ポルトガル人、種子島に来る
一五四五年	ポトシ銀山の開発
一五五七年	ポルトガル人がマカオ居住を許される
一五七一年	レパントの海戦
一五八四年	イスパニアの商船、平戸に来航
一五八八年	イスパニア無敵艦隊壊滅

近世琉球

一五九二年	豊臣秀吉の朝鮮出兵に対し、王府が兵糧米を供出
一六〇五年	野国総管が中国より甘藷をもたらす
一六〇九年	島津氏が軍勢約三千名で琉球を攻略し制圧
一六一一年	儀間真常、薩摩より木綿を移入
一六一六年	尚豊王、薩摩より朝鮮人陶工をつれ帰り、窯をひらかせる
一六一九年	久米島に養蚕が伝わる
一六二四年	島津氏、奄美群島を琉球から切り離し、直轄地とする
一六三一年	島津氏、那覇に琉球在番奉行をおく
一六三二年	久米島紬が完成
一六三四年	幕府に慶賀使を初めて派遣
一六四五年	砂糖、ウコンの専売制がはじまる
一六五〇年	羽地朝秀が『中山世鑑』を編集
一六五九年	先島の年貢を上布で代納させる
一六六二年	砂糖奉行設置
一六六九年	羽地朝秀、開墾奨励の令達を出す
一六七一年	真喜屋実清が竪型三ローラー圧搾機を発明
一六九一年	農民に奢侈禁止を令達
一六九七年	砂糖、ウコンの生産制限令が出る
一七一五年	首里に市場をひらく
一七二八年	蔡温、三司官となる
一七三四年	蔡温、農務帳を公布

一五九二年	秀吉の朝鮮出兵
一六〇〇年	イギリス東インド会社設立
一六〇二年	オランダ東インド会社設立
一六〇九年	オランダ、平戸に商館設置。グロチウスの『海洋自由論』出版
一六一三年	支倉常長、欧州に使いす
一六一九年	オランダがバタヴィア市建設
一六三九年	日本の鎖国
一六四四年	清朝の中国支配始まる
一六八一年	清朝、海禁を解く
一六九九年	清朝、イギリスに広東貿易を許す
一七二八年	ベーリングの第一回北太平洋探検

一七三五年	蔡温、植林を奨励
一七三七年	蔡温、「本山山法式帳」「山奉行所規模帳」を公布
一七七一年	明和の大津波　先島諸島で死者一万一八五一人
一七八六年	「琉球科律」制定される
一七九八年	公学校、平等学校設立される
一八一二年	杣山奉行を置く
一八一六年	英艦アルセスト・ライラ号来航
一八一八年	バジルホールの『朝鮮西沿岸及び大琉球探検航海記』が出版
一八二一年	オランダ船来航
一八二五年	台風と旱魃による大飢饉（死者三三五八人）
一八三二年	台風と旱魃による大飢饉（死者二四五五人）
一八四四年	フランス軍艦来航し、通好・貿易・布教を要求、宣教師二人を残す
一八四五年	イギリス船が八重山群島を測量

一七六八年	クックの第一回太平洋探検
一七七六年	アダム・スミスの『国富論』出版
一七八四年	アメリカ船、広東に来航
一七八八年	イギリス、豪州を囚人植民地とする
一七九二年	ロシア使節ラクスマン、根室に来て、通商を要求
一八〇四年	ロシア使節レザノフ、長崎に来航
一八一四年	イギリス、ニュージーランドを占領
一八一九年	イギリス、シンガポールを領有
一八二五年	幕府、外国船打払令を出す
一八二八年	オランダ、ニューギニアに植民
一八四〇年	阿片戦争、四二年南京条約締結で香港をイギリスへ割譲
一八四一年	フリードリッヒ・リストの『国民経済学体系』出版
一八四四年	オランダ国王、幕府に開国進言

近代沖縄	
一八四六年	フランス船来航し、通好を要求
一八五三年	ペリー艦隊来琉し、首里城訪問
一八五四年	ロシアのプチャーチン来航。琉米修好条約締結
一八五五年	琉仏修好条約締結
一八五九年	琉蘭修好条約締結
一八六六年	清国から最後の冊封使来琉
一八六七年	パリ万博に薩摩琉球国勲章出品
一八六九年	蔡温の『林政八書』が出版
一八七一年	宮古島島民五四人が台湾において殺害される
一八七二年	明治政府、琉球藩を設置、尚泰を藩王とする。日本政府、琉球藩の外交権を停止し、外務省の管轄とする（在番奉行を廃止し、外務省出張所を設置）。王府、清国に進貢使を派遣
一八七三年	海軍省水路寮、琉球全島の測量開始
一八七四年	琉球藩、内務省の管轄となる。台湾問題につき日清議定書調印
一八七九年	明治政府、沖縄県をおく（琉球処分）
一八八〇年	県庁に会話伝習所を設置、日清間で分島・改約問題が協議
一八八四年	古賀辰四郎、尖閣列島を探検。夜間照明に石油ランプ使用はじまる。那覇にはじめて医院が開設される
一八八七年	中学校・師範学校で兵式訓練開始。伊藤

一八五三年	ペリー浦賀に来る。ニューカレドニアがフランスの植民地となる
一八五四年	日米和親条約締結
一八五八年	日米修好通商条約締結
一八六八年	明治維新
一八六九年	アメリカ大陸横断鉄道開通
一八七一年	廃藩置県
一八七二年	土地永代売買の禁を解く
一八七三年	地租改正条例布告。内務省設置
一八七四年	台湾出兵。イギリス、フィジーを植民地化。北海道屯田兵制度はじまる
一八七五年	千島樺太交換条約締結。トンガ、憲法制定
一八七六年	日朝修好条規に調印
一八八〇年	李鴻章、海軍を創設。フランス、タヒチを併合
一八八六年	ハワイと日本が渡航条約を調印
一八八七年	ヴィクトリア女王、インド皇帝

総理大臣、大山陸軍大臣、仁礼海軍大臣等が軍事視察のため来県

一八八八年	甘藷の作付制限を撤廃
一八九二年	宮古島で人頭税廃止運動がおこる
一八九四年	謝花昇、杣山開墾問題で奈良原知事と対立
一八九六年	尖閣列島を八重山群島に編入。軍事目的で那覇～鹿児島間に海底電信敷設
一八九八年	沖縄に徴兵令施行（宮古・八重山群島は一九〇二年より）謝花昇、県庁を辞め参政権獲得運動をはじめる
一八九九年	沖縄県土地整理法公布。第一回ハワイ移民団が出発
一九〇〇年	玉置半右衛門、南大東島の開墾開始。琉球織物同業組合設立
一九〇一年	反布の沖縄購買販売組合設立。砂糖消費税施行
一九〇三年	土地整理が完了し、宮古・八重山群島の人頭税廃止。大阪の勧業博覧会で人類館事件。糸満漁業組合設置
一九〇五年	宮古島の漁民がバルチック艦隊通過を石垣島の電信局に通報
一九〇六年	臨時糖業改良事務局を設置。このころの県人口約四七万人。奥共同店が設置
一九〇八年	アダン帽製造が急激に発展
一九〇九年	特例府県制が施行され、初めて県会議員

となる

一八八九年	大日本帝国憲法発布。イギリスがソロモン諸島を保護領化
一八九〇年	日本において府県制公布
一八九四年	日清戦争
一八九八年	アメリカがハワイ、グアム併合、米西戦争
一八九九年	ドイツ、ミクロネシア諸島、西サモアを植民地化。東サモアが米領化
一九〇〇年	トンガ、イギリスの保護領化
一九〇二年	日英同盟調印
一九〇四年	日露戦争
一九〇五年	日本海海戦
一九〇六年	ニューヘブリデス（現在のバヌアツ）英・仏の共同統治領化

	選挙が実施
一九一一年	河上肇の舌禍事件
一九一二年	衆議院議員選挙法施行（宮古・八重山地域は除く）。漆器産業組合設立
一九一四年	御木本幸吉、八重山で真珠養殖をはじめる。那覇―与那原間に県営軽便鉄道開通
一九一九年	衆議院議員選挙法改正（宮古・八重山地域を含み定員五人）
一九二一年	沖縄初のメーデーが行なわれる
一九二四年	ソテツ地獄が発生（昭和初期頃まで）。沖縄海外協会設立
一九二五年	「沖縄県財政経済の助長に関する建議案」「沖縄県救済に関する建議案」が衆議院で可決
戦後沖縄	
一九四五年	三月、米軍が沖縄上陸
一九四六年	マッカーサー、日本と南西諸島の行政分離を宣言。旧日本円をB円と新円に切り換え
一九四八年	琉球銀行発足。日本円からB円に切り換え
一九四九年	本格的な基地建設が始まる
一九五〇年	一ドル＝一二〇B円の為替レートを設定
一九五一年	沖縄群島会議が日本復帰要請決議案を採択
一九五二年	琉球政府発足

一九一二年	中華民国成立
一九一四年	第一次世界大戦、日本軍が南洋群島を領有（その後、委任統治領となる）
一九一九年	パリ講和会議
一九二七年	金融恐慌発生
一九二九年	世界大恐慌
一九三二年	南洋群島が財政的自立を達成
一九三九年	第二次世界大戦
一九四五年	ヤルタ会談、国際連合成立
一九四六年	日本国憲法公布。アメリカ、ビキニ環礁で原爆実験
一九四九年	中華人民共和国成立
一九五〇年	朝鮮戦争
一九五一年	サンフランシスコ対日講和会議、日米安全保障条約調印。ANZUS結成

一九五三年	土地収用令公布、土地の強制収用が実施
一九五四年	米国民政府が地代の一括払い方針を提示。第一回ボリビア移民がはじまる。島産品愛用運動がはじまる
一九五五年	このころの人口約八〇万人。軍工事による好況
一九五六年	プライス勧告の発表、島ぐるみ闘争が始まる
一九五七年	行政命令が発布
一九五八年	B円からドルに通貨変更
一九五九年	石川市宮森小学校に米軍機が墜落（死者一七人、負傷者一二一人）
一九六〇年	アイゼンハワー大統領が沖縄訪問。那覇港に自由貿易地域設置
一九六一年	池田・ケネディ会談以後、日本援助が急増。日米協議委員会
一九六三年	最低賃金制（時給九セント）の実施
一九六七年	嘉手納基地から廃油が住民地区に流出
一九六八年	初めての公選知事に屋良朝苗が選出
一九六九年	佐藤・ニクソン会談で七二年の返還が決定
一九七〇年	コザで反米騒動。戦後初の国会議員選挙実施

一九六〇年	日米新安全保障条約調印
一九六二年	西サモア独立
一九六三年	アメリカのミクロネシア援助が前年に比べ約二倍増加。フランス、ムルロア環礁で核実験
一九六五年	米軍の北ベトナム爆撃始まる
一九六六年	中国で社会主義文化大革命
一九六八年	小笠原諸島返還協定調印
一九七〇年	フィジー、トンガ独立
一九七一年	米がドル防衛策を発表、中華人民

日本復帰			
一九七一年	アルコアが沖縄進出を断念		共和国が国連加盟（台湾は脱退）
一九七二年	沖縄県の誕生。第一次沖縄新興開発計画が実施	一九七二年	米中共同声明。バングラデシュ独立宣言。日中国交正常化。日米繊維協定に調印
一九七三年	石油備蓄基地建設を巡り屋良知事と金武湾を守る会が対立		
一九七五年	沖縄国際博覧会開催	一九七五年	サイゴン陥落。パプアニューギニア独立
		一九七八年	ソロモン諸島独立
		一九七九年	キリバス独立
一九八二年	嘉手納基地周辺住民が爆音訴訟を起こす。第二次沖縄新興開発計画が実施	一九八六年	ミクロネシア連邦、マーシャル諸島独立。北マリアナ諸島、アメリカのコモンウェルスへ
一九九二年	第三次沖縄新興開発計画が実施	一九八九年	米ソ首脳マルタ会談
		一九九四年	パラオ独立
一九九五年	米海兵隊員による女子小学生暴行事件が発生。復帰後最大規模の県民総決起大会に約八万五千人が集まる	一九九五年	米軍の冷戦後の戦略「東アジア戦略報告」が発表
一九九六年	普天間飛行場を五～七年以内に返還することが決定される	一九九六年	日米安保共同宣言発表
一九九九年	沖縄本島北部の振興策として十年間で一千億円の予算措置が決定される	一九九九年	新しい日米防衛協力のための指針（ガイドライン）関連法が成立
二〇〇〇年	G8サミットの沖縄開催。首里城の守礼門を描いた二千円札発行	二〇〇一年	米国で同時多発テロ

135） 同上書、60 ページ。
136） 世界銀行（1994）、5 ページ。
137） APEC 税制研究会他（1997）、105 ページ。
138） 同上書、120 ページ。

103）　同上。
104）　西川（1980A）、ii-iii ページ。なお、1980 年に研究会での議論が『沖縄——平和と自立の展望』という題で出版された。
105）　西川（1997）、33-36 ページ。
106）　同上論文、37-39 ページ。
107）　同上論文、39-40 ページ。
108）　同上論文、40 ページ。
109）　牧野（1996）、13 ページ。
110）　同上書、25-28 ページ。
111）　牧野（1978）、25 ページ。
112）　同上書、22 ページ。
113）　同上書、12 ページ。
114）　同上書、127 ページ。
115）　同上書、314 ページ。1997 年 1 月 28 日における松島による牧野氏へのインタビューにおいて、牧野氏は、沖縄を第三世界と関連づけて論じた理由として、西川潤との議論や、西川の『経済発展の理論』からの影響が大きいと答えた。
116）　同上書、52-53 ページ。
117）　同上書、84 ページ。
118）　同上書、34-35 ページ。
119）　牧野（1996）前掲書、156-164 ページ。
120）　同上書、178-194 ページ。
121）　同上書、215-217 ページ。
122）　同上書、218 ページ。
123）　同上書、219-220 ページ。
124）　同上書、220-223 ページ。
125）『琉球新報』1997 年 3 月 14 日。
126）『琉球新報』1997 年 10 月 24 日。
127）　牧野（1996）前掲書、246 ページ。
128）　1997 年 1 月 28 日に松島による牧野氏とのインタビューに基づく。牧野氏の基本的スタンスは島嶼がオープンシステムの中に置かれている状況で生存してゆくために自助努力によって生産力を強化する必要があるというものである。
129）『沖縄タイムス』ホームページより入手。
130）『琉球新報』1997 年 10 月 17 日。
131）　金城・土田（1997）、44 ページ。
132）　平松（1997）、46-47 ページ。
133）　同上書、65-69 ページ。
134）　日本経済新聞社編（1996）、57-59 ページ。

ましい（139–140ページ）。」

島袋（1996）によれば、米軍基地を撤去し、経済的に自立するための政治制度的可能性として沖縄独立、連邦制等がある。最も有効なのは復帰前の琉球政府の復活であり、それにより日本政府との関係を保ちながら、より自律性の高い状況を実現できるとしている。

72） 宮本（1979）、50ページ。

73） 同上論文、52ページ。

74） 同上論文、58ページ。

75） 同上論文、59–60ページ。

76） 玉野井（1990）、105–106ページ。

77） 同上書、194ページ。

78） ポランニー（1980）、410ページ。

79） 玉野井、170–173ページ。

80） 同上書、219ページ。

81） 同上書、150ページ。

82） 同上書、235–237ページ。

83） 多辺田（1990A）、iページ。

84） 同上書、39ページ。

85） 同上書、33ページ。

86） 同上書、27ページ。

87） 同上書、221–222ページ。

88） 名護市企画室（1973）、2–5ページ。

89） 同上書、7–8ページ。

90） 同上書、8ページ。

91） 嘉数（1983）、3ページ。

92） 同上論文、6ページ。

93） 同上論文、7–8ページ。

94） 同上論文、23–25ページ。

95） 同上論文、44–50ページ。

96） Kakazu（1994）, pp. 160–161.

97） *Ibid.*, p. 187.〔松島訳〕

98） 「産業・経済の振興と規制緩和等検討委員会」の報告書（『沖縄タイムス』のホームページより入手）。

99） 同上。

100） 同上。

101） 同上。

102） 同上。

るアゾレス諸島は政治的、行政的自治がポルトガル共和国憲法で保障されている。そして、地域議会は予算や計画を承認する権限を有しており、法律も制定できる。財政、金融、司法、防衛、為替管理は国の所管であるが、アゾレス諸島はそれに対し平等な権利をもって参加している（41-46 ページ）。

アッシュ（1990）はヨーロッパの島嶼が政治的自治権を獲得してきた過程を次の 3 つに分類している。(1) 何世紀にもわたり政治的自治を保持してきた島嶼。チャンネル諸島はイギリスとフランスの間にあり、マン島はスコットランド、アイルランド、イングランドの間にあるという地理的特性により自治を獲得できた。(2) 戦争の結果として自治を得た島嶼。オーランド諸島は第一次世界大戦後に中立地区となり自治を獲得し、フェローズ諸島、グリーンランド、サルディニア島、シシリー島は第二次世界大戦後に自治制となった。(3) 近年の地方分権化により自治を獲得した島嶼。70 年代の地方分権化運動によりアゾレス諸島、カナリー諸島、バレアレス諸島に自治制が実現した。81 年にフランスが社会党政権になり地方分権化を推進したことで、コルシカ島、グアドループ、マルチニック、レユニオンの自治権が拡大した（81-82 ページ）。

また、アッシュ（1990）はヨーロッパの島嶼における自治制について以下のような特徴を指摘している。(1) 島が直接的に関係する国際的事柄に対して発言権をもつ島嶼がある。デンマークは EU の加盟国であるが、デンマークに属するフェローズ諸島は EU に加盟していない。その理由は他国の漁船がフェローズ諸島海域に進出するのを防ぐためである。島独自の税制を有しているマン島とチャンネル諸島も EU 加盟を拒否し、EU と特別の協約を結んでいる。アゾレス諸島の中にあるテルセラ島に米軍基地を設置する際にアゾレス自治政府がアメリカ政府と直接交渉し、多くの借地料を得ることができた。(2) 多くの島嶼が議会をもち、島に関する法案を採決している。(3) 島嶼独自の税制を実施している。マルチニック、グアドループ、レユニオン、カナリー諸島では島への輸入品に課税する権利が認められており、財政収入を増やし、島内産業を育成するのに役立っている。その他、所得税、キャピタル・ゲイン税、相続税、消費税が軽減されている多くの島嶼がある（83-84 ページ）。

71)『沖縄タイムス』1996 年 2 月 12 日。復帰前の 1971 年にも比嘉幹郎が自治州を提唱した。それについて比嘉（1971）は次のように論じている。「沖縄州は、軍事や外交などに関連する特定の権能以外のすべてを保持することが望ましい。（中略）沖縄特別自治体の行政主席は、一定の任期で住民の一般投票によって選出され、住民生活のあらゆる部門に及ぶ事務について自主的権限を保有し、中央政府の指揮監督は受けないものとする。（中略）この特別自治体は、本土の都道府県のような中央政府の行政機関の一つとして、いわゆる国政事務を管理し執行する責任を負わされるものではないのである。（中略）沖縄を特別自治体にするためにはまた、強力な立法権限を持つ一つの議会も設置しなければならない。この議会は、定期的に住民によって選出される代表で構成する。本土の現行法規の多くは、沖縄住民不在の間に制定されたものであるから、その適用の可否について、沖縄の議会に検討し決定する権限を与えることが望

50)　同上論文、418–421 ページ。
51)『沖縄タイムス』1996 年 7 月 11 日。
52)『沖縄タイムス』1996 年 7 月 18 日。
53)『沖縄タイムス』1996 年 12 月 26 日。
54)『沖縄タイムス』1996 年 12 月 26 日。
55)　内閣府沖縄総合事務局（2001）前掲書、14 ページ。
56)　沖縄県総務部知事公室基地対策室（2001）前掲書、45 ページ。
57)　同上書、22–23 ページ。
58)　同上書、46–47 ページ。
59)　平（1981）、6–10 ページ。同論文で全世界的琉球精神共和国のモデルとして平は次のようにイスラエルとバチカンを挙げている。「イズラエルの強味は、本国のユダヤ人以上の数と富、さらに、見ようによっては本国居住者以上の強烈な愛国心をもつユダヤ人が、イズラエル以外の各地に居住し活躍していることである。つまり、地理的共和国イズラエルと文化的・精神的共和国であるユダヤ人社会が相互に補強し合う構造になっているのである。（中略）領土ベースではヴァチカンというローマ市の一区域であるが、その統治権は全世界のローマ正教徒に及んでいる。ローマ正教徒は、それぞれの居住国における立派な国民であると同時に、一つの超国家的王国の光栄ある市民でもあるというわけである（5–6 ページ）。」
60)　平（1983）、62 ページ。
61)　高良（1981A）、100 ページ。
62)　同上論文、101–103 ページ。
63)　高良（1981B）、164–172 ページ。次のように高良が起草した憲法は平和と交易そして沖縄内在の社会システムや環境を基盤においた島嶼社会の形成を理想としていた。「琉球共和社会は世界に開かれることを基本姿勢とする。いかなる国や地域に対しても門戸を閉ざしてはならない。ただし軍事に関連する外交は一切禁止する。軍事協定は結ばない。平和的な文化交流と交易関係を可能な限り深めることとする（167 ページ）」「各州および各自治体に残存する慣例、内法などはとくに慎重に吟味し、祖先たちのえい智を建設的に活かすことを要する。（中略）生態系を攪乱し、自然環境を破壊すると認められ、ないしは予測される諸種の開発は、これを禁止する（171–172 ページ）」
64)　いれい（1981）、142–145 ページ。
65)　同上論文、144 ページ。
66)　島尾（1992）、271 ページ。
67)　同上論文、273 ページ。
68)　沖縄経済研究会（1981）、48–49 ページ。
69)　同上論文、65–69 ページ。
70)　自治労沖縄県本部（1982）、232–236 ページ。島嶼と自治に関して興味深いのはヨーロッパにおける島嶼の事例である。アマラル（1990）によればポルトガルに属す

28)　沖縄県企画開発部企画調整室（1999）前掲書、103 ページ。
29)　沖縄産業振興センター（1998）前掲書、33–34 ページ。
30)　同上書、39 ページ。
31)　内閣府沖縄総合事務局（2001）前掲書、75 ページ。
32)　同上書、80 ページ。
33)　沖縄県企画開発部企画調整室（1999）前掲書、117 ページ。
34)　内閣府沖縄総合事務局（2001）前掲書、14 ページ。
35)　Kakazu（1994), pp. 157–161.
36)　内閣府沖縄総合事務局（2001）前掲書、51–53 ページ。
37)　『沖縄タイムス』1988 年 4 月 16 日。
38)　目崎（1985)、59–60 ページ。赤土問題は次のような経過で進行した。1955 年ころからブルドーザーによるパイン畑造成過程で土壌浸食が目立つようになった。開発の主体が個々の農家であり畑面積も狭いこともあって赤土流出はそれほど問題にならなかった。しかし、復帰以後、本土との経済格差を解消することを目的とした巨額補助金による大規模な土地改良事業が推進されたことが赤土問題が深刻化する引き金となり、また、赤土流出防止対策の不十分さが被害を拡大している〔大見謝（1988)、60–69 ページ〕。
39)　同上書、63–65 ページ。亜熱帯である沖縄にはマングローブ群が存在しているが、これらも赤土流出により被害をうけている。赤土の堆積によりマングローブ群の底質が悪化し、そこに棲む生物に悪影響を与えたり、冠水と干出の変化が失われマングローブ群が枯死にいたる場合がある。その他に道路建設、護岸建設、河川改修による埋め立て、伐採等によっても沖縄独自の自然であるマングローブ群が破壊されている〔西平（1988)、44–51 ページ〕。
40)　八重山市庁総務課（1989)、150 ページ。奄美諸島においても 1970 年代から大規模な畑地帯総合整備事業が行なわれた。各地で赤土問題が生じた。それは土砂を削り、山地を裸地にしたことで赤土が海に流れ、エビ、タコ、カニ、貝、小魚等の海中生物が死滅し、黒い珊瑚が徳之島や奄美大島近海で発見されている〔吉田（1995)、204–205 ページ〕。
41)　金城（1995)、3 ページ。
42)　内閣府沖縄総合事務局（2001）前掲書、25 ページ。
43)　城間（1987)、130 ページ。
44)　安里（1980)、200–201 ページ。
45)　安里（1981A)、57 ページ。
46)　沖縄県総務部知事公室基地対策室（2001)、1 ページ。
47)　『沖縄タイムス』1995 年 10 月 3 日。
48)　『沖縄タイムス』1995 年 10 月 21 日。
49)　仲地（1990)、414–418 ページ。

2)　牧野（1982)、77ページ。
3)　同上書、293-294ページ。
4)　琉球銀行調査部（1984）前掲書、986ページ。
5)　島袋（1972)、74ページ。
6)　仲地（1989)、56-62ページ。
7)　仲地（1992)、90-92ページ。
8)『沖縄タイムス』1997年2月26日。
9)　沖縄産業振興センター（1998)、16ページ。
10)　仲地（1993)、84-88ページ。
11)　沖縄開発庁（1992)、21ページ。
12)　同上書、38ページ。
13)　同上書、28ページ。奄美に対しても奄美群島振興開発特別措置法が施行されており、道路や港湾等の生産基盤整備事業に高率の補助金が与えられている。住宅や福祉施設等の生活基盤整備事業には一般並みか離島振興法並みの補助金が提供されている。公共事業における問題として次の諸点が指摘されている。1992年の時点において地元企業が公共事業を請け負う割合が6割程度であり、島外に経済的利益が流出しており、期待されたほどには島内に所得創出効果をもたらしていない。また、開発計画の策定が鹿児島県庁主導であり、奄美の住民が計画策定に参加する機会が少ない。赤土汚染をはじめとする自然破壊も深刻である。奄美農業の中枢であった砂糖黍栽培農業の衰退が顕著であり、65年に存在していた2万2千戸の栽培農家は92年には9,600戸に減少した。大島紬の生産量も92年には10年前の3分の1に減り、産業の衰退と財政依存の経済構造が強固になっている〔吉田（1995)、11-17ページ〕。
14)　沖縄県自由貿易地域管理事務所（1996)、沖縄県自由貿易地域管理事務所（2000)。
15)　同上書、7ページ。
16)『沖縄タイムス』1997年1月15日、2002年3月24日における沖縄県自由貿易地域管理事務所でのインタビュー。
17)　沖縄県（1996)、1ページ。
18)　沖縄県（1999)、14-17ページ。
19)　牧野（1996）前掲書、39-40ページ。
20)　内閣府沖縄総合事務局（2001)、11ページ。
21)　同上書、16ページ。
22)　沖縄県企画開発部企画調査室（1999)、9ページ。
23)　内閣府沖縄総合事務局（2001）前掲書、5ページ。
24)　同上書、7ページ。
25)　沖縄産業振興センター（1998）前掲書、11-15ページ。
26)　同上書、24ページ。
27)　同上書、34-35ページ。

188)　同上雑誌、162 ページ。
189)　同上雑誌、168 ページ。
190)　『南と北』前掲雑誌、第 49 号、1969 年、151 ページ。
191)　『沖縄』前掲雑誌、第 51 号、1969 年、209–210 ページ。
192)　同上雑誌、227 ページ。
193)　同上雑誌、230 ページ。
194)　南方同胞援護会（1970）、268 ページ。
195)　同上書、277 ページ。
196)　同上書、270–271 ページ。
197)　同上書、387 ページ。
198)　同上書、424–429 ページ。
199)　同上書、349–353 ページ。
200)　同上書、523–524 ページ。
201)　宮本（1973）、165–167 ページ。
202)　同上書、167–169 ページ。
203)　同上書、133 ページ。
204)　同上書、134–135 ページ。
205)　同上書、137–138 ページ。
206)　同上書、139–141 ページ。
207)　同上書、147 ページ。
208)　同上書、147–148 ページ。
209)　同上書、149–150 ページ。
210)　宮本（1979）、40 ページ。
211)　琉球銀行調査部（1984）前掲書、1036–1038 ページ。
212)　同上書、1039 ページ。
213)　同上書、1034 ページ。
214)　同上書、1044–1045 ページ。
215)　同上書、1050 ページ。
216)　同上書、1059–1071 ページ。
217)　ジョンソン（1982）、19–20 ページ。
218)　同上書、268–269 ページ。
219)　『沖縄』、第 53 号、1970 年、56 ページ。
220)　同上雑誌、57 ページ。

第四章

1)　久場（1995）、228 ページ。

したがって石垣、西表両島の中間の海域に進入した大波は、ひじょうに力を殺がれていたわけで、そのために竹富、小浜、鳩間などの島々および、西表島沿岸の村々も村が全潰、または半潰する程大きな影響を受けなかったのである。もちろん石垣島の登野城、大川、石垣、新川の四ヶ村もおかげで半潰程度ですんだのであろう(142ページ)。」
155) 多辺田(1990A)、246–248ページ。
156) 安里(1981A)、53–54ページ。
157) 阿波根(1973)、23ページ。
158) 同上書、51ページ。
159) 同上書、185–187ページ。
160) 矢内原(1965A)、362ページ。
161) 同上論文、363ページ。
162) 矢内原(1965B)、379ページ。
163) 第一製糖株式会社記念誌編集委員会(1980)、47ページ。
164) 『沖縄タイムス』1953年6月29日。
165) 古波津(1992)、75–77ページ。
166) 同上書、112ページ。
167) 同上書、116ページ。
168) 同上書、117ページ。
169) 具志堅(1965)、186–187ページ。
170) 同上書、189–202ページ。
171) 具志堅(1977)、199–200ページ。
172) 具志堅(1965)前掲書、190ページ。
173) 具志堅(1977)前掲書、259–263ページ。
174) 『沖縄タイムス』1954年11月23日。
175) 『沖縄タイムス』1957年9月6日。
176) 『沖縄タイムス』1956年10月19日。
177) 『沖縄タイムス』1959年11月29日。
178) 『沖縄と小笠原』第6号、1958年、25–27ページ。
179) 同上雑誌、33ページ。
180) 『南と北』、46号、1968年、126ページ。
181) 同上雑誌、126ページ。
182) 同上雑誌、128–129ページ。
183) 『沖縄』、第51号、1969年、160–161ページ。
184) 同上雑誌、161ページ。
185) 同上雑誌、161ページ。
186) 同上雑誌、161ページ。
187) 同上雑誌、162ページ。

138) 池原（1983）、39-51 ページ。

139) 琉球銀行調査部（1984）前掲書、290 ページ。

140) 『沖縄タイムス』1958 年 11 月 20 日。

141) 琉球銀行調査部（1984）前掲書、1183 ページ。

142) 同上書、1181 ページ。

143) 『沖縄タイムス』1960 年 1 月 19 日。

144) 琉球銀行調査部（1984）前掲書、564 ページ。

145) 『沖縄タイムス』1961 年 4 月 23 日。

146) 大田（1987）、11-12 ページ。新崎（1982）によれば沖縄人連盟は団体として独立論を主張したわけではなかったが、連盟の主導権を握っていた人々は信託統治是認論にたっていた（18-19 ページ）。米軍統治下において沖縄独立論を展開した政党として沖縄民主同盟があるが、1947 年にだされた宣言は次のようなものだった。「吾等は沖縄人による沖縄の解放を期し、新沖縄の先駆として行動する者なり。沖縄は日本政府の圧制と侵略主義の為に斯くも惨憺たる運命に遭遇せり。焦土沖縄は沖縄人の沖縄なりとの自覚によってのみ再建さる。吾等茲に沖縄民主同盟を結成し、悲願達成へ奮然と立ち上がり、世界平和に寄與せん為スローガンを掲げて茲に宣言す〔仲宗根（1982）、30 ページ〕。」

恒久政策として「独立共和国の樹立」を掲げた沖縄民主同盟も 1950 年には解散した。また、宮古島でも 47 年に宮古社会党が結成大会をひらき、綱領として「我党は琉球民族の幸福は米国帰属にありと確信し将来沖縄州の実現を期す〔平良（1982）、42 ページ〕」と唱えていたが、49 年には解散した。50 年代に独立を主張したのは共和党、社会党であるが、52 年までに消滅した。そして、58 年には独立を掲げる琉球国民党が結成され、65 年頃まで活動していたが、多くの人々の賛同を得たとはいえなかった。

147) 新崎（1976）、27 ページ。

148) 福木（1973）、96-218 ページ。

149) 松川（1993）、86-88 ページ。

150) 西野（1971）、22 ページ。

151) 同上論文、22-64 ページ。

152) 『沖縄タイムス』1967 年 4 月 27 日。

153) 安里（1981A）、34 ページ。

154) 目崎（1985）、125-126 ページ。1771 年に起きた明和の大津波について牧野（1968）は次のように述べている。「竹富、小浜、鳩間などの被害が少ないのに、黒島、新城二島の被害が特に大きかった理由を究明して見たところ、それは明らかに石垣島から竹富島の東方海域にひろがる広大なリーフ、俗にいうウマヌフワピー、ユクサンビー、アーサビーの影響によるものであるとの結論に達した。すなわち異常干潮現象のあとに殺到した津波のはげしい第一波は、大きく姿を見せていたこれらのリーフ、すなわちこの珊瑚礁の天然の防波堤によって受け止められたことは容易に想像される。

は水をえるためには、アメリカに協力的であることを強制されることになる。このことはもはや人権問題以前のものであり、直接には人権の侵害としてあらわれてこないかもしれないが、実際には、生活の基礎の支配を通じて支配者の力を強化するという、封建時代の専制的支配者に似た形の方法を可能にするのである（18ページ）。」

112) 琉球政府企画局（1969）、156ページ。

113) 吉元（1970）、734–735ページ。琉球銀行調査部（1985）によれば外資導入に際し、米国民政府は米国企業の参入を次のように積極的に推進した。「米国民政府は貸出権限を15万ドルに抑えた1959年11月から1965年10月の条例改正の間に、金融機関を含む地元各界、とりわけ米国民政府自身が人事権をもつ金融検査庁の反対を押し切ってアメックスの外資導入免許の修正を認めさせ、民間市場への進出を許可した。やがてこれら外国銀行は、従来にもましていちだんと沖縄経済の金融を調整する機能を担うとともに、資金事情の制約から地元金融機関がカバーできなかった消費者金融に積極的に進出していった（230ページ）。」

114) 吉元（1970）、736–737ページ。

115) 琉球銀行調査部（1984）前掲書、1390–1391ページ。

116) 松田（1981）、636–637ページ。

117) 『沖縄タイムス』1966年4月7日。

118) 琉球政府文教局研究調査課（1959）、98ページ。

119) 同上書、108–109ページ。

120) 沖縄朝日新聞社（1953）、189ページ。

121) 琉球政府文教局研究調査課（1959）、118ページ。

122) 行政主席官房情報課（1959）、348ページ。

123) 琉球新報社（1986C）、45ページ。

124) 通産省通商局市場各課（1951）、35–36ページ。

125) 国場組社史編纂委員会（1984）、37ページ。

126) 牧野（1993B）、327ページ。

127) 中野・新崎（1965）、193ページ。

128) Kakazu（1994）, p. 154.

129) 琉球銀行調査部（1984）前掲書、21ページ。

130) 同上書、1174–1175ページ。

131) 同上書、276ページ。

132) 同上書、1218–1219ページ。

133) 同上書、680–681ページ。

134) 同上書、1203ページ。

135) 渡辺（1970）前掲書、131–132ページ。

136) 中野・新崎（1965）前掲書、188ページ。

137) 琉球銀行調査部（1984）前掲書、288–289ページ。

78） 同上書、103–104 ページ。
79） 宮里（1975）、41 ページ。
80） 大田（1987）、65–67 ページ。
81）『沖縄タイムス』1961 年 4 月 23 日。
82） 鹿野（1987）前掲書、169–170 ページ。
83）『南と北』第 25 号、1963 年、82–86 ページ。
84） 砂川（1991）、65 ページ。
85） 大田（1987）前掲書、131 ページ。
86）『沖縄タイムス』1958 年 4 月 24 日。
87）『沖縄タイムス』1958 年 8 月 13 日。
88）『沖縄タイムス』1963 年 1 月 25 日。
89） 古堅（1980）、245–248 ページ。
90） 琉球政府経済局（1954）、24 ページ。
91） 国吉（1990）、463 ページ。
92） Taira（1994）, p. 54.
93） 牧野（1990）、141–142 ページ。
94）『沖縄タイムス』1953 年 12 月 30 日。
95） 琉球政府企画局企画部（1969）、118 ページ。
96） 琉球政府経済局（1954）、22 ページ。
97） 同上書、22–23 ページ。
98） 琉球銀行調査部（1984）前掲書、1356–1359 ページ。
99） 同上書、1205 ページ。
100） 同上書、153 ページ。
101） 牧野（1978）、27 ページ。
102） 同上書、387 ページ。
103） 牧野（1990）前掲論文、134–135 ページ。
104） 琉球銀行調査部（1984）前掲書、203 ページ。
105） 同上書、239–240 ページ。
106） 同上書、241 ページ。
107） 同上書、274–275 ページ。
108）『沖縄タイムス』1966 年 6 月 5 日。
109） 琉球銀行調査部（1984）前掲書、316 ページ。
110）『沖縄タイムス』1961 年 9 月 10 日。
111） 古波津（1983）、584 ページ。水道に対する米軍の支配について、伊藤（1963）は人権の観点から次のように述べている。「私の訪れたとき、沖縄は深刻な水不足に悩まされていた。そして、水や電力という生活のための基礎が、大きくアメリカ軍によって支配されていることを知った。たとえばある村落の水源が基地内にあるため、住民

2000年にもフィジー系住民によるクーデターが発生したが、インド系住民が大統領に選出されたことが原因であるとされており、インド系住民とフィジー系住民との民族対立が根深い性格を持つものであることが明らかにされた。

47） 宮里（1986）、43–48ページ。
48） 河野（1994）、30ページ。
49） 同上書、69ページ。
50） 同上書、76ページ。
51） 新崎（1996）、9–12ページ。
52） 河野（1994）前掲書、64–65ページ。
53） 同上書、165–166ページ。
54） 外務省管理局総務課（1950）、20ページ。
55） 琉球銀行調査部（1984）、543ページ。
56） 入江（1957）、17ページ。
57） Ballendorf（1991）, pp. 84–85.
58） ソロモン（1994）、32–35ページ。
59） 同上報告書、36ページ。
60） 琉球銀行調査部（1984）前掲書、1212–1213ページ。
61） de Smith（1970）, p. 140.
62） 琉球米国民政府・琉球政府経済開発合同委員会（1972）、396ページ。
63） *Pacific Islands Monthly*, July, 1990, pp. 10–11.
64） Mchenry（1975）, p. 63.
65） 渡辺（1970）、5ページ。
66） 大田（1990）、493–495ページ。
67） 沖縄県立図書館史料編集室（1995）、75ページ。
68） 大田（1984）、83–84ページ。戦後、マードックを中心とする人類学者はミクロネシアにおいても人類学的調査を行い、調査結果を信託統治領ミクロネシアの施政権者となった米国の統治行政に役立てようとした（Kiste and Marshall（1999）を参照されたい）。
69） 城間（1982）、282ページ。
70） 同上書、58ページ。
71） 琉球中央倉庫社史編集委員会（1991）、12ページ。
72） 吉田（1976）、30ページ。
73） 沖縄県教育委員会（1977）、744ページ。
74） 鹿野（1987）前掲書、205–206ページ。
75） 南方同胞援護会（1968）、247ページ。
76） 辻村・大田（1966）、58–60ページ。
77） 宮里（1966）、66–67ページ。

思決定の主体となる統一センターをつくりあげることが不可欠である〔ウィリアムズ（1978B）、303–305ページ〕。」

32） Demas（1975）, pp. 204–205.

33） Watters（1984）, p. 221.

34） Bertram and Watters（1985）, pp. 498–499.

35） *Ibid*., p. 504.

36） Kakazu（1994）, *op. cit*., pp. 63–64.

37） Fairbairn（1985）、pp. 398–407.

38） 佐藤（1993）、206–213ページ。

39） Slatter（1994）, pp. 18–33.

40） Halhill・Tabor（1993）, pp. 751–757.

41） Chandra（1989）, pp. 170–172.

42） Sutherland（1989）, p. 133.

43） Hal・Tabor（1993）, pp. 757–758.

44） Fiji Reserve Bank（1993）, p. 28.

45） Hal・Tabor（1993）, *op. cit*., p. 763.

46） Slatter（1991）, p. 23. フィジーの政治状況は次の通りである。1987年にフィジー人の軍人であるランブカが2度の軍事クーデターを遂行し、国内の反対派を抑え込んだ。クーデターの前後、フィジーには次のような暴力の嵐が吹き荒れた。87年に労働党と国民連合党の連立政権が誕生すると、ラウトカやナンディで爆弾テロが発生したが、その内の2件は連合党副党首事務所と司法長官事務所をターゲットにしたものであった。そして同年の5月と12月の2回のクーデターに際して軍や警察は連立政権のリーダーやその支持者や活動家を裁判なしに拘禁し、拷問にかけた〔プラサート（1993）、71–75ページ〕。

以上の軍事クーデターや暴力事件の背景にはフィジー系住民対インド系住民という民族対立がある。インド系住民が大統領に選出されたことに恐れを抱き、フィジー系住民が暴力的に政権を変え、インド系住民に危害を加えたのである。クーデター後、首長大会議は1990年に施行された憲法で絶大な権限を認められるようになった。つまり首長大会議は大統領や上院の37議席の内、24議席を直接任命できるようになったのである〔プラサート（1993）、69ページ〕。

さらに2回目のクーデター後、ランブカは日曜休日遵守令を公布したが、それは日曜日にレクリエーション活動、交通、商業活動の全てを休止状態にする法律であり、教会での礼拝だけが唯一認められた〔Dropsy（1993）, pp. 47–48〕。これらの動きの背景にはタウケイ運動があるが、その運動家はフィジー系住民至上主義を唱え、インド系住民の本国帰国を要求していた。また、タウケイ運動家は同時に熱心なメソディスト派でもあり、自らをイスラエルのユダヤ人とみなす傾向があった〔Dropsy（1993）, p. 51〕。

18) Fairbairn (1985), p. 29.
19) *Ibid*., p. 139.
20) *Ibid*., pp. 214–215.
21) *Ibid*., p. 129.
22) *Ibid*., p. 134.
23) *Ibid*., pp. 333–335.
24) *Ibid*., p. 148.
25) *Ibid*., p. 132.
26) Kakazu (1994), pp. 40–46.
27) *Ibid*., p. 48.
28) Tisdell (1990), p. 116.
29) Tisdell (1993), p. 218.
30) *Pacific News Bulltin*, March, 1994, pp. 8–9.〔松島訳〕1975年に採択されたミクロネシア連邦の憲法前文には島嶼にとって海がどれほど重要であるかが次のように記されている。「多くの島を一つの国家にするために、われらは、われらの文化の多様性を尊重する。それらの相違点は、われらを豊かにするものである。海は、われらを結びつけるものであり、分割させるものではない。われらの島は、われらを支え、われらの島嶼国家は、われらを拡張し、われらをより強いものとする。(中略) ミクロネシアは、人が筏やカヌーに乗って、海の探険に乗り出した時代に始まった。ミクロネシアの国は、人々が星の下に航海をした時代に誕生した。すなわち、われらの世界それ自体が一つの島であった〔矢崎 (1984)、69ページ〕。」
31) 今井 (1990)、292–293ページ。トリニダード・トバゴの首相を1981年まで務めたエリック・ウイリアムズは次のようにカリブ海英連邦島嶼が団結することで対外勢力に対抗するとともに、島嶼間ネットワークを築くことで島嶼の小規模性をこえて経済自立を実現すべきであると述べている。「トリニダード・トバゴのような英連邦内のカリブ海諸国は経済的に自立性を高め、文化面での国民意識を強めようという目的を追求してゆくには、経済面でもその他の面でも相互の紐帯を強化してゆかざるをえないことに気付き始めている。なぜなら、英連邦に所属するカリブ海の恥辱的なほど四分五裂した現状では (新・旧両世界の) 外国列強、外国企業による操作の余地を与えるばかりか、単一国家がより自立的で「開放的」な開発戦略を採用することが (不可能ではないにしても) 至難になっているからである。そのうえ英連邦内のカリブ海諸国にとっては、その小規模性のためにより自立的な開発戦略を採用する余地が明らかに限られている。(中略) 英連邦加盟カリブ海域諸国の統一の真の鍵は、対外問題——外交、外国貿易、外国からの投資とその他同様の問題——の処理に際して、従来以上に統一戦線が組めるかどうかにかかっている。こうした統一戦線が組めないとすれば、英連邦に加盟している西インド諸島は域外の列強政府やその企業に対抗して、中・小の諸島がこれと「わたり合える力量」をつけるには、少なくとも外部世界に対する意

第三章

1) Hein (1985), p. 25.

2) *Ibid.*, pp. 20–21.

3) Jacobs (1975), pp. 134–138.

4) 国連事務局(1993)、247–248 ページ。

5) 同上書、249–250 ページ。1992 年にニューヨークで採択された「気候変動に関する国際連合枠組条約」の前文は次のように島嶼国に関して述べている。「標高の低い島嶼国その他の島嶼国、低地の沿岸地域、乾燥地域若しくは半乾燥地域又は洪水、干ばつ若しくは砂漠化のおそれのある地域を有する国及びぜい弱な山岳の生態系を有する開発途上国は、特に気候変動の悪影響を受けやすいことを認め〔山本(1994)、287 ページ〕」、特別な支援を行なうよう求めている。これは地球温暖化によってリーフ状の島嶼が海面下に水没する危険性をも考慮にいれて採択された。同年にリオ・デ・ジャネイロで採択された「生物の多様性に関する条約」の第 20 条 6 項で島嶼について次のように記している。「締約国は、開発途上締約国(特に島嶼国)における生物の多様性への依存並びに生物の多様性の分布及び所在から生ずる特別な事情も考慮に入れる〔山本(1994)、297 ページ〕」。沖縄でも生物は多様であり、例えば日本に生息している蛾類約 4,500 種のうち約 5 分の 1 が沖縄におり、また、沖縄に分布する昆虫の 24 %は固有種であり、その他 24 %は東南アジア系の昆虫である〔東(1988)、86–87 ページ〕。

6) Dolman (1985), pp. 41–42.

7) 西川(1979)、18 ページ。

8) 山本(1994)、385 ページ。

9) Ervin (1978), pp. 20–21.

10) *Ibid.*, p. 27.

11) Senta (1995) *Abstracts of Presentations of International Symposium on Small Islands and Sustainable Development in the United Nations University*. 同国際会議は日本の国土庁と国連大学の共催という形で開催された。世界島嶼の環境と開発に関する持続的発展についての問題と、過疎化現象という日本の離島が抱える問題が相互にリンクされながら議論が行われた。

12) Kuznets (1960), p. 21.

13) *Ibid.*, p. 28.

14) *Ibid.*, p. 30.

15) Streeten (1993), p. 198.

16) *Ibid.*, p. 200.

17) *Ibid.*, p. 200.

183）　太田（1995E）、315 ページ。

184）　同上論文、320–321 ページ。

185）　太田（1995F）、364 ページ。

186）　太田（1995G）、27 ページ。

187）　太田（1995H）、228 ページ。

188）　太田（1995E）、322 ページ。

189）　同上論文、323 ページ。

190）　太田（1995I）、421 ページ。近代沖縄の経済発展を考えるうえで重要な人物として仲吉朝助《なかよしちょうこう》がいる。仲吉は農工銀行の発展に貢献するとともに、砂糖の品位を均等にする方法を考案した。次のような沖縄経済改革に関する提言を行なった。それは砂糖業に偏重した産業構造からの脱却であり、米作、製茶、養蚕、牧羊、乾薑、落花生、蜜柑、養鶏等の生産を促進することで、産業の多様化を図り、災害による被害の程度を緩和し、1 年間の農家収入を平均化することができると考えた。その手段として原山勝負や村内法の活用、産業組合の設立、農工銀行や勧業銀行からの融資等を利用すべきであると主張した。〔西原（1991）、159–183 ページ〕

191）　琉球農業協同組合（1967）、1–9 ページ。

192）　柳田（1991）、19 ページ。

193）　同上論文、133 ページ。

194）　同上論文、183 ページ。

195）　西川（1994）、60 ページ。

196）　ウィリアム（1991）、富沢（1988）、ドゥフルニ（1995）。

197）　田里（1992）、120 ページ。

198）　謝花（1993）、112 ページ。

199）　宇井（1991）、299–300 ページ。

200）　謝花（1901A）、51 ページ。

201）　同上論文、53 ページ。

202）　金城（1985）、174–175 ページ。

203）　同上論文、212–222 ページ。

204）　大里（1969）、82–113 ページ。

205）　同上論文、145–148 ページ。

206）　謝花（1901B）、15 ページ。

207）　同上論文、14 ページ。産業組合の設立を促進する団体である沖縄県産連の中で農家の負担軽減に努力した人物に神谷栄進《かみやえいしん》がいる。神谷は肥料価格の共同計算方式を導入したり、貯蓄を推進し、生産物販売と対になった信用貸し付けを行ない借金を抱える農家の負担を減らした。また東京大学時代に学んだライファイゼン理論に基づく協同組合論を農家や役職員に紹介し、その重要性を訴えた〔久場川淳（1996）〕

208）　大里前掲論文、71 ページ。

に運搬し、且つ出来得る限り之を高価に販売せしめんと欲せば、彼等の利己心を強力に刺激せざるべからず〔河上（1928）、332–333 ページ〕。」

149） Hezel（1995）、pp. 186-188.

150） Peattie（1988）、p. 139.

151） Hezel（1995）、*op. cit.*, p. 320.

152） 矢内原（1963）前掲書、48 ページ。

153） 同上書、229 ページ。

154） 同上書、62–63 ページ。

155） 今泉（1994）、30–32 ページ。

156） Schwalbenberg・Hatcher（1994）, pp. 101-102.

157） Hezel（1995）、*op. cit.*, pp. 126-127.

158） 武村（1983）、89–105 ページ。

159） 比屋根（1981）、11 ページ。

160） 伊波（1974B）、111 ページ。

161） 同上書、127 ページ。

162） 伊波（1974A）前掲書、434 ページ。『おもろそうし』の歌は注（77）に記載されている。

163） 伊波（1974C）、427–428 ページ。

164） 鹿野（1993）、70–71 ページ。

165） 伊波（1974A）、483 ページ。

166） 伊波（1976）、372 ページ。

167） 伊波（1974C）、457 ページ。

168） 太田（1993A）、25 ページ。

169） 太田（1993D）、273 ページ。

170） 太田（1995A）、58–59 ページ。

171） 比屋根（1996）、117–133 ページ。

172） 太田（1995B）、262 ページ。

173） 太田（1995C）、123 ページ。

174） 太田（1995B）、274 ページ。

175） 太田（1993B）、348–350 ページ。

176） 太田（1995B）、265 ページ。

177） 太田（1995D）、329 ページ。

178） 太田（1993C）、337–339 ページ。

179） 太田（1995B）、274 ページ。

180） 太田（1996A）、364–365 ページ。

181） 同上論文、369–372 ページ。

182） 太田（1996B）、475–476 ページ。

与那国島は、高い輸送費による物価高や台風時の食料欠乏等の問題に直面せざるをえず、自由な貿易が島の自立にとり重要な意味を持っていた。

127) 田中（1984）、257–260ページ。

128) 宮城（1972）、81ページ。

129) 那覇市企画部市史編集室（1979）、347–348ページ。

130) 『琉球新報』1913年2月3日。

131) 『琉球新報』1913年2月3日。

132) 『琉球新報』1917年10月17日。

133) 『琉球新報』1914年7月25日。

134) 安里（1941）、455ページ。

135) 安里（1941）

136) 石川（1980）、143ページ。

137) 向井（1988）前掲書、115ページ。

138) 石川（1980）、167ページ。

139) 原口（1979）、22ページ。

140) 長嶺（1929）、145–148ページ。

141) 原口（1979）前掲論文、34–50ページ。

142) 同上論文、53ページ。

143) 沖縄県教育委員会（1974）、28ページ。

144) 富山（1990）、172ページ。

145) 沖縄県農林水産行政史編集委員会（1985）、523ページ。

146) 同上書、525ページ。

147) 同上書、526ページ。後藤乾一（1995）によれば沖縄漁民の南洋への進出の背景には日本政府の強い支援があったという。例えば1905年に糸満遠洋漁業会社が設立された際に、農商務省が4,600円もの国庫補助金を支出した。また『大阪朝日新聞（鹿児島・沖縄版）』において沖縄関係の記事のうち南方関連の記事が多くなるのは1935年–37年と、1941年–43年であるが、前者の時期は南進論議が盛り上がった時であり、後者の時期は大東亜共栄圏が唱えられた時であった（44–69ページ）。以上のように日本の国策と関連しながら沖縄県民は東南アジア、南洋群島に経済的な進出を行なったのである。

148) 片岡（1991）、249ページ。戦前期に沖縄の糸満を調査した河上肇によれば、糸満の女性は自ら処分できる財産をもっており、漁業により村全体が経済的に豊かであったという〔河上（1928）、306–313ページ〕。糸満において経済的活動が活発になった背景として河上は次のように説明している。「食料の中、魚類の如く腐敗し易きは無し。（中略）故に漁労し来りたる獲物は、猶予することなく直に之を市場に運搬せざるべからず。然るに男子は終夜漁労に従事して既に倦怠せるが故に之が運搬及び販売は自ら女子の任務たらざるべからず、而して是等の女子をして、先を争うて魚類を市場た。台湾－与那国の密貿易ルートが糸満港を拠点にして活発になった。49年半ばから貿易規模が拡大したうえに、沖縄住民は香港にまで進出した。香港に運送していたのは米軍服、タイヤ、スクラップ等であり、香港からは日用品を沖縄に持ち込んだ。香港に渡った船は20–30トンの漁船ではなく、九州から買い付けた150–160トンの船であり、それに強力なエンジンを取り付け監視船の追跡を逃れることができた。香港には入港旗や検疫旗を掲げて入り、殆どの人が上陸したという。しかし、51年から米軍情報部は香港に運ばれたスクラップが中国共産党に流れているという情報をつかみ、密貿易の取り締まりが厳しくなった〔『沖縄タイムス』1956年7月9日〕。沖縄から輸出されたものの中には通常の商品だけではなく、沖縄戦の廃品や米軍基地から盗んだ物まであり、決して米軍に忠実ではなく、経済的動機に基づいて行動していた沖縄住民の姿が浮かび上がる。

与那国島と台湾との間での人の往来はすでに1946年にはみられた。与那国島民が台湾海域でとった魚を台湾の市場で売り、それで得た資金で食料品を入手して帰島した。その後、交換する物産の量や種類も多くなり、与那国島の久部良港には1日60–80隻の船が出入りしていた。担ぎ屋の手当が1日2千円から3千円に上ったが、当時、新任教員の月給は400円であった。また、人口も約2万（現在2千人弱）にまで増大した。47年に役場は火事で消失したが、闇商人から徴収していた各種の手数料で建て直すことができた。これらの手数料は物納であったため、密貿易船でこれらの商品を日本本土に持ち込んで現金にかえ、他の物産を入手した。役場も密貿易を積極的に行なっていたのである。49年の町長選挙では3人の候補が出馬した。それぞれの立候補者は日本復帰論、琉球独立論、台湾帰属論を主張していた〔与那国町老人クラブ連合会（1991）、81–83ページ〕。与那国島と台湾との経済的結び付きは戦前からのものであり、島嶼間貿易で与那国島は辺境性を脱することができた。講和条約前は口之島が沖縄と日本との間の密貿易の中継地点であった。条約後は喜界島と徳之島が中継の役割を果たしていた。沖縄から日本本土への主な密輸出品とその金額は48年に海人草が2,459万円、50年にスクラップが7,477万円、51年にスクラップが9,813万円等であった。主な密輸入品とその金額は50年に木材が1,026万円であり、日本円を持ち込む場合もあった。与那国島を中継として香港との密貿易が行なわれていた。香港への輸出品もスクラップを主体とし、香港からは日用品がもたらされた〔『沖縄タイムス』1952年12月10日〕。

50年代半ばに日本へのスクラップブームが始まる前に密貿易でスクラップが日本に運ばれていた。その裏には朝鮮戦争による鉄需要の盛り上がりがあった。香港を通じて中国共産党にスクラップが流れたように、沖縄の経済は近隣諸国の政治状況と密接に関係していたのである。66年8月5日の『沖縄タイムス』には与那国島民が台湾人と大がかりな密貿易をしたために検挙されたという記事が掲載されている。52年以降、国境警備が強化されたにも関わらず、与那国島の人々は地の利を活用して密貿易を行っていたことがわかる。明確に国境線が設定されてしまうと沖縄の辺境となってしまう

96） 西里（1982）前掲書、41–44 ページ。
97） 笹森（1983）前掲書、11 ページ。
98） 安渓（1988）、5–18 ページ。
99） 野口（1987）、239 ページ。
100） 金城（1983）、113–115 ページ。
101） 奥野（1952）前掲書、218 ページ。
102）『琉球新報』1899 年 7 月 9 日。
103）『琉球新報』1916 年 6 月 25 日。
104） 奥野（1952）前掲書、240 ページ。
105） 同上書、245 ページ。
106） 同上書、314 ページ。
107）『琉球新報』1905 年 3 月 13 日。
108）『琉球新報』1918 日 4 月 3 日。
109） 真鏡名（1993A）、179–180 ページ。
110） 安仁屋（1979）、88 ページ。
111） 国頭村役場（1967）、494–495 ページ。
112） 玉野井（1978）、11–12 ページ。奥共同店について戦前期に考察した田村（1927）の 153–158 ページを参照されたい。
113） 国頭村（1967）役場前掲書、501 ページ。
114） 東村史編集委員会（1987）、75–76 ページ。
115） 同上書、164 ページ。
116） 同上書、85 ページ。
117） 池原（1987）、6 ページ。
118） 同上論文、15 ページ。
119） 金城（1985）、47–48 ページ。
120） 同上書、202–203 ページ。
121） 同上書、50–52 ページ。
122） 向井（1988）前掲書、49–50 ページ。
123） 金城（1985）前掲書、225 ページ。
124） 仲原（1977B）、510–511 ページ。
125） 林（1984）、7–52 ページ。
126） 与那国町老人クラブ連合会（1991）、75–77 ページ。戦後沖縄の所属が不明確になり、国境が曖昧になると沖縄住民は大貿易時代のように国境を越えて貿易を行なうようになった。密貿易の端緒となったのは、1948 年末に海人草を採取していた漁民が台湾国府軍に逮捕されたことであった。その際、国府軍が漁民と秘密契約を結び、海人草採取高の内、6 割を漁民に 4 割を国府軍に分けることで、沖縄漁民は操業の許可をえた。漁民は海人草を台湾において現金にかえ、日用雑貨を購入し、沖縄に持ち帰っ

78) 吉田（1980)、90 ページ。1930 年に跣足取締規則が施行された。それは那覇市内における裸足による歩行を禁じたものである。その制定は警察部長により推進された。沖縄独自文化を統制する動きの 1 つであったとされている〔琉球新報社会部（1986)、97–101 ページ〕。また改姓運動が盛んになったのは大正中期ごろからであるが、その主導者は島袋源一郎という教育家、歴史研究家であった。島袋等の運動により 1931 年には「姓の呼称改姓に関する審査委員会」が沖縄教育会の中に置かれた。32 年に同委員会は 84 の読みかえるべき姓を発表した〔琉球新報社会部（1986)、237–239 ページ〕。沖縄的なものを消滅させようとした運動としてその他に墓地改良運動やユタ取締運動が展開された。

79) 笹森（1982）前掲書、216 ページ。

80) 同上書、262–263 ページ。八重山群島の開発に関心をもった人物に田代安定《あんてい》がいる。田代は各種の意見書を提出したが、その中で兵備の必要を訴えた。その理由は日本統治に対する反対者を押さえつけることであった。そして専門技術を持つ者の入植を促進させ、入植者との婚姻によって八重山の人々の同化をはかろうともした。実際に入植が許可されたのは 1891 年であった。このような入植者に対し地元民は放火等により抵抗をこころみた。八重山の開発については三木（1979)、三木（1980）を参照されたい。

81) 新川（1981)、39 ページ。

82) 那覇市企画部市史編集室（1971）前掲書、652 ページ。

83) 稲嶺（1988)、48–50 ページ。政治的自立を求めた運動として、1931 年に大宜味村でおこった大宜味村政革新運動がある。村政革新同盟が結成され、減税、村財政の経費節減、政治経済的民主化を要求した。警察の弾圧にもかかわらず村長等吏員給料の 3 割減給、その他諸経費の節減等の譲歩を村役場から引き出した。そして消費組合をつくり、ピョニールという独自の教育機関を設立した〔琉球新報社会部（1986)、197–201 ページ。〕

84)『琉球新報』1915 年 1 月 13 日。

85) 太田（1932）前掲書、170–171 ページ。

86) 奥野（1952)、81 ページ。

87) 同上書、181 ページ。

88) 同上書、241–242 ページ。

89) 同上書、284 ページ。

90)『琉球新報』1900 年 3 月 19 日。

91)『琉球新報』1901 年 4 月 7 日。

92) 石川（1974)、185 ページ。

93) 太田（1932）前掲書、207 ページ。

94) 西里（1982)、38 ページ。

95)『琉球新報』1905 年 4 月 1 日。

44)　西村（1993）、46ページ。
45)　同上書、49–60ページ。
46)　金城（1985）、136–178ページ。
47)　同上書、118ページ。
48)　河野（1930）、31–421ページ。
49)　糖業協会（1962）、362–369ページ。
50)　金城（1985）前掲書、86–191ページ。
51)　同上書、56–66ページ。
52)　向井（1988）前掲書、16ページ。
53)　同上書、231–233ページ。
54)　同上書、241ページ。
55)　太田（1932）、206ページ。
56)　同上書、232ページ。
57)　大田（1976）前掲書、177–179ページ。
58)　琉球農業協同組合連合会（1967）、23ページ。
59)　国場組社史編纂委員会（1984）、51–52ページ。
60)　樋口（1959）、92ページ。
61)　笹森（1982）、23ページ。
62)　金城（1983）、109–111ページ。
63)　同上書、112ページ。
64)　松島（1992A）は柳田国男の思想を島嶼経済論の観点から考察している。
65)　柳田（1990）、215ページ。
66)　同上論文、219–220ページ。
67)　同上論文、221–222ページ。
68)　同上論文、223–224ページ。
69)　太田（1932）前掲書、266ページ。昭和初期の県庁職員には中央政府任命の勅任官と奏任官がいた。前者は知事であり、後者は部課長であり沖縄県民の登用はほとんどなかった〔琉球新報社会部（1986）、178ページ〕。
70)　菊山（1992）、79–85ページ。
71)　太田（1932）前掲書、68–69ページ。
72)　笹森（1983）、215–216ページ。
73)　下田（1929）、77ページ。
74)　矢内原（1963）、324ページ。
75)　又吉（1990）、262ページ。近代沖縄社会と植民地台湾との比較研究については秋山（1994）を参照されたい。
76)　矢内原（1963）前掲書、112ページ。
77)　『琉球新報』1939年10月3日。

7)　那覇市企画部市史編集室（1971）、578 ページ。
8)　西里（1992A）、41 ページ。
9)　横山（1980）、137–138 ページ。
10)　同上書、45 ページ。
11)　比屋根（1982）、8 ページ。
12)　西里（1992A）前掲書、95–96 ページ。
13)　西里（1986）、377 ページ。
14)　西里（1996）、191 ページ。
15)　西里（1987）前掲論文、58–59 ページ。
16)　西里（1992B）、33–59 ページ。
17)　ファン（1966）、112–113 ページ。
18)　比屋根（1982）前掲書、121 ページ。
19)　『琉球新報』1900 年 7 月 1 日。
20)　『琉球新報』1904 年 5 月 1 日。
21)　『琉球新報』1908 年 10 月 6 日。
22)　那覇市企画部市史編集室（1980）、10 ページ。
23)　大田（1976）、25–26 ページ。
24)　福沢（1960A）、315–316 ページ。
25)　福沢（1960B）、109 ページ。
26)　小野（1980）、92–94 ページ。
27)　比屋根（1982）、5 ページ。
28)　同上書、6 ページ。
29)　植木（1990）、224–226 ページ。
30)　毛利（1996）、15–142 ページ。
31)　大久保（1958）、88 ページ。
32)　毛利（1996）前掲書、176 ページ。
33)　同上書、177 ページ。
34)　湧上（1929）、290 ページ。
35)　湧上（1929）、290–291 ページ。
36)　田村（1925）、43 ページ。
37)　向井（1988）、139 ページ。
38)　那覇市企画部市史編集室（1980）前掲書、80 ページ。
39)　湧上（1929）、234 ページ。
40)　亀川（1929）、247–249 ページ。
41)　新城（1929）、8–31 ページ。
42)　同上論文、24 ページ。
43)　同上論文、24 ページ。

たが、様々な軍事施設が設置され、建設業やサービス産業が繁栄した。アメリカ軍人に雇われたカナク人の給料は天引きされることもなく公正に支払われる等、白人と平等に扱われた初めての経験であった〔Dornoy（1984), p. 36〕。戦後にカナク人の自決権獲得運動が盛んになるが、その理由の一つとして戦中におけるアメリカ軍人との接触により人間としての権利に目覚めたことを指摘できるだろう。

166）比嘉前掲書、6-8ページ。
167）羽地（1978)、182ページ。東恩納訳。
168）同上書、183ページ。
169）同上書、213ページ。
170）同上書、204-205ページ。
171）同上書、211-212ページ。
172）同上書、214ページ。
173）東恩納（1978A)、230ページ。
174）蔡温（1984A)、77ページ。
175）同上書、88ページ。
176）蔡温（1984B)、247-248ページ。
177）同上書、197ページ。
178）福仲（1983)、197ページ。
179）蔡温（1984D)、139-140ページ。
180）蔡温（1984E)、190-193ページ。
181）柳田（1991B)、131-143ページ。
182）同上論文、138-142ページ。
183）田里（1984)、69-70ページ。
184）蔡温（1984A）前掲書、80-82ページ。
185）蔡温（1984C)、16ページ。
186）高良（1982)、9-10ページ。
187）安里（1983)、269ページ。

第二章

1）菊山（1992)、65-66ページ。
2）同上論文、66-73ページ。
3）*British Parl. Papers*, 1887LXXX (c. 1164): Correspondence Respecting Settlement of the Difficulty between China and Japan in Regard to the Island Formosa, p. 131.
4）菊山前掲論文、67ページ。
5）久米（1982)、329ページ。
6）西里（1987)、27ページ。

159)　同上書、118 ページ。

160)　比嘉・崎浜（1065)、10–11 ページ。

161)　真栄平（1991)、327 ページ。

162)　崎浜（1984)、186–187 ページ。

163)　知名（1994)、22–25 ページ。

164)　比嘉（1982)、23–24 ページ。

165)　折口（1954)、58 ページ。次のようにニライカナイ信仰と似たものが太平洋島嶼に存在し、カーゴカルト運動という社会運動を促した。カーゴカルト運動には様々な形態があるが、一般的には予言者が現れ、白人支配の状態が終わり、海の彼方から祖先、神々、救世主等が来島し豊富な物資をもたらし永遠の喜びが与えられると予言する形をとった。その日に備えて人々は、カーゴといわれる物資を受け取るための倉庫をつくったり、畑の放棄、家畜の屠殺、貨幣廃棄等を行った〔ワースレイ（1981)、18 ページ〕。

この運動の過程で協同組合を形成したり、独立のための政党をつくったりすることで島嶼は植民地支配から政治経済的自立を達成しようとした。海の彼方に富を求める信仰が土台となって内発的発展が試みられた例としてカーゴカルト運動を位置付けることができる。海の彼方への信仰は沖縄のニライカナイ信仰と類似しており、沖縄とオセアニア島嶼を結びつける文化的共通性として注目すべきであると考える。19 世紀の後半にはフィジーでトゥカ運動が起こったが、それはヌドゥグモイという予言者が自らは司法長官より偉大なマナを与えられていると唱えたことから始まった。さらに祖先がフィジーに戻ってくると楽園時代が始まるが、自分の啓示を信じるものだけが栄光の楽園に入ることができ、その楽園では西欧人が奪った土地が返還され、国家は独立を取り戻すことができると説いた〔ワースレイ（1981)、31–32 ページ〕。

祖先が住んでいるといわれる海の彼方の水平線や海底はフィジーではブロツと呼ばれているが、ラウ諸島のカンバラ島ではブロツはオノ島とマツク島との間の海底または水平線にあり、その島の全てのものは赤く、美しい女性が住んでいると信じられていた〔Thompson（1940), p. 116〕。

マツク島にはブロツ人と呼ばれる人々が住んでおり、彼らの祖先はブロツから来たと考えられていた。さらにマツク島民によればブロツには美しい女性が住み、永遠に実を付ける果実があるとされた。ニューカレドニアのカナク人にとり仮面は海の底から来島する神であるとされていた〔Guiart（1987), pp. 8–114〕。

この世へ富をもたらす源が海底にあると想像する点にカーゴカルト運動の信仰的基盤をみることができよう。この運動の事例としては次の運動を挙げることができる。太平洋戦争中にプワガチという人物が自らをキリストの再来であり、十分な食料を島に与えることができる、そして、白人は島から離れ、教会も消滅するから各自が保有する食料を食べ尽くそうと説き廻った〔Guiart（1970), p. 129〕。

ニューカレドニアに 1942 年から 45 年の間に約 1 万 2 千人のアメリカ軍人が駐留し

124) 伊波・東恩納・横山（1941C）、211ページ。
125) 外間・西郷（1972）、136ページ。
126) 同上書、206ページ。
127) 喜舎場（1979A）、223ページ。
128) 喜舎場（1979B）、46ページ。
129) 池野（1994）、5ページ。
130) スティンチカム（1994）、175-179ページ。
131) 伊波・東恩納・横山（1941C）、60-61ページ。
132) 安里（1994）、53-63ページ。
133) 球陽研究会（1974）前掲書、105ページ。
134) 同上書、117ページ。
135) 伊波・東恩納・横山（1941C）、36ページ。
136) 同上書、18ページ。
137) 同上書、186ページ。
138) 真栄平（1984）、447-460ページ。
139) 紙屋（1990B）、23-24ページ。
140) 豊見山（1989）、17ページ。
141) 球陽研究会（1974）前掲書、284ページ。
142) 赤嶺（1988）、13-14ページ。
143) 安良城（1980）、127-128ページ。
144) 真栄平（1986）、250-254ページ。
145) 真栄平（1986）、255ページ。
146) 梅木（1996）、111-115ページ。
147) 同上論文、126-127ページ。
148) Reid（1988）, p. 31.
149) 金城（1985）、16-19ページ。
150) 球陽研究会（1974）前掲書、180ページ。儀間真常《ぎましんじょう》は砂糖黍だけでなく野国総官が中国から持ち帰った甘藷の栽培をはじめたり、また、薩摩から綿花の種子を沖縄にもたらし栽培した。田名（1994）を参照されたい。
151) 同上書、193ページ。
152) 同上書、207ページ。
153) 糖業協会（1962）、30-31ページ。
154) 樋口（1935）、70-71ページ。
155) 同上書、71-72ページ。
156) ダニエルス（1991）、90-92ページ。
157) 仲原（1977A）、311ページ。
158) 新城（1984C）、118ページ。

96）新井（1973）、343ページ。
97）同上書、343ページ。
98）同上書、343ページ。
99）同上書、344ページ。
100）同上書、345ページ。
101）林（1978）、287ページ。
102）豊田（1973）、348–350ページ。
103）吉田（1936）、596ページ。
104）糸数（1988）、23ページ。豊見山（1990）によれば薩摩藩は異国船をコスモロジーによっても追い払おうとした。「異族調伏の祈祷（呪術）は、仏人宣教師フォルカードらが来琉した一八四四年（道光二四）から執り行なわれていた。（中略）薩摩は京都留守居を通じて、石清水八幡宮へ「悪魔降伏、怨敵退散」の祈祷を行なわせ、祈祷に用いた「神矢」や「御守札」を琉球の主立った神社へ奉納するよう指示を下していた。祈祷はその他、日光大権現や般若院によって三輪山でも行なわれていた。また、江戸時代、数万の陰陽師を配下に納めていた土御門家（土御門神道）への祈祷を依頼していたのである。それだけではない。藩主島津斉興みずから磯の御茶屋で三日にわたって祈祷を行なっていた。その際、供物として用いられたお菓子が琉球国王へ下賜されていた。」（176ページ）
105）島尻（1987）、145ページ。
106）佐藤（1926B）、681ページ。
107）佐藤（1927A）、826ページ。
108）佐藤（1926A）、238–240ページ。
109）佐藤（1925）、823–824ページ。
110）安藤（1982）、278ページ。
111）琉球政府（1969）、54–55ページ。
112）同上書、98–105ページ。
113）三浦（1982）、257ページ。
114）伊波・東恩納・横山（1941A）、27ページ。
115）同上書、35ページ。
116）伊波・東恩納・横山（1941B）、44ページ。
117）安里（1993）、80–81ページ。
118）安里（1991B）722–723ページ。
119）李（1972）、458–461ページ。
120）球陽研究会（1974）前掲書、144ページ。
121）同上書、147ページ。
122）同上書、243ページ。
123）同上書、301ページ。

73)　球陽研究会（1974）前掲書、689 ページ。
74)　同上書、702 ページ。
75)　山本（1999）、26–128 ページ。
76)　高良（1984）、25–26 ページ。
77)　武野（1979）、246–261 ページ。
78)　西川（1979）、166 ページ。
79)　同上書、168 ページ。
80)　同上書、172–177 ページ。
81)　同上書、179 ページ。
82)　真栄平（1990）、75 ページ。薩摩の琉球支配の内実は次の諸事例に見ることができる。1624 年に八重山キリシタン事件が起きた。それはドミニカ会のルエダ神父等が乗った船が石垣島に漂着した際に、石垣永将は漂着者がキリスト教徒であることを知りながら保護したことに対して王府は本人を含む家族を流罪にした。しかし、1634 年に薩摩藩が石垣の処刑を命じ刑が執行された。また、1663 年には三司官・北谷親方、進貢主取・恵祖親方が海賊に襲われ、金壺が盗まれるという事件が発生した。しかし、薩摩藩による究明により虚偽の事件であることが明らかになったため、北谷を処刑にし、他の関係者も刑に服させた。
83)　小野（1989）、520 ページ。
84)　英（1955）、18 ページ。
85)　月舟（1907）、355–356 ページ。
86)　伊波・東恩納・横山（1941C）、238 ページ。
87)　袋中（1970）、70 ページ。
88)　西川（1988）、116 ページ。
89)　松田（1981）、231–232 ページ。
90)　森島（1981）、32 ページ。
91)　州立ハワイ大学宝玲叢刊編纂委員会（1981A）、90 ページ。
92)　州立ハワイ大学宝玲叢刊編纂委員会（1981B）、268–269 ページ。
93)　前田（1981）、372 ページ。
94)　新井（1906B）、690 ページ。
95)　滝沢（1962A）、416 ページ。滝沢（1962B）には次のような記述がある。「わが嫡男に、天孫の姓を賜り、世に天孫氏と称せらる。わが流求は、神の御代より大八洲の、属国として種嶋と、唱るよしは彦火火出見の尊の胤をわが女児の、腹に宿せし故に名とす。（中略）さてもわが流求は、神代に海宮と唱え、人の世となりての後は、これを南倭と唱えたり。」（411–413 ページ）日本の神話における天孫を琉球人の祖先とされる天孫氏と結びつけ、そして、日本古代王朝に朝貢した種子島と神話上の人物とを関連付けて神話時代や古代より琉球が日本に服属していたと物語の中で述べている。さらに、白石の南倭＝琉球という認識が馬琴に受け継がれていることもわかる。

44) 同上書、45ページ。

45) 辺土名（1992）、29–30ページ。

46) 東恩納（1979）、10–12ページ。東恩納によれば現存していた鐘21個のうち14個は尚泰久王時代に鋳造された。

47) 伊波（1974A）、431ページ。伊波訳。同書で『おもろそうし』13の巻の17に掲載されている歌を伊波は紹介している。それは尚真王代に詠まれたものである。尚真王代における貿易は国王の威光を輝かすものでもあった。「わが王が神に祈りて、セヂアラトミ号を浮べぬ、わが王の為に順風を乞うて船出せよ。大御心は至る所にて成就せむ、尚真王の御意は至る所にて迎えられむ。我が君の大御船を浮べぬ、風よ吹けかし。美しきセヂアラトミを浮べぬ、風よ守れかし。群島の神々よ、心を一つにして祈れかし。君南風（久米島の祝女の頭）がセヂアラトミを浮べぬ、祝女よ、祈れ（伊波訳）（433–434ページ）」

48) 球陽研究会（1974）、187ページ。

49) 夫馬（1999）、i–xページ。

50) 那覇市企画部文化振興課（1986）前掲書、448–449ページ。

51) 同上書、202ページ。

52) 真栄平（1990）、69–70ページ。

53) 坪井（1990）、166–167ページ。

54) 金（1988）、2–149ページ。

55) 川勝（1991）、95–129ページ。

56) 東京国立博物館（1992）、122ページ。

57) 安里（1991A）、84–88ページ。

58) 村井（1988）、116ページ。

59) 小葉田（1939）前掲書、5ページ。

60) 紙屋（1990A）、114ページ。

61) 小葉田（1939）前掲書、90–91ページ。

62) 浜下（2000）、45ページ。

63) 斯波（1991）、272ページ。

64) 同上論文、273–274ページ。

65) 川勝（1991）前掲書、109ページ。

66) 比嘉（1992）157–158ページ。

67) トビ（1990）、48–56ページ。

68) 鹿児島県維新史料編纂所（1984）、344–345ページ。

69) 梅木（1985）、180–194ページ。

70) Farrington（1991）, p. 327.〔松島訳〕

71) 紙屋（1990A）、221–226ページ。

72) 上原（1981）、86–87ページ。

21） Hamashita（1994）, pp. 94–97.
22） 佐藤（1987）、106–107ページ。
23） 佐藤（1993）、20–27ページ。
24） 斯波（1968）、16–423ページ。
25） 斯波（1994）、42ページ。
26） 桜井（1999）、84–85ページ。
27） 同上論文、50–51ページ。
28） 川勝（1994A）、31ページ。
29） 那覇市企画部文化振興課（1986）、46–47ページ。
30） 同上書、19ページ。
31） 安里（1941）、146–147ページ。
32） 東恩納（1978B）、337–338ページ。東恩納は琉球の貿易史を踏まえて次のように沖縄人を鼓舞した。「諸君、吾人の祖先は、吾は琉球人なりと世界に誇った。大いなる信念と自覚とを以て世界の表に闊歩した。微塵も弱音を吐かなかった。屈託しなかった。到る所に方法を見出した。充実したる元気と断々乎たる大信念とを以て常に自家の事業を讃美し祝福し謳歌した。諸君よ、諸君は寔《まこと》に海の沖縄人の再現である。願くば単に其の事業に於てのみならず其の精神に於ても溌剌たる吾人の祖先に学べ。熱情あれ。犠牲的大精神を養え。諸兄、自ら諸兄の事業を讃美し祝福し謳歌せよ、而して世界の表面に立って十分なる自尊と確信とを以て大声言え「海の沖縄人吾れ」と」（352ページ）
33） 安里（1941）前掲書、328–329ページ。
34） トメ（1966）、248–249ページ。
35） 那覇市企画部文化振興課（1986）前掲書、128–129ページ。
36） 新井（1906A）、670ページ。
37） アトウェル（1993）、54–58ページ。
38） 安里（1941）前掲書、24–32ページ。
39） 小葉田（1939）、92ページ。小葉田（1939）に基づき附塔貨の推移をみると尚真王（1477年–1526年治世）時代における南海産物の輸入総量は以下の通りであった。蘇木は24万6,500斤、胡椒は7万2千斤、番錫は5万2,500斤であったが、尚清《しょうせい》王（1527年–1555年治世）時代においては、蘇木は1万8,500斤、胡椒は7千斤、番錫は千斤であった。そして、尚元《しょうげん》王（1556年–1572年治世）の時代になると、蘇木は2万8千斤と前王代に比べて増えたものの、その他の物産は輸入されなかった（304ページ）。
40） 同上書、317–318ページ。
41） 同上書、319–322ページ。
42） 那覇市企画部文化振興課（1986）前掲書、105–106ページ。
43） 同上書、118ページ。

「不安定、窮屈、脅威にさらされた生活、これが島の運命である。こう言ったほうがよければ、それが島の私生活である。しかし島の外見的生活、つまり歴史の舞台の前面で島が果たす役割というものは、実際には、きわめて貧しい世界に人々が期待していないような大きさなのである。大きな歴史は、しばしば島に行き着く。大きな歴史は島を利用すると言ったほうがおそらくずっと的確であろう。」(255–256 ページ)

5) ウォーラーステイン（1981）、52–55 ページ。

6) ウォーラーステイン（1993）、50–64 ページ。

7) 同上書、114–115 ページ。

8) 網野（1994）、40–172 ページ。

9) 網野（1992）、12–90 ページ。

10) 川勝（1995A）、18–20 ページ。海洋と歴史との関係について川勝は次のように述べている。「世界を多島海という観点から認識する海洋史観の二つの柱は島と海である。島の発展の解明にあたり、島のみならず、その周囲にひろがる海洋にも視点をあてれば、それはおのずと一国レベルの発想を超えることになる〔川勝（1996A)、20 ページ〕。」海洋史観の二要素は島と海であり、また国家の枠組みを乗り超えた形で議論が展開されるとしている。さらにシュンペーターの新結合の考え方を用いて海洋史観に基づいた経済発展について川勝は次のように論じている。「物産複合の変化による社会変容というような事態は、海洋に浮かぶ島国の場合、島の内部から生み出されてくるというよりも、島の外部から舶来する文物によって決定的なインパクトをもってひき起こされる。（中略）舶来品の使用が継続し拡大すると、既存の物産複合は暮らしに適した状態から適しない状態へと変わる。舶来品の流入が大量で持続すれば、外圧となる。それは社会に危機をもたらし、社会内部からのレスポンスを生み、新結合が起こり、新しい物の組合せをもつ物産複合に変わる。生活革命が始まるのである。経済発展すなわち新結合による物産複合の変容や生活様式の変化を説明するには、新規の文物をもたらす海洋の役割を視野にとりこむことが欠かせない。唯物史観も生態史観も陸地史観であることによって、それは期待できない〔川勝（1996A)、22–23 ページ〕。」

11) 同上書、21–24 ページ。

12) 久米（1982)、300–301 ページ。

13) 同上書、313 ページ。

14) 同上書、327 ページ。

15) 同上書、275 ページ。

16) 同上書、330–331 ページ。

17) 川勝（1995A）前掲書、16–17 ページ。

18) 同上書、26–27 ページ。

19) 柳田（1990)、211–215 ページ。

20) 同上書、223–224 ページ。

注

序　論

1)　内閣府沖縄総合事務局（2001）、15–16 ページ、沖縄県庁ホームページ「統計資料閲覧室」。

2)　鈴木（1995）、1 ページ。

3)　舞出（1937）、2–4 ページ。

4)　川口浩・早稲田大学政治経済学部教授の御教示による。

5)　鶴見（1997）、517 ページ。

6)　鶴見（1989）、49–50 ページ。

7)　同上論文、55 ページ。

8)　同上論文、59 ページ。

9)　鶴見（1999）、74 ページ。

10)　西川（1989A）、3–4 ページ。

11)　同上論文、32–34 ページ。

12)　宮本（1989）、285 ページ。

13)　同上書、294 ページ。

14)　宮本（2000）、26 ページ。

15)　同上論文、11–16 ページ。

16)　宮本・佐々木（2000）

第一章

1)　シュミット（1971）、15–16 ページ。

2)　同上書、61–67 ページ。

3)　同上書、92–93 ページ。

4)　ブローデル（1991）、248–249 ページ。ブローデルはまた地中海の島がしばしば軍事的衝突の場所になるとして、次のように述べている。「島々は飢餓に脅かされていると同時に、海そのものからも脅かされている。海はこの十六世紀半ばにはかつてないほどに戦争が多かったのである。（中略）絶えず防衛しなければならないし、監視塔をつくり、要塞を高くし、広げて、そこに大砲を備えなければならない。」（253 ページ）、

United Nations Publication Sales.
UNESCO (1996), *International Seminar on Culture and Development-Cooperation Efforts based on "Our Creative Diversity"*, Waseda University.
UNITAR (1971), *Small States and Territories*, Arno Press.
Ward, R. G. (1991), "Culture and Development: Issues for Island Countries." UNESCO (composed), *Islands' Culture and Development*, Imprimerie de la Manutention.
Watters, R. F. (1970), "The Economic Response of South Pacific Societies." *Pacific Viewpoint*, 11 (1).
—— (1984), "The Village Mode of Production in MIRAB Societies." *Pacific Viewpoint*, 25 (2).
—— (1990), "Comment on Dong Munro's Transnational Corporations of Kin and the MIRAB System: the Case of Tuvalu." *Pacific Viewpoint*, 31 (1).
Wuerch, W. L. and Ballendorf, D. A. (1994), *Historical Dictionary of Guam and Micronesia*, The Scarecrow Press.

Robinson, E. A. G. (ed.) (1960), *Economic Consequences of the Size of Nations : Proceedings of a Conference Held by the International Economic Association*, Macmillan & Co. Ltd.

Schwalbenberg, H. M. and Hatcher, T. (1994), "Micronesian Trade and Foreign Assistance: Contrasting the Japanese and American Colonial Periods." *The Journal of Pacific History*, 29 (1).

Senta, T. D. (1995), "UN Small Islands Network : a Strategy for Resource." in *Abstracts of Presentations of International Symposium on Small Islands and Sustainable Development in the United Nations University*.

Slatter, C. (1991), "Economic Recovery on the Backs of Women Workers : Women and Tax Free Enterprises in Fiji." *Diversity in Development*, Vol. 12, No. 19

—— (1994), "Banking in the Growth Model? The World Bank and Market Polices in the Pacific." in Emberson-bain, A. (ed.), *Sustainable Development or Malignant Growth?—Perspective of Pacific Island Women*, Marama Publications.

Streeten, P. (1993), "The Special Problems of Small Countries." *World Development*, Vol. 21, No. 2.

Sutherland, W. (1989), "The New Political Economy of Fiji." *Pacific Viewpoint*, 30 (2).

Taira, K. (1994), "Ryukyu Islands Today : Political Economy of a U. S. Colony." in ワトキンス文書刊行会編『沖縄戦後初期占領資料 第七巻』緑林堂。

Thaman, R. R. and Clarke, W. C. (1993), "Introduction." in Thaman and Clarke (eds.) *Agroforestry in the Pacific Islands : System for Sustainability*, United Nations University Press.

Thomson, V. and Adloff, R. (1971), *The French Pacific Islands*, University of California Press.

Thompson, L. (1940) "The Cultural History of the Lau Islands Fiji" *American Anthropologist*. Vol. 40. No. 2.

Tisdell, C. (1989), "Giant Clams in the Pacific : the Socioeconomic Potential of a Developing Technology for Their Mariculture." in Couper, A. D. (ed.) *Development and Social Change in the Pacific Islands*, Routledge.

——and Mckee, D. L. (1990), *Developmental Issues in Small Island Economies.* Praeger.

—— (1993), "Project Appraisal, the Environment and Sustainability for Small Islands." *World Development*, Vol, 21, No. 2.

UNCTAD Secretarial (1985), "Examination of the Particular Needs and Problems of Island Developing Countries." in Dommen, E. and Hein, P. (eds.) *Statses, Microstates and Islands*, Croom Helm.

UNCTAD (1971), *Developing Island Countries : Report of the Panel of Experts*,

Kissling / Taylor (1984), "National Sovereignty and Corporate Dependence in South Pacific Aviation" in Kissling, C. (ed.) *Transport and Communicatiion for Pacific Microstates-Issues in Organisation and Management*, University of the South Pacific.

Kiste, R. and Marshall, M. (1999) *American Anthropology in Micronesia*, University of Hawaii Press.

Knapman, B. and Walter, M. A. H. B. (1980), "The Way of the Land and the Path of Money : the Generation of Economic Inequality in Eastern Fiji." *The Journal of Developing Areas*, 14, January.

—— (1985), "Capitalism's Economic Impact in Colonial Fiji, 1874-1939: Development or Underdevelopment?" *The Journal of Pacific History*, Vol. 20, No. 2.

Kuznets, S. (1960), "Economic Growth of Small Nations," in Robinson, E. A. G. (ed.) *Economic Consequences of the Size of Nations : Proceedings of a Conference Held by the International Economic Association*, Macmillan&Co. Ltd.

Leckie, J. (1990), "Workers in Colonial Fiji 1870-1970." in Moore, C. et. al. (eds.) *Labour in the South Pacific*, James Cook University.

Lessa, W. A. (1950), "Ulithi and the Outer Native World." *American Anthropologist*, Vol. 52, No. 1.

Matsushima, Y. (1995), "The Trial of Independence and Coexistenc in New Caledoia." in Sato, Y. (ed.) *Regional Development and Cultural Transformation in the South Pacific : a Critical Examination of the 'Sustainable Development' Perspective*, University of Nagoya.

Mchenry, D. F. (1975), *Micronesia : Trust Betrayed : Altruism vs Selfinterest in American Foreign Policy*, Carnegie Endowment for International Peace.

Narayan, J. (1984), *The Political Economy of Fiji*, South Pacific Review Press.

Narokobi, B. (1980), *The Melanesia Way*, University of the South Pacific.

Peattie, M. R. (1988), *Nan'yo : the Rise and Fall of the Japanese in Micronesia 1885-1945*, University of Hawaii Press.

Plischke, E. (1977), *Microstates in World Affairs, American Enterprise*, Institute for Public Policy Research. *Pacific Islands Monthly*.

Poirine, B. (1993), "Le Développement par la Rente: une Spécialisation Internationale Logique et Viable à Long Terme pour les Économies Micro-Insulaires." *Journal de la Société des Océanistes*, 1993-1.

Rensel, L. (1993), "The Fiji Connection : Migrant Involvement in the Economy of Rotuma." *Pacific Viewpoint*, 34 (2).

Reid, A. (1988) *Southeast Asia in the Age of Commerce 1450-1680 : the Lands below the winds*, Yale University Press.

Pacific", in Thrupp, L. (ed.) *Millennial Dreams in Action-Studies in Revolutionary Religions Movement*, Schocken Books.

—— (1987) *Mythologie du Masque en Nouvelle Calédonie*, Musée de l'Homme.

Hal, H., Andrew, E., Tabor, S., (1993), "Liberalization and Diversification in a Small Island Economy: Fiji since the 1987 Coups." *World Development*, Vol. 21, No. 5.

Hamashita, T. (1994), "The Tribute Trade System and Modern Asia." Kawakatsu, H. and Latham, A. J. H. (eds.) *Japanese Industrization and the Asian Economy*, Routledge.

Harris, W. L. (1970), "Microstates in the United Nations: a Broader Purpose." *Columbia Journal of Transnational Law*, Vol. 9.

Hayes, G. (1993), "'MIRAB' Processes and Development on Small Pacific Islands: A Case Study from the Southern Massim, Papua New Guinea." *Pacific Viewpoint*, 34 (2).

Hein, P. (1985), "The Study of Microstates." in Dommen, E. and Hein, P. (eds.) *States, Microstates and Islands*, Croom Helm.

Hezel, F. X. S. J. (1982), *Reflections on Micronesia*, the University of Hawaii.

—— (1987), "The Dilemmas of Development: the Effects of Modernization on Three Areas of Island Life," in Stratigos, S. and Hughes, P. J. (eds.) *The Ethics of Development: the Pacific in the 21st. Century*, University of Papua New Guinea Press.

—— (1989), "The Price of Education in Micronesia." *Ethnies: Renaissance in the Pacific*, Vol. 4, No. 8-9-10.

—— (1995) *Strangers in Their Own Land*, University of Hawaii Press.

——and Rubinsteins, D. H., White, G. M. (eds.) (1985), *Culture, Youth and Suicide in the Pacific*, the University of Hawaii.

Hooper, A. (1993), "The MIRAB Transition in FAKAOFO, TOKELAU." *Pacific Viewpoint,* 34 (2).

Howe, K. R. (1984), *Where the Waves Fall: a New South Sea islands History from First Settlement to Colonial Rule*, Allen&Unwin.

Jacobs, B. L. (1975), "Administrative Problems of Small Countries." in Selwyn, P. (ed.) *Development Policy and Small Countries*, Croom Helm.

Jalan, B. (1982), "Classification of Economies by Size." in Jalan, B. (ed.) *Problems and Policies in Small Economies*, Croom Helm.

James, K. (1993). "The Rhetoric and Reality of Change and Development in Small Pacific Communities." *Pacific Viewpoint*, 34 (2).

Kakazu, H. (1994), *Sustainable Development of Small Island Economies*, Westview Press.

Island Developing Countries." in Domman, E. and Hein, P. (eds.), *States, Micro-states and Islands*, Croom Helm.
Dornoy, M. (1984), *Politics in New Caledonia*, Sidney University Press.
Dommen, E. (1980), "Some Distinguishing Characteristics of Island States." *World Development*, Vol. 8.
Doumenge, F. (1983), *Viability of Small Island States*, UNCTAD Document.
—— (1989), "De l' Écologie à la Géopolitique <Effets d'île>." in Ward M. et Connel, J. (eds.) *Nouvelle-Calédonie : Essaie sur le Nationalisme et la Dépéndance*, Éditions L' Harmatan.
Doumenge, J. P. (1987A), "L'Administration Française et le Monde Mélanésien" in de Dekker, P. et Lagayette, M. (eds.) *États et Pouvoirs dans les Territoires Français en Pacifique*, Éditions L' Harmatttan.
—— (1987B), "Les Bases Concrètes de la Géopolitique du Monde Insulaire Océanien." *Journal de la Société des Océanistes*, 1988-2.
Dropsy, A. (1993), "The Church and the Coup : the Fijian Methodist Church Coup of 1989." *Transition to Democracy in the South Pacific*, Vol. 13, No. 20.
Ervin, L. et. al. (1978), *The Objections of the New International Economic Order*, Pergaman Press.
Fairbairn, I. J. (1974), "Fiji as a Regional Trader." *Pacific Viewpoint*, 15 (1).
—— (1985), *Island Economies : Studies from the South Pacific*, University of the South Pacific.
Fairbank, J. K. (1968), "A Preliminary Framework" in Fairbank (ed.), *The Chinese World Order*, Harvard University Press.
Farrington, A. (ed.) (1991), *The English Factory in Japan 1613–1623,* Vol. 1, The British Library.
Farrugia, C. (1993), "The Special Working Environment of Senior Administrators in Small States." *World Development*, Vol. 21, No. 2.
Fiji Reserve Bank (1993), "The Tax Free Factory / Tax Free Zone Scheme in Fiji." *Pacific Economic Bulletin*, Vol. 8. No. 1.
Friedman, H. M. (1994), "Arguing over Empire. American Interservice and Inter-departmental Rivalry over Micronesia 1943-1947." *The Journal of Pacific History*, 29 (1).
Gale de Villa, J. (1992), *Environment and Development: A Pacific Island Perspective*, Asian Development Bank.
Gillet, R., Ianelli, J., Waqavakatoqa, T., Qica, M. (1993), *Traditional Sailing Canoes in Lau*, University of the South Pacific.
Guiart, J. (1970) "The Millenarian Aspect of Conversion to Christianity in the South

英仏語参考文献

Ballendorf, D. A. (1991), "Micronesia to the Year 2000: Conditons and Issues of Development and Dependency." in *Islands'Culture and Development*, UNESCO.

Bayliss-Smith, T. (1974), "Constraints on Population Growth: The Case of the Polynesian Outlier Atolls in the Precontact Period." *Human Ecology*, Vol. 2, No. 4.

Bedford / Brookfield / Latham (1988), *Islands Islanders and the World: The Colonial and Post-Colonial Experience of Eastern Fiji*, Cambridge University Press.

British Parliamentary Papers. Irish University Press (ed.)

Bertram, I. G. and Watters, R. F. (1985), "The MIRAB Economy in South Pcific Microstates." *Pacific Viewpoint*, 26 (3).

—— (1986A) "Sustainable Development." *World Development*, Vol. 14, No. 7.

—— (1986B), "The MIRAB Process: Earlier Analyses in Context." *Pacific Viewpoit*, 27 (1).

—— (1993), "Sustainability, Aid, and Material Welfare in Small South Pacific Island Economies 1900-90." *World Development*, Vol. 21, No. 2.

Blanchet, G. L. (1989), "Du Discours à la Réalité en Millieu Insulaire: Rhétorique du Développement Autocentre et Pratique du Développement Intégré." *Journal de la Société des Océanistes*, 1989-1&2.

Chandra, R. (1989), "The Political Crisis and the Manufacturing Sector in Fiji." *Pacific Viewpoint*, 30 (2).

Cole, R. V. (1989), "The Fiji Economy: From Go to Woe." *Pacific Viewpoint*, 30 (2).

—— (1993), "Economic Development in the South Pacific Promoting the Private Sector." *World Development*, Vol. 21, No. 2.

De Smith, S. (1970), *Microstates and Micronesia*, New York University Press.

Demas, W. G. (1975), "Economic Independence: Conceptual and Policy Issues in the Common Wealth Caribbean." in Selayn, P. (ed.) *Development Policy in Small Countries*, Croom Helm.

Dolman, A. J. (1982), "The Development Strategies of Small Island Countries: Issues and Options." in *Small Island Countries: Regional Cooperation and the Management of Marine Resources*, Rio Foundation.

—— (1985), "Paradise Lost? : the Past Performance and Future Projects of Small

ルト運動』紀伊國屋書店
若槻泰雄（1987）『発展途上国への移民の研究――ボリビアにおける日本移民』玉川大学出版部
湧上聾人編（1929）「沖縄興業銀行救済の眞相と新銀設立の要望」（湧上聾人編『沖縄救済論集』琉球資料復刻頒布会）
渡辺昭夫（1970）『戦後日本の政治と外交――沖縄問題をめぐる政治過程』福村出版
ワトキンス文書刊行会編（1994）『沖縄戦後初期占領資料』第7巻、緑林堂

吉元嘉正（1970）「沖縄における外資導入」（『南方同胞援護会編『沖縄の産業・経済報告集』南方同胞援護会）
与那国町老人クラブ連合会編（1991）『創立25周年記念誌』与那国町老人クラブ連合会
与那国町役場総務課編（1988）『どぅなん――光と波と風』与那国町役場
李熙永編訳（1972）「朝鮮李朝実録所載の琉球諸島関係資料」（谷川健一編『わが沖縄』第5巻、木耳社）
琉球新報社（1980）『郷友会』琉球新報社
――（1986A）『世界のウチナーンチュ（1）』同上
――（1986B）『世界のウチナーンチュ（2）』同上
――（1986C）『世界のウチナーンチュ（3）』同上
琉球新報社社会部編（1986）『昭和の沖縄』ニライ社
琉球政府（1972）「復帰措置に関する建議書」（『法律時報』第44号第6号、日本評論社）
琉球政府企画局編（1970）「長期経済開発計画の基本構想（案）」（南方同胞援護会編『沖縄の産業・経済報告集』南方同胞援護会）
琉球政府企画局企画部編（1969）『沖縄経済の現状　1968年度』琉球政府企画局
琉球政府企画局統計庁分析普及課編（1968）『沖縄統計年鑑』琉球政府企画局統計庁
――（1971）『沖縄統計年鑑』同上
琉球政府経済局（1954）『沖縄統計年鑑』琉球政府経済局
琉球政府文教局研究調査課編（1959）『琉球史料』第四集、琉球政府文教局
琉球政府編（1966）『沖縄県史』第12巻、琉球政府
――（1967）『沖縄県史』第20巻、同上
――（1969A）『沖縄県史』第15巻、同上
――（1969B）『沖縄県史』第19巻、同上
琉球大学経済研究所（1970）「沖縄経済開発の基本と展望」（南方同胞援護会編『沖縄の産業・経済報告集』南方同胞援護会）
琉球中央倉庫社史編纂委員会（1991）『琉球中央倉庫四十年の歩み』琉球中央倉庫社史編纂委員会
琉球農業協同組合連合会編（1967）『琉球農連五十年史』琉球農業協同組合連合会
琉球米国民政府・琉球政府経済開発合同委員会（1972）『琉球経済開発調査報告書』沖縄教育図書刊行会
琉球臨時政府中央政府行政主席室統計局（1951）『沖縄統計年鑑』琉球臨時政府
琉球銀行調査部編（1984）『戦後沖縄経済史』琉球銀行
琉球政府行政主席官房情報課編（1960）『琉球要覧』琉球政府行政主席官房情報課
林発（1984）『沖縄パイン産業史』沖縄パイン産業史刊行会
レンジャー、T.（1992）「植民地下のアフリカにおける造り出された伝統」（ボブズボウム、T.、レンジャー、T. 編、前川啓治訳『創られた伝統』紀伊國屋書店）
ワースレイ、P.（1981）吉田正紀訳『千年王国と未開社会――メラネシアのカーゴ・カ

村井章介（1988）『アジアのなかの中世日本』校倉書房
目崎茂和（1985）『琉球弧をさぐる』沖縄あき書房
毛利敏彦（1973）「幕末・維新期における薩摩藩」（福岡ユネスコ協会編『明治維新と九州』平凡社）
――（1996）『台湾出兵』中央公論社
森島中良（1981）「琉球談」（州立ハワイ大学宝玲叢刊編纂委員会監修『江戸期琉球物資料集覧』第4巻、本邦書籍）
八重山支庁総務課編（1989）『八重山要覧』沖縄県
八板俊輔（1992）「沖縄・戦争マラリア」（内海愛子他編『ハンドブック戦後補償』梨の木舎）
矢崎幸生編著（1984）『ミクロネシア憲法集』暁印書館
安国良一（1994）「貨幣の機能」（『日本通史』第12巻、岩波書店）
矢内原忠雄（1963）「南洋群島の研究」（『矢内原忠雄全集』第3巻、岩波書店）
――（1965A）「現地に見る沖縄の諸問題」（『矢内原忠雄全集』第23巻、岩波書店）
――（1965B）「世界・沖縄・琉球大学」（同上書）
柳田国男（1989）「島の人生」（『柳田国男全集』第1巻、筑摩書房）
――（1990）「青年と学問」（『柳田国男全集』第27巻、同上）
――（1991A）「最新産業組合通解」（『柳田国男全集』第30巻、同上）
――（1991B）「時代ト農政」（『柳田国男全集』第29巻、同上）
藪内芳彦（1978）「漁撈文化圏設定試論」（藪内芳彦編『漁撈文化人類学の基本的文献資料とその補説的説明』風間書房）
山縣孝雄（1982）『南拓誌』南拓会
山中速人（1992）『イメージの〈楽園〉――観光ハワイの文化史』筑摩書房
山之口貘（1975）『山之口貘全集』第1巻、思潮社
山本草二編集代表（1994）『国際条約集　1994年版』有斐閣
山本弘文（1999）『南島経済史の研究』法政大学出版局
山盛直・新里孝和（1989）「造林」（沖縄県農林水産行政史編集委員会編『沖縄県農林水産行政史（林業編）』第7巻、農林統計協会）
横田喜三郎（1958）「アメリカ施政権の本質」（国際法学会編『南方諸島の法的地位』南方同胞援護会）
横山学編（1980）『琉球所属問題関係資料　琉球処分（下）』第7巻、本邦書籍
吉田松陰（1936）「幽囚録」（『吉田松陰全集』第1巻、岩波書店）
吉田嗣延（1976）『小さな闘いの日々――沖縄復帰のうらばなし』文教商事
――（1980）「私の戦後史」（『私の戦後史』第3巻、沖縄タイムス社）
吉田慶喜（1993）『奄美の振興開発――住民からの検証』あまみ庵
能仲文夫（1990）『赤道を背にして――南洋紀行』南洋群島協会
吉嶺全二（1994）「赤土条例で防げるか！　赤土汚染公害」（『けーし風』第5号）

——（2002）「西太平洋への跳躍」（川勝平太編『グローバル・ヒストリーに向けて』藤原書店）
松田岩夫（1970）「沖縄の工業開発の方途」（『沖縄』第 52 号）
松田直兄（1981）「貢の八十船」（州立ハワイ大学宝玲叢刊編纂委員会監修『江戸期琉球物資料集覧』第 4 巻、本邦書籍）
松田賀孝（1981）『戦後沖縄社会経済史研究』東京大学出版会
松本雅明（1871）『沖縄の歴史と文化』近藤出版社
マルナス、F.（1985）久野桂一郎訳『日本キリスト教復活史』みすず書房
三浦周行（1982）『日本史の研究　新輯三』岩波書店
三木健（1979）『西表炭坑概史』三栄社
——（1980）『八重山近代民衆史』三一書房
宮城文（1972）『八重山生活誌』宮城文
宮城悦二郎（1982）『占領者の眼』那覇出版社
宮城栄昌他編（1983）『沖縄歴史地図　歴史篇』柏書房
宮城弘岩（1991）『ポスト香港と沖縄』ボーダーインク
宮崎道生（1973）『新井白石の洋学と海外知識』吉川弘文館
——（1976）「新井白石の琉球研究」（『南島』第 1 号）
——（1989）『新井白石』吉川弘文館
宮里政玄（1966）『アメリカの沖縄統治』岩波書店
——（1972）「アメリカの対沖縄政策の形成と展開」（宮里政玄編『戦後沖縄の政治と法一九四五年－七二年』東京大学出版会）
——（1986）『アメリカの沖縄政策』ニライ社
宮里辰彦（1961）「沖縄経済安定への道」（琉球政府文教局研究調査課編『琉球史料』第六集、琉球政府文教局）
宮嶋博史（1986）「朝鮮社会と儒教——朝鮮儒教思想史の一解釈」（『思想』No. 750）
——（1994）「東アジア小農社会の形成」（溝口雄三他編『長期社会変動——アジアから考える 6』東京大学出版会）
宮本憲一（1973）『地域開発はこれでよいか』岩波書店
——（1979）「地域開発と復帰政策——歴史的評価と展望」（宮本憲一編『開発と自治の展望・沖縄』筑摩書房）
——（1989）『環境経済学』筑摩書房
——（1996）『環境と自治——私の戦後ノート』岩波書店
——（2000）「沖縄の持続可能な発展のために」（宮本・佐々木編『沖縄 21 世紀への挑戦』岩波書店）
——・佐々木雅幸（2000）『沖縄 21 世紀への挑戦』岩波書店
向井清史（1988）『沖縄近代経済史——資本主義の発達と辺境地農業』日本経済評論社
——（1992）「ソテツ地獄」（琉球新報社編『新琉球史　近代・現代史編』琉球新報社）

——（1982）「自由貿易地域と企業誘導」（『金融経済』191 号）
——（1990）「戦後沖縄の経済政策」（東江平之他編『沖縄を考える』大田先生退官記念事業会）
——（1992）編『りゅうぎん経済レポート　返還軍用地の跡地利用について』No. 242
——（1993A）編『りゅうぎん経済レポート　華南経済圏への視点——経済政策の転換と沖縄経済（その二）』No. 244
——（1993B）「占領下の経済——ドルの政治学」（宮城悦二郎編『沖縄占領——未来へ向けて』ひるぎ社）
——（1996）『再考沖縄経済』沖縄タイムス社
真境名安興（1993A）「沖縄教育史要」（『真境名安興全集』第 2 巻、琉球新報社）
——（1993B）「沖縄現代史」（同上書）
——（1993C）「歴史論考」（『真境名安興全集』第 3 巻、同上）
——・伊波普猷（1993D）「琉球の五偉人」（『真境名安興全集』第 4 巻、同上）
又吉盛清（1990）『日本植民地下の台湾と沖縄』沖縄あき書房
松川久仁男（1993）『日の丸君が代論——松川久仁男論文集』松川久仁男
松島泰勝（1992A）「島嶼経済論——ヤポネシア・ミクロネシアにおける柳田国男島嶼経済論の可能性」（早稲田大学大学院経済学研究科提出修士論文）
——（1992B）「劇場国家におけるミメーシスと暴力の論理——バリ島と琉球列島における経済社会の内発的展開（上）」（『早稲田経済学研究』No. 36）
——（1993）「劇場国家におけるミメーシスと暴力の論理——バリ島と琉球列島における経済社会の内発的展開（下）」（同上、No. 37）
——（1994）「日本型華夷秩序観における「沖縄」と「琉球」」（同上、No. 40）
——（1995A）「現代島嶼間ネットワークの形成——フィジー・ラウ諸島と沖縄 における島嶼間交易を事例として」（沖縄関係学研究会編『沖縄関係学研究会論集創刊号』沖縄関係学研究会）
——（1995B）「ニューカレドニアにおける自立と共生の試み——カナク型経済発展の可能性」（佐藤幸男編『南太平洋島嶼国・地域の開発と文化変容——「持続可能な開発」論の批判的検討』名古屋大学大学院国際開発研究科）
——（1997）「島嶼交易と海洋国家——琉球列島とフィジー・ラウ諸島を事例として」（塩田光喜編『海洋島嶼国家の原像と変貌』アジア経済研究所）
——（1999）「ミクロネシアとアジア」（『外務省調査月報』No. 1、外務省）
——（2001A）「太平洋島嶼社会自立の可能性」（西川潤編『アジアの内発的発展』藤原書店）
——（2001B）「島嶼の政治経済と米軍基地との関係」（明治学院大学国際平和研究所編『PRIME』第 13 号）
——（2001C）「西太平洋島嶼貿易圏構想の可能性」（沖縄経済学会編『経済と社会』第 17 巻）

福木詮（1973）『沖縄のあしおと　1968–72』岩波書店
福沢諭吉（1960A）「支那國論に質問す」（『福沢諭吉全集』第 8 巻、岩波書店）
——（1960B）「宮古八重山を如何せん」（『福沢諭吉全集』第 11 巻、岩波書店）
福仲憲（1983）「近世琉球の農業と農書」（『日本農業全集』第 34 巻、農山漁村文化協会）
藤田豊八（1932）『東西交渉史の研究』岡書院
夫馬進（1999）「増訂版によせて」（夫馬進編『増訂　使琉球録解題及び研究』榕樹書林）
プラサート、S.（1993）渡辺恵子訳「フィジーにおける政治変動と民衆運動の役割（1987–1991）」（アジア・太平洋マイクロステート研究会編『太平洋における非核と共生の条件』広島大学平和科学研究センター）
ブリグリオ、L.（1994）「島嶼開発途上国の持続的発展に関する世界会議」（『琉球新報』1994 年 6 月 10 日、11 日）
古堅哲（1980）『うるまの灯——沖縄の電力事業史』日本電気協会
ブローデル、F.（1991）浜名優美訳『地中海 I　環境の役割』藤原書店
辺土名朝有（1992）『『歴代宝案』の基礎的研究』校倉書房
ペリー、C.（1985）金井圓訳『日本遠征日記』雄松堂
外間守善・西郷信綱校註（1972）『おもろさうし』岩波書店
北米沖縄人史編集委員会編（1981）『北米沖縄人史』北米沖縄人クラブ
堀口健治・深井純一（1979）「農村振興と地域流通」（宮本憲一編『開発と自治の展望・沖縄』筑摩書房）
舞出長五郎（1937）『經濟學史概要』上巻、岩波書店
前川啓治（1993）「中央政府とトレス海峡の先住民自治」（清水昭俊他編『近代に生きる——オセアニア 3』東京大学出版会）
前田夏陰（1981）「琉球論」（州立ハワイ大学宝玲叢刊編纂委員会監修『江戸期琉球物資料集覧』第 4 巻、本邦書籍）
前田哲男（1979）『棄民の群島——ミクロネシア被爆民の記録』時事通信社
——（1991）『非核太平洋　被爆太平洋——新編・棄民の群島』筑摩書房
真栄平房昭（1984）「琉球にみる家臣団編成と貿易構造——「旅役」知行制の分析」（藤野保編『九州と藩政 II』国書刊行会）
——（1986）「近世琉球における個人貿易の構造」（『球陽論叢』ひるぎ社）
——（1990）「近世日本における海外情報と琉球の位置」（『思想』No. 796）
——（1991）「大航海時代のイギリス・オランダと琉球」（琉球新報社編『新琉球史　古琉球編』琉球新報社）
——（1994）「十九世紀の東アジア国際関係と琉球問題」（平石直昭他編『周縁からの歴史——アジアから考える』東京大学出版会）
真喜志好一（1994）「農業基盤整備見学ツアー」（『けーし風』第 2 号）
牧野清（1968）『八重山の明和の大津波』牧野清
牧野浩隆（1978）『沖縄経済を考える——主役なき経済開発』新報出版印刷

「沖縄経済振興に関する要望」（『南と北』第 49 号）
日本政府一体化調査団（1968）「本土・沖縄一体化調査報告書」（『南と北』第 46 号）
野口武徳（1987）『漂海民の人類学』弘文堂
野里洋（1995）「沖縄――島ぐるみ闘争の中で」（『世界』12 月号）
蓮見音彦（1995）「沖縄振興開発の展開と課題」（山本英二他編『沖縄の都市と農村』東京大学出版会）
英修道（1955）「沖縄帰属の沿革」（国際法学会編『沖縄の地位』国際法学会）
羽地朝秀（1978）「羽地仕置」（『東恩納寛惇全集』第 2 巻、第一書房）
浜下武志（1990）『近代中国の国際的契機』東京大学出版会
――（1991）「中国の銀吸収と朝貢貿易関係」（川勝平太他編『アジア交易圏と日本工業化 1500 － 1900』リブロポート、新版（2001）藤原書店）
――（2000）『沖縄入門』筑摩書房
林子平（1978）「海国兵談」（『林子平全集』第 1 巻、第一書房）
原口邦紘（1979）「沖縄県における内務省社会局補助移民と移民奨励施策の展開」（『南島史学』第 14 号）
東恩納寛惇（1978A）「校註羽地仕置」（『東恩納寛惇全集』第 2 巻、第一書房）
――（1978B）「歴史論考」（同上全集、第 1 巻）
――（1978C）「琉球の歴史」（同上）
――（1979）「黎明期の海外交通史」（同上全集、第 3 巻）
東村史編集委員会編（1987）『東村史　第 1 巻　通史編』東村役場
比嘉春潮・崎浜秀明（1965）『沖縄の犯科帳』平凡社
――（1971）『比嘉春潮全集　歴史篇』第 1 巻、沖縄タイムス社
比嘉政夫（1982）『沖縄民俗学の方法』新泉社
比嘉幹郎（1971）「沖縄自治州構想論」（『中央公論』12 月号）
比嘉実（1992）「沖縄における源為朝伝説――独立論の挫折の深層にあるもの」（『文学』第 3 巻第 1 号）
比嘉康文（1988）「自然保護運動はいま」（池原貞雄他編著『ニライカナイの島じま――沖縄の自然はいま』築地書館）
比嘉佑典（1988）「戦後地域婦人団体――PTA の成立と展開」（小林文人他編著『民衆と社会教育――戦後沖縄社会教育史研究』エイデル研究所）
樋口弘編（1959）『糖業事典』樋口弘
比屋根照夫（1981）『近代日本と伊波普猷』三一書房
――（1982）『自由民権思想と沖縄』研究出版
――（1996）『近代沖縄の精神史』社会評論社
平松守彦（1997）『私の日本連合国家論』岩波書店
ファース、S.（1990）河合伸訳『核の海――南太平洋非核地帯をめざして』岩波書店
ファン・ボイ・チャウ（1966）長岡新次郎他編『ヴェトナム亡国史』平凡社

――（1983）『貧困』岩波書店
――（1984）『飢えの構造――近代と非ヨーロッパ世界』（増補改訂版）ダイヤモンド社
――（1989A）「内発的発展論の起源と今日的意義」（鶴見・川田編『内発的発展論』東京大学出版会）
――（1989B）「開発援助と自立――ODA を考える」（『世界』10 月号）
――（1994）「社会的ヨーロッパの建設と「社会的経済」理論」（『生活協同組合研究』5 月号）
――（1997）「ポスト冷戦時代の世界新秩序と沖縄」（『早稲田政治経済学雑誌』第 329 号）
――編（2001A）『アジアの内発的発展』藤原書店
――（2001B）『人間のための経済学』岩波書店
西川俊作（1979）『江戸時代のポリティカル・エコノミー』日本評論社
西川如見（1988）『華夷通商考』岩波書店
西里喜行（1972）「旧慣温存下の県経済の動向」（琉球政府編『沖縄県史　各論編 2　経済』第 3 巻、琉球政府）
――（1982）『近代沖縄の寄留商人』ひるぎ社
――（1986）「琉臣殉義事件考――林成功の自刃とその周辺」（『球陽論叢』ひるぎ社）
――（1987）「琉球救国運動と日本・清国」（『沖縄文化研究』13 号）
――（1992A）編『琉球救国請願書集成』法政大学沖縄文化研究所
――（1992B）「琉球分割交渉とその周辺」（琉球新報社編『新琉球史　近代・現代編』琉球新報社）
――（1996）「琉球＝沖縄史における「民族」の問題」（高良倉吉他編『新しい琉球史』榕樹社）
西野照太郎（1971）「国際環境からみた沖縄復帰――島嶼住民の自決権と自治権」（『沖縄復帰の基本問題――昭和四十五年度沖縄調査報告』国立国会図書館調査立法考査局）
――（1982）「太平洋諸民族の独立と沖縄の選択」（新崎盛暉他編『沖縄自立への挑戦』社会思想社）
――（1990）「太平洋島嶼諸国の国際関係――日本の立場についての反省」（三輪公忠他編オセアニア島嶼国と大国』彩流社）
西原文雄（1991）『沖縄近代経済史の方法』ひるぎ社
西村朝日太郎（1967）「沖縄における原始漁法――黒島における一つの Junta を中心として」（蒲生正男他編『文化人類学』角川書店）
西村富明（1993）『奄美群島の近現代史――明治以降の奄美政策』海風社
25 周年記念誌編集委員会編（1991）『生産性運動 25 年史』沖縄県生産性本部
日本経済新聞社編（1996）『規制に挑む』日本経済新聞社
日本経済調査協議会（1970）「沖縄経済開発の基本方向　要約と提言」（南方同胞援護会編『沖縄の産業・経済報告集』南方同胞援護会）
日本商工会議所・経済団体連合会・日本経営者団体連盟・経済同友会・日本貿易会（1969）

会編『沖縄の産業・経済報告集』南方同胞援護会)
中野好夫・新崎盛暉（1965)『沖縄問題二十年』岩波書店
——編（1969)『戦後資料沖縄』日本評論社
仲原一郎（1981)「キビ刈りの「ゆい」など——小浜島を中心に」(CTS 阻止闘争を拡げる会編『琉球弧の住民運動』三一書房)
仲原善忠（1977A)「砂糖の来歴」(『仲原善忠全集』第1巻、沖縄タイムス社)
——（1977B)「沖縄現代産業・経済史」(同上書)
仲間徹（1981)「多良間 CTS もちこみはこうして拒否された」(CTS 阻止闘争を拡げる会編『琉球弧の住民運動』三一書房)
長嶺将快（1929)「移民問題の悲しい現実——何故に沖縄移民は排斥されるか」(湧上聾人編『沖縄救済論集』改造之沖縄社)
仲宗根勇（1982)「沖縄民主同盟——立ち枯れた沖縄独立共和国の夢」(『新沖縄文学』第53号)
中村盛信（1960)「海外移民の現状と将来——期待される移民青年隊の活躍」(『沖縄と小笠原』第14号)
中村丈夫（1982)「八〇年代の沖縄と島嶼住民の自決権」(新崎盛暉他編『沖縄自立への挑戦』社会思想社)
中山和芳（1987)「歴史時代のミクロネシア」(石川栄吉編『オセアニア世界の伝統と変貌』山川出版社)
——（1994)「首長制からエスニック・グループへ——ミクロネシア連邦ポーンペイ島民のアイデンティティ」(黒田悦子編著『民族の出会うかたち』朝日新聞社)
名護市企画室編（1973)『名護市総合計画・基本構想』名護市
那覇市企画部市史編集室編（1971)『那覇市史資料篇』第2巻中の4、那覇市
——（1979)『那覇市史資料篇』第2巻中の7、同上
——（1980)『那覇百年のあゆみ——琉球処分から交通方法変更まで』同上
那覇市企画部文化振興課編（1986)『歴代宝案　第1集　抄——那覇市史資料篇』第1巻4、同上
南方同胞援護会編（1968)『沖縄問題基本資料集』南方同胞援護会
——（1970)『沖縄の産業・経済報告集』同上
南洋庁長官官房調査課（1939)『ニューギニア事情（パプア領篇)』南洋庁長官官房調査課
西川潤（1976)『経済発展の理論』日本評論社
——（1979)「新国際経済秩序の意義」(山岡喜久男編『新国際経済秩序の基礎研究』早稲田大学出版部)
——（1980A)「まえがき」(日本平和学会編『沖縄——平和と自立の展望』早稲田大学出版部)
——（1980B)『平和と「もうひとつの発展」』ダイヤモンド社

坪井善明（1990）「ヴェトナムにおける儒教」（『思想』No. 792）
都留重人（1971）「沖縄経済開発への提言」（『世界』第 310 号）
鶴見和子（1989）「内発的発展論の系譜」（鶴見・川田編『内発的発展論』東京大学出版会）
――・川田侃編（1989）『内発的発展論』東京大学出版会
――（1996）『内発的発展論の展開』筑摩書房
――（1997）「内発的発展論へむけて」（鶴見和子『鶴見和子曼荼羅　I 基の巻』藤原書店）
――（1999）「内発的発展論の原型――費孝通と柳田国男の比較」（鶴見和子『鶴見和子曼荼羅　Ⅸ環の巻』藤原書店）
糖業協会編（1962）『近代日本糖業史』上巻、勁草書房
東京国立博物館編（1992）『海上の道――沖縄の歴史と文化』読売新聞社
ドゥフルニ、J.、モンソン、J. L.（1995）富沢賢治他訳『社会的経済――近未来の社会経済システム』日本経済評論社
トビ、R.（1990）川勝平太他訳『近世日本の国家形成と外交』創文社
都丸潤子（1993）「多民族化のなかの島々――一九世紀末からのフィジーとハワイ」（神戸法学雑誌』第 43 巻第 1 号）
富沢賢治他編（1988）『協同組合の拓く社会――スペイン・モンドラゴンの創造と探究』みんけん出版
富山一郎（1990）『近代日本社会と「沖縄人」』日本経済評論社
豊見山和行（1987）「琉球王国形成期の身分制について――冊封関係との関連を中心に」（『年報中世史研究』第 12 号）
――（1988）「近世琉球の外交と社会――冊封関係との関連から」（『歴史学研究』No. 586）
――（1990）「従大和下状」（『琉球王国評定所文書』第 5 巻、ひるぎ社）
――（1992）「琉球王権儀礼――祭天儀礼と宗廟祭祀を中心に」（赤坂憲雄編『王権の基層へ』新曜社）
トメ、P.（1966）生田滋他訳『東方諸国記』岩波書店
豊田天功（1973）「防海新策」（今井宇三郎他校註『水戸学』岩波書店）
豊平良金（1980）「「呼寄せ移民」の苦難と栄光」（『新沖縄文学』第 45 号）
内閣府沖縄総合事務局（2001）『沖縄県経済の概況』内閣府沖縄総合事務局
仲地博（1990）「軍事基地跡地利用の歴史・現状・課題」（東江平之他編『沖縄を考える』大田昌秀先生退官記念事業会）
――（1992）「沖縄開発庁論」（『琉大法学』第 48 号）
――（1993）「続沖縄開発庁論」（『琉大法学』第 50 号）
――（1994）「沖縄開発庁統廃合と地方分権」（『けーし風』4 号）
中嶋弓子（1993）『ハワイ・さまよえる楽園――民族と国家の衝突』東京書籍
那覇商工会議所（1970）「自由港（特殊関税地域）の提案と背景（抄）」（南方同胞援護

タガロア、アイオノ・ファナフィ・レ（1990）「サモア諸島の社会」（『島の自立と豊かさの創造――開かれた発想と相互強力を通じて』島を考える国際シンポジウム実行委員会）
滝沢馬琴（1962A）『椿説弓張月』上、岩波書店
――（1962B）『椿説弓張月』下、同上
竹内和三郎（1981）「私の戦後史」（『私の戦後史』沖縄タイムス社）
竹野要子（1979）『藩貿易史の研究』ミネルヴァ書房
武村次郎（1983）「戦前の南洋群島における日本企業の興亡」（『太平洋学会誌』10月号）
田里修（1984）「蔡温の政治」（『蔡温とその時代』離宇宙社）
――（1992）「“東風平謝花”栄光と挫折」（琉球新報社編『新琉球史　近代・現代編』琉球新報社）
田中耕司（1984）「与那国の水田立地と稲作技術――蓬莱米導入以前の伝統的稲作の体系を中心に」（渡部忠世他編『南島の稲作文化――与那国島を中心に』法政大学出版局）
棚橋訓（1993）「ソロモン諸島のマアシナ・ルール運動」（清水昭俊他編『近代に生きる――オセアニア 3』東京大学出版会）
田名真之編（1994）『時代を拓く・儀間真常――人と功績』那覇出版社
谷浦孝雄（1988）「台湾工業化論序説」（谷浦孝雄編『台湾の工業化――国際加工基地の形成』アジア経済研究所）
ダニエルス、C.（1991）「生産技術移転――製糖技術を例として」（川勝平太他編『アジア交易圏と日本工業化　1500 − 1900』リブロポート、新版（2001）藤原書店）
多辺田政弘（1987）「沖縄本島の「水問題」に関する一考察――恩納村の簡易水道存廃問題を中心として」（『沖国大商経論集』第 15 巻第 2 号）
――（1990A）『コモンズの経済学』学陽書房
――（1990B）「イノーの経済」（1990 年 8 月 27 日石垣市における多辺田氏講演資料）
玉野井芳郎・金城一雄（1978）「共同体の経済組織に関する一考察――沖縄県国頭村字奥区の「共同店」を事例として」（『沖国大商経論集』第 7 巻　第 1 号）
――（1990）『地域主義からの出発――玉野井芳郎著作集』第 3 巻、学陽書房
田港朝昭他（1972）「県経済の近代化」（琉球政府編『沖縄県史　各論編 2　経済』第 3 巻、琉球政府）
田村浩（1925）『沖縄経済事情』南島社
――（1927）『琉球共産村落之研究』岡書院
知名定寛（1994）『琉球宗教史の研究』榕樹社
通産省通商局市場各課（1951）『琉球貿易の手引き』貿易刊行会
筑波大学社会学研究室（1987）『オキナワから地球へ――国家をこえる民際交流の可能性　筑波大学社会学類 1986 年度調査報告』筑波大学社会学研究室
辻村明・大田昌秀（1966）『沖縄の言論――新聞と放送』至誠堂

杉山茂雄（1957）「国際連合憲章と沖縄及び小笠原」（『沖縄と小笠原』第 3 号）
鈴木信雄（1995）「「経済学」と経済思想史」（大田一廣他編『経済思想史——社会認識の諸類型』名古屋大学出版会）
スティンチカム，A.（1994）「近世琉球における染織生産と人頭税の研究——方法上の覚え書き」（高宮広衛他編『沖縄の歴史と文化——海上の道探究』吉川弘文館）
砂川恵勝（1991）「労働運動の変遷」（25 周年記念誌編纂委員会編『生産性運動 25 年史』沖縄県生産性本部）
世界銀行（1994）白鳥正喜監訳『東アジアの奇跡——経済成長と政府の役割』東洋経済新報社
総理府（1969）「沖縄工業開発計画基礎調査報告書の概要」（『南と北』第 49 号）
——特別地域連絡局（1969）「沖縄経済振興の基本構想」（『沖縄』第 51 号）
ソロモン、A.（1994）「ソロモンレポート——太平洋諸島信託統治領への合衆国政府調査報告」（小林泉『アメリカ極秘文書と信託統治の終焉——ソロモン報告・ミクロネシアの独立』東信堂）
第一製糖株式会社記念誌編集委員会（1980）『第一製糖株式会社二十周年記念誌』第一製糖株式会社
袋中《たいちゅう》（1970）『琉球神道記』角川書店
第二回世界のウチナーンチュ大会実行委員会編（1994）『第 2 回世界のウチナーンチュ大会企画書』沖縄県
平恒次（1970）「「琉球人」は訴える」（『中央公論』第 85 巻第 11 号）
——（1981）「新しい世界観における琉球共和国」（『新沖縄文学』第 48 号）
——（1983）「沖縄経済の基本的不均衡と自立の困難」（『新沖縄文学』第 56 号）
平良好児（1982）「宮古社会党——帰属の不安と独立の思潮を背景に「米国沖縄州」を構想」（『新沖縄文学』53 号）
高島忠義（1991）『ロメ協定と開発の国際法』成文堂
高谷好一（1984）「「南島」の農業基盤」（渡部忠世他編『南島の稲作文化——与那国島を中心に』法政大学出版部）
高橋洋児「経済学史の学習を深めるために」（伊藤誠編『経済学史』有斐閣）
宝村信雄（1958）「沖縄におけるドル切替えの意義」（『沖縄と小笠原』第 6 号）
高良倉吉（1982）『御教条の世界——古典で考える沖縄歴史』ひるぎ社
——（1987）『琉球王国の構造』吉川弘文館
高良勉（1981A）「琉球ネシアン——ひとり独立宣言」（『新沖縄文学』第 48 号）
——（1981B）「琉球共和社会憲法C私（試）案」（同上雑誌）
——（1994A）「琉球弧の現在——「沖縄ブーム」の中で」（『西日本新聞』2 月 8 日）
——（1994B）「シマと村から——戦後五〇年で得たもの失ったもの」（『週刊金曜日』第 30 号）
——（1995）『発言・沖縄の戦後五〇年』ひるぎ社

島袋純（1996）『沖縄の「地域主権」確立構想』島袋純
島袋鉄男（1972）「沖縄開発三法の基本的問題点」（『法律時報』第 44 巻第 6 号、日本評論社）
島袋正敏（1989）『沖縄の豚と山羊――生活の中から』ひるぎ社
清水昭俊（1981）「独立に俊巡するミクロネシアの内情――ポナペ島政治・経済の現状より」（『民族学研究』46–3）
――（1987）「ミクロネシアの伝統文化」（石川栄吉編『オセアニア世界の伝統と変貌』山川出版社）
下田将美（1929）「琉球よ何処へ往く」（湧上聾人編『琉球救済論集』改造之沖縄社）
社会工学研究所（1995）『沖縄における科学技術振興方策に関する基礎調査報告書』社会工学研究所
謝花昇（1901A）「砂糖消費税法案に対する調査」（『中央農事報』第 12 号）
――（1901B）「農工銀行と産業組合」（『中央農事報』第 13 号）
――（1983A）「讃岐国糖業実況及び其改良策――農科大学卒業論文」（東風平教育委員会編『資料　農学士謝花昇』東風平町役場）
――（1983B）「沖縄糖業論」（同上書）
州立ハワイ大学宝玲叢刊編纂委員会監修（1981A）「琉球人大行列記」（『琉球物資料集覧』第 4 巻、本邦書籍）
――（1981B）「中山聘使略」（同上書）
シュミット、C.（1971）生松敬三他訳『陸と海と』福村出版
ジョンソン、C（1982）矢野俊比古訳『通産省と日本の奇跡』TBS ブリタニカ
白川琢磨（1988）「ミクロネシア・ヤップ文化の存続と変容」（吉田禎吾他編『コスモスと社会』慶応通信）
白木原和美（1992）「琉球弧の考古学――奄美と沖縄諸島を中心に」（谷川健一編『琉球弧の世界』小学館）
城間栄喜（1981）「私の戦後史」（『私の戦後史』沖縄タイムス）
城間辰彦（1987）『沖縄経済の特性――自立化への展望』沖縄タイムス社
城間盛善（1982）「私の戦後史」（『私の戦後史』沖縄タイムス社）
新城朝功（1929）「瀕死の琉球」（湧上聾人編『沖縄救済論集』琉球資料復刻頒布会）
新城俊昭（1994）『高等学校　琉球・沖縄史』新城俊昭
新城敏男（1984A）翻刻「農業之次第」（日本農書全集』第 34 巻、農山漁村文化協会）
――（1984B）翻刻「耕作下知方並諸作物節附帳」（同上書）
――（1984C）翻刻「寒水川村金城農書」（同上書）
――（1984D）翻刻「八重山嶋農務帳」（同上書）
末本誠（1988）「琉球政府下、公民館の普及・定着過程――ムラと公民館」（小林文人他編『民衆と社会教育－戦後沖縄社会教育史研究』エイデル研究所）
杉原四郎、長幸男編（1979）『日本経済思想読本』東洋経済新報社

佐藤信淵（1925）「經濟要録」（『佐藤信淵』上巻、岩波書店）
――（1926A）「混同秘策」（『佐藤信淵』中巻、岩波書店）
――（1926B）「薩藩經緯記」（同上書）
――（1927A）「防海策」（『佐藤信淵』下巻、岩波書店）
――（1927B）「西洋列國史略」（同上書）
佐藤元彦（1991）「南太平洋島嶼世界における内発的経済リージョナリズム」（『愛知大学　経済論集』127 号）
――（1993）「オセアニア島嶼国の「レント収入依存型」経済的自立」（清水昭俊他編『近代に生きる――オセアニア 3』東京大学出版会）
佐藤幸男（1987）「世界システム・第三世界・国家――マイクロ・ステート論を中心として」（『広島大学平和科学研究センター』10）
――（1993）「アジア国際体系のダイナミズムと構造」（『国際交流』62）
――（1994）「「アジア・太平洋」にみえる開発主義と島嶼世界――太平洋島嶼地域像をてがかりとして」（田島毓堂編『開発における文化（2）』名古屋大学大学院国際開発研究科）
――（1995）「島嶼国家・地域像――マイクロステート論の地平」（佐藤幸男編『南太平洋島嶼国・地域の開発と文化変容――「持続可能な開発」論の批判的検討』名古屋大学大学院国際開発研究科）
産業構造審議会産業立地部会（1970）「沖縄企業進出の考え方と対策について」（『沖縄』第 54 号）
塩田光喜（1989）「ニューギニア高地における近代貨幣経済の導入」（『アジア経済』第 30 巻第 6 号）
――（1991）「大地の破壊、民族の創成――1988–90 年ブーゲンヴィル島分離独立運動の経過と本質」（『アジア経済』第 32 巻第 12 号）
――（1994）「世界史の中のオセアニア」（塩田光喜他編『マタンギパシフィカ――太平洋島嶼国の政治・社会変動』アジア経済研究所）
自治労沖縄県本部（1982）「沖縄の自治に関する一つの視点――特別県構想」（新崎盛暉他編『沖縄自立への挑戦』社会思想社）
斯波義信（1968）『宗代商業史研究』風間書房
――（1991）「問い直される一六～一八世紀の世界状況」（川勝平太他編『アジア交易圏と日本工業化 1500 － 1900』リブロポート、新版（2001）藤原書店）
――（1994）「チャイニーズコネクション」（川勝平太監修『新しいアジアのドラマ』筑摩書房）
島尾敏雄（1992）「ヤポネシアと琉球弧」（高良勉編『沖縄文学全集　評論Ⅱ』第 18 巻、国書刊行会）
島尻克美（1987）「幕末期における琉球王府の異国船対策――仏艦船来琉事件を中心に」（地方史研究協議会編『琉球・沖縄――その歴史と日本史像』雄山閣）

久米邦武編、田中彰校注（1982）『特命全権大使米欧回覧実記（5）』岩波書店
来間泰男（1976）「沖縄県振興計画」（沖縄県教育委員会編『沖縄県史　通史』第 1 巻、沖縄県教育委員会）
桑原隲蔵（1968）「蒲壽庚の事歴」（『桑原隲蔵全集』第 5 巻、岩波書店）
月舟《げっしゅう》寿桂（1907）「幻雲文集」（『続群書類従　第十三輯』経済雑誌社）
河野信治（1930）『日本糖業発達史（生産篇）』糖業発達史編纂事務所
河野康子（1994）『沖縄返還をめぐる政治と外交――日米関係史の文脈』東京大学出版会
国場組社史編纂委員会（1984）『国場組社史――創立 50 周年記念　第一部』国場組
国分直一（1971）「南島先史時代の技術と文化」（谷川健一編『わが沖縄』第 3 巻、木耳社）
国連開発計画（1994）『人間開発報告書 1994』国際協力出版会
国連事務局監修、環境庁・外務省監訳（1992）『アジェンダ 21 －持続可能な開発のための人類の行動計画（1992 地球サミット採択文書）』海外環境協力センター
東風平《こちんだ》教育委員会編（1983）『資料　農学士謝花昇』東風平町役場
後藤乾一（1995）『近代日本と東南アジア』岩波書店
小橋川共男・目崎茂和（1988）『石垣島白保サンゴの海――残された奇跡のサンゴ礁』高文研
小葉田淳（1939）『中世南島通交貿易史の研究』日本評論社
古波津清昇（1983）『沖縄産業史――自立経済の道を求めて』文教図書
――（1992）『起業の心得帖――チャンスを生かせ』ブックボックス壺川店
小林繁樹（1979）「マンドック島の人びと――パプアニューギニアの小島のくらし」（『季刊民族学』第 63 号）
小林文人（1988）「戦後沖縄の社会教育法制」（小林文人他編著『民衆と社会教育――戦後沖縄社会教育史研究』エイデル研究所）
小林平造（1988）「祖国復帰運動と青年運動」（同上書）
子安宣邦（1990）『「事件」としての徂徠学』青土社
サイード、E. W.（1986）板垣雄三他監修『オリエンタリズム』平凡社
蔡温（1984A）「独物語」（崎浜秀明編『蔡温全集』本邦書籍）
――（1984B）「農務帳」（同上書）
――（1984C）「御教条」（同上書）
――（1984D）「図治要伝」（同上書）
――（1984E）「治家捷径」（同上書）
斎木敏夫（1966）「沖縄援助の経緯と展望」（『南と北』第 39 号）
桜井由躬雄（1999）「東アジアと東南アジア」（浜下武志編『東アジア世界の地域ネットワーク』国際文化交流推進協会）
笹森儀助（1982）東喜望校註『南嶋探験 1――琉球漫遊記』平凡社
――（1983）同上『南嶋探験 2――琉球漫遊記』同上

——編（1996A）『海から見た歴史』藤原書店
——他（1996B）『世紀末経済——歴史家の意見』ダイヤモンド社
——（1997）『文明の海洋史観』中央公論社
——（1999）『文明の海へ——グローバル日本外史』ダイヤモンド社
——（2001）『海洋連邦論——地球とガーデンアイランズに』PHP 研究所
河上肇（1928）『経済学研究』共立社
川口浩（1992）『江戸時代の経済思想——「経済主体」の生成』中京大学経済学部
菊山正明（1992）「沖縄統治機構の創設」（琉球新報社編『新琉球史　近代・現代編』琉球新報社）
喜舎場朝賢（1914）『琉球見聞録』東汀遺著刊行会
——（1980）『東汀随筆』ぺりかん社
喜舎場永珣（1979A）『八重山民俗誌』上巻、沖縄タイムス社
——（1979B）『八重山民俗誌』下巻、同上
キャラウエイ、P.（1963）「金門クラブにおける演説」（『南と北』第 25 号）
球陽研究会編（1974）『球陽　読み下し編』角川書店
行政主席官房情報課編（1957）『琉球要覧』琉球政府行政主席官房
——（1959）『琉球要覧』同上
ギリース、R. M.（1959）「琉球経済の現状と将来」（『沖縄と小笠原』第 7 号）
金城朝夫（1981）「与那国の CTS 騒動」（CTS 阻止闘争を拡げる会編『琉球弧の住民運動』三一書房）
——（1995）「問われる土地改良事業」（『けーし風』第 6 号）
金城功（1983）『近代沖縄の鉄道と海運』ひるぎ社
——（1985）『近代沖縄の糖業』ひるぎ社
金城英浩（1982）「私の戦後史」（『私の戦後史』沖縄タイムス社）
金城正篤・高良倉吉（1972）『伊波普猷——沖縄史像とその思想』清水書院
金城睦・土田武信（1997）「全県自由貿易地域構想の基本的問題点」（『けーし風』第 17 号）
金泰俊（1988）『虚学から実学へ——十八世紀朝鮮知識人洪大容の北京旅行』東京大学出版会
具志堅宗精（1965）『なにくそやるぞ——具志堅宗精自伝』琉鵬会
——（1977）『続々なにくそやるぞ——具志堅宗精自伝』同上
国頭村役場（1967）『国頭村史』国頭村役場
国吉永啓（1985）「よみがえる「キーストン」」（『世界』6 月号）
——（1990）「沖縄の軍事基地」（東江平之他編『沖縄を考える』大田昌秀先生退官事業会）
久場政彦（1958）「ドル切替えとその影響及び対策」（『沖縄と小笠原』第 6 号）
——（1995）『戦後沖縄経済の軌跡——脱基地・自立経済を求めて』ひるぎ社
久場川淳（1996）「もう一人の農学士神谷栄進」（『琉球新報』1996 年 9 月 13 日）

1（和訳編）』沖縄県教育委員会
沖縄朝日新聞社編（1953）『沖縄大観』日本通信社
沖縄産業振興センター（1998）『沖縄産業振興基本構想調査』沖縄産業振興センター
沖縄平和経済開発会議（1969）「沖縄県総合開発計画第一次報告書」（『南と北』第 49 号）
沖縄問題等懇談会一体化小委員会経済調査団（1968）「沖縄経済に関する所見」（『南と北』第 46 号）
奥野彦六郎（1931）『沖縄の人事法制史と現行人事法改正管見』司法省調査課
――（1952）『南島村内法（民の法の構成素因・目標・積層）』法務府法制意見第四局
小野梓（1980）「琉球策」（早稲田大学大学史編集所『小野梓全集』第 3 巻、早稲田大学出版部）
小野まさこ（1989）「案書解題」（『琉球王国評定所文書』第 2 巻、浦添市教育委員会）
折口信夫（1954）「国文学の発生」（『折口信夫全集』第 1 巻、中央公論社）
外務省管理局総務課編（1950）『沖縄諸島日本復帰運動概要』外務省管理局総務課
鹿児島県維新史料編纂所編（1984）『鹿児島県史料旧記雑録　後編四』鹿児島県
嘉数啓（1983）「沖縄経済自立への道」（『新沖縄文学』第 56 号）
――（1986）『島しょ経済論』ひるぎ社
――（1995）『国境を越えるアジア成長の三角地帯』東洋経済新報社
片岡千賀之（1991）『南洋の日本人漁業』同文舘出版
勝俣誠（1992）「ニューカレドニアの非植民地化と自立化の試み」（畑博行編『南太平洋諸国の法と社会』有信堂高文社）
金関丈夫（1971）「八重山群島の古代文化」（谷川健一編『わが沖縄』第 3 巻、木耳社）
鹿野政直（1987）『戦後沖縄の思想像』朝日新聞社
――（1993）『沖縄の淵――伊波普猷とその時代』岩波書店
狩俣真彦（1972）「「沖縄開発法」下の沖縄開発」（『法律時報』第 44 巻第 6 号、日本評論社）
紙屋敦之（1990A）『幕藩制国家の琉球支配』校倉書房
――（1990B）「江戸上り」（琉球新報社編『新琉球史　近世編　下』琉球新報社）
亀川哲也（1929）「六十萬の縣民よ團結せよ ！ 」（湧上聾人編『沖縄救済論集』琉球資料復刻頒布会）
川勝平太（1991）『日本文明と近代西洋――「鎖国」再考』日本放送出版協会
――（1994A）「新しいアジアのドラマ」（川勝平太監修『新しいアジアのドラマ』筑摩書房）
――（1994B）「東アジア経済圏の成立と展開――アジア間競争の五〇〇年」（溝口雄三他編『長期社会変動――アジアから考える 6』東京大学出版会）
――他（1995A）『自立する直島――地方自治と公共建築群』大修館書店
――（1995B）「文明の海洋史観――試論」（『早稲田政治経済学雑誌』第 323 号）
――（1995C）『富国有徳論』紀伊國屋書店

業会)
——(1992)「対談　復帰20年目の沖縄と日本」(『月刊　自治研』Vol. 34　No. 395)
——(1995)「二一世紀まで基地を残すことはできない」(『世界』12月号)
太田好信(1993A)「オリエンタリズム批判と文化人類学」(『国立民族学博物館研究報告』18巻3号)
——(1993B)「文化の客体化——観光をとおした文化とアイデンティティの創造」(『民族学研究』57-4)
大浜信泉(1969)「沖縄問題に関する提言」(岡倉古志郎他編『資料沖縄問題』労働旬報社)
大見謝辰男(1988)「赤土と海の汚染」(池原貞男他編『ニライ・カナイの島じま』築地書館)
岡本恵徳(1995)「沖縄戦後小説の中のアメリカ」(照屋善彦・山里勝已編『戦後沖縄とアメリカ——異文化接触の五〇年』沖縄タイムス社)
沖縄開発庁(1992)『第3次沖縄振興開発計画』沖縄開発庁
沖縄開発庁沖縄総合事務局総務部調査企画課編(1995)『沖縄県経済の概況』沖縄開発庁沖縄総合事務局
沖縄経済開発研究所(1969)「沖縄経済の自立にむかって——足固めのための基本計画」(『南と北』第49号)
沖縄経済研究会(1981)「沖縄経済自立の構想」(『新沖縄文学』第48号)
沖縄経済振興懇談会(1969)「第四回沖縄経済振興懇談会声明」(『南と北』第49号)
沖縄県(1996)『自由貿易地域の現状と課題』沖縄県
——(1999)『魅力あるOKINAWAの投資環境——世界と結ぶ未来への架橋・沖縄』沖縄県
沖縄県企画開発部(1994A)『100の指標からみた沖縄県のすがた』沖縄県
——(1994B)『沖縄県勢のあらまし』沖縄県
沖縄県企画開発部企画調整室(1994)『沖縄県経済の概況』沖縄県
——(1999)『沖縄県経済の概況』沖縄県
沖縄県企画開発部・都市経済研究所(1994)『沖縄の新グランドデザインと国際都市形成ビジョン(国際都市形成整備構想調査概要書)』沖縄県
沖縄県教育委員会編(1974)『沖縄県史』第7巻、沖縄県
——(1977)『沖縄の戦後教育史』沖縄県教育委員会
沖縄県自由貿易地域管理事務所(1996)『自由貿易地域那覇地区の概要』沖縄県
——(2000)『自由貿易地域那覇地区の概要』沖縄県
沖縄県農林水産行政史編集委員会編(1985)『沖縄県農林水産行政史　(水産業資料編)』第18巻、農林統計協会
沖縄県婦人会編(1990)『沖縄県婦人会40年のあゆみ』沖縄県婦人会
沖縄県立図書館史料編集室編(1995)『沖縄県史　史料編1　民事ハンドブック　沖縄戦

——（1987B）日南田静真他訳『資本主義世界経済 II』同上
——（1993A）本多健吉他訳『脱＝社会科学——19 世紀パラダイムの限界』藤原書店
——（1993B）川北稔訳『近代世界システム 1600 ～ 1750』名古屋大学出版会
浮田典良（1974）「八重山諸島における遠距離通耕」（『地理学評論』48 巻 8 号）
宇沢弘文（1984）「沖縄のこと」（『公害研究』WINTER ／ 1984）
牛島巌（1987）『ヤップ島の社会と交換』弘文堂
宇根栄太郎（1981）「U ターン農業青年と裏石垣の土地問題」（CTS 阻止闘争を拡げる会編『琉球弧の住民運動』三一書房）
梅木哲人（1985）「琉球国の起請文について」（『琉球の歴史と文化』本邦書籍）
——（1996）「太平布・上布生産の展開について」（高良倉吉他編『新しい琉球史像』榕樹社）
APEC 税制研究会他（1997）『APEC の経済と税制』納税協会連合会
大江健三郎（1974）「謝花昇と沖縄」（朝日新聞社編『思想史を歩く（上）』朝日新聞社）
大来佐武郎・山野幸吉（1969）「沖縄経済開発の視点」（『沖縄』第 51 号）
大久保利通（1958）「復命概略」（早稲田大学社会科学研究所『大隈文書』第 1 巻、早稲田大学社会科学研究所）
大里康永（1969）『沖縄の自由民権運動——先駆者謝花昇の思想と行動』太平出版社
大田政作（1987）『悲運の島沖縄——復帰への渦を追って』日本工業新聞社
太田朝敷（1932）『沖縄県政五十年』国民教育社
——（1993A）「新沖縄の建設」（『太田朝敷選集』上巻、第一書房）
——（1993B）「ニクブクの上で」（同上書）
——（1993C）「通俗政談」（同上書）
——（1993D）「与 K，S 論時事」（同上書）
——（1995A）「女子教育と沖縄県」（『太田朝敷選集』中巻、第一書房）
——（1995B）「多方多面」（同上書）
——（1995C）「県力を調査せよ」（同上書）
——（1995D）「大波小波」（同上書）
——（1995E）「農村より拝啓」（同上書）
——（1995F）「本県糖業の前途」（同上書）
——（1995G）「県下織物同業組合の必要」（同上書）
——（1995H）「経世警語」（同上書）
——（1995I）「本県産業組合と糖業」（同上書）
——（1996A）「蔡温」（『太田朝敷選集』下巻、第一書房）
——（1996B）「林政八書の再版に方りて」（同上書）
大田昌秀（1976）『沖縄の民衆意識』新泉社
——（1984）『高等弁務官——沖縄の帝王』久米書房
——（1990）「沖縄を考える」（東江平之他編『沖縄を考える』大田昌秀先生退官記念事

——（1941B）『琉球史料叢書　中山世譜』第 4 巻、同上
——（1941C）『琉球史料叢書　琉球国由来記』第 1 巻、同上
——（1974A）「古琉球の政治」（『伊波普猷全集』第 1 巻、平凡社）
——（1974B）「孤島苦の琉球史」（『伊波普猷全集』第 2 巻、同上）
——（1974C）「沖縄歴史物語——日本の縮図」（『伊波普猷全集』第 2 巻、同上）
——（1976）「布口圭のレイ」（『伊波普猷全集』第 10 巻、同上）
今井圭子（1990）「ミニ・ステートにおける集団的自立の模索——域内経済協力に関する南太平洋地域とカリブ地域の比較」（三輪公忠他編『オセアニア島嶼国と大国』彩流社）
今泉裕美子（1994）「国際連盟での審査にみる南洋群島現地住民政策」（『歴史学研究』第 665）
いれいたかし（1981）「収監社会からの脱路——生きる唯一の方途としての慈悲」（『新沖縄文学』第 48 号）
伊礼門治（1981）「屋慶名区の自治運動と反 CTS 闘争」（CTS 阻止闘争を拡げる会編『琉球弧の住民運動』三一書房）
入江啓四郎（1947）「南方諸島復帰の基本問題」（『沖縄と小笠原』第 1 号）
——（1957）「琉球高等弁務官制の意義」（『沖縄と小笠原』第 3 号）
宇井純（1988）「自給への試み」（『新沖縄文学』第 76 号）
——（1991）編著『谷中村から水俣・三里塚へ・エコロジー源流』社会評論社
ウィリアム・ホワイト、キャサリン・ホワイト（1991）佐藤誠他訳『モンドラゴンの創造と展開——スペインの協同組合のコミュニティ』日本経済評論社
ウィリアムズ、E.（1968）中山毅訳『資本主義と奴隷制』理論社
——（1978A）川北稔訳『コロンブスからカストロまで——カリブ海域史 1492–1969 Ⅰ』岩波書店
——（1978B）川北稔訳『コロンブスからカストロまで——カリブ海域史 1942–1969 Ⅱ』同上
——（1979）田中浩訳『帝国主義と知識人』同上
植木枝盛（1990）「琉球ノ独立セシム可キヲ論ズ」（『植木枝盛集』第 3 巻、岩波書店）
——（1991）「東洋大日本国国憲案」（『植木枝盛集』第 6 巻、同上）
上原兼善（1981）『鎖国と藩貿易』八重岳書房
——（1989）「貿易の展開」（『新琉球史　近世編（上）』琉球新報社）
——（1992）「琉球王朝の歴史——第一・第二尚氏の成立と展開」（谷川健一編『琉球弧の世界』小学館）
ウォーラーステイン、I.（1981）川北稔訳『近代世界システム——農業資本主義と「ヨーロッパ世界経済」の成立』岩波書店
——（1985）川北稔訳『史的システムとしての資本主義』同上
——（1987A）藤瀬浩司他訳『資本主義世界経済 Ⅰ』名古屋大学出版会

――（1989B）「西表島の農耕文化――在来作物はどこからきたか」（『季刊民族学』第 49 号）
安斎伸（1984）『南島におけるキリスト教の受容』第一書房
安藤昌益（1982）「稿本自然真営道　大序巻　真道哲論巻：私法盗乱ノ世ニ在リナガラ自然活真ノ世ニ契フ論」（『安藤昌益全集』第 1 巻、農山漁村文化協会）
飯沼二郎（1993）『沖縄の農業――近世から現代への変遷』海風社
生田澄江（1992）「幕末におけるフランス艦隊の琉球来航と薩琉関係」（『沖縄文化研究』19）
伊芸銀勇（1981）「私の戦後史」（『私の戦後史』沖縄タイムス社）
池上良正（1991）『悪霊と聖霊の舞台――沖縄の民衆キリスト教に見る救済世界』どうぶつ社
池野茂（1994）『琉球山原船水運の展開』ロマン書房本店
池原真一（1987）「作物一般」（沖縄県農林水産行政史編集委員会編『沖縄県農林水産行政史（作物編）』第 4 巻、農林統計協会）
石垣金星（1981）「西表島のシマおこし運動」（CTS 阻止闘争を拡げる会編『琉球弧の住民運動』三一書房）
――（1989A）「西表の歴史の可能性――地域づくりの活動の中で歴史・文化をどう考えるか」（『地域と文化』第 53,54 号）
――（1989B）「地域研究は誰の役に立つのか――あるいは西表安心米のおすすめ」（同上雑誌）
石川友紀（1980）「沖縄と移民」（『新沖縄文学』第 45 号）
石川政秀（1974）「尚家と首里・那覇士族の経済活動」（那覇市企画部市史編集室編『那覇市史通史篇　近代史』第 2 巻、那覇史企画部市史編集室）
石原昌家（1982）『大密貿易の時代――占領初期沖縄の民衆生活』晩聲社
伊藤誠（1996）「経済学における思想と理論」（伊藤誠編『経済学史』有斐閣）
伊藤正巳（1963）「沖縄の人権」（『南と北』第 26 号）
糸数兼治（1988）「漂着関係の取締規定について」（『琉球王国評定所文書』第 1 巻、ひるぎ社）
稲泉薫（1959）「琉球の生活水準――国民所得統計による分析」（『琉球大学経済研究第 1 号』）
――編（1961）『琉球銀行十年史』琉球銀行
――他（1970）「沖縄経済開発の視点」（『沖縄』第 53 号）
稲嶺敏男（1981）「名護市にみる基地問題――ハリヤー機訓練反対・基地撤去へ」（CTS 阻止闘争を拡げる会編『琉球弧の住民運動』三一書房）
稲嶺一郎（1988）『世界を舞台に――稲嶺一郎回顧録』沖縄タイムス社
伊波普猷・東恩納寛惇・横山正校註（1941A）『琉球史料叢書　中山世鑑』第 5 巻、名取書店

自立と豊かさの創造――開かれた発想と相互強力を通じて』島を考える国際シンポジウム実行委員会）
アトウェル、W. S.（1993）「ユーラシアの「大金銀荒」――十五世紀中期の世界不況下の中国と東アジア」（『国際交流』62：93）
安仁屋政昭・仲地哲夫（1972）「沖縄県振興計画」（琉球政府編『沖縄県史　各論編２経済』第３巻、琉球政府）
安仁屋政昭・玉城隆雄・堂前亮平（1979）「共同店と村落共同体――沖縄本島北部農村地域の事例（1）」（『南島文化』創刊号）
――（1983）「同上（2）」（『南島文化』第５号）
阿波根昌鴻（1973）『米軍の農民――沖縄県伊江島』岩波書店
――（1992）『命こそ宝――沖縄反戦の心』同上
アマラル、ジョアン・B・モタ（1990）「島々の挑戦」（『島の自立と豊かさの創造――開かれた発想と相互協力を通じて』島を考える国際シンポジウム実行委員会）
網野善彦（1992）『海と列島の中世』日本エディタースクール出版部
――（1994）『日本社会再考――海民と列島文化』小学館
新井白石（1906A）「本朝宝貨通用事略」（『新井白石全集』第３巻、国書刊行会）
――（1906B）「南島志」（同上書）
――（1973）「白石先生琉人問対」（宮崎道生『新井白石の洋学と海外知識』吉川弘文館）
新川明（1981）『琉球処分以後（下）』朝日新聞社
――（1996）『反国家の兇区』社会評論社
安良城盛昭（1980）『新・沖縄史論』沖縄タイムス社
新崎盛暉（1973）『沖縄の歩いた道』ポプラ社
――（1976）『戦後沖縄史』日本評論社
――（1982）「沖縄人連盟」（『新沖縄文学』第53号）
――（1990）『90年代と沖縄の自立』地方自治総合研究所
――（1992）『琉球弧の視点から 78–82――沖縄同時代史』第２巻、凱風社
――（1996）『沖縄現代史』岩波書店
荒野泰典（1988）『近世日本と東アジア』東京大学出版会
アレキサンダー、R.（1990）「核問題と平和――核に関する共通の体験を通して」（三輪公忠他編『オセアニア島嶼国と大国』彩流社）
――（1992）『大きな夢と小さな島々――太平洋島嶼国の非核化にみる新しい安全保障観』世界書院
安渓遊地（1987）「南島の農耕文化と「海上の道」」（渡部忠世他編『稲のアジア史　3――アジアの中の日本稲作文化　受容と成熟』小学館）
――（1988）「高い島と低い島の交流――大正期八重山の稲束と灰の物々交換」（『民族学研究 53 － 1』）
――（1989A）「西表をみなおすために」（『地域と文化』第53,54号）

日本語参考文献

赤嶺誠記（1988）『大航海時代の琉球』沖縄タイムス社
東江平之（1990）「意識にみる戦後沖縄の社会」（東江平之他編『沖縄を考える』大田昌秀先生退官記念事業会）
秋道智弥（1988）『海人の民族学——サンゴ礁を超えて』日本放送出版協会
——（1995）『海洋民族学——海のナチュラリストたち』東京大学出版会
秋山謙蔵（1939）『日支交渉史研究』岩波書店
秋山勝（1994）「植民地的体験と沖縄近代」（琉球大学大学院法学研究科提出修士論文）
安里英子（1991）『揺れる聖域——リゾート開発と島のくらし』沖縄タイムス社
安里嗣淳（1993）「南琉球の原始世界——シャコ製貝斧とフィリピン」（比嘉政夫編『海洋文化論』凱風社）
安里進（1991A）「グスク時代原始期の再検討」（琉球新報社編『新琉球史　古琉球編』琉球新報社）
——（1991B）「古琉球における農耕技術の地域色と系譜」（沖縄県教育庁文化課『文化紀要　第7号』）
——（1992）「琉球王国の形成」（荒野泰典他編『地域と民族——アジアのなかの日本史』東京大学出版会）
——（1994）「東アジア交易圏と琉球の大型グスク・寨官」（高宮広衛他編『沖縄の歴史と文化——海上の道探究』吉川弘文館）
安里清信（1980）「環境」（日本平和学会編『沖縄——平和と自立の展望』早稲田大学出版部）
——（1981A）『海は人の母である——沖縄金武湾から』晶文社
——・ロサリオ、D.（1981B）「太平洋を住民の海へ——島々の自立と連帯を求めて」（『新沖縄文学』第48号）
——（1981C）「金武湾に季節の移ろいを取り戻すために」（CTS阻止闘争を広げる会編『琉球弧の住民運動』三一書房）
安里延（1941）『沖縄海洋発展史——日本南方発展史序説』琉球文教図書
安里彦紀（1983）『近代沖縄の教育』三一書房
東清二（1988）「沖縄の昆虫はなぜ貴重か」（池原貞男他編『ニライ・カナイの島じま』築地書館）
アッシュ、ジャン・D（1990）「ヨーロッパの島の発展過程における自治の役割」（『島の

あとがき

本書は沖縄の自画像である。沖縄には様々な顔がある。これまで、大交易活動に湧いた琉球王国、移民の島、沖縄戦の島、基地の島、観光の島等の観点から、個別的な沖縄像が提示されることが多かった。本書では約九〇〇年という長期の歴史の中に沖縄を位置付けることで、構造的な問題の本質を明らかにし、内発的に提示された経済思想の全体的な流れを確かめようとした。大国の政治経済的な介入を受け、島嶼性から生じる生態的・地理的な困難を抱えてきた人々の生き様を、沖縄の経済思想史に見ることができる。

本書を執筆するにあたり一つの問いがあった。それは、「復帰後、実施されてきた沖縄振興開発計画がなぜ成功しなかったのか」という問いである。これまで、東京に拠点をおく沖縄開発庁（現在は内閣府沖縄担当局）が経済開発計画の作成・実施において主導権を握るという外発的な開発が行われてきた。しかし、今日、沖縄の失業率は全国平均の約二倍であり、第三次産業の肥大化・補助金への依存という経済構造が強固になり、環境問題も深刻化している。目標とされた経済自立はいまだ遠い彼方にある。沖縄に内在する経済発展の思想を軽視し、外部に開発の方法や手段を求める開発のやり方が厳しく問われている。

沖縄経済自立のためのモデルは、この地球上に存在しないだろう。沖縄内部を深く掘り続けることで、沖縄型の発展の道を切り開くことができるというのが、本書の立場である。それゆえ本書では約九〇〇年にわたる沖縄の経済史、経済思想史の深みに入り、島嶼民の声を聞き、今日的問題に光を与える言葉を探し求めた。琉球・沖縄人は、それぞれの時代におけるアジア・太平洋世界の政治経済的状況を的確に把握し、機敏に対応しながら、自前の発展の方法や技術を考え、実践へと踏み出していた。

沖縄は外部勢力により支配を受け、様々な悲惨な状況にも陥ったが、そこに止まり嘆いたのではなく、現状打破のための思考を巡らしてきた。沖縄の経済思想はいわば、島の思想であるといえる。アジアや太平洋には数多くの島があるが、個々の島ごとに経済思想があり、その歴史的系譜を辿ることができよう。経済思想といえば、欧米起源の経済学だけを頭に浮かべるのが常である。しかし、欧米的環境、歴史の道を歩んでいない非欧米の国や地域には独自の経済思想があってしかるべきである。経済政策として必ずしも欧米諸国における経済学を基盤に据える必要はなく、それぞれの地域内在の論理に基づくべきであろう。島々における経済思想が確立されれば、島嶼という共通性を基盤にして、島々がそれぞれの歴史から学びあい、相互の発展に向けて協力することも可能になろう。

本書はまた、沖縄内在の問題性をも厳しく指摘しており、沖縄を善、外部勢力を悪とする分類方法を採用していない。問題の原因を常に外部に押しつけていたのでは、沖縄問題は永遠に解決しないだろう。沖縄自体の中にある問題の原因を明らかにし、それを克服する勇気が必要である。

一九七二年五月十五日、米軍統治下にあった沖縄が日本の施政下に移されてから、今年は三十年目を迎える。沖縄の経済思想史は日本との関係で形成されてきた。日本国民が自らの歴史、経済思想、文明のあり方、経済発展の方向等を考えるうえにおいて、日本の鏡としての役割を果たしてきた沖縄についての思索は欠かせないであろう。

本書はまた私の自画像でもある。石垣島で生まれ、南大東島、与那国島の小さな島々で育った後、復帰の年に沖縄本島の那覇市に移り住んだ。私にとっては日本復帰よりも那覇での生活の方が大きな出来事であった。歴史的に形成された、沖縄の中にある秩序関係を考えながら、日本の中の沖縄について思いを巡らすという癖を私が身に付けたのも、先島諸島、南大東島、沖縄本島における生活体験の影響があるだろう。

私が、「沖縄」という存在、「自分が沖縄出身であること」を明確に自覚したのは、大学、大学院生活を過ごした東京であった。これらの自覚は沖縄に住んでいた頃にはなかったことであり、異なる生活環境、歴史風土、生活感覚の中で自らのアイデンティティが形成された。後に、グアムで二年、パラオで一年、働く機会が与えられた。東京とは異なり、これらの島々では沖縄との類似性を感じた。米軍基地、観光経済、独特な文化、歴史的共通性、生活風土等において、沖縄とミクロネシアの島々は近かった。この本は、東京、グアム、パラオ、沖縄において少しずつ書き続けられた。それぞれの場所において沖縄について考えた私の思いが本書には込められている。

パラオから離れ、東京で一年間住んだ後、二〇〇一年三月、那覇市に居を移した。沖縄に住むのは約十七年振りである。沖縄の政治経済的状況を知れば知るほど、日本復帰後、実施されてきた振興開発計画の手法や思想を再検討しなければならないとの感をさらに強くした。

本書は私の博士論文を基にしたものである。二〇〇一年十一月に早稲田大学大学院経済学研究科により博士論文が受理されるまで、多くの方々にお世話になった。早稲田大学の西川潤先生には内発的発展論について教えて頂くとともに、論文の提出を決意した時から今日に至るまで適切なコメント、温かい励ましの御言葉を頂戴した。先生は、私が住むグアム、パラオまでＦＡＸ、小包、手紙等を送り、拙論に関する貴重なコメントを与えて下さった。また、早稲田大学の川口浩先生は日本経済史、日本経済思想史の立場から本論を詳細にお読み下さり、貴重なアドバイスを与えて下さった。西川・川口両先生の他に、博士論文の審査をして下さった経済学説史の渡会勝義先生、日本経済史の清水元先生に心より御礼を申しあげたい。さらに、島にとって海が有するダイナミズム、海洋史観について御教示頂き、拙論に関して共同研究会において発表する機会を与えて頂いた川勝平太先生に感謝の言葉を述べたい。

その他、多くの先生、先輩、研究仲間、家族（父・寛、母・トヨ子、弟・泰之、妻・尋子）、沖縄・東京・グアム・パラオでお世話になった方々、本書への写真掲載を許可して頂いた那覇市企画開発部歴史資料室、沖縄県立博物館、与那原東小学校等にも御礼を申したい。

本書は、藤原良雄社長の沖縄に対する強いこだわりと、温かい言葉に励まされ、清藤洋さんのゲラ原稿に対する入念な目配り、適切なアドバイスによって上梓の日を迎えることができた。記して感謝したい。

平成十四年（二〇〇二年）三月

避寒桜が真っ赤に咲き誇る沖縄にて

松島泰勝

わ 行

や　行

ら　行

ま　行

な　行

は　行

た　行

さ　行

か　行

索　引

ローマ字

あ　行

著者紹介

松島泰勝（まつしま・やすかつ）

1963年石垣島生まれ。早稲田大学政治経済学部経済学科卒業。早稲田大学大学院経済学研究科博士後期課程履修単位取得。経済学博士。在ハガッニャ（グアム）日本国総領事館、在パラオ日本国大使館において専門調査員として勤務。現在、東海大学海洋学部助教授。
論文に「ニューカレドニアにおける自立と共生の試み」佐藤幸男編『南太平洋島嶼国・地域の開発と文化変容』（名古屋大学大学院国際開発研究科、1995）「島嶼交易と海洋国家」塩田光喜編『海洋島嶼国家の原像と変貌』（アジア経済研究所、1997）「ミクロネシアとアジア」『外務省調査月報』（外務省、1999）「太平洋島嶼社会自立の可能性」西川潤編『アジアの内発的発展』（藤原書店、2001）「西太平洋への跳躍」川勝平太編『グローバル・ヒストリーに向けて』（藤原書店、2002）がある。

沖縄島嶼《とうしょ》経済史——一二世紀から現在まで

2002年4月30日　初版第1刷発行©

著者　松島泰勝
発行者　藤原良雄
発行所　株式会社　藤原書店
〒162-0041　東京都新宿区早稲田鶴巻町523
TEL　03（5272）0301
FAX　03（5272）0450
振替　00160-4-17013
印刷・製本　美研プリンティング

落丁本・乱丁本はお取り替えします
定価はカバーに表示してあります

Printed in Japan
ISBN4-89434-281-2

VI 魂《こころ》の巻——水俣・アニミズム・エコロジー　解説・中村桂子

Minamata : An Approach to Animism and Ecology

四六上製　544 頁　**4800 円**（1998 年 2 月刊）◇4-89434-094-1

水俣の衝撃が導いたアニミズムの世界観が、地域・種・性・世代を越えた共生の道を開く。最先端科学とアニミズムが手を結ぶ、鶴見思想の核心。

月報　石牟礼道子　土本典昭　羽田澄子　清成忠男

VII 華の巻——わが生き相《すがた》　解説・岡部伊都子

Autobiographical Sketches

四六上製　528 頁　**6800 円**（1998 年 11 月刊）◇4-89434-114-X

きもの、おどり、短歌などの「道楽」が、生の根源で「学問」と結びつき、人生の最終局面で驚くべき開花をみせる。

月報　西川 潤　西山松之助　三輪公忠　高坂制立　林佳恵　C・F・ミュラー

VIII 歌の巻——「虹」から「回生」へ　解説・佐佐木幸綱

Collected Poems

四六上製　408 頁　**4800 円**（1997 年 10 月刊）◇4-89434-082-8

脳出血で倒れた夜、歌が迸り出た——自然と人間、死者と生者の境界線上にたち、新たに思想的飛躍を遂げた著者の全てが凝縮された珠玉の短歌集。

月報　大岡信　谷川健一　永畑道子　上田敏

IX 環の巻——内発的発展論によるパラダイム転換　解説・川勝平太

A Theory of Endogenous Development : Toward a Paradigm Change for the Future

四六上製　592 頁　**6800 円**（1999 年 1 月刊）◇4-89434-121-2

学問的到達点「内発的発展論」と、南方熊楠の画期的読解による「南方曼陀羅」論とが遂に結合、「パラダイム転換」を目指す著者の全体像を描く。

〔附〕 年譜　全著作目録　総索引

月報　朱通華　平松守彦　石黒ひで　川田侃　綿貫礼子　鶴見俊輔

人間・鶴見和子の魅力に迫る

鶴見和子の世界

R・P・ドーア、石牟礼道子、河合隼雄、中村桂子、鶴見俊輔ほか

学問／道楽の壁を超え、国内はおろか国際的舞台でも出会う人すべてを魅了してきた鶴見和子の魅力とは何か。国内外の著名人六三人がその謎を描き出す珠玉の鶴見和子論。〈主な執筆者〉**赤坂憲雄、宮田登、川勝平太、堤清二、大岡信、澤地久枝、道浦母都子ほか。**

四六上製函入　三六八頁　**三八〇〇円**
（一九九九年一〇月刊）◇4-89434-152-2

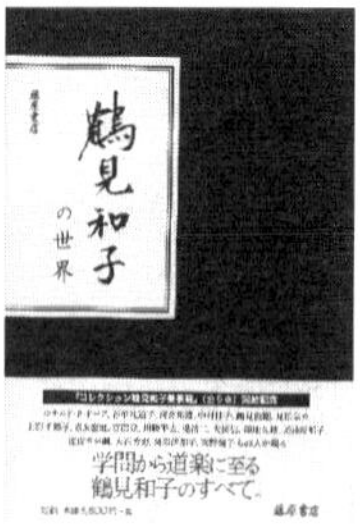

『回生』に続く待望の第三歌集

歌集 花道

鶴見和子

「短歌は究極の思想表現の方法である。」——脳出血で倒れ、半世紀ぶりに復活した歌を編んだ歌集『回生』から三年、きもの・おどりなど生涯を貫く文化的素養と、国境を超えて展開されてきた学問的蓄積が、リハビリテーション生活の中で見事に結合。

菊判上製　一三六頁　**二八〇〇円**
◇4-89434-165-4